JACHMANN-MICHEL

Die Besteuerung der Kapitaleinkünfte

Die Besteuerung der Kapitaleinkünfte

Prof. Dr. Monika Jachmann-Michel
Vors. Ri'in BFH, München

3., vollständig überarbeitete Auflage 2024

BOORBERG

Bibliografische Information der Deutschen Nationalbibliothek |
Die Deutsche Nationalbibliothek verzeichnet diese Publikation in der Deutschen Nationalbibliografie; detaillierte bibliografische Daten sind im Internet über www.dnb.de abrufbar.

3. Auflage, 2024

ISBN 978-3-415-07567-2

Satz: abavo GmbH, Nebelhornstraße 8, 86807 Buchloe |
Druck und Bindung: Plump Druck & Medien GmbH, Rolandsecker Weg 33, 53619 Rheinbreitbach

Richard Boorberg Verlag GmbH & Co KG | Scharrstraße 2 | 70563 Stuttgart
Stuttgart | München | Hannover | Berlin | Weimar | Dresden
www.boorberg.de

Inhaltsverzeichnis

Abkürzungen (Auswahl)

Anm.	Anmerkung
a. A.	andere Ansicht
a. F./n. F.	alte Fassung/neue Fassung
BgA	Betrieb gewerblicher Art
BFH	Bundesfinanzhof
BGH	Bundesgerichtshof
BIP	Bruttoinlandsprodukt
BMF	Bundesministerium der Finanzen
BStBl	Bundessteuerblatt
BT-Drs.	Bundestagsdrucksache
BVerfG	Bundesverfassungsgericht
BZSt	Bundeszentralamt für Steuern
DBA	Doppelbesteuerungsabkommen
d. h.	das heißt
ESt	Einkommensteuer
-E	Entwurf
FA	Finanzamt
ff.	fortfolgende
FG	Finanzgericht
FGO	Finanzgerichtsordnung
gem.	gemäß
Halbs.	Halbsatz
Fn.	Fußnote
i. d. F.	in der Fassung
i. d. R.	in der Regel
i. S.	im Sinne
i. V. m.	in Verbindung mit
inl./ausl.	inländisch/ausländisch
insbes.	insbesondere

KapESt	Kapitalertragsteuer
krit.	kritisch
KSt	Körperschaftsteuer
m. w. N.	mit weiteren Nachweisen
n. v.	nicht veröffentlicht
NZB	Nichtzulassungsbeschwerde
Rspr.	Rechtsprechung
Rev.	Revision
rkr.	rechtskräftig
Rz.	Randziffer
Stpfl.	steuerpflichtig, Steuerpflicht, Steuerpflichtiger
stv.	stellvertretend
st. Rspr.	ständige Rechtsprechung
s. o./s. u.	siehe oben/unten
vGA	verdeckte Gewinnausschüttung
vgl.	vergleiche
v.	von
zust.	zustimmend
zutr.	zutreffend
z. B.	zum Beispiel

Vorbemerkung

15 Jahre nach Einführung der Abgeltungsteuer informiert die vorliegende 3. Auflage zusammenfassend über die Konturen, die die Besteuerung der Kapitaleinkünfte neben gesetzlichen Anpassungen vor allem durch die Rechtsprechung des BFH seither gewonnen hat.[1] Behandelt werden die materiell-rechtlichen Grundsätze der Kapitaleinkommensbesteuerung, vorgezeichnet in § 20 EStG und § 17 EstG (A.), das Kapitalertragsteuerabzugsverfahren (B.) sowie Ausnahmen von der Abgeltungsteuer gem. § 32d EstG (C.). Hinzu kommt ein Blick speziell auf Dividendenarbitrage-Geschäfte (D.). Das Buch endet mit einem Fazit (E.).

1 Stand der 3. Auflage ist der 1.1.2024.

A. Materiell-rechtliche Grundsätze der Kapitaleinkommensbesteuerung

I. Laufende Erträge

Die Qualifikation von Einkünften als laufende Kapitalerträge regelt § 20 Abs. 1 EStG.

1. § 20 Abs. 1 Nr. 1 EStG

§ 20 Abs. 1 Nr. 1 EStG regelt Bezüge, die von einer Kapitalgesellschaft gewährt werden. Neben Einzelfragen der Einkünftequalifikation (dazu a)) beschäftigen die Rechtsprechung im Rahmen von § 20 Abs. 1 Nr. 1 EStG vor allem verdeckte Gewinnausschüttungen (b)), Auslandssachverhalte (c)) und Zuflussfragen (d)).

a) Einzelfragen der Einkünftequalifikation

Genussrechte führen nur dann zu Bezügen i.S.v. § 20 Abs. 1 Nr. 1 EStG, wenn der Genussrechtsinhaber kumulativ sowohl am Gewinn als auch am Liquidationserlös beteiligt ist (sog. beteiligungsähnliche Genussrechte).[2]

Beteiligt sich ein Arbeitnehmer an seiner Arbeitgeber-Gesellschaft,[3] so stellt sich die Frage, ob die hieraus erzielten Einnahmen solche aus nichtselbständiger Arbeit oder aus Kapitalvermögen darstellen. Maßgeblich dafür ist, ob die jeweiligen Vorteile durch eine eigenständige, vom Arbeitsverhältnis unabhängige Sonderrechtsbeziehung veranlasst sind, d.h. ihnen eine andere Erwerbsgrundlage als die Nutzung der eigenen Arbeitskraft des Arbeitnehmers zugrunde liegt. Solche Rechtsbeziehungen können auch selbständig und losgelöst vom Arbeitsverhältnis bestehen.[4] Vorteile werden „für" eine Beschäftigung gewährt, wenn sie durch das individuelle Dienstverhältnis des Arbeitnehmers veranlasst sind. Das ist der Fall, wenn der Vorteil mit Rücksicht auf das Dienstverhältnis eingeräumt wird und sich die Leistung im weitesten Sinne als Gegenleistung für das Zurverfügungstellen der individuellen Arbeitskraft des Arbeitnehmers erweist. Ob Einkünfte durch ein Dienstverhältnis veranlasst sind, obliegt der tatrichterlichen Würdigung.

2 BFH v. 14.8.2019, I R 44/17, BFHE 267, 1, DStR 2020, 1307.
3 Vgl. auch A. I. 1. a).
4 BFH v. 1.12.2020, VIII R 40/18, BFHE 271, 493.

b) Verdeckte und satzungsdurchbrechende Gewinnausschüttungen

Um eine vGA i. S. des § 20 Abs. 1 Nr. 1 Satz 2 EStG handelt es sich, wenn eine Kapitalgesellschaft ihrem Gesellschafter außerhalb der gesellschaftsrechtlichen Gewinnverteilung einen Vermögensvorteil zuwendet, diese Zuwendung ihren Anlass im Gesellschaftsverhältnis hat und der Vermögensvorteil dem Gesellschafter zugeflossen ist. Eine vGA gemäß § 20 Abs. 1 Nr. 1 Satz 2 EStG erfordert nach ständiger Rechtsprechung nicht, dass der dem Anteilseigner gewährte Vermögensvorteil der Minderung des Unterschiedsbetrags bei der Gesellschaft bei einer vGA gemäß § 8 Abs. 3 Satz 2 KStG entspricht.[5]

Bei einer **strukturell dauerdefizitären kommunalen Eigengesellschaft** in der Rechtsform einer GmbH liegen ohne Zahlung eines (schuldrechtlich vereinbarten) Verlustausgleichs durch den Gesellschafter (Trägerkörperschaft), ggf. zzgl. eines angemessenen Gewinnaufschlags, regelmäßig die Voraussetzungen einer vGA an die Trägerkörperschaft vor.[6] Ist eine kommunale Gebietskörperschaft über eine zwischengeschaltete Kapitalgesellschaft mehrheitlich an anderen Kapitalgesellschaften beteiligt, die gesetzlich begünstigte Aufgaben im Bereich der Daseinsvorsorge dauerhaft defizitär ausführen, erzielt die Kommune hieraus zwar Einnahmen (vGA). Diese Einnahmen unterliegen auf Ebene der Gebietskörperschaft aber unter den in § 8 Abs. 7 Satz 1 Nr. 2 KStG genannten Voraussetzungen nicht der KapESt. Dabei geht es um Dauerverlustgeschäfte aus verkehrs-, umwelt-, sozial-, kultur-, bildungs- oder gesundheitspolitischen Gründen. Dabei gilt der Ausschluss der Rechtsfolgen einer vGA gem. § 8 Abs. 7 Satz 1 Nr. 2 KStG i. d. F. des JStG 2009 nicht nur für die begünstigte dauerdefizitäre Eigengesellschaft, sondern auch für die kapitalertragsteuerlichen Folgen beim (unmittelbaren oder mittelbaren) Anteilseigner.

Wird eine verdeckte Gewinnausschüttung (vGA, § 20 Abs. 1 Nr. 1 Satz 2 EStG) **nachträglich bekannt** und ein ESt-Bescheid eines Anteilseigners einer Kapitalgesellschaft wegen der vGA nach Ablauf der Festsetzungsfrist geändert, bevor wegen derselben vGA ein KSt-Bescheid der Gesellschaft geändert oder erlassen wird, so ist der geänderte ESt-Bescheid rechtswidrig. Diese Rechtswidrigkeit wird jedoch – so der BFH im Verfahren VIII R 2/17[7] – nach § 32a Abs. 1 Satz 1 KStG nachträglich beseitigt, wenn ein erstmaliger oder geänderter KSt-Bescheid wegen derselben vGA vor Ablauf der für diesen Bescheid geltenden Festsetzungsfrist erlassen wird.

5 So zuletzt die bisherige Rechtsprechung bestätigend BFH v. 30.5.2023, VIII B 15/22, BFH/NV 2023, 964 m. w. N.; dazu [TK] DStZ 2023, 558.

6 BFH v. 11.12.2018, VIII R 44/15, BFHE 263, 407, BStBl II 2021, 347; dazu *Krohn*, AktStR 2019, 471 ff.

7 BFH v. 10.12.2019, VIII R 2/17, BFHE 267, 361, BStBl II 2020, 679.

In materieller Hinsicht ist die unentgeltliche **Nutzungsüberlassung von Immobilien** an Gesellschafter eine vGA.[8] Nach dem Hessischen FG[9] soll dies auch für die bloße Möglichkeit zur Nutzung einer Immobilie einer Kapitalgesellschaft gelten, die leersteht, d.h. nicht genutzt wird.[10]

Zur mittelbaren vGA entschied der BFH im Zusammenhang mit nießbrauchbelasteten GmbH-Geschäftsanteilen:[11] Ist an einem Kapitalgesellschaftsanteil ein **Nießbrauch** bestellt, der dem Nießbrauchberechtigten lediglich einen Anspruch auf den mit der Beteiligung verbundenen Gewinnanteil einräumt, ohne dass dieser wesentliche Verwaltungsrechte, insbes. die Stimmrechte, ausüben und im Konfliktfall effektiv durchsetzen kann, sind die Kapitaleinnahmen i. S. des § 20 Abs. 1 Nr. 1 Satz 1 EStG ertragsteuerlich weiterhin dem Anteilseigner zuzurechnen. Ist in diesem Fall die Anteilseignerin des nießbrauchbelasteten Kapitalgesellschaftsanteils eine Kapitalgesellschaft, kann die direkte Auszahlung der Ausschüttungen an den Nießbrauchberechtigten zu einer **mittelbaren vGA** führen, wenn es sich beim Gesellschafter der anteilseignenden Kapitalgesellschaft und beim Nießbrauchberechtigten um einander nahestehende Personen handelt.

Dass die **Abfindung** einer zugunsten eines beherrschenden Gesellschafter-Geschäftsführers bestehenden **Pensionszusage** nicht zu einer vGA führt, wenn die Abfindung dazu dient, eine (unmittelbar drohende) Zahlungsunfähigkeit der GmbH zu beseitigen, hat das FG Münster klargestellt.[12] Im entschiedenen Fall wurde eine – im Zeitpunkt ihrer Zusage nicht streitige – Pensionsverpflichtung, die eine GmbH mit ihrem beherrschenden Gesellschafter-Geschäftsführer vereinbart hatte, vorzeitig durch eine Abfindungszahlung abgelöst. Im Zeitpunkt der Ablösung befand sich die GmbH in einer wirtschaftlichen Krise, die eine (unmittelbar drohende) Zahlungsfähigkeit i. S. des § 17 InsO zur Folge hatte. Ob auch eine insolvenzrechtliche Überschuldung vorlag, war streitig. Das FG stellte darauf ab, dass zum einen eine klare, im Voraus getroffene Vereinbarung zwischen der GmbH und ihrem beherrschenden Gesellschafter-Geschäftsführer vorlag, die auch tatsächlich durchgeführt wurde. Weiter erfolgte die Abfindung als entgeltliches Austauschgeschäft, indem der beherrschende Gesellschafter auf seine Pensionszusage verzichtete und dafür

8 BFH v. 12.6.2013, I R 109–111/10, BFHE 241, 549, BStBl II 2013, 1024 – sog. Mallorca-Rechtsprechung.
9 FG Hessen v. 14.12.2020, 9 K 1266/17, DStRE 2021, 1310, Rev. VIII R 4/21.
10 Dazu *Spatscheck/Spilker*, DStR 2022, 183, 184 ff.
11 BFH v. 14.2.2022, VIII R 29/18, BFHE 276, 49, BStBl II 2022, 544 sowie VIII R 30/18, BFHE 276, 58, BStBl II 2022, 548.
12 FG Münster v. 26.5.2023, 4 K 3618/18 E, Rev. VIII R 17/23.

als Gegenleistung eine Abfindungszahlung erhielt. Schließlich hielt die Vereinbarung einem doppelten Fremdvergleich stand: Aus Sicht der GmbH diente die „Entsorgung" der Pensionszusage dazu, ihre drohende Insolvenzreife und wirtschaftliche Krise zu beseitigen. Aus Sicht des beherrschenden Gesellschafter-Geschäftsführers erfolgte eine frühzeitige Auszahlung der erdienten Pensionsansprüche und die Sicherung seines Arbeitsplatzes. Zusätzlich wären alternative Gestaltungen an dem Veto eines fremden Geschäftsführers gescheitert.

Nahezu jede **Gewinnausschüttung,** die **verdeckt** erfolgt, stellt zugleich eine **inkongruente** Ausschüttung an den empfangenden Gesellschafter dar und wird der Besteuerung zugrunde gelegt. Es gibt keinen Grund, offene inkongruente Gewinnausschüttungen, die mit dem Gesellschaftsrecht im Einklang stehen, hiervon steuerlich abweichend zu behandeln und auf Letztere § 42 AO anzuwenden. **Satzungsdurchbrechende Gesellschafterbeschlüsse** können Dauerwirkung entfalten oder nur punktuell satzungsdurchbrechend sein. Ein punktuell satzungsdurchbrechender Beschluss über eine inkongruente Vorabausschüttung, der von der Gesellschafterversammlung einstimmig gefasst worden ist und von keinem Gesellschafter angefochten werden kann, ist als zivilrechtlich **wirksamer Ausschüttungsbeschluss** der Besteuerung zugrunde zu legen.[13] Ein Gesellschafter, an den nach einem solchen Beschluss kein Gewinn verteilt wird, verwirklicht den Tatbestand der Einkünfteerzielung gemäß § 20 Abs. 1 Nr. 1 Satz 1 EStG nicht. In dem dazu vom BFH entschiedenen Fall enthielt der Gesellschaftsvertrag keine Regelung zur Gewinnverteilung. Er sah insbesondere weder vor, dass Entnahmen, Vorschüsse und der Jahresgewinn stets abweichend von den Beteiligungsverhältnissen zu verteilen waren, noch enthielt er eine Öffnungsklausel i.S. des § 29 Abs. 3 Satz 2 GmbHG, die eine von den Beteiligungsverhältnissen abweichende Verteilung durch gesonderte Beschlussfassung im Einzelfall zuließ. Die Gesellschafterversammlung fasste jeweils einstimmig **Vorabgewinnausschüttungsbeschlüsse.** Die Vorabausschüttungen wurden nach den Beschlüssen nur an die neben dem Kläger zu 50 % beteiligte GmbH verteilt und an diese ausgezahlt. Entsprechend gab der Kläger keine Einkünfte aus Ausschüttungen der GmbH an. Das FA war der Meinung, die ausgeschütteten Beträge seien dem Kläger entsprechend seiner Beteiligungsquote zur Hälfte zuzurechnen. Seine Revision hatte aber keinen Erfolg. Vorabgewinnausschüttungsbeschlüsse, die nicht nichtig sind oder nicht aufgrund einer Anfechtung für nichtig erklärt werden oder von keinem der Gesellschafter angefochten werden können, sind wirksame

13 BFH v. 28.9.2022, VIII R 20/20, DB 2023, 37 entgegen BMF v. 17.12.2013, BStBl I 2014, 63, dazu *Werner,* DStR 2023, 868.

Gewinnverwendungs- und Gewinnverteilungsbeschlüsse. Die hierauf beruhenden Ausschüttungen sind Gewinnausschüttungen i. S. des § 20 Abs. 1 Nr. 1 Satz 1 EStG. Die Beschlüsse über die inkongruenten Vorabgewinnausschüttungen widersprachen zwar der Satzung der GmbH. Sie sind aber als **punktuell satzungsdurchbrechende** Ausschüttungsbeschlüsse mangels Anfechtbarkeit zivilrechtlich wirksam und bindend. Enthält ein Gesellschaftsvertrag keine gesonderte Regelung zur Gewinnverteilung und keine Öffnungsklausel i. S. des § 29 Abs. 3 Satz 2 GmbHG, sind die Gewinne entsprechend der gesetzlichen Regelung in § 29 Abs. 3 Satz 1 GmbHG nach dem Verhältnis der Geschäftsanteile zu verteilen. Wenn die Gesellschafterversammlung durch Beschluss von der subsidiären gesetzlichen Regelung in § 29 Abs. 3 Satz 1 GmbHG abweicht, die in der Satzung nicht aufgenommen, in ihr aber auch nicht im Rahmen einer Öffnungsklausel gemäß § 29 Abs. 3 Satz 2 GmbHG abbedungen wird, liegt ein satzungsdurchbrechender Ausschüttungsbeschluss vor. Die gesetzliche Regelung in § 29 Abs. 3 Satz 1 GmbHG ist dann ein materieller, wenngleich kein formeller Satzungsbestandteil.

Satzungsdurchbrechende Gesellschafterbeschlüsse, die einen vom Regelungsinhalt der Satzung abweichenden rechtlichen Zustand mit **Dauerwirkung** (und sei es auch nur für einen begrenzten Zeitraum) begründen, sind (selbst im Fall eines einstimmig gefassten Beschlusses) nichtig, wenn bei der Beschlussfassung nicht alle materiellen und formellen Bestimmungen einer Satzungsänderung (insbesondere die notarielle Beurkundung und Eintragung des Beschlusses in das Handelsregister gemäß § 53 Abs. 2 Satz 1 Halbsatz 1, § 54 Abs. 1 GmbHG) eingehalten werden. Von satzungsdurchbrechenden Beschlüssen mit Dauerwirkung sind **punktuell satzungsdurchbrechende Beschlüsse** zu unterscheiden, deren Wirkung sich in der betreffenden Maßnahme als Einzelakt erschöpft, sodass die Satzung durch den Beschluss zwar verletzt wird, aber nicht mit Wirkung für die Zukunft geändert werden soll; solche punktuell wirkenden Beschlüsse sind nicht nichtig, aber bei der GmbH entsprechend § 243 Abs. 1 AktG anfechtbar.

Ob ein satzungsdurchbrechender Beschluss eine von der Satzung abweichende Regelungslage mit (ggf. vorübergehender) Dauerwirkung begründet oder sich als punktueller Satzungsverstoß in einer einzelnen Maßnahme erschöpft, betrifft eine im Einzelfall durch das FG auf der Grundlage der in der zivilgerichtlichen Rechtsprechung entwickelten Wertungen zu entscheidende Tatsachenfrage. Vorliegend war die Würdigung, die Wirkung des jeweiligen Beschlusses habe sich im Abfluss der Ausschüttung an die T-GmbH erschöpft, nicht zu beanstanden.

Eine **Vorabausschüttung** ist eine gesellschaftsrechtlich zulässige vorweggenommene Gewinnauszahlung (Gewinnvorschuss), die u.a. als unterjährige oder nachperiodische Ausschüttung (vor Feststellung des Jahresabschlusses) erfolgen kann und an den Vorbehalt geknüpft ist, dass nach Ablauf des Wirtschaftsjahres tatsächlich ein entsprechend hoher ausschüttungsfähiger Gewinn vorhanden ist. Vorabgewinnausschüttungen einer GmbH stehen nicht unter einem Satzungsvorbehalt. Unabhängig davon, welche formellen Anforderungen an die Wirksamkeit eines solchen Beschlusses gestellt werden, ist ein **punktuell satzungsdurchbrechender** inkongruenter Ausschüttungsbeschluss stets nur analog § 243 Abs. 1 AktG **anfechtbar.** Haben aber sämtliche Gesellschafter der inkongruenten Gewinnverteilung zugestimmt, kann der Beschluss von keinem der Gesellschafter angefochten werden, denn die Zustimmung aller Gesellschafter führt für jeden Gesellschafter zum Verlust der Anfechtungsberechtigung.

Der Kläger hatte keinen Gewinnanteil zu versteuern, denn er hat den Einkünfteerzielungstatbestand des § 20 Abs. 1 Nr. 1 Satz 1 EStG jeweils nicht verwirklicht, da zivilrechtlich wirksam beschlossen wurde, an ihn keinen Gewinn auszuschütten. Offen ausgeschüttete Gewinne sind stets – nur – bei demjenigen Anteilseigner der Besteuerung zu unterwerfen, dem sie in dieser Eigenschaft als Anteilseigner zufließen.

c) Auslandssachverhalte

Ob eine **ausl. Gesellschaft** unter § 20 Abs. 1 Nr. 1 EStG fällt, richtet sich danach, ob sie nach ihrem im Ausland geregelten Aufbau und ihrer wirtschaftlichen Gestaltung einer inl. Personengesellschaft oder einer Kapitalgesellschaft entspricht (sog. Typenvergleich).[14] Sowohl das ausl. Rechtsgebilde als auch die konkrete Beteiligungsform des Stpfl. müssen vom Typ her den Gesellschafts- und Beteiligungsformen gleichen, die in diesen Regelungen angeführt werden. Entscheidend ist eine rechtliche und wirtschaftliche Gesamtwürdigung der maßgebenden ausl. Bestimmungen über die Organisation und Struktur der Gesellschaft sowie deren konkrete Ausformung in ihrer Satzung. Für den Typenvergleich der konkreten Beteiligungsform mit einer Aktie kommt es grundsätzlich darauf an, ob die Beteiligungsform als mitgliedschaftliche Beteiligung anzusehen ist, die dem Anteilseigner Vermögens- und Mitverwaltungsrechte einräumt. Dies setzt aber nicht voraus, dass sämtliche Einzelheiten der ausl. Beteiligungsform auch für inl. Aktien umsetzbar wären.[15]

14 Dazu FG München v. 10.11.2020, 6 V 1784/20, DStRE 2021, 513, bestätigt von BFH v. 18.5.2021, I B 76/20 (AdV), DStR 2021, 2389.

15 BFH v. 18.5.2021, I R 12/18, BFHE 273, 223, BStBl II 2021, 875.

Von einer ausl. Kapitalgesellschaft stammende Sachausschüttungen – insbes. durch die Übertragung von sich in ihrem Besitz befindlichen Anteilen an einer anderen Körperschaft – können vom Anteilseigner als Kapitaleinkünfte gem. § 20 Abs. 1 Nr. 1 EStG zu versteuern sein oder die Voraussetzungen einer nicht steuerbaren Einlagenrückgewähr i. S. des § 20 Abs. 1 Nr. 1 Satz 3 EStG erfüllen.[16] Grundsätzlich können Leistungen aus dem Vermögen von einer **in einem Drittstaat ansässigen Gesellschaft**, für die kein steuerliches Einlagekonto i. S. v. § 27 KStG geführt wird, als **Einlagenrückgewähr** zu qualifizieren sein (keine Einnahmen i. S. v. § 20 Abs. 1 Nr. 1 EStG, sondern Minderung der Anschaffungskosten).[17] Ob von einer Rückzahlung aus einer Kapitalrücklage oder von eine Gewinnausschüttung auszugehen ist, ist unter Heranziehung des ausl. Handels- und Gesellschaftsrechts zu beurteilen. Dazu muss unter Heranziehung der ausl. Bilanzen der Gesellschaft ermittelt werden, ob die Ausschüttung aus vorhandenen, laufenden oder in früheren Jahren angesammelten Jahresüberschüssen der Gesellschaft gezahlt wird.[18] Eine Rückzahlung von nicht in das Nennkapital geleisteten Einlagen kann unter anderem dann vorliegen, wenn die Leistungen der Kapitalgesellschaft im Wirtschaftsjahr das Nennkapital und den im Vorjahr festgestellten ausschüttbaren Gewinn übersteigen.[19]

Gem. § 20 Abs. 1 Nr. 1 **Satz 3** EStG gehören Bezüge i. S. des § 20 Abs. 1 Nr. 1 Satz 1 EStG nicht zu den Einnahmen, soweit sie aus Ausschüttungen einer Körperschaft stammen, für die Beträge aus dem steuerlichen Einlagekonto i. S. des **§ 27 KStG** als verwendet gelten.[20] Die **Kapitalverkehrsfreiheit** (Art. 63 AEUV) gebietet es, § 20 Abs. 1 Nr. 1 Satz 3 EStG dahin auszulegen, dass **die (materiellen) Grundsätze zur Einlagenrückgewähr** auch für Leistungen einer **in einem Drittstaat ansässigen Gesellschaft,** für die kein steuerliches Einlagekonto i. S. des § 27 KStG geführt wird, zum Tragen kommen. Allerdings ist lediglich die Höhe des ausschüttbaren Gewinns einer Drittstaatengesellschaft auf der Grundlage des jeweiligen ausl. Handels- und Gesellschaftsrechts zu ermitteln. Die Einlagenrückgewähr selbst

---

16 Im Verfahren VIII R 73/13 (v. 13.7.2016, BFHE 254, 404, BStBl II 2022, 271) hat der BFH für das Streitjahr 1998, also vor Geltung von § 20 Abs. 4a EStG, entschieden, dass die Rückgewähr von Eigenkapital i. S. v. § 20 Abs. 1 Nr. 1 Satz 3 EStG im Rahmen eines „Spin-off" einer US-amerikanischen Kapitalgesellschaft vorliegt, soweit die Leistungen der Kapitalgesellschaft im Wirtschaftsjahr das Nennkapital und den im Vorjahr festgestellten ausschüttbaren Gewinn übersteigen oder wenn sich dies aus der Bilanz der ausschüttenden Gesellschaft ergibt. Nach der Zurückverweisung durch den BFH wurde der Rechtsstreit im 2. Rechtsgang beim FG übereinstimmend in der Hauptsache für erledigt erklärt.

17 FG Münster v. 27.2.2020, 13 K 3135/15 E, EFG 2020, 777, rkr.

18 BFH v. 13.7.2016, VIII R 73/13, BFHE 254, 404, BStBl II 2022, 271.

19 FG Nürnberg v. 8.4.2020, 3 V 1239/19, DStR 2020, 1243, Rz. 78 unter Bezugnahme auf BFH v. 13.7.2016, VIII R 73/13, BFHE 254, 404.

20 Dazu BFH v. 19.10.2021, VIII R 7/20, BFHE 275, 12, BStBl II 2022, 366, Rz. 13 ff.

bestimmt sich sodann unter Beachtung der Verwendungsreihenfolge nach den Grundsätzen der Verwendungsfiktion des § 27 Abs. 1 Sätze 3 und 5 KStG. So werden die Gesellschafter von Drittstaatengesellschaften nicht schlechter, aber auch nicht besser behandelt als die Gesellschafter von inl. oder ausl. Gesellschaften in der EU. Handelt es sich bei dem jeweils fraglichen Bilanzposten (in dem vom BFH entschiedenen Fall[21] „retained earnings“) um in früheren Jahren angesammelte Jahresabschlüsse und somit um ausschüttbaren Gewinn i. S. des § 27 Abs. 1 Satz 5 KStG, so gelten für die Ausschüttungen nach den Grundsätzen der Verwendungsfiktion des § 27 Abs. 1 Sätze 3 und 5 KStG vorrangig die „retained earnings“ als verwendet. Unerheblich ist, ob die fragliche Ausschüttung – im entschiedenen Fall nach US-Recht – auch tatsächlich aus diesem Bilanzposten vorgenommen worden ist.

Fragen der Vereinbarkeit des von einer ausschüttenden **EU-Kapitalgesellschaft** zu betreibenden Feststellungsverfahrens gem. **§ 27 Abs. 8 KStG** mit höherrangigem Recht hinsichtlich des grundsätzlichen Erfordernisses des Verfahrens, der Antragstellung und -frist, der Anforderungen an den Nachweis einer Einlagenrückgewähr und der Mitwirkungs- und Antragsrechte des Anteilseigners sind nicht im Rahmen der Veranlagung des Anteilseigners zu klären.[22] Dass inl. Anteilseigner einer **Drittstaatenkapitalgesellschaft** im Rahmen des Steuerfestsetzungsverfahrens den Nachweis führen können, dass ein bestimmter Bezug als Einlagenrückgewähr zu qualifizieren ist, Ausschüttungen an inl. Gesellschafter einer EU-Kapitalgesellschaft gem. § 27 Abs. 8 Satz 9 KStG ohne weitere Nachweismöglichkeit des Anteilseigners jedoch stets als Gewinnausschüttung gelten, wenn die EU-Kapitalgesellschaft das Feststellungsverfahren gem. § 27 Abs. 8 KStG nicht betreibt, verletzt Art. 3 Abs. 1 GG nicht. **Bedenken** hat der BFH[23] jedoch geäußert, ob § 27 Abs. 8 Satz 9 KStG mit der Kapitalverkehrsfreiheit (Art. 63 AEUV) zu vereinbaren ist. Dies ist aber im Klageverfahren gegen einen ESt-Bescheid des Anteilseigners nur dann entscheidungserheblich, wenn Anhaltspunkte dafür bestehen, dass nach den Vorgaben der Verwendungsfiktion in § 27 Abs. 1 Sätze 3 und 5 KStG eine Einlagenrückgewähr vorliegen könnte. Die Aussetzung des Verfahrens nach § 74 FGO und die Einleitung eines Vorabentscheidungsverfahrens sind nicht veranlasst, wenn offensichtlich ausgeschlossen ist, dass der Stpfl. selbst einen erfolgreichen Nach-

21 BFH v. 19.10.2021, VIII R 7/20, BFHE 275, 12, BStBl II 2022, 366, Rz. 12 ff.
22 BFH v. 27.10.2020, VIII R 18/17, BFHE 270, 495, BStBl II 2022, 524.
23 BFH v. 4.5.2021, VIII R 14/20, BFHE 273, 206, DStR 2021, 2396; ebenso Parallelverfahren VIII R 17/18 vom gleichen Tag BFHE 273, 197, BFH/NV 2021, 1579; dazu auch A. II. 2. d).

weis der Einlagenrückgewähr führen kann. Hierzu fehlte es in den bisherigen Verfahren des BFH an tatsächlichen Feststellungen des FG.

Bereits 2010 entschied der **BFH** über die ertragsteuerlichen Folgen eines ausl. **„Spin-off“**[24] für inl. Privatanleger im Verfahren I R 117/08:[25] Teilt danach eine US-amerikanische Kapitalgesellschaft ihren Anteilseignern im Wege eines sog. Spin-off Aktien ihrer ebenfalls US-amerikanischen Tochtergesellschaft zu, so führt dies bei einem inl. Anteilseigner nur dann zu einem stpfl. Kapitalertrag, wenn sich die Zuteilung nach US-amerikanischem Handelsrecht und Gesellschaftsrecht als Gewinnverteilung – und nicht als Kapitalrückzahlung – darstellt. Ein Kapitalertrag aus der Beteiligung an einer ausl. Kapitalgesellschaft ist grundsätzlich demjenigen zuzurechnen, der in dem Zeitpunkt Anteilseigner der Kapitalgesellschaft war, in dem nach Maßgabe des für die Kapitalgesellschaft geltenden ausl. Rechts der den Auszahlungsanspruch begründende Rechtsakt stattgefunden hat. Fehlt es an einem solchen Rechtsakt, sei insoweit der Zeitpunkt der Ausschüttung maßgeblich. Dem folgt nunmehr auch das **BMF.**[26] Am 1.7.2021 entschied der **BFH** in mehreren Verfahren[27] über die Einordnung der **Zuteilung von Aktien im Rahmen eines ausländischen Spin-off** im Rahmen von § 20 Abs. 4a EStG.[28]

d) Zufluss beim beherrschenden Gesellschafter

Einnahmen sind nach § 11 Abs. 1 Satz 1 EStG innerhalb des Kalenderjahres bezogen, in dem sie dem Stpfl. zugeflossen sind, d. h. in dem er wirtschaftlich über die Einnahmen verfügen kann. Bei beherrschenden Gesellschaftern ist der Zufluss einer Ausschüttung in der Regel bereits im Zeitpunkt der Beschlussfassung über die Gewinnverwendung anzunehmen, weil der beherrschende Gesellschafter es regelmäßig in der Hand hat, sich die ihm von der Gesellschaft geschuldeten Beträge auszahlen zu lassen. Dies gilt jedenfalls dann, wenn sein Gewinnauszahlungsanspruch eindeutig, unbestritten und fällig ist und sich gegen eine zahlungsfähige Gesellschaft richtet. Unter diesen Voraussetzungen kann der beherrschende Gesellschafter im Regelfall wirtschaftlich bereits ab dem Zeitpunkt des Ausschüttungsbeschlusses über seinen Gewinnanteil verfügen.

24 Dazu A. II. 2. e).
25 BFH v. 20.10.2010, I R 117/08, BFHE 232, 15, BStBl II 2022, 254.
26 BMF v. 21.4.2022, IV C 2 – S 2836/20/10001:002, BStBl I 2022, 647.
27 BFH v. 1.7.2021, VIII R 9/19, BStBl II 2022, 359, DStR 2021, 2391, BFH/NV 2021, 1582; VIII R 28/19, BFH/NV 2021, 1497; VIII R 6/20, BFH/NV 2021, 1500; VIII R 19/20, BFH/NV 2021, 1502 und VIII R 27/20, BFH/NV 2021, 1505 sowie zu einem anderen Spin-off VIII R 15/20, BStBl II 2022, 363, DStRE 2021, 1295, BFH/NV 2021, 1585.
28 Dazu sub A. II. 2. e).

Dies gilt auch für den Zufluss von Gewinnanteilen **bei einem** im Inland unbeschränkt einkommenstpfl. **beherrschenden Gesellschafter einer ausl. Kapitalgesellschaft.**[29] Unverzichtbare Bedingung für den Zufluss offener Gewinnausschüttungen beim beherrschenden Gesellschafter ist im Inlandsfall wie im Auslandsfall, dass der Gesellschafter über diejenigen Gewinnanteile, deren Ausschüttung durch die Gesellschafterversammlung beschlossen wurde, **wirtschaftlich verfügen** kann. Die Bejahung des Zuflusses trotz noch fehlender tatsächlicher Auszahlung der Gewinnanteile an den beherrschenden Gesellschafter ist nur gerechtfertigt, wenn und soweit keine rechtlichen oder tatsächlichen Hinderungsgründe bestehen, die eine wirtschaftliche Verfügungsmacht und Disposition über die Gewinnanteile vereiteln. In Betracht kommen insoweit nicht nur Hindernisse des Gesellschaftsrechts oder allgemeinen Zivilrechts, sondern auch Hindernisse insolvenzrechtlicher, steuerrechtlicher oder bilanzrechtlicher Art. Entsteht mit der Fassung des Gewinnverwendungsbeschlusses nach ausl. Recht ein sofort fälliger Gewinnauszahlungsanspruch, kann hieraus nicht in jedem Fall zwingend abgeleitet werden, dass der beherrschende Gesellschafter bei Zahlungsfähigkeit der Gesellschaft unmittelbar die wirtschaftliche Verfügungsmacht erlangt. Denn die **Dispositionsmöglichkeit** des Gesellschafters über die Auszahlung des Ausschüttungsbetrags kann **nach den Gegebenheiten des jeweiligen ausl. Rechts** dennoch ausgeschlossen sein. Soweit das ausl. Recht der Erlangung der wirtschaftlichen Verfügungsmacht des beherrschenden Gesellschafters über den Ausschüttungsbetrag entgegenstehen, ist noch kein Zufluss gem. § 11 Abs. 1 Satz 1 EStG bei ihm gegeben. Das maßgebliche ausl. Recht hat das FG nicht nur hinsichtlich der Frage, ob eine Gewinnausschüttung beschlossen wurde, der Fälligkeit des Gewinnauszahlungsanspruchs und der Zahlungsfähigkeit der ausschüttenden Gesellschaft, sondern auch im Hinblick darauf festzustellen, ob es landesspezifische gesetzliche oder tatsächliche Besonderheiten gibt, die verhindern, dass der beherrschende Gesellschafter die wirtschaftliche Verfügungsmacht über den Ausschüttungsbetrag erlangt – ungeachtet der erhöhten Mitwirkungspflicht der Beteiligten bei Auslandssachverhalten.

Über den Zufluss von Einkünften aus Kapitalvermögen **bei gespaltener Gewinnverwendung** hat der BFH im Verfahren VIII R 25/19 entschieden.[30] Danach ist ein zivilrechtlich wirksamer Gesellschafterbeschluss, nach dem die Gewinnanteile von Minderheitsgesellschaftern ausgeschüttet werden, der auf den Mehrheitsgesellschafter gem. seiner Beteiligung entfallende Anteil am Gewinn hingegen nicht ausgeschüttet, sondern in eine gesellschafterbezogene Gewinnrücklage eingestellt wird, grundsätzlich

29 Dazu BFH v. 14.2.2022, VIII R 32/19, BFHE 276, 223, BStBl II 2023, 101, Rz. 15 ff.
30 BFH v. 28.9.2021, VIII R 25/19, BFHE 274, 457, DStR 2022, 140.

auch steuerlich anzuerkennen. Eine solche Einstellung in die gesellschafterbezogene Gewinnrücklage führt aber auch beim beherrschenden Gesellschafter nicht zum Zufluss von Kapitalerträgen gem. § 20 Abs. 1 Nr. 1 Satz 1, § 11 Abs. 1 Satz 1 EStG.

Im entschiedenen Fall sahen die Satzungsbestimmungen zur Gewinnverteilung vor, dass der auszuschüttende Gewinn grundsätzlich nach dem Verhältnis der Geschäftsanteile auf die Gesellschafter zu verteilen war. Allerdings konnte die Gesellschafterversammlung mit einfacher Mehrheit eine abweichende Gewinnausschüttung beschließen. Wurde der Gewinn eines Gesellschafters nicht ausgeschüttet, war dieser nach der jeweiligen Satzung dem Gesellschafter auf einem personenbezogenen Rücklagenkonto gutzuschreiben. Der betroffene Gesellschafter musste dieser Regelung zustimmen. Auf dem personenbezogenen Rücklagenkonto befindliche Gewinne konnten zu einem späteren Zeitpunkt an diesen Gesellschafter ausgeschüttet werden. Hierüber entschied die Gesellschafterversammlung mit einfacher Stimmenmehrheit. Auf dieser Grundlage entschieden die Gesellschafter über die Verwendung und Verteilung der Bilanzgewinne. Hierzu stellten sie zunächst die Höhe der jeweils ausschüttbaren Gewinne fest. Im Weiteren beschlossen sie, dass die der jeweiligen Beteiligungshöhe entsprechenden Gewinnanteile der Minderheitsgesellschafter an diese ausgeschüttet wurden. Die ebenfalls der Beteiligungshöhe entsprechenden Anteile des beherrschenden Gesellschafters am Gewinn wurden hingegen „nicht ausgeschüttet und den personenbezogenen Rücklagen zugeführt". Im Jahresabschluss wurde diese Rücklage als Gewinnrücklage im Eigenkapital der jeweiligen Gesellschaft ausgewiesen. FA und FG waren der Meinung, dem beherrschenden Gesellschafter seien damit Einkünfte aus Kapitalvermögen i. S. v. § 20 Abs. 1 Nr. 1, § 11 Abs. 1 Satz 1 EStG zugeflossen.[31] Die Revision des beherrschenden Gesellschafters war erfolgreich.

Das FG hatte verkannt, dass es infolge entsprechender Gesellschafterbeschlüsse bereits nicht zu **Gewinnausschüttungen** an den beherrschenden Gesellschafter gekommen ist, sodass sich die Frage des Zuflusses von Gewinnanteilen gar nicht stellte. Während die Gesellschafter im **Gewinnverwendungsbeschluss** (vgl. § 29 Abs. 2 GmbHG) darüber entscheiden, ob bzw. inwieweit der Gewinn der GmbH thesauriert oder ausgeschüttet wird, bestimmen sie im Rahmen der Gewinnverteilung (vgl. § 29 Abs. 3 GmbHG), ob der auszuschüttende Gewinn den Gesellschaftern gem. ihren Geschäftsanteilen zusteht oder ob er anteilsabweichend verteilt wird (sog. disquotale bzw. inkongruente Gewinnverteilung). Entscheiden die Ge-

31 FG Niedersachsen v. 4.7.2019, 10 K 181/17, EFG 2019, 1583.

sellschafter im Rahmen der Gewinnverwendung, dass der Gewinn insgesamt oder zum Teil thesauriert wird, kann dieser in eine (allgemeine) Gewinnrücklage eingestellt oder als Gewinn vorgetragen werden (§ 29 Abs. 2 GmbHG). Die Gesellschafter einer GmbH können im Rahmen der Gewinnverwendung auch beschließen, dass nur die Anteile bestimmter Gesellschafter am Gewinn ausgeschüttet werden, während die Anteile anderer Gesellschafter am Gewinn nicht ausgeschüttet, sondern in gesellschafterbezogene Gewinnrücklagen eingestellt werden (sog. gespaltene bzw. inkongruente Gewinnverwendung). Für spätere Ausschüttungen aus einer solchen gesellschafterbezogenen Gewinnrücklage, die als Unterkonto der Gewinnrücklage geführt wird, ist erneut ein Beschluss über die Gewinnverwendung zu fassen. Der Gewinn wird in diesem Fall regelmäßig an denjenigen Gesellschafter verteilt, dem die betreffende Rücklage zuzurechnen ist. Auf diesem Weg ist es möglich, den Anteil eines Gesellschafters am Gewinn in der GmbH zu belassen und erst in späteren Jahren an diesen Gesellschafter auszuschütten („zeitlich inkongruente Gewinnausschüttung"). Der zunächst entstehende Effekt der „zeitlich disquotalen" Gewinnausschüttung wird bei einer späteren inkongruenten Ausschüttung aus der gesellschafterbezogenen Gewinnrücklage ggf. ganz oder teilweise ausgeglichen.

e) Gewinne aus der Zeit vor Auflösung einer Gesellschaft

Geht es um die **Abgrenzung** von Einkünften gem. **§ 20 Abs. 1 Nr. 1** und **§ 20 Abs. 1 Nr. 2 EStG,** so handelt es sich um Einkünfte aus Kapitalvermögen i. S. des § 20 Abs. 1 Nr. 1 EStG bei Gewinnanteilen (Dividenden), Ausbeuten und sonstige Bezüge aus Aktien, Genussrechten, mit denen das Recht am Gewinn und Liquidationserlös einer Kapitalgesellschaft verbunden ist. Zu den Einkünften aus Kapitalvermögen i. S. des § 20 Abs. 1 Nr. 2 EStG gehören Bezüge, die nach der Auflösung einer Körperschaft i. S. der Nr. 1 anfallen und nicht in der Rückzahlung von Nennkapital bestehen. Dabei erfasst Abs. 1 Nr. 2 nur diejenigen Bezüge, die nicht zu den Einnahmen i. S. der Nr. 1 gehören.

Das FG Köln[32] hat in diesem Kontext entschieden, dass Ausschüttungen von Gewinnen aus der Zeit vor der Auflösung einer Gesellschaft, die erst nach dem Auflösungsstichtag beschlossen und geleistet werden, in Abgrenzung zu Abwicklungs- und Liquidationserlösen nicht unter § 20 Abs. 1 Nr. 2 EStG, sondern unter § 20 Abs. 1 Nr. 1 EStG fallen.

32 FG Köln v. 26.10.2022, 2 K 2446/19.

2. § 20 Abs. 1 Nr. 4 EStG

Erscheint es möglich, dass Einnahmen aus einer Beteiligung an einem Handelsgewerbe als atypisch stiller Gesellschafter im Rahmen einer Mitunternehmerschaft erzielt werden, muss das FG das Verfahren über die Rechtmäßigkeit des ESt-Bescheides, in dem Einkünfte aus Kapitalvermögen gem. § 20 Abs. 1 Nr. 4 EStG erfasst sind, gem. **§ 74 FGO** aussetzen, bis durch einen – positiven oder negativen – Bescheid entschieden ist, ob eine gesonderte und einheitliche Feststellung geboten ist.[33] Unterbleibt dies, liegt ein von Amts wegen zu berücksichtigender Verstoß gegen die Grundordnung des Verfahrens vor. Bleibt das Mitunternehmerrisiko eines stillen Gesellschafters hinter der Rechtsstellung zurück, die das HGB dem Kommanditisten zuweist, ist gleichwohl von einem atypisch stillen Gesellschaftsverhältnis auszugehen, wenn die Möglichkeit des stillen Gesellschafters zur **Entfaltung von Mitunternehmerinitiative besonders stark** ausgeprägt ist. Diese Möglichkeit kann sich bei einer GmbH & Still auch aus der Stellung des stillen Gesellschafters als Geschäftsführer oder Prokurist der GmbH ergeben.

Mit der **Qualifikation von Erträgen aus Mitarbeiterbeteiligungen**[34] im Kontext von § 20 Abs. 1 Nr. 4, Abs. 8 EStG hatte sich das FG Baden-Württemberg zu beschäftigen.[35] Es stellt fest, dass bei einer Beteiligung eines Arbeitnehmers an seinem Arbeitgeber die Erträge aus der Beteiligung Einkünfte aus Kapitalvermögen sind, wenn der Arbeitnehmer durch die Beteiligung ein Verlustrisiko trägt.

Im entschiedenen Fall war der Kläger leitender Angestellter einer KG und erzielte hieraus Einkünfte aus nichtselbständiger Arbeit. Die KG war ein international tätiges Unternehmen einer Unternehmensgruppe mit Tochtergesellschaften in verschiedenen Ländern. Der Kläger schloss mit der KG einen Vertrag zur Begründung einer typisch stillen Gesellschaft, im Rahmen dessen ein Rangrücktritt vereinbart wurde. Die gesellschaftsvertragliche Einlageverpflichtung erfüllte der Kläger durch Stehenlassen von Gewinnanteilen. Die Einlage ging in das Vermögen der KG über. Der Kläger erhielt im Innenverhältnis eine Ergebnisbeteiligung und haftete im Außenverhältnis nicht, wovon die Haftung im Innenverhältnis mit der geleisteten Einlage sowie einer angesparten Rücklage aufgrund von Rangrücktrittsregelungen unberührt war. Für den Fall der Beendigung

33 BFH v. 12.4.2021, VIII R 46/18, BFHE 273, 22, BStBl I 2021, 614.

34 Dazu schon A. I. 4. b).

35 FG Baden-Württemberg v. 1.4.2022, 5 K 1635/20, EFG 2023, 101, Rev. VIII R 10/22 (Zulassung im Hinblick auf die Urteile des Sächsischen FG vom 25.11.2021 in den Sachen 8 K 438/21 und 8 K 849/21, n. v.).

des Anstellungsverhältnisses sah der Gesellschaftsvertrag ein Kündigungsrecht vor. Das FA qualifizierte die als solche aus stiller Beteiligung erklärten Einkünfte als Einkünfte aus nichtselbständiger Arbeit, das FG als Einkünfte aus Kapitalvermögen gem. § 20 Abs. 1 Nr. 4 EStG. Das FG ging von einem unabhängig vom Arbeitsverhältnis bestehenden Sonderrechtsverhältnis aus. Die Ausgestaltung der stillen Beteiligung entspreche den üblichen gesetzlichen Kriterien. Der Kläger habe in Höhe der Einlage und in Höhe der Rücklage ein Verlustrisiko getragen, das auch gesellschaftsrechtlich motiviert gewesen sei. Das Verlustrisiko sei durch die Rangrücktrittsvereinbarung weiter verschärft worden. Darüber hinaus habe die Begründung der stillen Gesellschaft dazu gedient, das bilanziell ausgewiesene Eigenkapital der KG zu stärken und nicht etwa die Arbeitsleistung des Klägers zu vergüten.

Auch im Urteil vom 6.10.2022[36] bejahte das FG Baden-Württemberg Einkünfte aus Kapitalvermögen gem. § 20 Abs. 1 Nr. 4 EStG. Ein am Gewinn und Verlust des Unternehmens beteiligter stiller Gesellschafter sei **nicht** als **Mitunternehmer** anzusehen, wenn er weder am Unternehmenswert noch am Zuwachs der stillen Reserven des Betriebsvermögens einschließlich des Firmenwerts beteiligt sei und ihm auch keine über das Recht, die Jahresabschlüsse einschließlich der Prüfungsberichte des Abschlussprüfers einzusehen, hinausgehenden Stimm- oder Widerspruchsrechte zustünden. Der Umstand, dass der Arbeitnehmer keinen arbeitsvertraglichen Anspruch auf Einräumung der stillen Beteiligung habe, spreche für ein unabhängig vom Arbeitsverhältnis bestehendes Sonderrechtsverhältnis. Bei der Möglichkeit, die stille Einlage durch stehengelassene Gewinnanteile zu erbringen, handele es sich um eine übliche Möglichkeit zur Einlageerbringung. Eine Veranlassung der stillen Beteiligung durch das Arbeitsverhältnis sei nicht daraus abzuleiten, dass die Gewinnbeteiligung des Arbeitnehmers aus der stillen Beteiligung nicht auf einen bestimmten – absoluten und angemessenen – Prozentsatz der Einlageleistung begrenzt sei.

3. § 20 Abs. 1 Nr. 6 EStG

Im Kontext der Besteuerung von Erträgen aus Versicherungen gem. § 20 Abs. 1 Nr. 6 EStG[37] hat der BFH im Verfahren VIII R 7/15[38] entschieden, dass der Berechtigte einer **Sicherheits-Kompakt-Rente**, die eine Rentenversicherung als Versorgungskomponente und eine Lebensversicherung

36 FG Baden-Württemberg v. 6.10.2022, 12 K 1692/20, EFG 2023, 533; der BFH hat mit Beschluss v. 20.5.2023, VIII B 134/22, die Revision zugelassen.

37 Vgl. zu einem Überblick *Jooß*, jM 2019, 430 ff. m. w. N.

38 BFH v. 11.12.2018, VIII R 7/15, BFHE 263, 216, BStBl II 2019, 231; dazu auch A. V. 1.

als Tilgungskomponente zum Gegenstand hat, aus den Lebensversicherungen Einkünfte aus Kapitalvermögen gem. § 20 Abs. 1 Nr. 6 EStG – im Streitfall in der bis zum 31.12.2004 geltenden Fassung (EStG 2004) – und aus den Rentenversicherungen sonstige Einkünfte gem. § 22 Nr. 1 EStG erzielt. Die Erträge aus den in den Jahren 2003 und 2004 abgeschlossenen fondsgebundenen Kapitallebensversicherungen führen gem. § 20 Abs. 1 Nr. 6 Satz 5 EStG 2004 i. V. m. § 52 Abs. 36 Satz 5 EStG (nunmehr § 52 Abs. 28 Satz 5 EStG) im Jahr des Zuflusses zu Einnahmen aus Kapitalvermögen. Die Voraussetzungen für eine Steuerfreiheit nach § 20 Abs. 1 Nr. 6 Satz 2 i. V. m. § 10 Abs. 1 Nr. 2 Buchst. b Doppelbuchst. dd EStG 2004 lagen bereits wegen der Finanzierung durch Einmalbeträge nicht vor. Bei den durch Einmalbeträgen finanzierten, sofort beginnenden lebenslangen Rentenzahlungen handelt es sich in Höhe des Ertragsanteils um stpfl. Einnahmen aus Leibrenten gem. § 22 Nr. 1 Satz 3 Buchst. a Doppelbuchst. bb EStG.[39] Die Besteuerung als Leibrente in Höhe des Ertragsanteils gilt auch für die nicht garantierten Bonuszahlungen. Die **Finanzierungskosten** für den Erwerb der Sicherheits-Kompakt-Rente sind auch nach der Einführung des Werbungskostenabzugsverbots nach § 20 Abs. 9 EStG zum 1.1.2009 aufzuteilen in Werbungskosten, die anteilig den Einkünften aus Kapitalvermögen i. S. des § 20 EStG und den sonstigen Einkünften i. S. des § 22 EStG zuzuordnen sind.[40]

Rentenzahlungen, die auf einem **begünstigten Versicherungsvertrag** i. S. des § 10 Abs. 1 Nr. 2 Buchst. b EStG 2004 beruhen, sind **insgesamt den Einkünften aus Kapitalvermögen** i. S. des § 20 Abs. 1 Nr. 6 EStG 2004 **zuzuordnen** und unter den Voraussetzungen des § 20 Abs. 1 Nr. 6 Satz 2 EStG 2004 steuerfrei, soweit die Summe der ausgezahlten Rentenbeträge das in der Ansparzeit angesammelte Kapitalguthaben einschließlich der Überschussanteile nicht übersteigt.[41]

Im Verfahren VIII R 36/15[42] wurde entschieden, dass die Möglichkeit des Berechtigten einer Lebensversicherung, deren Versicherungsleistung von der Wertentwicklung eines Anlagestocks abhängt, aus mehreren standardisierten Anlagestrategien zu wählen, allein keine mittelbare **Dispositionsbefugnis** i. S. v. § 20 Abs. 1 Nr. 6 Satz 5 EStG begründet. Nach § 20 Abs. 1 Nr. 6 Satz 5 EStG liegt ein vermögensverwaltender Versicherungs-

39 Vgl. BFH v. 15.12.1999, X R 23/95, BFHE 190, 460, BStBl II 2000, 267; v. 15.5.2005 X R 64/01, BFHE 210, 281, BStBl II 2006, 245; v. 18.5.2010, X R 32–33/01, BFHE 230, 305, BStBl II 2011, 675, Rz. 50.

40 Bestätigt durch BFH v. 27.10.2020, VIII R 30/17, BFHE 271, 295, BStBl II 2021, 927.

41 BFH 1.7.2021, VIII R 4/18, BFHE 273, 293, DStR 2021, 2341.

42 BFH v. 26.3.2019, VIII R 36/15, BFHE 264, 20, BStBl II 2019, 399; Anm. *Jooß*, HFR 2019, 672 ff.

vertrag vor, wenn in dem Versicherungsvertrag eine gesonderte Verwaltung von speziell für diesen Vertrag zusammengestellten Kapitalanlagen vereinbart worden ist, die nicht auf öffentlich vertriebene Investmentfondsanteile oder Anlagen, die die Entwicklung eines veröffentlichten Indexes abbilden, beschränkt ist, und der wirtschaftlich Berechtigte unmittelbar oder mittelbar über die Veräußerung der Vermögensgegenstände und die Wiederanlage der Erlöse bestimmen kann. Auf solche vermögensverwaltenden Versicherungsverträge sind die Sätze 1 bis 4 des § 20 Abs. 1 Nr. 6 EStG nicht anzuwenden (§ 20 Abs. 1 Nr. 6 Satz 5 EStG). Kapitalerträge z. B. in Form von Zinsen, Dividenden oder Veräußerungsgewinnen aus den der Versicherung zugeordneten Kapitalanlagen werden stattdessen dem wirtschaftlich Berechtigten zugerechnet und nach den allgemeinen Regelungen – transparent – bei ihm besteuert. § 20 Abs. 1 Nr. 6 Satz 5 EStG ist auf alle Kapitalerträge anwendbar, die dem Versicherungsunternehmen nach dem 31. Dezember 2008 zufließen (§ 52 Abs. 36 Satz 10 EStG i. d. F. des JStG 2009). Im entscheidenden Fall fehlte es jedenfalls an der Voraussetzung, dass die Klägerin als wirtschaftlich Berechtigte des Versicherungsvertrags unmittelbar oder mittelbar über die Veräußerung der Vermögensgegenstände und die Wiederanlage der Erlöse bestimmen konnte.

Im Verfahren VIII R 3/15[43] stellte der BFH fest, dass die **Gewährung eines zinslosen Darlehens** nicht zu einer steuerschädlichen Verwendung der Darlehensvaluta eines mit einer Lebensversicherung besicherten Darlehens i. S. v. **§ 20 Abs. 1 Nr. 6 Satz 2 i. V. m. § 10 Abs. 2 Satz 2 EStG** in der bis zum 31.12.2004 geltenden Fassung führt, die die Stpfl. der außerrechnungsmäßigen und rechnungsmäßigen Zinsen aus den Sparanteilen der Lebensversicherung zur Folge hat.[44]

Im Verfahren VIII R 25/16[45] war über die **Besteuerung fondsgebundener Lebensversicherungen bis zum 31.12.2004** zu entscheiden. Der BFH stellte fest, dass der Verlust aus dem Rückkauf einer solchen Versicherung, die vor dem 1.1.2005 abgeschlossen wurde, nicht gem. § 20 Abs. 1 Nr. 6 EStG in der am 31.12.2004 geltenden Fassung zu berücksichtigen ist. Der Kläger hatte 2004 zwei fondsgebundene Lebensversicherungen mit einer Laufzeit von 35 Jahren, einer Prämienzahlungsdauer von fünf Jahren, jährlichen Prämien von 60.000 € und einer Versicherungssumme von 180.000 € nach dem Ende des dritten Versicherungsjahres abgeschlossen. Die Versicherung erwarb Wertpapiere und führte diese dem Deckungsstock des

43 BFH v. 25.9.2018, VIII R 3/15, BFHE 263, 123, BStBl II 2019, 235.

44 Abgrenzung zu BFH v. 27.3.2007, VIII S 23/06, BFH/NV 2007, 1486 sowie v. 4.7.2007, VIII R 46/06, BFHE 218, 308, BStBl II 2008, 49.

45 BFH v. 24.6.2019, VIII R 25/16, BFHE 265, 223, BStBl II 2019, 698.

Klägers zu, soweit die Prämien nicht zur Deckung der Kosten bestimmt waren. Der Deckungsstock wurde während der Vertragsdauer gesondert vom übrigen Vermögen der Versicherung angelegt. Werte wurden nicht garantiert. Der Kläger sollte nach vollständiger Kündigung – soweit vorhanden – den Rückkaufswert (Geldwert der Deckungsrückstellung (Versicherungsdepotwert abzüglich noch offener Provisionsforderungen), errechnet mit dem Rücknahmepreis zum Kündigungstermin) erhalten. 2008 kündigte der Kläger die Versicherungen und erhielt jeweils einen Rückkaufswert von 77.027,20 €. Bis zur Beendigung der Versicherungen hatte er Prämien in Höhe von jeweils 195.000 € geleistet. Die Minderung der Rückkaufswerte im Verhältnis zu den eingezahlten Beiträgen beruhte auf Kursverlusten der im Anlagestock gehaltenen Wertpapiere. Hinzu kamen Kosten von 2.815,57 €. Der Kläger machte die Verluste aus der vorzeitigen Kündigung der fondsgebundenen Lebensversicherungen in Höhe von insgesamt 230.314,46 € als negative Einkünfte aus Kapitalvermögen geltend – ohne Erfolg. § 20 Abs. 1 Nr. 6 EStG 2004 findet gem. § 52 Abs. 36 Satz 5 EStG a. F./§ 52 Abs. 28 Satz 5 EStG n. F. auf Kapitalerträge aus Versicherungsverträgen, die vor dem 1.1.2005 abgeschlossen worden sind, mit der Maßgabe weiterhin Anwendung, dass in Satz 3 die Wörter „§ 10 Abs. 1 Nr. 2 Buchst. b Satz 5“ durch die Wörter „§ 10 Abs. 1 Nr. 2 Buchst. b Satz 6“ ersetzt werden. Für Erträge aus fondsgebundenen Lebensversicherungen gelten gem. § 20 Abs. 1 Nr. 6 Satz 5 EStG die Regelungen des § 20 Abs. 1 Nr. 6 Sätze 1 bis 4 EStG entsprechend. Nach § 20 Abs. 1 Nr. 6 Satz 1 EStG gehören zu den Einkünften aus Kapitalvermögen außerrechnungsmäßige und rechnungsmäßige Zinsen aus den Sparanteilen, die in den Beiträgen zu Versicherungen auf den Erlebens- oder Todesfall enthalten sind. Die Stpfl. der Zinsen gilt nach § 20 Abs. 1 Nr. 6 Satz 2 EStG nicht für Zinsen aus Versicherungen i. S. des § 10 Abs. 1 Nr. 2 Buchst. b EStG, die mit Beiträgen verrechnet oder im Versicherungsfall oder im Fall des Rückkaufs des Vertrags nach Ablauf von zwölf Jahren seit dem Vertragsabschluss ausgezahlt werden. Diese Rückausnahme greift hier jedoch nicht ein, weil der Rückkauf der fondsgebundenen Lebensversicherungen vor Ablauf von zwölf Jahren seit dem Vertragsabschluss erfolgt ist. Aus der entsprechenden Anwendung der Besteuerung von „rechnungs- und außerrechnungsmäßigen Zinsen“ aus Lebensversicherungen i. S. v. § 20 Abs. 1 Nr. 6 Satz 1 EStG auf Kapitalerträge aus fondsgebundenen Lebensversicherungen i. S. v. Satz 5 folgt nicht, dass der vom Kläger geltend gemachte Verlust steuerlich zu berücksichtigen ist. Der Umfang der steuerlich zu berücksichtigenden Kapitalerträge aus fondsgebundenen Lebensversicherungen bestimmt sich nach § 20 Abs. 1 Nr. 6 Satz 5 EStG. Denn bei der Anordnung der entsprechenden Anwendbarkeit des § 20 Abs. 1 Nr. 6 Satz 1 EStG handelt es sich um eine Rechtsfolgen- und nicht um eine Rechtsgrundverweisung, da bei fondsgebundenen Lebensversicherungen die für konventionelle Lebensversicherungen in § 20 Abs. 1 Nr. 6 Satz 1 EStG normierte Unterscheidung zwischen außerrechnungsmäßigen und rechnungsmäßigen Zinsen entfällt. Denn die Sparanteile werden nur in Wertpapieren oder Investmentanteilen angelegt, die vom übrigen Vermögen des Versicherungsunternehmens getrennt in einer selbständigen Abteilung des Deckungsstocks (Anlagestock) geführt werden. Eine der Höhe nach garantierte Leistung erbringt der Versicherer bei der fondsgebundenen Lebensversicherung – jedenfalls im Erlebensfall – nicht; selbst der Verlust des gesamten eingesetzten Kapitals ist möglich. Der Versicherungsnehmer trägt damit, anders als bei der konventionellen Lebensversicherung, das Kapitalanlagerisiko. Rechnungsmäßige Zinsen i. S. des § 20 Abs. 1 Nr. 6 Satz 1 EStG können bei fondsgebundenen Lebensversicherungen nicht entstehen, weil bei diesen im Unterschied zu konventionellen Lebensversicherungen keine nominelle Versicherungssumme angespart wird und keine Erträge garantiert werden, sondern der Versicherungsnehmer im Erlebensfall bei Ablauf der Versicherung seinen Anteil an den im Anlagestock gehaltenen Wertpapieren bzw. eine Geldleistung in Höhe des entsprechenden Nennwertes erhält. Außerrechnungsmäßige Zinsen i. S. des § 20 Abs. 1 Nr. 6 Satz 1 EStG fallen bei fondsgebundenen Lebensversicherungen ebenfalls nicht an, weil die Erträge der Wertpapiere nicht an den Versicherungsnehmer ausgeschüttet, sondern im Anlagestock thesauriert und wieder angelegt werden, sodass dieser an der allgemeinen Wertentwicklung des Anlagestocks teilnimmt.

Für die Bestimmung der stpfl. Einnahmen aus fondsgebundenen Lebensversicherungen sind nur positive laufende Kapitalerträge aus dem Anlagestock von Bedeutung. Auf Kursgewinnen beruhende Wertzuwächse des Anlagestocks bleiben außer Betracht (grundsätzlich irrelevante Vermögenssphäre). Allein auf Kursverlusten beruhende Wertminderungen des Anlagestocks können nicht als negative Einnahmen aus Kapitalvermögen nach § 20 Abs. 1 Nr. 6 Satz 5 EStG Berücksichtigung finden. Nach der entsprechend anwendbaren Regelung des § 20 Abs. 1 Nr. 6 Satz 1 EStG unterliegt nur ein positiver Ertrag in Gestalt der rechnungsmäßigen und außerrechnungsmäßigen Zinsen der Besteuerung und ein infolge vorzeitiger Kündigung des Lebensversicherungsvertrags erzielter negativer Saldo aus dem Rückkaufswert und den eingezahlten Beiträgen ist ohne Bedeutung. Die Grundentscheidung, dass auch Wertveränderungen des eingezahlten Vermögens bei der Ermittlung von Einkünften, die aus Lebensversicherungen erzielt werden, im Rahmen der einkommensteuerlichen Bemessungsgrundlage berücksichtigt werden, wurde erst mit der Neuregelung des § 20 Abs. 1 Nr. 6 Satz 1 EStG durch das AltEinkG getroffen, nach der der Unterschiedsbetrag zwischen der Versicherungsleistung und der Summe der auf sie entrichteten Beiträge zu versteuern ist. Die Vorschrift findet nach der Anwendungsregelung in § 52 Abs. 28 Satz 5 EStG n. F. erst Anwendung auf Versicherungsverträge, die nach dem 31.12.2004 abgeschlossen worden sind.

4. § 20 Abs. 1 Nr. 7 EStG

a) Steuerbare Kapitalforderung

§ 20 Abs. 1 Nr. 7 EStG erfasst als Auffangtatbestand alle sonstigen Kapitalforderungen. Es kann sich auch um eine durch Abtretung erworbene Forderung handeln.[46]

§ 20 Abs. 1 Nr. 7 EStG a. F. erfasst eine Kapitalforderung nur, wenn entweder die Kapitalrückzahlung zugesagt, aber die Zahlung eines Entgelts dem Grunde und der Höhe nach ungewiss ist (Alternative 1) oder die Kapitalrückzahlung nicht zugesagt ist, aber dem Gläubiger für die Kapitalüberlassung ein Entgelt zugesagt oder gewährt wird, wobei die Höhe des Entgelts von einem ungewissen Ereignis abhängen kann (Alternative 2). Die erforderliche „Gewährung" eines stpfl. (ungewissen) Entgelts setzt voraus, dass entweder trotz fehlender vertraglicher Vereinbarung die Kapitalrückzahlung oder die Höhe eines (Mindest-)Entgelts im Vorhinein aufgrund der vertraglichen Ausgestaltung der Kapitalforderung sicher ist.[47] Daher sind unter anderem Vollrisikozertifikate ohne Kapitalrückzahlungsgarantie, bei denen sowohl der Zinssatz als auch die Höhe der Kapitalrückzahlung an einen Index gekoppelt sind, keine Kapitalforderungen i. S. v. § 20 Abs. 1 Nr. 7 EStG a. F., wohl aber i. S. v. **§ 20 Abs. 1 Nr. 7 EStG n. F.**[48] § 20 Abs. 1 Nr. 7 EStG erfasst auch Erträge aus reinen Spekulationsanlagen (Vollrisikopapiere), da sowohl die Höhe des Entgelts als auch die Höhe der Rückzahlung von einem ungewissen Ereignis abhängen darf.[49] In dem hierzu entschiedenen Fall VIII R 16/16[50] war sowohl das Entgelt als auch die Rückzahlung des eingesetzten Kapitals allein **von** der Entwick-

46 BFH v. 30.11.2022, VIII R 27/19, BStBl I 2023, 330.
47 Vgl. BFH v. 4.12.2007, VIII R 53/05, BFHE 219, 339, BStBl II 2008, 563; v. 27.10.2015, VIII R 70/13, BFH/NV 2016, 736.
48 BFH v. 29.10.2019, VIII R 16/16, BFHE 266, 550, BStBl II 2020, 245.
49 BFH v. 20.11.2018, VIII R 37/15, BFHE 263, 169, BStBl II 2019, 507; v. 28.5.2019, VIII R 7/16, BFHE 265, 132, BStBl II 2019, 610.
50 BFH v. 29.10.2019, VIII R 16/16, BFHE 266, 550, BStBl II 2020, 245; dazu *Schober*, BB 2020, 1442.

lung des Basiswertes, dem **Dow Jones EURO STOXX 50® Index, abhängig**. Dabei war dem Kläger weder ein Mindestentgelt zugesagt noch eine der Höhe nach feststehende Mindestrückzahlung in Bezug auf das investierte Kapital. Der Kläger konnte zwar auch bei Unterschreiten der maßgeblichen 50%-Barriere und einem Schlusskurs des Index am abschließenden Bewertungstag von unter 90 % des Ausgangswertes mit einer von der Wertentwicklung des Dow Jones EURO STOXX 50® Index zwischen dem anfänglichen Bewertungstag und dem abschließenden Bewertungstag abhängenden Rückzahlung rechnen. Jedoch war auch ein Totalausfall des eingesetzten Kapitals möglich. Ein fester Mindestrückzahlungsbetrag war dem Kläger gerade nicht zugesagt. Der streitige Verlust resultierte aus einer Veräußerung der Zertifikate an eine Bank.

Sog. **BIP-gebundene Wertpapiere**, die von gegen Argentinien-Anleihen eingetauschten festverzinslichen Schuldverschreibungen nach den Emissionsbedingungen automatisch abgekoppelt worden und mit einer eigenen Wertpapierkennnummer eigenständig handelbar sind (eigenständige Kapitalanlagen), bei denen die Rückzahlung des Nennkapitals ausgeschlossen ist und die Zahlung eines Entgelts von der Entwicklung des argentinischen Bruttoinlandsprodukts sowie anderen variablen Größen abhängig ist, sind keine **Kapitalforderungen gem. § 20 Abs. 1 Nr. 7 EStG** in der am 31.12.2008 anzuwendenden Fassung. Es handelt sich um Kapitalanlagen mit ausschließlich spekulativem Charakter (sog. Vollrisikopapiere).[51] Laufende Kapitalerträge aus solchen BIP-gebundenen Wertpapieren sind aber von § 20 Abs. 1 Nr. 7 EStG n. F. tatbestandlich erfasst.[52]

Relevant wird die Zuordnung zu § 20 Abs. 1 Nr. 7 EStG im Übrigen vielfach im Kontext des Abs. 2, etwa wenn die Norm unter Umständen nicht eingreift, weil es nicht um Kapitalforderungen, sondern um Ansprüche auf Lieferung anderer Wirtschaftsgüter geht.

51 BFH v. 28.5.2019, VIII R 7/16, BFHE 265, 132, BStBl II 2019, 610.

52 Die Papiere sind jedoch gem. § 52a Abs. 8 Satz 1 i. V. m. § 52a Abs. 10 Satz 8 EStG i. d. F. des Art. 1 des UntStRefG 2008 (Unternehmensteuerreformgesetz 2008 v. 14.8.2007, BGBl I 2007, 1912) nach dem 31.12.2008 nicht gem. § 20 Abs. 1 Nr. 7 EStG n. F. stpfl., wenn die Wertpapiere vor dem 15.3.2007 erworben wurden (BFH v. 28.5.2019, VIII R 7/16, BFHE 265, 132, BStBl II 2019, 610). Im entschiedenen Fall bestätigt der BFH auch die Vorinstanz, die eine Stpfl. der Kapitalerträge gem. **§ 20 Abs. 2 Satz 1 Nr. 2 Buchst. b Satz 2 EStG** verneint hat. Zu den Einkünften aus Kapitalvermögen gehören nach dieser Regelung zwar auch Kapitalerträge aus der Einlösung von Zinsscheinen und Zinsforderungen durch den ehemaligen Inhaber der Schuldverschreibung. Der Kläger war aber weder „ehemaliger" Inhaber der im Jahr 2005 eingetauschten Schuldverschreibungen, von denen die BIP-gebundenen Wertpapiere abgekoppelt wurden, da sich diese im Streitjahr noch in seinem Depot befanden, noch war er ehemaliger Inhaber derjenigen Schuldverschreibungen, von denen die in den Jahren 2006 und 2009 vom Kläger separat erworbenen BIP-gebundenen Wertpapiere abgekoppelt wurden.

Prozesszinsen nach § 236 AO sind Kapitaleinkünfte gem. § 20 Abs. 1 Nr. 7 EStG[53], ebenso **Erstattungszinsen i.S. des § 233a AO** (§ 20 Abs. 1 Nr. 7 Satz 3 EStG),[54] nicht aber **Nachzahlungszinsen.**[55]

Die zu versteuernden Erstattungszinsen sind der Höhe nach nicht in allen Fällen identisch mit den in einem Zinsbescheid im Festsetzungsteil festgesetzten auszuzahlenden Erstattungsbeträgen. Denn aufgrund von § 233a Abs. 5 Satz 3 AO kann es bei der Zinsfestsetzung dazu kommen, dass Erstattungszinsen und Nachzahlungszinsen **verrechnet** werden. Der festgesetzte Zinsbetrag kann aus um Nachzahlungszinsen gekürzten Erstattungszinsen bestehen. Wegen § 12 Nr. 3 EStG sind als stpfl. „Erstattungszinsen i.S. des § 233a AO" die materiell-rechtlich richtigen Erstattungszinsen ohne Kürzung um Nachzahlungszinsen zu ermitteln.[56]

b) Abgrenzung zu anderen Einkunftsarten

Was die Abgrenzung von Kapitaleinkünften (§ 20 EStG) zu Einkünften aus nichtselbständiger Arbeit **(§ 19 EStG)** betrifft,[57] so ist nach der st. Rspr. des BFH diejenige Einkunftsart maßgebend, die im Vordergrund steht und die Beziehungen zu den anderen Einkünften verdrängt.[58] Dies hat der BFH für Zinsen gem. § 20 Abs. 1 Nr. 7 EStG aktuell bestätigt.[59] Bei der Hingabe eines Darlehens durch den Arbeitnehmer an den Arbeitgeber stehen im Hinblick auf die Zinszahlungen die Einkünfte aus Kapitalvermögen jedenfalls dann im Vordergrund, wenn es dem Stpfl. auf die Erzielung von Zinsen ankommt, da in diesem Fall dem Arbeitgeber nicht das Kapital selbst, sondern nur dessen Nutzungsmöglichkeit zur Verfügung gestellt wird. Im Streitfall hatte der Kläger als alleiniger Geschäftsführer einer GmbH mit dieser verschiedene Darlehensverträge abgeschlossen, die jeweils vom Kläger als Darlehensgeber und als Geschäftsführer der GmbH unterschrieben wurden. Der Kläger war von den Beschränkungen des § 181 BGB befreit. Er hat so mit der GmbH vom Arbeitsverhältnis rechtlich und faktisch unabhängige Sonderrechtsbeziehungen begründet und auf dieser Grundlage Zinseinkünfte gem. § 20 Abs. 1 Nr. 7 EStG erzielt. Ihm ging es bei der Darlehensgewährung um die Erzielung von Zinsen aus dem ausgereichten Kapital und die Tilgung der Darlehen durch die

53 BFH v. 17.5.2021, VIII B 85/20, BFH/NV 2021, 1352.
54 Zu entsprechenden Refinanzierungsaufwendungen.
55 FG München v. 2.2.2021, 6 K 1871/20, DStRE 2021, 1224, rkr.
56 Dazu A. I. 4. f).
57 Vgl. auch A. I. 1. a).
58 BFH v. 31.10.1989, VIII R 210/83, BFHE 160, 11, BStBl II 1990, 532; v. 5.11.2013, VIII R 20/11, BFHE 243, 481, BStBl II 2014, 275, Rz. 15.
59 BFH v. 16.6.2020, VIII R 5/17, BFHE 269, 179, BStBl II 2020, 807.

GmbH. Hierfür sprach maßgeblich, dass der Kläger der GmbH die Darlehen wie ein finanzierendes Kreditinstitut nur gegen eine Sicherungsübereignung verschiedener Gegenstände des Anlagevermögens gewährt hat. Dem steht nicht entgegen, dass es dem Kläger bei der Darlehensgewährung auch darum ging, seinen Arbeitsplatz bei der GmbH zu erhalten, und die Darlehen mit einem Ausfallrisiko behaftet waren. Aus der Risikobehaftung der ausgereichten Darlehen ließ sich angesichts der weiteren Umstände des Streitfalls kein Entlohnungscharakter der Zinszahlungen im Rahmen des Arbeitsverhältnisses ableiten.[60]

Über die Abgrenzung der Einkünfte aus sonstigen Kapitalforderungen zu **§ 22 Nr. 3 EStG** hat das FG Münster zu einer Provision für die Verpfändung eines Kontoguthabens an einen Dritten und zu Bereitstellungszinsen für einen Kredit entschieden.[61] Es hat die Provision für die Verpfändung eines Kontoguthabens zu den sonstigen Einkünften und nicht zu den Einkünften aus Kapitalvermögen gezählt, weil die Provision nicht „aus" dem Pfandgut selbst herrühre und zudem weder die Rückzahlung des Kapitalvermögens zugesagt noch ein Entgelt für die Überlassung des Kapitalvermögens zur Nutzung zugesagt oder geleistet worden seien. Auch die für die Bereitstellung eines Betriebsmittelkredits gezahlten Zinsen gehörten, soweit der Kredit (noch) nicht abgerufen worden sei, zu den sonstigen Einkünften und nicht zu den Einkünften aus Kapitalvermögen, weil weder die Rückzahlung des Kapitalvermögens zugesagt noch ein Entgelt für die Überlassung des Kapitalvermögens zur Nutzung zugesagt oder geleistet worden seien.

Im entschiedenen Fall nahm ein Bauunternehmer einen Kredit auf. Die Bank erhielt als Sicherheit ein Pfandrecht an einem Guthaben der Kläger auf einem Konto bei deren Bank. Zudem hatte der Bauunternehmer das Recht, bei den Klägern Kreditmittel abzurufen. Der Bauunternehmer zahlte dafür an die Kläger einen Pauschalbetrag, der die Provision für die Verpfändung des Kontoguthabens und die (Bereitstellungs-)Zinsen abdecken sollte. Die Kläger ordneten die Einnahme den Einkünften aus Kapitalvermögen zu

60 Die Zinszahlungen waren auch nicht wegen einer Vorteilsgewährung der GmbH an den Kläger als eine der Klägerin (Ehefrau des Klägers und Alleingesellschafterin) nahestehende Person vorrangig als Einkünfte der Klägerin aus einer vGA gem. § 20 Abs. 1 Nr. 1 Satz 2 EStG zu qualifizieren. Die in Anspruch genommene Finanzierung durch den Kläger war nach den Feststellungen des FG für die GmbH angesichts der vereinbarten Zinssätze vorteilhafter als eine Inanspruchnahme des Kontokorrentkredits. Ein ordentlicher und gewissenhafter Geschäftsführer hätte die mit dem Kläger abgeschlossenen Darlehensverträge unter diesen Umständen auch mit einem Nichtgesellschafter abgeschlossen. Zudem beruhten die Zinszahlungen auf klaren, im Voraus getroffenen, zivilrechtlich wirksamen und tatsächlich durchgeführten Darlehensverträgen der GmbH mit dem Kläger.

61 FG Münster v. 29.12.2021, 8 K 592/20 E, EFG 2023, 680, Rev. VIII R 7/23.

(Steuersatz 25 %), da die aktuelle Fassung des § 20 Abs. 1 Nr. 7 EStG einen Grund- und Auffangtatbestand enthalte, der auch die Bürgschaftsprovision für die Verpfändung einer Kapitalforderung erfasse. Was den eingeräumten Kreditrahmen angehe, seien die dafür gezahlten Bereitstellungszinsen als Kapitalerträge anzusehen; insbesondere seien die Darlehensmittel bei einem Bereitstellungskredit dem Darlehensnehmer bereits überlassen, weil es in dessen Entscheidung stehe, die Mittel abzurufen. Demgegenüber hielt das FA insbesondere die ältere Rechtsprechung zu Bürgschaftsprovisionen weiterhin für anwendbar[62] und stellte weiter auf das Urteil des BFH vom 14.4.2015[63] ab, in dem die Provision für die Verpfändung eines GmbH-Anteils nicht als Beteiligungsertrag eingestuft wurde.

c) Veräußerungszeitrente

Prima facie unverständlich erscheint die Zinsbesteuerung, wenn sich die Beteiligten nicht bewusst sind, Zinsen vereinbart zu haben. Im Verfahren VIII R 3/17[64] hat der BFH entschieden, dass auch bei der **teilentgeltlichen Übertragung** eines Gebäudegrundstücks im Privatvermögen **gegen eine Veräußerungszeitrente** dem Veräußerer von Beginn an **stpfl. Zinseinkünfte** gem. § 20 Abs. 1 Nr. 7 EStG zufließen, soweit die Rentenzahlungen nicht auf den Unterschiedsbetrag zwischen dem Barwert der Rentenforderung zu Beginn und zum Ende des Streitjahres (sog. Tilgungsanteil) entfallen. Übertragen Eltern einem Kind einen Vermögensgegenstand gegen auf fest bestimmte Zeit zu zahlende wiederkehrende Leistungen (sog. Zeitrente), handelt es sich um ein entgeltliches Veräußerungs- und Anschaffungsgeschäft. Dies gilt auch, wenn der Barwert der wiederkehrenden Leistungen im Übertragungszeitpunkt unterhalb des Verkehrswerts des übertragenen Vermögensgegenstands liegt (teilentgeltliche Übertragung). Im entschiedenen Fall waren die Rentenzahlungen (aufgrund einer verkürzenden Anrechnung vorvertraglich geleisteter zehn Monatszahlungen) an die Kläger und deren Rechtsnachfolger unabhängig von deren Lebensdauer für die im Kaufvertrag bestimmte Dauer von 30 Jahren und zwei Monaten zu erbringen. Die Übertragung erfolgte teilentgeltlich, weil der Barwert der geschuldeten Rentenzahlungen im Übertragungszeitpunkt den Verkehrswert der Immobilie nicht erreichte.

Die empfangenen Rentenzahlungen aus einer Veräußerungszeitrente sind beim Berechtigten vom Beginn des Bezugs an in einen (hier: gem. § 23

62 BFH v. 11.1.1966, I 53/63, BStBl III 1966, 218; v. 22.1.1965, VI 243/62 I, BStBl III 1965, 313; v. 18.1.1963, VI 242/61 U, BStBl III 1963, 141.
63 BFH v. 14.4.2015, IX R 35/13, BStBl II 2015, 795.
64 BFH v. 14.7.2020, VIII R 3/17, BFHE 269, 192, BStBl II 2020, 813.

Abs. 1 Satz 1 Nr. 1 EStG nicht steuerbaren) Tilgungsanteil und in einen gem. § 20 Abs. 1 Nr. 7 EStG stpfl. Zinsanteil aufzuteilen. Dass ein steuerbarer **Zinsanteil** in den laufenden Rentenzahlungen einer Veräußerungsrente ab der ersten Rate enthalten ist, folgt aus der wirtschaftlichen Vergleichbarkeit und damit gebotenen Gleichbehandlung mit der Übertragung von Vermögen gegen Kaufpreisraten. Auch bei der Übertragung eines Vermögensgegenstands gegen eine Veräußerungszeitrente ist davon auszugehen, dass das Rentenstammrecht einen bestimmten Barwert besitzt, der sich durch Abzinsung der Summe aller noch ausstehenden Teilbeträge ergibt. Wirtschaftlich gesehen ist in jedem Teilbetrag (Rentenbetrag), gleichgültig, wie sein Tilgungsanteil steuerlich zu behandeln ist, stets auch ein Zinsanteil enthalten, der sich nach der Höhe des jeweiligen, allmählich geringer werdenden Barwerts der Rentenforderung bemisst. Dieser in den Rentenbeträgen wirtschaftlich enthaltene Zinsanteil ist vom Beginn der Bezüge an einkommensteuerlich zu erfassen, und zwar auch dann, wenn die gleichzeitig zufließenden Tilgungsbeträge nicht einkommensteuerbar sind.

Das FG war mit anderer Begründung ebenfalls zu dem zutreffenden Ergebnis gelangt, dass die Kläger gem. § 20 Abs. 1 Nr. 7 EStG stpfl. Zinseinkünfte erzielt haben.[65] Es ordnet die Übertragung zwar als Veräußerung gegen Ratenzahlungen ein. Die Übertragung eines Vermögensgegenstands gegen Ratenzahlungen ist dadurch gekennzeichnet, dass das Entgelt für die Veräußerung eines Wirtschaftsgutes gestundet und in Teilbeträgen entrichtet oder ein Kapitalbetrag in Tilgungsbeträgen zurückgezahlt wird; eine solche Stundung liegt aber bei einer Übertragung unter Einräumung eines zeitlich befristeten Rentenanspruchs als Gegenleistung nicht vor. Auch in den vom FG angenommenen Ratenzahlungen sind aber gem. § 12 Abs. 3 BewG von Beginn des Bezugs an ein Tilgungs- und ein Zinsanteil abzugrenzen. Für die allein entscheidungserhebliche Frage, ob die von den Klägern empfangenen wiederkehrenden Leistungen einen unter § 20 Abs. 1 Nr. 7 EStG fallenden Zinsanteil enthalten, führen beide Begründungsstränge zum gleichen Ergebnis.

Bei einer Veräußerungszeitrente ist der steuerbare Zinsanteil nicht als Ertragsanteil i. S. v. § 22 Nr. 1 Satz 3 Buchst. a Doppelbuchst. bb EStG statt als Kapitalertrag gem. § 20 Abs. 1 Nr. 7 EStG einzuordnen, da es sich bei den Rentenbezügen mangels einer Wagniskomponente (der fehlenden Anknüpfung des Rentenbezugs an die Lebenszeit der Bezugsperson) nicht um „Einkünfte aus wiederkehrenden Leistungen" handelt.

65 FG Düsseldorf v. 6.2.2017, 11 K 3064/15 E, EFG 2017, 652.

Die **Tilgungsanteile** in den Rentenzahlungen sind gem. § 13 Abs. 1 BewG i. V. m. Anlage 9a (zu § 13) zum BewG nach finanzmathematischen Grundsätzen **unter Verwendung eines Zinsfußes von 5,5 %** in Gestalt der Barwerte zu Beginn und zum Ende des Streitjahres **zu ermitteln.** Insoweit hatten die Kläger geltend gemacht, der für die Aufteilung von Veräußerungszeitrenten in einen Tilgungs- und einen Zinsanteil gem. § 13 Abs. 1 BewG heranzuziehende Zinssatz von 5,5 % verstoße in dem im Streitjahr 2013 bestehenden Niedrigzinsumfeld als nicht realitätsgerechter Zinssatz gegen das Leistungsfähigkeits- und das Folgerichtigkeitsprinzip (Art. 3 Abs. 1, 14 Abs. 1 GG); dem folgte der Senat nicht. Zwar kann eine gesetzliche Zinssatztypisierung, die sich von realitätsgerechten Verzinsungen am Markt evident entfernt (hat), den gleichheitsrechtlichen Anforderungen nicht mehr genügen.[66] Der in § 13 Abs. 1 BewG zur Kapitalwertermittlung einer Forderung geregelte Zinssatz weist aber hinsichtlich seines Charakters Besonderheiten gegenüber den Zinssätzen gem. §§ 233a, 238 AO oder §§ 6 Abs. 1 Nr. 3, 6a Abs. 3 Satz 3 EStG auf.

§ 13 Abs. 1 BewG bestimmt den Gegenwartswert einer Rentenforderung als Barwert auf einen bestimmten Stichtag. Die Barwerte der Rentenforderungen ergeben sich jahresbezogen aus den Vervielfältigern gem. Anlage 9a zum BewG, wobei nach der Tabelle der Kapitalwert der Rentenforderung jeweils unter Berücksichtigung von Zwischenzinsen und Zinseszinsen mit 5,5 % errechnet worden ist und einen Mittelwert zwischen dem Kapitalwert für eine jährlich vorschüssige und jährlich nachschüssige Zahlungsweise bildet. Der in § 13 BewG für die Abgrenzung von Zins- und Tilgungsanteilen festgelegte Zinsfuß von 5,5 % fungiert als sog. „Normalzinssatz“ für die Barwertermittlung (Kapitalwertermittlung) wiederkehrender Leistungen zu den jeweiligen Bewertungsstichtagen. Er soll als mittlerer (aus Vergangenheitswerten abgeleiteter) Wert die üblichen Schwankungen des Zinsniveaus am Kapitalmarkt berücksichtigen, um zu verhindern, dass sich die dem Kapitalmarkt immanenten Zinsschwankungen auf die Bewertung einer Kapitalforderung, die längere Zeitspannen umfasst, in einem nicht vertretbaren Ausmaß auswirken. Dies dient der Praktikabilität des Bewertungsverfahrens als Massenverfahren und der Gleichmäßigkeit der

66 Vgl. aus der Rspr. für den 6%igen Zinssatz für Nachzahlungs- und Aussetzungszinsen gem. §§ 233a, 238 AO BFH v. 25.4.2018, IX B 21/18, BFHE 260, 431, BStBl II 2018, 415, Rz. 18ff.; v. 3.9.2018, VIII B 15/18, BFH/NV 2018, 1279; v. 4.7.2019, VIII B 128/18, BFH/NV 2019, 1060: Zweifel an der Höhe des Zinssatzes für Zeiträume ab 2012; Vorlagebeschluss des FG Köln v. 12.10.2017, 10 K 977/17, EFG 2018, 287, Rz. 65ff., für den 6%igen Abzinsungssatz bei Pensionsrückstellungen nach § 6a Abs. 3 Satz 3 EStG; BFH v. 22.5.2019, X R 19/17, BFHE 265, 95, BStBl II 2019, 795, Rz. 70 zur Abzinsung unverzinslicher Verbindlichkeiten gem. § 6 Abs. 1 Nr. 3 EStG – keine Zweifel für das Jahr 2010 –; ebenfalls dazu FG Hamburg v. 31.1.2019, 2 V 112/18, EFG 2019, 525: Zweifel an der Zinssatzhöhe ab 2013.

Besteuerung, da die exakte Ermittlung des jeweils maßgeblichen üblichen Zinssatzes Schwierigkeiten bereitet und es einen einheitlichen Zinssatz für die vielfältigen Kapitalanlagen nicht gibt. Folglich schließt § 13 Abs. 3 Satz 2 BewG den Einwand aus, der Barwert der Rentenforderung sei auf der Grundlage eines anderen Zinssatzes als 5,5 % zu ermitteln.

d) Widerruf von Darlehensverhältnissen

Die Besteuerung von Nutzungsersatzansprüchen aus einem widerrufenen Darlehensvertrag beschäftigte mehrere Finanzgerichte.[67] Während **FG Köln,**[68] **FG Rheinland-Pfalz,**[69] **FG Hessen,**[70] **FG Nürnberg,**[71] **FG Berlin-Brandenburg**[72] und **FG Münster**[73] den streitigen Nutzungsersatz als – isoliert zu beurteilenden – Kapitalertrag i. S. v. § 20 Abs. 1 Nr. 7 EStG eingeordnet haben, soll laut **FG Baden-Württemberg**[74] ein Darlehensnehmer bei wirtschaftlicher Betrachtung keine steuerbaren Kapitalerträge erzielen, wenn er im Rahmen der Rückabwicklung eines Darlehens von der Bank ein Nutzungsentgelt für von ihm bereits erbrachte Tilgungsleistungen erhält und nach Anrechnung aller gegenseitigen Ansprüche aus dem rückabgewickelten Darlehensverhältnis im Ergebnis eine über die Rückzahlung der Darlehensvaluta hinausgehende (Zins-)Belastung des Darlehensnehmers verbleibt. Vielmehr seien das **Darlehensverhältnis und** die **Rückabwicklung** als eine **Einheit** zu betrachten; die Rückabwicklung führe zu einer Reduzierung der Zinslast des Darlehensnehmers. Der Widerruf des Darlehensnehmers entfalte keine Rückwirkung. Auch das FG Düsseldorf[75] sieht eine Nutzungsentschädigung im Rahmen einer Rückabwicklung nach widerrufenem Darlehensvertrag nicht als Kapitalertrag i.S.v. § 20 Abs. 1 Nr. 7 Satz 1 EStG. Habe der Steuerpflichtige aber den Darlehensvertrag widerrufen, den er zur Finanzierung seiner fremdvermieteten Wohnung mit seiner Bank abgeschlossen hatte, und leiste die Bank im Rahmen einer Zug um

67 Dabei geht es um Fälle, in denen der Darlehensvertrag vor dem 13.6.2014 abgeschlossen wurde (Art. 229 § 32 Abs. 1 EGBGB). Danach gilt § 357a BGB. Zur steuerlichen Einordnung stv. *Jooß,* DStR 2021, 1025.

68 FG Köln v. 14.8.2019, 14 K 719/19, EFG 2020, 101, DStRE 2020, 769, Rev. VIII R 30/19; v. 15.12.2020, 5 K 2552/19, EFG 2021, 759, Rev. VIII R 7/21; v. 19.1.2022, 5 K 1371/20, EFG 2022, 1203, Rev. VIII R 6/22.

69 FG Rheinland-Pfalz v. 27.01.2021, 2 K 1590/19, EFG 2021, 1025.

70 FG Hessen v. 6.11.2018, 12 K 1328/17, juris, rkr.; v. 9.11.2022, 9 K 562/20, EFG 2023, 1004, Rev. VIII R 20/22.

71 FG Nürnberg v. 3.3.2021, 3 K 179/19, EFG 2021, 720, Rev. VIII R 11/21.

72 FG Berlin-Brandenburg v. 7.4.2022, 14 K 9216/19, EFG 2022, 1742, Rev. VIII R 7/22; s. auch FG Berlin-Brandenburg v. 25.1.2023, 3 K 3033/20, juris, Rev. VIII R 5/23.

73 FG Münster v. 13.01.2022, 3 K 2991/19E, EFG 2022, 480, Rev. VIII R 5/22.

74 FG Baden-Württemberg v. 8.12.2020, 8 K 1516/18, EFG 2021, 656, DStRE 2021, 470, Rev. VIII R 5/21.

75 FG Düsseldorf v. 29.9.2022, 11 K 314/20 E, EFG 2022, 1842, Rev. VIII R 16/22.

Zug zu erfüllenden Rückabwicklung einen Nutzungswertersatz, so führe diese Nutzungsentschädigung zu steuerpflichtigen Einnahmen im Rahmen der Einkünfte aus Vermietung und Verpachtung (teilweiser Rückfluss von Werbungskosten). Anders entschieden hat das FG Baden-Württemberg[76] in einem Fall, in dem es die streitigen Zahlungen ausschließlich als solche auf den Anspruch der Kläger auf Nutzungsersatz einordnete, nicht hingegen als Rückgewähr von gezahlten Zinsen und Tilgungsleistungen; der Nutzungsersatz gem. § 346 BGB falle unter § 20 Abs. 1 Nr. 7 EStG. Im Urteil vom 14.7.2021[77] bestätigt das FG, dass es sich bei dem im Rahmen der Rückabwicklung eines Verbraucherkreditvertrags von der Bank aufgrund eines Vergleichs gezahlten Nutzungsentgelt für bereits geleistete Zahlungen um steuerbare Kapitaleinkünfte des Darlehensnehmers gem. § 20 Abs. 1 Nr. 7 EStG handelt. Es fehle insbesondere auch nicht an der Einkunftserzielungsabsicht, da zum einen nicht auf die ursprüngliche Darlehensverträge, sondern den abgeschlossenen Rückabwicklungsvergleich abzustellen sei und hier offensichtlich Einkünfte erzielt werden sollten, auch wenn nach Saldierung der Ansprüche letztlich lediglich ein verminderter Zinsaufwand aufseiten des Klägers verbleibe. Zum anderen werde bei Einkünften aus einer erzwungenen Kapitalüberlassung keine Einkünfteerzielungsabsicht des Steuerpflichtigen vorausgesetzt, sondern es sei allein auf die objektive Steigerung der wirtschaftlichen Leistungsfähigkeit abzustellen, die bei der Bezahlung eines Nutzungsersatzes durch den ursprünglichen Darlehensgeber jedenfalls gegeben sei.

Bei wirtschaftlicher Betrachtung spricht einiges dafür, jedenfalls ein Entgelt für eine Kapitalüberlassung zu verlangen. Eine bloße Rückerstattung geleisteter Zinsen wegen einer Zinsminderung im privaten Bereich ist nicht steuerbar. Die Entscheidungen des BFH zur Problematik des Darlehenswiderrufs bleibt abzuwarten.[78]

Wurde in dem dem Vergleich zugrunde liegenden Zivilrechtsstreit nicht ausschließlich Nutzungsersatz eingeklagt, sondern auch die Rückgewähr von Zinszahlungen, ist laut **FG Köln**[79] eine Aufteilung der Vergleichssumme in steuerpflichtigen Nutzungsersatz einerseits und die nichtsteuerbare Rückzahlung überhöhter Zinsen andererseits geboten.

76 FG Baden-Württemberg v. 14.9.2020, 10 K 1468/19, juris, Rev. VIII R 13/21.

77 FG Baden-Württemberg v. 14.7.2021, 5 K 161/20, EFG 2022, 103, Rev. VIII R 21/21 mit Anm. *Falk*, EFG 2022, 106.

78 Zu Sonderfällen FG Baden-Württemberg v. 16.12.2021, 12 K 1404/20, EFG 2022, 934, Rev. VIII R 3/22.

79 FG Köln v. 19.1.2022, 5 K 1371/20, EFG 2022, 1203, Rev. VIII R 6/22.

e) Einnahmen aus einem Schneeballsystem

Gutschriften oder die Wiederanlage von Renditen in Schneeballsystemen führen zu Einnahmen aus Kapitalvermögen, wenn der Betreiber des Schneeballsystems bei Erteilung der Gutschriften oder der Wiederanlage leistungsbereit und leistungsfähig ist.[80] Hat der Stpfl. keinen Auszahlungswunsch geltend gemacht, ist – so das FG München – für die Annahme der Leistungsbereitschaft und -fähigkeit des Betreibers im Grundsatz ausreichend, dass in dem maßgeblichen Zeitpunkt – hier der Fälligkeit der Zinsansprüche – keine generelle Zahlungsunfähigkeit des Betreibers festgestellt worden ist.

f) Negative Einnahmen

Werden **Erstattungszinsen** zur Einkommensteuer im Sinne des § 233a Abs. 1 AO zugunsten des Steuerpflichtigen festgesetzt und an ihn ausgezahlt und zahlt der Steuerpflichtige diese Zinsen aufgrund einer erneuten Zinsfestsetzung nach § 233a Abs. 5 Satz 1 AO an das Finanzamt **zurück,** kann die Rückzahlung zu negativen Einnahmen aus Kapitalvermögen i. S. des § 20 Abs. 1 Nr. 7 Satz 3 EStG führen. Da der Gesetzgeber mit der Regelung in § 20 Abs. 1 Nr. 7 Satz 3 EStG Erstattungszinsen i. S. des § 233a AO dem steuerbaren Bereich zuordnet, führt die Rückzahlung erhaltener Erstattungszinsen durch den Steuerpflichtigen grundsätzlich zu negativen Einnahmen aus Kapitalvermögen i. S. des § 20 Abs. 1 Nr. 7 Satz 3 EStG. Hierdurch unterscheidet sich die Rückzahlung von zunächst vereinnahmten Erstattungszinsen von der (erstmaligen) Begleichung von Nachzahlungszinsen, die gemäß § 12 Nr. 3 Halbs. 2 EStG der Sphäre der steuerrechtlich unbeachtlichen Einkünfteverwendung zugewiesen sind.[81] Aufgrund dieser durch das materielle Recht vorgegebenen Unterscheidung können nicht in jeder durch eine geänderte Zinsfestsetzung gemäß § 233a Abs. 5 AO ausgelösten Rückzahlung zuvor festgesetzter Zinsen negative Einnahmen aus Kapitalvermögen im Sinne des § 20 Abs. 1 Nr. 7 Satz 3 EStG entstehen. Negative Einnahmen liegen nur dann vor, wenn die Rückzahlung der Zinseinnahmen durch das der Auszahlung zugrunde liegende Rechtsverhältnis veranlasst ist, es also zu einer Rückabwicklung der früheren Zinszahlung kommt. Diese Voraussetzung ist in den Fällen, in denen zunächst Erstattungszinsen zugunsten des Steuerpflichtigen festgesetzt und an diesen ausgezahlt werden und es später zu einer Änderung der festgesetzten Steuer zuungunsten des Steuerpflichtigen und damit zu einer Neufestsetzung der Zinsen kommt, nur insoweit erfüllt, als die aufgrund der erneuten Zinsfestsetzung von dem

80 FG München v. 5.10.2021, 5 K 2527/19, DStRE 2022, 975, rkr, im Anschluss an die Rspr. des BFH (v. 2.4.2014, VIII R 38/13, BStBl II 2014, 698).
81 BFH v. 15.4.2015, VIII R 30/13, juris, Rz. 27.

Steuerpflichtigen gezahlten Zinsen für denselben Unterschiedsbetrag im Sinne des § 233a Abs. 5 Satz 2 bis 4 AO und denselben Verzinsungszeitraum anfallen. Denn nur insoweit ist die Rückzahlung der Zinsen an das Finanzamt durch das der Auszahlung von Erstattungszinsen zugrunde liegende Rechtsverhältnis veranlasst. Soweit es hingegen an einer zeitlichen und betragsmäßigen Überschneidung der gegenläufigen Unterschiedsbeträge und Verzinsungszeiträume fehlt, liegt **keine** Rückzahlung erhaltener Erstattungszinsen, sondern die (erstmalige) Zahlung von **Nachzahlungszinsen** vor.

Das Entstehen negativer Einnahmen im Sinne des § 20 Abs. 1 Nr. 7 Satz 3 EStG setzt also voraus, dass die vom Steuerpflichtigen aufgrund der erneuten Zinsfestsetzung zu zahlenden Zinsen auf denselben Unterschiedsbetrag und denselben Verzinsungszeitraum entfallen wie die aufgrund der früheren Zinsfestsetzung erhaltenen Erstattungszinsen.[82]

g) Zufluss von Bonuszinsen

Mit Urteil vom 15.11.2022[83] hat der BFH klargestellt, dass Bonuszinsen aus einem Bausparvertrag dem Steuerpflichtigen nicht bereits mit dem jährlichen Ausweis der Zinsen auf einem von der Bausparkasse geführten Bonuskonto zufließen, wenn ein Anspruch auf die Bonuszinsen nur nach einem Verzicht auf das Bauspardarlehen entsteht, die Bonuszinsen erst bei Auszahlung des Bausparguthabens fällig werden und über sie nur in Verbindung mit dem Bausparguthaben verfügt werden kann.

h) Aufteilung einer Forderung in einen Zins- und Tilgungsanteil

Einnahmen aus Kapitalvermögen gem. § 20 Abs. 1 Nr. 7 EStG können auch aus zinsfrei gestundeten, erst zu einem späteren Zeitpunkt fällig werdenden **Kaufpreisraten** bestehen. Sind diese auf eine Geldleistung gerichteten Forderungen ratenweise, zu bestimmten später liegenden Zeitpunkten zu erfüllen, so enthalten die Raten neben einem Tilgungsanteil auch ein Entgelt für die Überlassung von Kapital zur Nutzung. Denn die Gestattung langfristiger Ratenzahlung zur Tilgung einer Schuld stellt eine Kreditgewährung durch den Gläubiger dar.[84] Dies gilt auch, wenn die Vertragsparteien ausdrücklich die Unverzinslichkeit der Kapitalüberlassung vereinbart haben.

82 BFH v. 1.8.2023, VIII R 8/21, DStR 2023, 2100.

83 BFH v. 15.11.2022, VIII R 18/20, DStR 2023, 432.

84 So jüngst FG Hessen v. 20.12.2022, 5 K 1615/20, EFG 2023, 829, Rev. VIII R 6/23 (Abtretung einer gestundeten Forderung zur Abgeltung eines Pflichtteilsverzichts).

Wird die **Forderung abgetreten,** tritt der Zessionar mit Abtretung in die Rechtsstellung des Kapitalgebers ein; ihm sind die Zinsen im Zeitpunkt der Abtretung zuzurechnen. Verzichtet der Zessionar für die Abtretung im Gegenzug auf seine künftigen Pflichtteilsansprüche gegenüber den Zedenten, lässt dies die Verzinslichkeit der Forderung nicht entfallen.[85]

Grundlage dafür ist **§ 12 Abs. 3 BewG,** wonach unverzinsliche Forderungen, deren Laufzeit mehr als ein Jahr betragen und die zu einem bestimmten Zeitpunkt fällig sind, abzuzinsen, d.h. in einen Kapital- und einen Zinsanteil aufzuteilen sind. Mangels einer speziellen Bewertungsvorschrift im EStG ist § 12 Abs. 3 BewG gem. § 1 Abs. 2 BewG auch für die Bewertung privater Forderungen im Einkommensteuerrecht maßgebend. Voraussetzung dafür ist, dass die Laufzeit der Ratenzahlung mehr als ein Jahr beträgt und der Fälligkeitszeitpunkt bestimmbar festgelegt wurde.

Entsprechend diesen Grundsätzen hat das FG Köln langfristige Kaufpreisraten bei Veräußerung eines zum Privatvermögen gehörenden Gegenstandes in einen Zins- und einen Tilgungsanteil aufgeteilt, auch wenn die Beteiligten eine Wertsicherungsklausel vereinbart haben.[86] Werde ein zum Privatvermögen gehörender Gegenstand veräußert und die Kaufpreisforderung langfristig – **länger als ein Jahr** – bis zu einem bestimmten Zeitpunkt gestundet, so seien die geleisteten Zahlungen (Kaufpreisraten) in eine Tilgungs- und einen Zinsanteil zu zerlegen. Letzterer unterliege als Ertrag aus sonstigen Kapitalforderungen gem. § 20 Abs. 1 Nr. 7 EStG der Einkommensteuer. Dies gelte auch dann, wenn die Vertragsparteien Zinsen nicht vereinbart oder sogar ausdrücklich ausgeschlossen haben.[87] Die Gestattung langfristiger Ratenzahlung zur Tilgung einer Schuld stelle eine Kreditgewährung durch den Gläubiger dar. Daran ändere auch die Vereinbarung einer Wertsicherungsklausel nichts, da die Aufteilung des Gesamtkaufpreises als der Summe der Ratenleistungen in den Kaufpreis als Gegenleistung und die Zinsen als Entgelt für die Kapitalnutzung vom Willen der Vertragschließenden unabhängig sei. § 12 Abs. 3 BewG sei nicht abdingbar. Der Auffassung des FG des Saarlandes,[88] dass eine vereinbarte Wertsicherungsklausel vereinbarungsgemäß ein angemessenes Entgelt für die Kapitalüberlassung in Form der Kaufpreisstundung im Zuge eines aufgrund unterschiedlicher Interessen ermittelten Kaufpreises darstelle und es einer Aufteilung der Kaufpreisraten in Zins- und Teilungsanteil nicht bedürfe, könne der Senat nicht folgen.[89]

85 FG Hessen v. 20.12.2022, 5 K 1615/20, EFG 2023, 829, Rev. VIII R 6/23.

86 FG Köln v. 27.10.2022, 7 K 2233/20, Rev. VIII R 1/23.

87 Etwa BFH v. 14.7.2020, VIII R 3/17, BStBl II 2020, 813 (Veräußerungszeitrente).

88 FG Saarland v. 15.4.2010, 1 K 1237/05, juris.

89 Ebenso FG Baden-Württemberg v. 19.8.1992, 12 K 378/87, juris; FG Niedersachsen v. 26.11.1982, XII (VI) 2/81, juris.

Eine andere Beurteilung ergebe sich auch nicht unter Berücksichtigung der BFH-Rechtsprechung zum **Verzicht auf noch nicht entstandene Pflichtteilsansprüche.**[90] Bei der Übertragung eines Grundstücks gegen Kaufpreisraten als Gegenleistung, wie im Streitfall, werde nämlich ein Vermögensgegenstand auf den zur Ratenzahlung Verpflichteten übertragen. Die Raten seien Gegenleistung für den übertragenen Grundbesitz, sodass ein einkommensteuerbares Veräußerungs- und Anschaffungsgeschäft vorliege. Der Umstand, dass die Kläger und die Übernehmer der Bemessung des Kaufpreises auf Ratenzahlungsbasis keinen um den Zinsanteil erhöhten, marktgerechten Preis für die Übertragung des Grundbesitzes zugrunde gelegt haben, führe zwar dazu, dass der Barwert des Kaufpreisanspruchs im Übertragungszeitpunkt unterhalb des Verkehrswerts des Grundstücks liege. Die Zuordnung zu einem steuerrechtlich entgeltlichen Geschäft gelte jedoch unabhängig davon, ob die Vertragsparteien einen „marktgerechten" Preis vereinbart haben.[91] Auch bei einer teilentgeltlichen Übertragung seien die einzelnen Ratenzahlungen somit von Beginn an in steuerbare Zinszahlungen und (hier: nicht steuerbare) Tilgungsanteile aufzuteilen.

i) Beschränkt steuerpflichtige Zinsen aus Wandelanleihen

Zinsen aus Wandelanleihen führen gemäß § 49 Abs. 1 Nr. 5 Buchst. a EStG zu beschränkt steuerpflichtigen inländischen Einkünften. Dies gilt auch dann, wenn sie in Form von Teilschuldverschreibungen ausgegeben worden sind. Die tatbestandlichen Ausnahmen des § 49 Abs. 1 Nr. 5 Buchst. c Doppelbuchst. aa Satz 2 EStG finden auf Wandelanleihen keine Anwendung. Das hat der BFH nach § 126a FGO beschlossen.[92] Zinsen aus Wandelanleihen in Form von Teilschuldverschreibungen, die neben einer festen Verzinsung – zumindest auch – das klassische Element eines jederzeitigen Wandlungsrechts des Gläubigers in Aktien des Schuldners vorsehen, führen zu Einkünften gemäß § 20 Abs. 1 Nr. 7 EStG, die grundsätzlich gemäß § 43 Abs. 1 Satz 1 Nr. 2 EStG der Kapitalertragsteuer zzgl. Solidaritätszuschlag unterliegen.

Da im entschiedenen Fall die Klägerin als Inhaberin der Wandelanleihen nicht in Deutschland ansässig war, setzte die Verpflichtung zum Einbehalt und zur Abführung der Kapitalertragsteuer zusätzlich voraus, dass die Zinsen zu den beschränkt steuerpflichtigen Einkünften i. S. d. § 49 EStG gehören. Die hierfür maßgeblichen Kriterien sind bei Zinsen aus Wandelanleihen stark umstritten, laut BFH aber unter ausschließlicher

90 Vgl. dazu BFH v. 7.4.1992, VIII R 59/89, BStBl II 1992, 809; v. 9.2.2010, VIII R 35/07, BFH/NV 2010, 1793; VIII R 43/06, BStBl II 2010, 818 m. w. N.

91 Vgl. BFH v. 31.8.1994, X R 44/93, BStBl II 1996, 676, unter 4. c; v. 14.7.2020, VIII R 3/17, BStBl II 2020, 813 (Veräußerungszeitrente).

92 BFH v. 13.7.2021, I R 6/18, FR 2023, 673.

Anwendung des § 49 Abs. 1 Nr. 5 Buchst. a EStG zu bejahen. Gemäß § 49 Abs. 1 Nr. 5 Buchst. a EStG gehören zu den beschränkt steuerpflichtigen inländischen Einkünften u. a. Einkünfte aus Kapitalvermögen i. S. d. § 20 Abs. 1 Nr. 1 (mit Ausnahme der Erträge aus Investmentanteilen), 2, 4, 6 und 9 EStG, wenn der Schuldner Wohnsitz, Geschäftsleitung oder Sitz im Inland hat. Nach Halbs. 2 dieser Vorschrift gilt „dies" auch für Erträge aus Wandelanleihen und Gewinnobligationen.

§ 49 Abs. 1 Nr. 5 Buchst. c EStG regelt dagegen die beschränkte Steuerpflicht für Einkünfte aus Kapitalvermögen i. S. d. § 20 Abs. 1 Nr. 5 und 7 EStG. Für diese Einkünfte ist der erforderliche Inlandsbezug gemäß § 49 Abs. 1 Nr. 5 Buchst. c Doppelbuchst. aa EStG erfüllt, wenn das Kapitalvermögen durch inländischen Grundbesitz, durch inländische Rechte, die den Vorschriften des bürgerlichen Rechts über Grundstücke unterliegen, oder durch Schiffe, die in ein inländisches Schiffsregister eingetragen sind, unmittelbar oder mittelbar gesichert ist. Satz 2 dieser Vorschrift sieht eine Ausnahme u. a. für Zinsen aus Anleihen und Forderungen vor, über die Teilschuldverschreibungen ausgegeben sind. Laut BFH ergibt sich die beschränkte Steuerpflicht für Erträge aus Wandelanleihen ausschließlich aus § 49 Abs. 1 Nr. 5 Buchst. a EStG, sodass die Ausnahmen des § 49 Abs. 1 Nr. 5 Buchst. c Doppelbuchst. aa Satz 2 EStG (einschließlich der Ausnahme für Teilschuldverschreibungen) auf Wandelanleihen keine Anwendung finden.

5. § 20 Abs. 1 Nr. 9 EStG

Das FG Hamburg hat zur Steuerbarkeit einer **Zahlung einer ausl. Familienstiftung an einen Destinatär** entschieden,[93] dass das Tatbestandsmerkmal der wirtschaftlichen Vergleichbarkeit mit Gewinnausschüttungen in § 20 Abs. 1 Nr. 9 Satz 1 EStG weit auszulegen sei. Es sei nicht erforderlich, dass der Leistungsempfänger unmittelbar oder mittelbar Einfluss auf das Ausschüttungsverhalten einer Stiftung nehmen könne. Ausschüttungen einer Stiftung an einen Destinatär seien als Kapitalertrag zu berücksichtigen, soweit diese aus den Erträgen der Stiftung erfolgten.

Der Streitfall betraf die satzungsmäßige Zahlung einer Familienstiftung aus der Schweiz. Die Stiftung war zunächst bei der Zahlung davon ausgegangen, dass diese der Schenkungsteuer unterliegen könnte. Der Kläger hatte die fragliche Einnahme nicht im Rahmen seiner ESt-Erklärung angegeben. Da der BFH[94] entschieden hat, dass satzungsmäßigen Zahlungen einer Stiftung nicht der Schenkungsteuer unterliegen, nahm die Finanzverwaltung an, dass solche Zahlungen § 20 Abs. 1 Nr. 9 EStG unterfallen.

93 FG Hamburg v. 20.8.2021, 6 K 196/20, Rev. VIII R 25/21.
94 BFH v. 7.3.2019, II R 6/16, BFHE 65, 421, BStBl II 2020, 61.

Familienstiftungen sind rechtsfähige Stiftungen des Privatrechts. Für ausl. Familienstiftungen gilt § 20 Abs. 1 Nr. 9 Satz 2 EStG. Nicht geklärt ist bislang, ob Voraussetzung für die wirtschaftliche Vergleichbarkeit einer Leistung und einer Gewinnausschüttung i. S. des § 20 Abs. 1 Nr. 1 EStG ist, dass der Leistungsempfänger unmittelbar oder mittelbar Einfluss auf das Ausschüttungsverhalten der Stiftung nehmen kann. Das FG begründet insoweit seine Auffassung damit, dass es leicht möglich wäre, durch Gestaltung der Satzung beim Zahlungsempfänger sog. weiße Einkünfte zu erreichen. Gerade Familienstiftungen sollen das Familienvermögen auf spätere Generationen übertragen. Insofern soll § 20 Abs. 1 Nr. 9 EStG nicht nur für diejenigen gelten, die die Stiftung errichtet haben bzw. als deren Organe unmittelbaren Einfluss auf das Zahlungsverhalten der Stiftung haben. Vielmehr ist es laut FG ausreichend, dass der Zahlungsempfänger zu dem in der Stiftungssatzung benannten Familienkreis gehört, sind die Zahlungen an ihn doch von verwandtschaftlichen Verhältnissen abhängig. Maßgeblich sei, ob die Zahlung der Satzung entspreche. Sei dies nicht der Fall, unterliege die Zahlung der Schenkungsteuer, entspreche sie der Satzung, unterliege sie grundsätzlich der ESt.

6. § 20 Abs. 1 Nr. 10 EStG

Gem. § 20 Abs. 1 Nr. 10 EStG ist die öffentlich-rechtliche Trägerkörperschaft mit ihren Erträgen aus Betrieben gewerblicher Art (BgA)[95] stpfl.[96] Dies bedeutet eine beschränkte Stpfl. der Trägerkörperschaft (§ 2 Nr. 2 KStG) mit einer

95 BgA fungieren für die juristische Person des öffentlichen Rechts lediglich als Gewinnermittlungssubjekte (vgl. etwa *Strahl,* NWB 2018, 3001, 3007). Der BgA hat keine für die KSt relevante Organisationsform, er ist nicht Steuersubjekt. Im Rechtsverkehr ist Vertragspartner statt des BgA die juristische Person des öffentlichen Rechts. Für die Gewinnermittlung wird der BgA jedoch so behandelt, als ob er „ein selbständiges Steuerrechtssubjekt in der Rechtsform einer Kapitalgesellschaft und die Trägerkörperschaft deren Alleingesellschafter sei" (BFH v. 3.2.1993, I R 61/91, BFHE 170, 257; BStBl II 1993, 459, Rz. 9). Man spricht von einer „virtuellen Kapitalgesellschaft". Der BgA erfordert keine physische, erkennbare Struktur, lediglich ein unternehmerisches Handeln i. S. v. § 4 Abs. 1 KStG, das sich in Bereichen der privatunternehmerischen Betriebs- und Gewerbeausübung bewegt und von der Aufgabenerfüllung der juristischen Person des öffentlichen Rechts abgrenzen lässt. Unwiderleglich wird dies bei einem Jahresumsatz von mehr als 130.000 € i. S. des § 1 Abs. 1 Nr. 1 UStG sowie beim Eigenbetrieb vermutet (R 4.1 Abs. 4 Satz 1 KStR 2022). Jedenfalls ist das steuerliche Einlagekonto gem. § 27 Abs. 7 KStG für jeden BgA gesondert zu führen. § 4 Abs. 1 Satz 1 KStG fordert eine gewisse wirtschaftliche Selbständigkeit eines BgA; die ausgeübte wirtschaftliche Tätigkeit muss von einigem Gewicht sein. Ab einem Jahresumsatz von 35.000 € wird das Vorliegen eines solchen geprüft. § 4 Abs. 2 KStG regelt deklaratorisch, dass der BgA Zuordnungsobjekt und zugleich auch Steuersubjekt i. S. des § 1 I Nr. 6 KStG sein kann. – Grundsätzlich wird Einkommen eines jeden BgA gesondert ermittelt und gegenüber der juristischen Person des öffentlichen Rechts als Steuersubjekt festgesetzt. Ausnahmsweise ermöglicht § 4 Abs. 6 Satz 1 KStG einen steuerlichen Querverbund mehrerer BgA derselben juristischen Person des öffentlichen Rechts.

96 Dazu grundlegend *Schiffers,* DStZ 2019, 705 ff.; zu einem Überblick über die Besteuerung von BgA auch *Schachinger,* jM 2018, 32 ff.; *Musil,* Ubg 2019, 224 ff.

KapESt von 15 % (§ 43 Abs. 1 Satz 1 Nr. 7b, c, § 43a Abs. 1 Satz 1 Nr. 2 EStG).[97] So wird die wirtschaftliche Betätigung einer juristischen Person des öffentlichen Rechts, unabhängig davon, ob sie in der Form eines BgA[98] oder einer Kapitalgesellschaft ausgeübt wird, im Ergebnis der gleichen Steuerbelastung unterworfen.

Dogmatisch unproblematisch ist dies bei Betrieben gewerblicher Art mit eigener Rechtspersönlichkeit i. S. v. § 20 Abs. 1 Nr. 10 Buchst. a EStG, d. h. voller Rechtsfähigkeit (z. B. Zweckverband oder Anstalt des öffentlichen Rechts, etwa als rechtsfähige Anstalten betriebene Sparkassen). Sachlich betrifft § 20 Abs. 1 Nr. 10 Buchst. a EStG Leistungen, die zu Einnahmen führen, die mit Gewinnausschüttungen wirtschaftlich vergleichbar sind.

Grundsätzlich erfolgt aber kein KapESt-Abzug, wenn Gläubiger und Schuldner der Kapitalerträge im Zeitpunkt des Zufließens dieselbe Person sind (§ 43 Abs. 2 Satz 1 EStG). Eine Ausnahme gilt für nicht von der KSt befreite Betriebe i. S. v. § 4 KStG ohne eigene Rechtspersönlichkeit (§ 43 Abs. 2 Satz 1 EStG i. V. m. § 43 Abs. 1 Satz 2 Nr. 7c i. V. m. § 20 Abs. 1 Nr. 10 Buchst. b EStG).

Die **nicht den Rücklagen zugeführten Gewinne und vGA** eines nicht steuerbefreiten BgA sind gem. § 20 Abs. 1 Nr. 10 **Buchst. b Satz 1** EStG Einkünfte aus Kapitalvermögen der Trägerkörperschaft (Ausschüttungsfiktion). So soll für juristische Personen des öffentlichen Rechts und deren wirtschaftliche Betätigung in der Form eines rechtliche unselbständigen BgA eine zweite Besteuerungsebene geschaffen werden, die aus Gründen der Wettbewerbsgleichheit zu einer ähnlichen Gesamtsteuerbelastung wie bei Kapitalgesellschaften und ihren Gesellschaftern führt. Gem. § 20 Abs. 1 Nr. 10 **Buchst. b Satz 2 EStG** führt auch die **Auflösung der Rücklagen** zu Zwecken außerhalb des BgA zu einem Gewinn i. S. des § 20 Abs. 1 Nr. 10 Buchst. b Satz 1 EStG. Auch diese Einkünfte unterliegen gem. § 43 Abs. 1 Nr. 7c EStG der gem. § 32 Abs. 1 Nr. 2 KStG abgeltenden KapESt.

Die Ausschüttungsfiktion ist erforderlich, da wegen der fehlenden rechtlichen Selbständigkeit des BgA keine tatsächlichen Ausschüttungen möglich sind (BgA als „virtuelle Kapitalgesellschaft“[99]). Gewinne, die den Rücklagen des Betriebs gewerblicher Art zugeführt werden, führen nicht zu Einkünften aus Kapitalvermögen. Über eine solche Rücklagenbildung kann die Belastung der Gewinne mit KapESt vermieden/verschoben werden. Ein derartiger steuerbarer Kapitalertrag setzt voraus, dass der BgA nicht von

97 S. auch sub B. V. Die KSt für die dem KapESt-Abzug unterliegenden Einkünfte ist i. d. R. gem. § 32 Abs. 1 Nr. 2 KStG durch den Steuerabzug abgegolten.
98 Ein BgA erfordert nicht die Absicht, Gewinn zu erzielen (§ 4 Abs. 1 Satz 2 KStG).
99 *Bott*, DStZ 2019, 220, 221.

der KSt befreit ist und seinen Gewinn durch Betriebsvermögensvergleich ermittelt oder mehr als 350.000 € Umsatz im Kalenderjahr oder mehr als 30.000 € Gewinn im Wirtschaftsjahr hat.[100] Gem. § 20 Abs. 1 Nr. 10 Buchst. b Satz 2 EStG führt die spätere Auflösung der Rücklagen zu Zwecken außerhalb des BgA ebenfalls zu einem Gewinn i. S. des Satzes 1. BgA ohne eigene Rechtspersönlichkeit sind Eigenbetriebe und Regiebetriebe.

Betriebe gewerblicher Art ohne eigene Rechtspersönlichkeit

Eigenbetriebe

Finanzwirtschaftliches Sondervermögen im haushaltsrechtlichen Sinne.

Regiebetriebe

Keine Eigenschaft als Sondervermögen.

Ein Zufluss des fiktiven Kapitalertrags erfolgt bei Regiebetrieben phasenkongruent, bei Eigenbetrieben dagegen erst mit der tatsächlichen Überführung in den allgemeinen Haushalt der Trägerkörperschaft.[101]

Auch für die Beurteilung der Rücklagenbildung sind Eigenbetrieb und Regiebetrieb zu unterscheiden.

Eigenbetriebe	**Regiebetriebe**
Zuführung zu den Rücklagen ist jedes Stehenlassen von Gewinnen als Eigenkapital für Zwecke des Eigenbetriebes unabhängig davon, ob dies in der Form der Zuführung zu den Gewinnrücklagen, als Gewinnvortrag oder unter einer anderen Position des Eigenkapitals vorgenommen wird.	Rücklagenbildung grundsätzlich zulässig, sofern anhand objektiver Umstände nachvollziehbar und überprüfbar.[102]

100 Zur Verhinderung einer KapESt-Belastung insbes. dauerdefizitärer Betriebe durch Wahl der Überschussrechnung *Meyer,* DStZ 2018, 263 ff.

101 Dazu *Bott/Gastl,* DStZ 2018, 491, 501.

102 BFH v. 30.1.2018, VIII R 42/15, BFHE 260, 462, BStBl II 2019, 96; v. 30.1.2018, VIII R 15/16, BFHE 260, 473, BStBl II 2019, 101. – Das BMF geht im Schreiben v. 28.1.2019, IV C 2-S 2706-a/15/10001, BStBl I 2019, 97, Rz. 35 zwar davon aus, dass für eine Rücklagenbildung „kommunalrechtlich kein Raum [ist]“, erkennt aber das Kriterium des BFH an, wonach Rücklagenbildung anzuerkennen ist, „soweit anhand objektiver Umstände nachvollzogen und überprüft werden kann, dass der handelsrechtliche Gewinn durch Stehenlassen dem Regiebetrieb als Eigenkapital zur Verfügung stehen soll“.

Eigenbetriebe sind organisatorisch als Sondervermögen verselbständigt, gleichwohl aber rechtlich unselbständiger Teil der Körperschaft.[103] Als Zuführung zu den Rücklagen gilt jedes Stehenlassen von Gewinnen als Eigenkapital für Zwecke des Eigenbetriebes, unabhängig davon, ob dies in der Form der Zuführung zu den Gewinnrücklagen, als Gewinnvortrag oder unter einer anderen Position des Eigenkapitals vorgenommen wird.[104] Die Rücklagenbildung ist unabhängig von haushaltsrechtlichen Regelungen anzuerkennen und ist auch nicht davon abhängig, dass die Zwecke des Betriebes gewerblicher Art ohne die Rücklagenbildung nachhaltig nicht erfüllt werden können. Der Gewinn mindert sich i.S.d. § 20 Abs. 1 Nr. 10 Buchst. b EStG in Höhe der Fehlbeträge (Verluste) aus früheren Wirtschaftsjahren, sofern die Fehlbeträge mangels kommunalrechtlich gebotenen Ausgleichs durch die Trägerkörperschaft noch ausgewiesen sind.[105]

Regiebetrieben fehlt die Eigenschaft als Sondervermögen. Ihre Gewinne werden der Trägerkörperschaft direkt als Kapitaleinkünfte zugerechnet. Sie unterliegen zeitgleich (phasenkongruent) der Besteuerung auf Ebene des Betriebes gewerblicher Art als auch auf Ebene der Trägerkörperschaft.[106] Gleichwohl hat der BFH im Verfahren VIII R 42/15[107] entschieden, dass die Bildung einer **Rücklage i.S. des § 20 Abs. 1 Nr. 10 Buchst. b EStG** auch im Fall des Regiebetriebs einer kommunalen Gebietskörperschaft zulässig ist. Mangels gesetzlicher Beschränkungen reicht für deren steuerliche Anerkennung jedes „Stehenlassen" des handelsrechtlichen Gewinns als Eigenkapital aus, sofern anhand objektiver Umstände nachvollzogen und überprüft werden kann, dass dem Regiebetrieb die entsprechenden Mittel weiterhin als Eigenkapital zur Verfügung stehen sollen.[108] Dabei genügt es bei einer kommunalen Gebietskörperschaft grundsätzlich, dass die Bildung der Rücklagen auf einem förmlichen Beschluss der zuständigen Gremien der Trägerkörperschaft[109] beruht,[110] auch wenn

103 BMF v. 28.1.2019, IV C 2-S2706-a/15/10001, BStBl I 2019, 97, Rz. 34, 17.

104 BFH v. 16.11.2011, I R 108/09, BFHE 236, 48, BStBl II 2013, 328.

105 BMF v. 28.1.2019, IV C 2-S2706-a/15/10001, BStBl I 2019, 97, Rz. 35, 28.

106 BFH v. 11.7.2007, I R 105/05, BFHE 218, 327, BStBl II 2007, 841; v. 16.11.2011, I R 108/09, BFHE 236, 48, BStBl II 2013, 328; BMF v. 28.1.2019, BStBl I 2019, 97, Rz. 35, 29.

107 BFH v. 30.1.2018, VIII R 42/15, BFHE 260, 462, BStBl II 2019, 96, BB 2018, 1391 mit Anm. *Seppelt*, 1394; dazu auch *Schiffers*, DStZ 2019, 705 ff. m.w.N.

108 Zust. nunmehr auch BMF v. 28.1.2019, IV C 2-S2706-a/15/10001, BStBl I 2019, 97, Rz. 35; dazu eingehend *Bott*, DStZ 2019, 220 ff.; s. auch *Belcke/Westermann*, BB 2019, 1885, 1889 f.

109 Nach *Belcke/Westermann* (BB 2019, 1885, 1890) kann ein solcher Beschluss auch pauschal und sogar mit Wirkung für mehrere Jahre im Voraus gefasst werden.

110 Der Beschluss muss spätestens acht Monate nach Ablauf des Wirtschaftsjahres des BgA gefasst sein (BMF v. 28.1.2019, IV C 2-S2706-a/15/10001, BStBl I 2019, 97, Rz. 35). Wird für eine körperschaftstpfl. BgA bilanziert, so kann die Rücklagenbildung auch durch Zuführung zu den Gewinnrücklagen, als Gewinnvortrag oder unter einer anderen Position des

diese sich nicht in einer kameralistischen Buchführung der Trägerkörperschaft niederschlagen können. Sachdienlich erscheint ein schriftlicher, fremdüblicher („Quasi“-)Vertrag über die Überlassung der liquiden Mittel als Darlehen.[111] Bei freiwillig bilanzierenden Regiebetrieben reicht die Einstellung der betrieblichen Ergebnisse in den Gewinnvortrag[112] bzw. die Gewinnrücklagen.[113] Die Herleitung der dem BgA zuzuordnenden Einzahlungen/Auszahlungen auf Grundlage einer kostenrechnerischen Abgrenzung von übrigen Tätigkeitsbereichen steht einer ausreichenden Ermittlung eines zutreffenden betrieblichen Ergebnisses und Abbildung der Rücklagenbildung nicht entgegen.[114]

Da es um bilanzielle Größen geht, kommt der BFH auch im Fall von Liquiditätsabflüssen an die Trägerkörperschaft grundsätzlich zu keinen weiteren Einschränkungen.[115] Allerdings sind die für Kapitalgesellschaften und deren Alleingesellschafter entwickelten Grundsätze über vGA entsprechend anwendbar. VGA des BgA ohne eigene Rechtspersönlichkeit an die Trägerkörperschaft führen stets zu Kapitalerträgen i. S. des § 20 Abs. 1 Nr. 10 Buchst. b EStG. Im Verhältnis zwischen verschiedenen BgA der gleichen Trägerkörperschaft können auch vGA die Besteuerung nach § 20 Abs. 1 Nr. 10 Buchst. b EStG auslösen.[116]

Nicht vom BFH entschieden ist, welche nachvollziehbaren Anforderungen in Fällen zu stellen sind, in denen ein Regiebetrieb seinen steuerlichen Gewinn auf Grundlage einer Einnahmen-Überschussrechnung i. S. des § 4 Abs. 3 EStG ermittelt und mit Überschreiten der Umsatz- bzw. Gewinngrenzen des § 20 Abs. 1 Nr. 10 Buchst. b EStG in den Anwendungsbereich des Tatbestands gelangt.[117] Es sollten jedoch dieselben Grundsätze gelten.[118] Ein entsprechender Gremienbeschluss ist dabei für die Rücklagenbildung von besonderer Bedeutung, da ja ein bilanzieller Nachweis der Mittelreservierung nicht möglich ist.[119]

Eigenkapitals dokumentiert werden. Dafür setzt die Finanzverwaltung keine Achtmonatsfrist (*Stahl,* kösdi 2019, 21169, 21171).

111 Vgl. *Belcke/Westermann,* BB 2019, 1885, 1890; hinsichtlich der Verzinsung auch *Strahl,* NWB 2018, 3001, 3006 (bei unverzinslichem Darlehen ggf. vGA in Höhe des Zinsvorteils).

112 So im Verfahren VIII R 42/15 (BFH v. 30.1.2018, BFHE 260, 462, BStBl II 2019, 96).

113 So im Verfahren VIII R 15/16 (BFH v. 30.1.2018, BFHE 260, 473, BStBl II 2019, 101).

114 Dazu *Bott/Gastl,* DStZ 2018, 491, 499.

115 Vgl. dazu auch *Bott/Gastl,* DStZ 2018, 491, 496, 499 f.

116 BMF v. 28.1.2019, IV C 2-S2706-a/15/10001, BStBl I 2019, 97, Rz. 41.

117 Dazu *Bott/Gastl,* DStZ 2018, 491, 501 f.

118 BMF v. 28.1.2019, IV C 2-S2706-a/15/10001, BStBl I 2019, 97, Rz. 35, 18; *Stahl,* kösdi 2019, 21169.

119 *Schiffers,* DStZ 2019, 705, 709.

Im Urteilsfall VIII R 15/16[120] hat der BFH die für Regiebetriebe kommunaler Gebietskörperschaften entwickelten Grundsätze zur Bildung von Rücklagen auch auf **Regiebetriebe einer Verbandskörperschaft** angewandt. Im Verfahren VIII R 75/13[121] wurde entschieden, dass bei dem Regiebetrieb einer kommunalen Gebietskörperschaft die Gewinne des Jahres 2001 auch dann steuerfrei bleiben, wenn sie zunächst in die Rücklagen eingestellt, dann aber in einem späteren Veranlagungszeitraum wieder aufgelöst werden. Diese nur für die Gewinne des Jahres 2001 geltende Steuerfreiheit folgt aus der Formulierung der zeitlichen Anwendungsregelung bei Einführung des § 20 Abs. 1 Nr. 10 Buchst. b EStG. Gem. § 52 Abs. 37a Satz 2 EStG 1997 ist § 20 Abs. 1 Nr. 10 Buchst. b EStG 1997 erstmals auf Gewinne anzuwenden, die nach Ablauf des ersten Wirtschaftsjahres des BgA ohne eigene Rechtspersönlichkeit erzielt werden, für das das KStG i. d. F. des Art. 3 des Steuersenkungsgesetzes erstmals anzuwenden ist. Bei kalenderjahrgleichem Wirtschaftsjahr ist erstmals der von einem Regiebetrieb erzielte laufende Gewinn des Jahres 2002 als Einkünfte aus Kapitalvermögen zu versteuern.[122]

Verluste werden bei Regiebetrieben nach Ansicht des BFH zum Verfahren in I R 18/07[123] unter Berücksichtigung der haushalterischen Grundlagen noch im Jahr der Entstehung durch Einlagen ausgeglichen. Ein handelsrechtlicher Verlustvortrag ist damit nicht möglich. In Höhe des Verlustes liegen Einlagen vor, die dem Einlagekonto gutzuschreiben sind. Diese Verluste wirken sich insoweit auf die Höhe der Kapitaleinkünfte aus, als sich hierdurch die Höhe des ausschüttbaren Gewinns mindert.

Eine **Verrechnung von Gewinnen und Verlusten verschiedener Betriebe gewerblicher Art**, die sich nicht nach § 4 Abs. 6 KStG zusammenfassen lassen, ist auch dann nicht möglich, wenn sie gemeinsam in eine Mitunternehmerschaft eingebracht werden. Der KapESt-Abzug ist dann ohne Verrechnung vorzunehmen. Beteiligt sich eine juristische Person des öffentlichen Rechts an einer gem. § 15 Abs. 2 EStG gewerblich tätigen Personengesellschaft, werden hierdurch regelmäßig ein oder mehrere BgA i. S. v. § 4 Abs. 1 KStG begründet. In dem im Verfahren VIII R 43/15[124] entschiedenen Fall war der BgA Beteiligung der klagenden kommunalen Gebietskörperschaft an einer GmbH & Co. KG – wie ihr dauerdefizitärer BgA Eisstadion – als Regiebetrieb ohne eigene Rechtspersönlichkeit i. S. v. § 20 Abs. 1 Nr. 10 Buchst. b EStG

120 BFH v. 30.1.2018, VIII R 15/16, BFHE 260, 473, BStBl II 2019, 101.

121 BFH v. 30.1.2018, VIII R 75/13, BFHE 260, 450, BStBl II 2019, 91.

122 Zur abweichenden Rechtslage bei Eigenbetrieben BFH v. 16.11.2011, I R 108/09, BFHE 236, 48; BStBl II 2013, 328.

123 BFH v. 23.1.2008, I R 18/07, BFHE 220, 357, BStBl II 2008, 573.

124 BFH v. 26.6.2019, VIII R 43/15, BFHE 265, 230, BFH/NV 2019, 1414.

einzuordnen. Die Tätigkeit der KG bestand aus den Sparten Strom- und Wasserversorgung, Fernwärme, einem Fährbetrieb, Freibad, Hallenbad und Eisstadion. Die KG erstellte handelsrechtliche Jahresabschlüsse, in die die Erträge und Aufwendungen aus sämtlichen Tätigkeiten eingingen. Bei Feststellung der handelsrechtlichen Jahresabschlüsse der KG wurden aufgrund von Gesellschafterbeschlüssen Teile des Gewinns (sog. Mindestgewinne) den Rücklagen der KG zugeführt, der verbleibende Betrag wurde von der Klägerin entnommen. Die Tätigkeitsfelder der KG jenseits des Eisstadions gingen in den BgA Beteiligung ein. Die Verluste aus dem Betrieb des dauerdefizitären Eisstadions wurden in der körperschaftsteuerlichen Einkommensermittlung des BgA Beteiligung nicht erfasst, sondern eigenständig im BgA Eisstadion veranlagt. Eine Zusammenfassung dieser beiden BgA für Zwecke der KSt war unzulässig, weil die Voraussetzungen für einen zulässigen Querverbund nicht vorlagen. Im Rahmen der gesonderten und einheitlichen Feststellung der Einkünfte der KG wurden die Erträge und Aufwendungen, die auf den Betrieb des Eisstadions entfielen, ebenfalls von den Erträgen und Aufwendungen aus den übrigen Sparten separiert. Dies bestätigte der BFH.

Die Höhe des kapitalertragstpfl. Gewinns des BgA Beteiligung entspricht zwar grundsätzlich dem aus der KG entnommenen Gewinnanteil. Dieser Gewinnanteil war aber zur Ermittlung des kapitalertragstpfl. Gewinnanteils des BgA Beteiligung um diejenigen Erträge zu erhöhen, die bei der Gewinnermittlung der KG die Verluste aus dem Betrieb des Eisstadions ausgeglichen hätten. Wären auf Ebene der KG Erträge aus den übrigen Sparten der KG nicht mit dem Verlust aus dem Betrieb des Eisstadions verrechnet worden, wären die zur Verlustdeckung verwendeten Beträge von der Klägerin zusätzlich aus der KG entnommen worden und in den kapitalertragstpfl. Gewinn eingegangen. Allein aufgrund der Zusammenfassung sämtlicher Tätigkeiten auf Ebene der KG durfte zulasten der kapitalertragstpfl. Bemessungsgrundlage kein Querverbund angenommen werden, der für Zwecke der KSt unzulässig war. Nicht beanstandet hat der BFH, dass in die kapitalertragstpfl. Bemessungsgrundlage des BgA Beteiligung nur der um die auf Ebene der KG thesaurierten Mindestgewinne verminderte Gewinnanteil einging, da es sich insoweit um eine zulässige Rücklagenbildung handelt.

Nicht zu den stpfl. Einnahmen gehören gem. § 20 Abs. 1 Nr. 10 Buchst. b Satz 5 EStG i. V. m. § 20 Abs. 1 Nr. 1 Satz 3 EStG Leistungen des Regiebetriebes, für die Beträge aus dem steuerlichen Einlagekonto i. S. des **§ 27 KStG** als verwendet gelten. Gem. § 44 Abs. 6 Satz 1 EStG gilt die juristische Person des öffentlichen Rechts als Gläubigerin und der BgA als Schuldner der Kapitalerträge, der grundsätzlich der Entrichtungsschuldner der KapESt ist. Alleiniges Steuersubjekt bleibt aber – auch für die Entrichtungsschuld der KapESt des BgA – die Trägerkörperschaft, da dem BgA eine rechtliche Organisationsform fehlt, die nach den Regelungen der Abgabenordnung handlungsfähig ist.

In diesem Kontext hat das FG Düsseldorf[125] entschieden, dass auch bei einer **vGA** eines BgA in Form eines **Regiebetriebs** an seine Trägerkörperschaft die Nichterteilung einer Verwendungsbescheinigung nach **§ 27 Abs. 3 KStG** bis zum Tag der Bekanntgabe der erstmaligen Feststellung nach § 27 Abs. 2 KStG zu einer Verwendungsfestschreibung des Betrags der Einlagenrückgewähr mit 0 € führt.[126] Das FG hat die Revision zugelassen, weil sich die bisherige BFH-Rechtsprechung zur Verwendungsfestschreibung auf GmbHs und nicht ausdrücklich auch auf Regiebetriebe bezieht.[127]

Weiter geht das FG Düsseldorf[128] davon aus, dass die KapESt auf Gewinne aus der **Auflösung** von **Rücklagen** eines Regiebetriebes zu Zwecken außerhalb des BgA nur nach Maßgabe der als Rücklagen behandelten Gewinnanteile, nicht aber auf der Grundlage einer Berechnung der Kapitalentwicklung bemessen werden könne. Die Verwendungsfestschreibung gem. **§ 27 Abs. 5 Satz 2 KStG** sei auch auf Regiebetriebe anwendbar. Die für eine Verwendung des steuerlichen Einlagekontos für Ausschüttungen gem. § 27 Abs. 1 Satz 3 KStG maßgebende Höhe des ausschüttbaren Gewinns eines – während seines Bestehens von der Einnahme-Überschussrechnung zum Vermögensvergleich übergegangenen – BgA könne nur auf der Grundlage der Erstellung nachvollziehbarer Steuerbilanzen seit Beginn der Tätigkeit ermittelt werden. Gewinnabführungen und Verlustübernahmen an bzw. durch die Trägerkörperschaft wirkten sich im Ergebnis nicht auf das steuerliche Eigenkapital des BgA aus, da sie als fiktive Verbindlichkeiten bzw. Forderungen zu berücksichtigen seien. Das FG hat auch hier die Revision zugelassen, weil die bisherigen BFH-Urteile zur Verwendungsfestschreibung sich auf GmbHs und nicht ausdrücklich auch auf Regiebetriebe beziehen und höchstrichterlich nicht geklärt sei, wie Gewinnausschüttungen und Verlustübernahmen sich auf das Kapitalkonto eines BgA auswirkten.

7. § 20 Abs. 1 Nr. 11 EStG

Gem. § 20 Abs. 1 Nr. 11 EStG und § 20 Abs. 2 Satz 1 Nr. 3 Buchst. a EStG zählen Wertzuwächse aus Termingeschäften zu den Einkünften aus Kapi-

125 FG Düsseldorf v. 23.6.2020, 6 K 2049/17 KE, DStRE 2021, 151.

126 Anschluss an FG Hessen v. 24.3.2015, 4 K 1187/11, EFG 2015, 1274 und v. 14.9.2017, 4 K 1822/15, EFG 2018, 473.

127 Vgl. BFH v. 10.6.2009, I R 10/09, BFHE 225, 384, BStBl II 2009, 974.

128 FG Düsseldorf v. 12.4.2021, 6 K 3133/18 KE, DStRE 2022, 205.

talvermögen. Dabei betrifft § 20 Abs. 1 Nr. 11 EStG nur die Besteuerung der Stillhalterprämie und der Glattstellungsgeschäfte. Insoweit unterscheidet sich die Regelung von der zu dem Gewinn aus dem Termingeschäft in § 20 Abs. 2 Satz 1 Nr. 3 Buchst. a EStG. Lediglich die in einem Glattstellungsgeschäft gezahlten Prämien (§ 20 Abs. 1 Nr. 11 Halbs. 2 EStG) sowie der Sparer-Pauschbetrag, nicht hingegen die Barausgleichszahlungen[129] und die übrigen tatsächlichen Werbungskosten (§ 20 Abs. 9 Satz 1 EStG) sind abziehbar.[130] Schließt der Stillhalter ein Glattstellungsgeschäft ab, mindern sich gem. § 20 Abs. 1 Nr. 11 Halbs. 2 EStG die Einnahmen aus den Stillhalterprämien um die im Glattstellungsgeschäft gezahlten Prämien. Es wird nach dem Nettoprinzip nur der beim Stillhalter nach Abschluss eines Gegengeschäfts (Glattstellung) verbliebene Vermögenszuwachs der Besteuerung unterworfen. Eine analoge Anwendung von § 20 Abs. 1 Nr. 11 EStG auf den Barausgleich kommt im Hinblick auf § 20 Abs. 2 Satz 1 Nr. 3 Buchst. a EStG nicht in Betracht.

Nach dem bei Überschusseinkünften geltenden Zu- und Abflussprinzip des **§ 11 EStG** ist die Stillhalterprämie im Jahr des Zuflusses (§ 11 Abs. 1 EStG) zu versteuern, die Glattstellungsaufwendungen – prima facie – im Jahr des Abflusses (§ 11 Abs. 2 EStG) zu berücksichtigen. So unterliegen laut **BMF**[131] Stillhalterprämien im Zeitpunkt der Vereinnahmung dem KapESt-Abzug; beim Abschluss eines Glattstellungsgeschäftes sind die gezahlten Prämien zum Zeitpunkt der Zahlung als negativer Kapitalertrag in den sog. Verlustverrechnungstopf i. S. des § 43a Abs. 3 Satz 2 EStG einzustellen.

Demgegenüber zählten nach der **bis zum Jahr 2009** geltenden Rechtslage Stillhalterprämien zu den Einkünften aus Leistungen i. S. des § 22 Nr. 3 EStG.[132] Wenngleich das Glattstellungsgeschäft vom Eröffnungsgeschäft zu trennen war, zahlte der Stpfl. die Prämien im Rahmen einer Glattstellung vor allem, um damit seine Einnahmen aus dem Stillhaltergeschäft zu sichern. Das auslösende Moment für die Ausgaben war somit dem steuerbaren Bereich zuzuordnen, weil der Stpfl. das Risiko, das er als Stillhalter eingegangen ist und das darin lag, Vermögenseinbußen durch ein Ausführungsgeschäft zu erleiden, durch ein Glattstellungsgeschäft vermindern wollte. Deshalb handelte es sich bei den in einem Glattstellungsgeschäft gezahlten Prämien um Erwerbsaufwendungen.[133] Werbungskosten bei diesen Einkünf-

129 Zum Barausgleich A. II. 1. b) gg); A. II. 2. f); A. V. 3. b) aa).

130 BFH v. 20.10.2016, VIII R 55/13, BFHE 256, 56, BStBl II 2017, 264, Rz. 32; vgl. auch *Philipowski*, DStR 2017, 1362, 1367.

131 BMF v. 19.5.2022, BStBl I 2022, 742, Rz. 25.

132 BFH v. 10.2.2015, IX R 8/14, BFH/NV 2015, 830 m. w. N.

133 Stv. BFH v. 20.10.2016, VIII R 55/13, BFHE 256, 56, BStBl II 2017, 264.

ten aus einmaligen (sonstigen) Leistungen (§ 22 Nr. 3 EStG) sind auch dann im Jahr des Zuflusses der Einnahme abziehbar, wenn sie in einem anderen Veranlagungsjahr als die Stillhalterprämie angefallen sind. Entstanden Werbungskosten, die im Zuflussjahr der Stillhalterprämie noch nicht sicher vorhersehbar waren, war die Veranlagung des Zuflussjahres nach der damaligen Rechtsprechung gem. § 175 Abs. 1 Satz 1 Nr. 2 AO zu ändern.[134]

Der Gesetzeswortlaut von § 20 Abs. 1 Nr. 11 EStG, wonach sich die Einnahmen um die Prämie mindern, könnte nun dafür sprechen, dass die gezahlten Prämien auch nach neuem Recht nicht im Veranlagungszeitraum des Abflusses, sondern unabhängig vom Zahlungszeitpunkt von der Stillhalterprämie absetzbar sind, was eine Rückwirkung nach § 175 Abs. 1 Nr. 2 AO bedeutete.[135] Das sah zwar das FG München nicht so,[136] wohl aber der **BFH.**[137] Danach mindern Aufwendungen für die den Stillhalterprämien zugehörigen Glattstellungsgeschäfte nach § 20 Abs. 1 Nr. 11 EStG – in Ausnahme zu § 11 Abs. 2 Satz 1 EStG (sog. Abflussprinzip) – die Einnahmen in dem Veranlagungszeitraum, in dem die Stillhalterprämien vereinnahmt wurden. Bei den laufend veranlagten Steuern wie der ESt sind zwar die aufgrund des Eintritts neuer Ereignisse materiell-rechtlich erforderlichen steuerlichen Anpassungen regelmäßig nicht rückwirkend, sondern in dem Besteuerungszeitraum vorzunehmen, in dem sich der maßgebliche Sachverhalt ändert; dieser Grundsatz ist jedoch nur insoweit maßgebend, als die einschlägigen steuerrechtlichen Regelungen nicht bestimmen, dass eine Änderung des nach dem Steuertatbestand rechtserheblichen Sachverhalts zu einer rückwirkenden Änderung steuerlicher Rechtsfolgen führt. Dies setzt eine dementsprechende materiell-rechtliche Anordnung des Gesetzgebers voraus, wie sie § 20 Abs. 1 Nr. 11 Halbs. 2 EStG vorsieht.

Flankiert wird diese materiell-rechtliche Regelung durch § 175 Abs. 1 Satz 1 Nr. 2 AO, nach dem ein Steuerbescheid bei Eintritt eines Ereignisses zu ändern ist, das steuerliche Wirkung für die Vergangenheit hat. Das rückwirkende Ereignis liegt darin, dass die endgültige Höhe der Netto-Einnahmen aus den Stillhalterprämien nach § 20 Abs. 1 Nr. 11 Halbs. 2 EStG erst dann feststeht, wenn die Prämien aus dem dazugehörigen Glattstellungsgeschäft von diesen abgezogen werden; das Stillhalter- und das jeweilige Glattstellungsgeschäft stehen insoweit in einem wirtschaftlichen Zusammenhang.

134 BFH v. 3.6.1992, X R 91/90, BFHE 168, 272, BStBl II 1992, 1017.

135 *Bleschick,* in: Kirchhof/Seer, EStG, § 20, Rz. 116; *Haisch,* DStZ 2007, 762, 765; a. A. *Buge,* in: Herrmann/Heuer/Raupach, EStG, § 20, Rz. 401 m. w. N. zum Streitstand.

136 FG München v. 28.9.2021, 6 K 1458/19, EFG 2021, 2060, DStR 2022, 328.

137 BFH v. 2.8.2022, VIII R 27/21, BFHE 278, 103, DStR 2022, 1997.

Ohne Rückwirkung wäre es etwa denkbar, dass Einnahmen aus Stillhalterprämien im Veranlagungszeitraum 01 voll besteuert werden, obgleich im Veranlagungszeitraum 02 in derselben Höhe im Glattstellungsgeschäft gezahlte Prämien anfallen, um das Stillhaltergeschäft wieder zu schließen, und diese Prämien – mangels entsprechender Einkünfte aus Kapitalvermögen – wegen des Verlustverrechnungsverbots nach § 20 Abs. 6 Satz 1 Halbs. 1 EStG nicht mit Einkünften aus anderen Einkunftsarten ausgeglichen werden dürfen und somit unberücksichtigt blieben. Dies würde dem Gebot der Folgerichtigkeit und Ausrichtung der Steuerlast am Prinzip der finanziellen Leistungsfähigkeit (Art. 3 Abs. 1 GG) widersprechen.

Danach sind die im Glattstellungsgeschäft gezahlten Prämien seit der Neuregelung der Besteuerung von Stillhaltergeschäften in § 20 Abs. 1 Nr. 11 EStG nicht mehr als Werbungskosten (§ 9 Abs. 1, § 20 Abs. 9 EStG) bei den Einkünften als Stillhalter zu berücksichtigen;[138] § 11 EStG findet keine Anwendung.

Inwiefern die im BMF-Schreiben vom 19.5.2022[139] für den Abzug der KapESt beschriebene Vorgehensweise mit dieser materiell-rechtlichen Anordnung des Gesetzgebers vereinbar ist, brauchte der Senat nicht zu entscheiden, da für die streitbefangenen im Ausland getätigten Stillhaltergeschäfte keine KapESt einbehalten wurde. Die vom BMF vorgesehene Aufteilung der Stillhalter-/Glattstellungsgeschäfte in einen Zu- und Abflusstatbestand i.S. des § 11 EStG widerspricht jedoch der Lösung des BFH auch für Fälle, in denen KapESt im Inland einzubehalten wäre.

II. Substanzbesteuerung

1. § 20 Abs. 2 EStG

a) Erfasste Tatbestände

Kapitalanlagen i.S.v. § 20 Abs. 1, Abs. 2 EStG sind insbes. Kapitalforderungen i.S.v. § 20 Abs. 2 Satz 1 Nr. 7 i.V.m. Abs. 1 Nr. 7 EStG. Unter diesen Begriff der Kapitalforderung fallen alle auf eine Geldleistung gerichteten Forderungen, nicht aber Ansprüche auf die Lieferung anderer Wirtschaftsgüter, insbes. auf eine Sachleistung, oder Forderungen, die auf eine Werk- und Mietleistung gerichtet sind. So verhält es sich aber mit **Tickets** für das Finale der UEFA **Champions League**, die einen Stadionbesuch ermögli-

138 So noch die Rechtslage vor dem UntStRefG 2008, z.B. BFH-Urteile vom 10.2.2015, IX R 8/14, BFH/NV 2015, 830; v. 17.4.2007, IX R 23/06, BFHE 217, 562, BStBl II 2007, 606.

139 BMF v. 19.5.2022, IV C 1-S 2252/19/10003:009, BStBl I 2022, 742, Rz. 25.

chen.[140] Für deren Veräußerung gilt § 23 Abs. 1 Satz 1 Nr. 2, da es sich zwar unter Umständen um Wertpapiere handelt, die aber nicht unter § 20 EStG fallen.

Werden Inhaberschuldverschreibungen veräußert oder eingelöst, die einen **Lieferanspruch auf Gold** oder einen anderen Rohstoff verbriefen und durch Gold oder einen anderen Rohstoff in physischer Form nicht gedeckt sind, sind die Einnahmen Einkünfte i. S. v. § 20 Abs. 2 Satz 1 Nr. 7 EStG. Sehen jedoch die Vertrags-/Emissionsbedingungen vor, dass der Emittent das zur Verfügung gestellte Kapital nahezu vollständig in Gold oder einen anderen Rohstoff zu investieren hat, und besteht ausschließlich ein Anspruch auf Auszahlung des Erlöses aus der Veräußerung des Rohstoffs durch den Emittenten, liegt keine Kapitalforderung i. S. des § 20 Abs. 1 Nr. 7 EStG, sondern ein Sachleistungsanspruch vor.[141]

Auch der Gewinn aus der Veräußerung einer an der Börse gehandelten Inhaberschuldverschreibung, die einen Anspruch gegen die Emittentin auf Lieferung physischen Goldes[142] verbrieft und den aktuellen Goldpreis abbildet (z. B. **Gold Bullion Securities**), ist jedenfalls dann nicht nach § 20 Abs. 2 Satz 1 Nr. 7 i. V. m. § 20 Abs. 1 Nr. 7 EStG stpfl., wenn die Emittentin verpflichtet ist, das ihr zur Verfügung gestellte Kapital nahezu vollständig zum Erwerb von Gold einzusetzen.[143] Dies gilt auch dann, wenn nach den Emissionsbedingungen der Inhaber bei der Kündigung der Schuldverschreibung statt der Lieferung des verbrieften Goldes die Auszahlung des Erlöses aus dem Verkauf des für ihn hinterlegten Goldes verlangen kann. Auch in diesem Fall wird primär eine Sachleistung geschuldet.[144] Ob die Emittentin die Sachleistung in Gold direkt an den Gläubiger der Inhaberschuldverschreibung oder aufgrund dessen Weisung zum Verkauf des Goldes an einen Dritten erbringt, macht bei wirtschaftlicher Betrachtung keinen Unterschied. In beiden Fällen wird die Emittentin als Schuldnerin um die Sachleistung entreichert und der Inhaber der Schuldverschreibung, der das Risiko aus der Veräußerung des Goldes zu tragen hat, um den wirtschaftlichen Wert der Sachleistung bereichert. Die Gold-Bullion-Securities-Inhaberschuldverschreibungen verbriefen danach keine

140 BFH v. 29.10.2019, IX R 10/18, BFHE 266, 560, BStBl II 2020, 258.

141 BFH v. 12.5.2015, VIII R 35/14, BStBl II 2015, 834 und v. 16.6.2020, VIII R 7/17, BStBl II 2021, 9.

142 Dazu, dass Xetra-Gold-Inhaberschuldverschreibungen nicht als Wertpapiere i. S. des § 20 Abs. 4a Satz 3 EStG anzusehen sind, FG München v. 29.9.2020, 5 K 2870/19, juris, Rz. 52 ff.

143 BFH v. 16.6.2020, VIII R 7/17, BFHE 269, 188, BStBl II 2021, 9; Anschluss an BFH v. 12.5.2015, VIII R 35/14, BFHE 250, 71, BStBl II 2015, 834.

144 Entgegen BMF v. 18.1.2016, IV C 1 S2252/08/10004:017, BStBl I 2016 85, Rz. 57; anders nun BMF v. 19.5.2022, IV C 1-S 2252/19/10003:009, BStBl I 2022, 742, Rz. 57.

auf eine Geldleistung gerichteten Forderungen, sondern einen Anspruch auf eine Sachleistung in Form von Gold.

Im entschiedenen Fall war auch zu berücksichtigen, dass die Emittentin nach den Emissionsbedingungen nicht berechtigt war, über das von ihr bei der Ausgabe der Inhaberschuldverschreibungen eingesammelte Kapital frei zu verfügen. Sie war verpflichtet, dieses zur Besicherung der verbrieften Auslieferungsansprüche in physisches Gold zu investieren. Sie hatte danach kein eigenständiges Kapitalnutzungsrecht i. S. v. § 20 Abs. 1 Nr. 7 EStG. Der Anspruch des Klägers auf die Lieferung von Gold wurde auch nicht dadurch zu einem Anspruch auf Geld, dass er nach den Emissionsbedingungen die Möglichkeit hatte, die Gold-Bullion-Securities-Inhaberschuldverschreibungen am Sekundärmarkt zu veräußern. Die Veräußerung begründet lediglich ein weiteres Rechtsverhältnis, das unabhängig vom schuldrechtlichen Lieferungsanspruch, der Gegenstand der Inhaberschuldverschreibungen ist, zu beurteilen ist.

Etwas anderes gilt jedoch – wie der BFH im Verfahren VIII R 15/18 klargestellt hat[145] – für die Besteuerung des Gewinns aus der **Veräußerung von Gold-ZKB-ETF-Fondsanteilen**. Der Gewinn aus der Veräußerung von Anteilen an einem Fonds nach schweizerischem Recht, der sein Kapital allein in physischem Gold anlegt, unterliegt gem. § 19 Abs. 3 Satz 1 InvStG 2004 der Besteuerung nach § 20 Abs. 2 Satz 1 Nr. 1, Abs. 4 EStG. Die Veräußerung des Fondsanteils begründet keinen Anspruch auf die Lieferung von physischem Gold.[146]

Wird Edelmetall aus dem Privatvermögen im Wege eines **echten Edelmetall-Pensionsgeschäfts** übertragen und zurückübertragen, liegt mangels eines marktoffenbaren Vorgangs auch **kein privates Veräußerungsgeschäft** (§ 23 Abs. 1 Satz 1 Nr. 2 EStG) vor.[147] Dies gilt auch für im Gegenzug übertragene Fremdwährungsguthaben. Der Pensionsgeber erzielt insoweit sonstige Einkünfte aus Leistungen (§ 22 Nr. 3 EStG). Es wird nicht (zuvor angeschafftes) Edelmetall veräußert und auch keine Fremdwährungsguthaben angeschafft und wieder veräußert. Das jeweilige Edelmetall-Pensionsgeschäft ist als Einheit zu beurteilen. Nach vollständiger Abwicklung verbleibt den Vertragspartnern nur der „Spread“ (Unterschied zwischen dem bei Übertragung des Pensionsguts hingeflossenen Geldbetrag („Kaufpreis“) und dem bei Rückübertragung des Pensionsguts zu-

145 BFH v. 12.4.2021, VIII R 15/18, BFHE 273, 17, BStBl II 2021, 913.

146 Abgrenzung zu BFH v. 12.5.2015, VIII R 35/14, BFHE 250, 71, BStBl II 2015, 834 und VIII R 4/15, BFHE 250, 75, BStBl II 2015, 835 (Xetra-Gold Inhaberschuldverschreibungen) sowie BFH v. 16.6.2020, VIII R 7/17, BFHE 269, 188, BStBl II 2021, 9 (Gold Bullion Securities).

147 BFH v. 23.4.2021, IX R 20/19, BFHE 273, 157, BStBl II 2021, 687.

rückgeflossenen Betrag („Rückkaufpreis")), worin vor allem die wechselseitigen Nutzungsentgelte zum Ausgleich kommen. Der Pensionsnehmer entrichtet der Sache nach für die zeitliche Übertragung des Pensionsguts einen Sachdarlehenszins, der Pensionsgeber einen Zins für die Überlassung von Geld. Diese wechselseitigen Positionen werden gegeneinander verrechnet und beeinflussen die Höhe des Geldbetrags, der am Ende des Geschäfts an den Pensionsnehmer zurückfließt.

Bei der Ermittlung der sonstigen Einkünfte des Pensionsgebers wird nur der (positive oder negative) „Spread" aus dem Pensionsgeschäft erfasst. Unerheblich ist dabei das wirtschaftliche Eigentum am Pensionsgut. Auch bei einem negativen „Spread" liegt Einkünfteerzielungsabsicht vor, wenn unter Berücksichtigung der Gesamtumstände feststeht, dass das Pensionsgeschäft der **Erwerbssphäre** und nicht der Privatsphäre zuzuordnen ist. Fließt der „Spread" in einer fremden Währung zu, muss der Betrag im Zeitpunkt des Zu- oder Abflusses (einmal) in inl. Währung umgerechnet werden.

Der BFH hat die Zugehörigkeit einer Managementbeteiligung zum Betriebsvermögen eines **freiberuflich tätigen Beraters** sowie einen **Veräußerungsgewinn** aus einer **Mitarbeiterbeteiligung** klargestellt. Danach führt der aus der Veräußerung einer Beteiligung an einer Kapitalgesellschaft erzielte Erlös nicht zu Einkünften aus selbständiger Arbeit gem. § 18 EStG, wenn die Beteiligung nicht zum Betriebsvermögen der freiberuflichen Tätigkeit gehört.[148] Der aus der Managementbeteiligung an einer Kapitalgesellschaft erzielte Veräußerungserlös stellt keine Vergütung für die gegenüber einer Tochtergesellschaft erbrachte nichtselbständige Tätigkeit (§ 19 EStG) dar, wenn die Beteiligung als eine eigenständige Erwerbsgrundlage zur Erzielung von Einkünften anzusehen ist.[149]

Gem. § 20 Abs. 2 Satz 1 Nr. 3 Buchst. a EStG gehört zu den Einkünften aus Kapitalvermögen auch der Gewinn bei Termingeschäften, durch die der Steuerpflichtige einen Differenzausgleich oder einen durch den Wert einer veränderlichen Bezugsgröße bestimmten Geldbetrag oder Vorteil erlangt. Etwas anderes gilt bei einer vorrangigen Zuordnung zu den Vermietungseinkünften **(§ 20 Abs. 8 Satz 1 EStG).** In diesem Kontext hat das FG Düsseldorf[150] entschieden, dass Zahlungen zur Ablösung eines **Zinswaps** gem. § 20 Abs. 8 Satz 1 EStG den Werbungskosten bei den Einkünften aus **Vermietung und Verpachtung** i.S. von § 21 Abs. 1 Satz 1 Nr. 1 EStG zuzuordnen sind, wenn das Swap-Geschäft subjektiv dazu bestimmt und objektiv dazu ge-

148 BFH v. 1.12.2020, VIII R 21/17, BFHE 271, 482, BStBl I 2021, 609.
149 BFH v. 1.12.2020, VIII R 40/18, BFHE 271, 493, DStR 2021, 1218.
150 FG Düsseldorf v. 8.9.2021, 5 K 881/20 F, EFG 2021, 2048, Rev. VIII R 26/21.

eignet ist, das Zinsrisiko aus einem Darlehen, das zur Finanzierung einer Immobilie aufgenommen wurde, abzusichern. Muss jedoch der Stpfl. bei Beendigung eines Zins-Währungs-Swaps eine Endtauschzahlung in fremder Währung erbringen und muss er dafür wegen nachteiliger Änderung des Umtauschkurses einen höheren Betrag in Euro aufwenden, als er von der Gegenseite bekommt, kann er den Differenzbetrag nicht als Werbungskosten bei den Einkünften aus Vermietung und Verpachtung abziehen.[151]

Zur **Veräußerung eines Dividendenanspruchs zwischen beschränkt Stpfl.** stellt der BFH mit Urteil vom 15.11.2022[152] fest, dass die **Sperrwirkung des § 20 Abs. 2 Satz 1 Nr. 2 Buchst. a Satz 2 EStG** für die Besteuerung der Dividenden nach § 20 Abs. 1 Nr. 1 EStG nach der im Jahr 2013 geltenden Fassung auch dann eintritt, wenn der Gewinn aus der Veräußerung der Dividendenansprüche bei beschränkt Steuerpflichtigen gemäß § 49 EStG nicht steuerpflichtig ist. Die Veräußerung des Dividendenanspruchs ist auch kein Gestaltungsmissbrauch i.S. des § 42 AO, da sie in § 20 Abs. 2 Satz 1 Nr. 2 Buchst. a EStG vom Gesetzgeber geregelt ist.

Im entschiedenen Fall hing die streitige Pflicht zur Einbehaltung und Abführung der Kapitalertragsteuer nach § 44 Abs. 1 Satz 3, § 43 Abs. 1 Satz 1 Nr. 1a EStG davon ab, dass eine im Inland beschränkt steuerpflichtige Kapitalgesellschaft steuerbare Kapitaleinkünfte i.S. des § 49 Abs. 1 Nr. 5 Buchst. a EStG i.V.m. § 20 Abs. 1 Nr. 1 EStG erzielt hat. Das hat der BFH verneint, weil zwar der Tatbestand des § 49 Abs. 1 Nr. 5 Buchst. a EStG i.V.m. § 20 Abs. 1 Nr. 1 EStG an sich erfüllt war, jedoch nach § 20 Abs. 2 Satz 1 Nr. 2 Buchst. a Satz 2 EStG die Besteuerung des Gewinns aus der Veräußerung der Dividende durch den Inhaber des Stammrechts an die Stelle der Besteuerung der Dividende nach § 20 Abs. 1 Nr. 1 EStG trat. Die Besteuerung der Dividenden im Zeitpunkt ihrer Auszahlung gemäß § 20 Abs. 1 Nr. 1 EStG wird hierdurch verdrängt. Da Kapitaleinkünfte gemäß § 20 Abs. 2 EStG seit Einführung der Abgeltungsteuer keine inländischen Einkünfte im Sinne der beschränkten Einkommensteuerpflicht nach § 49 EStG sind, unterlag die Gesellschaft in Bezug auf den von ihr erzielten Veräußerungsgewinn aus dem Verkauf der Dividenden auch insoweit im Inland nicht der inländischen Besteuerung.

Die Sperrwirkung des § 20 Abs. 2 Satz 1 Nr. 2 Buchst. a Satz 2 EStG für die Besteuerung der Dividende nach § 20 Abs. 1 Nr. 1 EStG entfiel nicht deshalb, weil in **§ 49 Abs. 1 Nr. 5 Buchst. a EStG** auf diese Regelung **nicht ver-**

151 BFH v. 20.6.2023, IX R 15/21, DStR 2023, 2432.

152 BFH v. 15.11.2022, VIII R 21/19, DB 2023, 622; das entgegenstehende BMF-Schreiben wurde aufgehoben (BMF v. 12.5.2023, DStR 2023, 1083, BStBl I 2023, 794).

wiesen wird. Denn § 49 Abs. 1 EStG knüpft an das Vorliegen der Einkünfte i.S. des § 2 i.V.m. §§ 13ff. EStG punktuell an und enthält keine Erweiterung gegenüber dem für unbeschränkt Steuerpflichtige geltenden Einkünftebegriff. Im Falle einer Veräußerung von künftigen Dividendenansprüchen durch den Inhaber des Stammrechts wären die Dividendenzahlungen bei einem unbeschränkt Steuerpflichtigen nach § 20 Abs. 2 Satz 1 Nr. 2 Buchst. a Satz 2 EStG nicht gemäß § 20 Abs. 1 Nr. 1 EStG steuerbar, sodass dies – mangels einer gegenteiligen Regelung in § 49 EstG – auch für beschränkt steuerpflichtige Aktieninhaber gelten muss. Hätte der Gesetzgeber hiervon abweichen wollen, hätte er in § 49 Abs. 1 Nr. 5 Buchst. a EStG regeln müssen, dass § 20 Abs. 2 Satz 1 Nr. 2 Buchst. a EStG bei beschränkt Steuerpflichtigen nicht zu berücksichtigen ist. Dies hat er aber – anders als in § 19 Abs. 1 Satz 2 Halbs. 2 REIT-Gesetz[153]– nicht geregelt.

Die Sperrwirkung des § 20 Abs. 2 Satz 1 Nr. 2 Buchst. a Satz 2 EStG für die Besteuerung der Dividenden nach § 20 Abs. 1 Nr. 1 EStG tritt nach der im Streitzeitraum 2013 geltenden Fassung der Vorschrift auch dann ein, wenn eine Besteuerung des Gewinns aus der Veräußerung der Dividendenansprüche bei beschränkt Steuerpflichtigen nicht erfolgt. Aus dem Wortlaut des § 20 Abs. 2 Satz 1 Nr. 2 Buchst. a Satz 2 EStG, nach dem „diese Besteuerung an die Stelle der Besteuerung nach Abs. 1 tritt", ist nicht zu folgern, dass der Gesetzgeber eine tatsächliche Besteuerung des Gewinns aus der Veräußerung der Dividende zur Voraussetzung der Sperrwirkung der Besteuerung nach § 20 Abs. 1 Nr. 1 EStG machen wollte. Zum einen ist dies dem Begriff der „Besteuerung" nicht ohne Weiteres zu entnehmen, da dieser im Einkommensteuergesetz in den unterschiedlichsten Zusammenhängen verwendet wird und erst im konkreten Bezug an Bedeutung gewinnt. Zum anderen ist auch der Gesetzesbegründung zum Standortsicherungsgesetz vom 13.9.1993[154] in Bezug auf die Einführung des § 20 Abs. 2 Satz 1 Nr. 2 Buchst. a Satz 2 EStG nicht zu entnehmen, dass die Sperrwirkung für die Besteuerung der Dividenden nach § 20 Abs. 1 Nr. 1 EStG nur dann eintreten soll, wenn die Gewinne aus der Veräußerung des Dividendenanspruchs tatsächlich besteuert werden.

Erst die **Neufassung von § 20 Abs. 2 Satz 1 Nr. 2 Buchst. a Satz 2 EStG** in der Fassung des KroatienAnpG stellt auf eine tatsächliche Besteuerung der Gewinne aus der Veräußerung des Dividendenanspruchs für das Eintreten der Sperrwirkung ab. Danach tritt die Sperrwirkung erst ein, „soweit eine Besteuerung" des Gewinns aus der Veräußerung der Dividenden

153 REIT-Gesetz v. 28.5.2007, BGBl I 2007, 914.
154 BT-Drs. 12/5016, 87.

nach § 20 Abs. 2 Satz 1 Nr. 2 Buchst. a Satz 1 EStG „erfolgt ist“. Eine nicht steuerbare Veräußerung der Dividendenansprüche zwischen beschränkt Steuerpflichtigen führt daher seit dem Veranlagungszeitraum 2014 nicht mehr zur Steuerfreiheit der Dividenden.

b) Substanzverluste

Zentraler Systembaustein der Abgeltungsteuer ist die umfassende Steuerbarkeit des Kapitalvermögens unter Abkehr von der traditionellen quellentheoretischen Trennung von Vermögens- und Ertragsebene, d.h. die umfassende steuerliche Erfassung aller Wertzuwächse im Privatvermögen.[155] Gem. § 20 Abs. 2 EStG werden die Gewinne aus der Veräußerung von Kapitalanlagen i. S. v. § 20 Abs. 1 EStG besteuert und damit nach allgemeinen Grundsätzen auch die entsprechenden Veräußerungsverluste.[156] Die Abkehr von der bisherigen Nichtsteuerbarkeit der „Quelle“ im Rahmen der Überschusseinkunftsart des § 20 EStG gilt es folgerichtig umzusetzen.[157]

Seit Einführung der Abgeltungsteuer ist die mit ihr einhergehende umfassende Besteuerung auch der Vermögenssubstanz zentrales Thema der Rechtsprechung. Dabei stehen zwei Themenbereiche im Fokus. Zum einen tendiert die Finanzverwaltung zu § 42 AO, wenn zwar tatbestandlich eine Veräußerung i. S. der st. Rspr. vorliegt, diese aus Verwaltungssicht aber nicht wirtschaftlich motiviert ist bzw. sinnvoll erscheint. Zum anderen bleibt der Wortlaut von § 20 Abs. 2 Satz 2 EStG zum Teil hinter der damit beabsichtigten umfassenden Steuerbarkeit des Kapitalstamms zurück. Die Linie des VIII. Senats des BFH ist es insoweit, dem umfassenden Regelungsanliegen von § 20 Abs. 2 EStG Rechnung zu tragen, während die Finanzverwaltung nicht von einer zwangsläufigen systematischen Symmetrie zwischen Gewinnbesteuerung und Verlustabzug ausgeht. Seit Einführung von § 17 Abs. 2a EStG gilt es auf die Konkurrenz zu § 20 Abs. 2 EStG zu achten.

aa) Veräußerung von Aktien

Veräußerung i. S. v. § 20 Abs. 2 Satz 1 Nr. 7 EStG ist die entgeltliche Übertragung des – zumindest wirtschaftlichen – Eigentums auf einen Dritten. Weitere Tatbestandsmerkmale als den entgeltlichen Rechtsträgerwechsel enthält das Gesetz nicht.[158] Die Erfüllung des Tatbestands der Veräußerung ist insbes. weder von der Höhe der Gegenleistung noch von der Höhe der

155 BT-Drs. 16/4841, 33, 55 ff., 56.

156 Vgl. BFH v. 12.1.2016, IX R 48/14, BFHE 252, 423, BStBl II 2016, 456.

157 Zur Folgerichtigkeit in der Schedule der Abgeltungsteuer vgl. *Jachmann-Michel,* in: Ismer/Reimer/Rust/Waldhoff (Hrsg.), Territorialität und Personalität – Festschrift für Moris Lehner, 2019, 417 ff.

158 BFH v. 12.6.2018, VIII R 32/16, BFHE 262, 74, BStBl II 2019, 221; v. 29.10.2019, VIII R 16/16, BFHE 266, 550, BStBl II 2020, 245.

anfallenden Veräußerungskosten abhängig.[159] Keine Veräußerung liegt vor, wenn das ursprüngliche Anschaffungsgeschäft rückabgewickelt wird.[160]

Auch die **Veräußerung wertloser Aktien** stellt grundsätzlich keinen Gestaltungsmissbrauch i. S. des § 42 AO dar, selbst wenn sich der Verkäufer verpflichtet, vom Käufer wertlose Aktien zu kaufen.[161] Verfolgt der Stpfl. das Ziel, sich von nahezu wertlosen Wertpapieren durch Übertragung auf einen Dritten zu trennen, so ist es (sinnvoll) nicht anders als durch eine Veräußerung zu erreichen. Auch Veräußerungsverluste werden von § 20 EStG erfasst. Die gewählte Art der Veräußerung stellt eine durch das Gesetz eingeräumte Möglichkeit dar, die nicht gegen vom Gesetzgeber vorgegebene Wertungen verstößt, zumal mögliche Kurssteigerungen der vom Kläger erworbenen Aktien steuerverstrickt sind.[162]

Das FG Münster hat entschieden, dass die **Überführung** von vor 2009 erworbenen Aktien **vom Betriebs- ins Privatvermögen** einem Erwerb nicht gleichsteht, mit der Folge, dass ein späterer Veräußerungsgewinn auch nicht zu Einkünften aus Kapitalvermögen führt (§§ 20 Abs. 2 Satz 1 Nr. 1, 52 Abs. 28 Satz 11, 52a Abs. 10 Satz 1 EStG).[163] § 20 Abs. 2 Satz 1 Nr. 1 EStG ist erstmals auf Gewinne aus der Veräußerung von Anteilen anzuwenden, die nach dem 31.12.2008 erworben worden sind (§ 52a Abs. 10 Satz 1 EStG in der vor seiner Aufhebung geltenden Fassung; § 52 Abs. 28 Satz 11 EStG in der für das Streitjahr 2014 maßgebenden Fassung). Im Streitfall kam es darauf an, ob der nach dem 31.12.2008 erfolgte Erwerb in einer im Jahr 2011 erklärten Betriebsausgabe und der damit einhergehenden Überführung der Aktien aus dem Betriebsvermögen der klagenden GmbH & Co. KG in das Privatvermögen der beiden an der Klägerin beteiligten natürlichen Personen zu sehen ist. Das hat das FG verneint, da ein Erwerb i. S. v. § 52 Abs. 28 Satz 11 EStG

159 BFH v. 12.6.2018, VIII R 32/16, BFHE 262, 74, BStBl II 2019, 221, entgegen BMF v. 18.1.2016, IV C 1-S 2252/08/10004:017, BStBl I 2016, 85, Rz. 59, anders BMF v. 19.5.2022, IV C 1-S 2252/19/10003:009, BStBl I 2022, 742, Rz. 59; BFH v. 29.9.2020, VIII R 9/17, BFHE 271, 114, BStBl II 2021, 385.

160 BFH v. 6.9.2016, IX R 27/15, BFHE 255, 176, BStBl II 2018, 335, zu § 23 EStG.

161 BFH v. 12.6.2018, VIII R 32/16, BFHE 262, 74, BStBl II 2019, 221, noch entgegen BMF v. 18.1.2016, IV C 1-S 2252/08/10004:017, BStBl I 2016, 85, Rz. 59; v. 29.9.2020, VIII R 9/17, BFHE 271, 114, BStBl II 2021, 385; vgl. jetzt BMF v. 19.5.2022, IV C 1-S 2252/19/10003:009, BStBl I 2022, 742, Rz. 59.

162 Auch § 20 Abs. 6 Satz 6 EStG stand der Verlustverrechnung im Verfahren VIII R 7/17 nicht entgegen. Diese Vorschrift dient der Verhinderung eines doppelten Verlustabzugs. Eine solche Gefahr war im vorliegenden Fall nicht gegeben, da von der Bank für die Übertragung der streitgegenständlichen Aktien kein Verlust, sondern die Ersatzbemessungsgrundlage nach § 43a Abs. 2 Satz 10 EStG angesetzt wurde. Es war daher ausgeschlossen, dass der Verlust doppelt berücksichtigt wird. Es wäre reiner Formalismus, in diesem Fall für die Verlustverrechnung eine Bescheinigung i. S. des § 20 Abs. 6 Satz 6 EStG zu verlangen.

163 FG Münster v. 26.3.2020, 8 K 1192/18, DStRE 2020, 1156.

einen Rechtsträgerwechsel – jedenfalls im Hinblick auf das wirtschaftliche Eigentum – voraussetzte.

bb) Einlösung einer Kapitalforderung

§ 20 Abs. 2 Satz 2 EStG stellt der Veräußerung unter anderem auch die Einlösung gleich. Der Begriff der Einlösung bezieht sich grundsätzlich auf die Erfüllung einer Kapitalforderung i. S. des § 20 Abs. 1 Nr. 7 EStG durch Zahlung des geschuldeten Geldbetrags unter gleichzeitiger Rückgabe der über die Kapitalforderung ausgestellten Urkunde.[164] Wie der BFH im Zusammenhang mit der Behandlung des insolvenzbedingten Ausfalls einer privaten Darlehensforderung als Rückzahlung zu Null i. S. des § 20 Abs. 2 Satz 2 EStG ausgeführt hat,[165] sollte mit Einführung der Abgeltungsteuer eine vollständige steuerrechtliche Erfassung aller Wertveränderungen im Zusammenhang mit Kapitalanlagen erreicht werden. Dem dient auch die Gleichstellung der Veräußerung mit verschiedenen Ersatztatbeständen in § 20 Abs. 2 Satz 2 EStG, sodass die Ersatztatbestände weit auszulegen sind.

§ 20 Abs. 2 Satz 2 EStG gilt sowohl für die vertragsmäßige Einlösung zum Zeitpunkt der Endfälligkeit bzw. zum Zeitpunkt vereinbarter Einlösungstermine als auch für jede andere vorzeitige oder verspätete Einlösung.[166] Darüber hinaus wird der Verfall und die Ausbuchung eines Knock-out-Zertifikats bei Erreichen der Knock-out-Schwelle als (automatische) Einlösung zu Null erfasst.[167]

Im Verfahren IX R 12/18[168] hat der BFH die Besteuerung eines Überschusses aus der Einlösung einer Kapitalforderung gem. § 23 Abs. 1 Satz 1 Nr. 2 EStG (Stand 2008) abgelehnt. Eine Steuerbarkeit gem. § 20 Abs. 1 Nr. 7 EStG stand nicht im Raum,[169] da zwar bei wirtschaftlicher Betrachtung ein Ertrag aus einer sonstigen (privaten) Kapitalforderung nach § 20 Abs. 1 Nr. 7 EStG (2008) vorlag: Eine GmbH hatte ein Kapitalvermögen zurückgezahlt, wobei ein stpfl. Überschuss beim Kläger aufgetreten ist. Die Höhe der Rückzahlung des Kapitalvermögens war für den Kläger ungewiss, nämlich abhängig von der Zahlungsfähigkeit der GmbH. Dass die GmbH das Darlehen nicht ursprünglich vom Kläger erhalten hat, sondern dieser die Darlehensforderung von einer KG erworben hatte, spielte keine Rolle. Ein Ertrag ist entstanden, indem die Rückzahlung durch die GmbH die Anschaffungskosten

164 BFH v. 20.11.2018, VIII R 37/15, BFHE 263, 169, BStBl II 2019, 507.
165 BFH v. 24.10.2017, VIII R 13/15, BFHE 259, 540, BStBl II 2018, 189; dazu oben A. II. 1. b) cc).
166 BFH v. 20.11.2018, VIII R 37/15, BFHE 263, 169, BStBl II 2019, 507.
167 Dazu schon oben A. II. 1. b) gg).
168 BFH v. 3.9.2019, IX R 12/18, BFHE 266, 182, BStBl II 2020, 94.
169 A. A. *Siegel*, DStR 2020, 1481.

der KG übersteigt.[170] Dieser Ertrag betrifft jedoch die Substanz der Kapitalforderung, nach neuem Recht erfasst von § 20 Abs. 2 Satz 1 EStG als Rückzahlung. Diese Norm galt im Streitjahr 2008 aber noch nicht.

cc) Forderungsausfall, insbes. eines Gesellschafters

Der BFH erkennt den Verlust aus dem endgültigen Ausfall einer Kapitalforderung i. S. des § 20 Abs. 1 Nr. 7 EStG in der privaten Vermögenssphäre an (§ 20 Abs. 2 Satz 1 Nr. 7, Satz 2, Abs. 4 EStG). So ist der Ausfall einer Forderung eines Gesellschafters gegenüber seiner Gesellschaft als **Rückzahlung** gem. § 20 Abs. 2 Satz 1 Nr. 7, Satz 2 EStG **zu Null** zu behandeln.[171]

Auch andere Finanzierungshilfen eines Gesellschafters zugunsten seiner Gesellschaft als Darlehen – insbes. **Bürgschaften** – können bei Inanspruchnahme des Gesellschafters zu einem gem. § 20 Abs. 2 EStG steuerbaren Verlust führen. Wird der Gesellschafter aus einer Bürgschaft in Anspruch genommen, die er einem Dritten für ein seiner Kapitalgesellschaft gewährtes Darlehen gestellt hat, und fällt er mit seinen Regressansprüchen gegen die Kapitalgesellschaft aus, kommt § 20 Abs. 2 Satz 1 Nr. 7 EStG in Betracht. Der Gesellschafter erwirbt als Bürge gem. § 774 Abs. 1 BGB die wertlose Forderung gegen die Gesellschaft sowie einen aus dem Bürgschaftsauftrag folgenden vertraglichen Aufwendungsersatzanspruch gem. §§ 675, 670 BGB. Beide Ansprüche entstehen aufschiebend bedingt durch die Befriedigung des Gläubigers mit der Übernahme der Bürgschaft.[172] Beide sind Kapitalforderungen i. S. des § 20 Abs. 1 Nr. 7 EStG, für die der Gesellschafter Anschaffungskosten in Höhe der Befriedigung des Gläubigers aufwendet. Anders als beim Ausfall der Rückzahlung eines Gesellschafterdarlehens, bei dem die Darlehensforderung bei ihrer Begründung werthaltig wie wertlos sein kann, erwirbt der Gesellschafter-Bürge mit Bedingungseintritt aber immer eine bereits wertlose Forderung. Wirtschaftlich ist die Bürgschaft einem Leerverkauf vergleichbar, der Rückzahlung einer wertlosen Forderung zu 0 € vor deren endgültigem Erwerb. Denn bei der Inanspruchnahme des Gesellschafters aus der Bürgschaft sind seine Ansprüche, die er durch die Befriedigung des Gläubigers erwirbt, bereits ausgefallen. Gleichwohl handelt es sich um einen Forderungsausfall und damit um eine fehlende Rückzahlung der Primärforderung durch den Schuldner gegenüber dem Bürgen zu Null.

170 So zutr. *Siegel*, DStR 2020, 1481, 1482.

171 BFH v. 24.10.2017, VIII R 13/15, BFHE 259, 535, BStBl II 2020, 831, zur Einkünfteerzielungsabsicht A. III. 1.; zu Gestaltungsmöglichkeiten zur 100-prozentigen Verlustberücksichtigung bei ausfallbedrohten Gesellschafterdarlehen an die GmbH, *Ott*, DStZ 2023, 566.

172 BGH v. 13.3.2008, IX ZR 117/07, NJW-RR 2008, 1006, 1007, Rz. 11; *Kahlert*, DStR 2018, 229, 232.

Auch bei anderen Bürgschaften als Gesellschafterbürgschaften würde nach diesen Grundsätzen die Inanspruchnahme des Bürgen zu einem steuerbaren Verlust i. S. v. § 20 Abs. 2 Satz 1 Nr. 7, Satz 2, Abs. 4 EStG in der Tatbestandsalternative „Rückzahlung“ führen.

Steuerbarkeit setzt aber in jedem Fall voraus, dass die jeweilige Bürgschaft mit **Einkünfteerzielungsabsicht** gegeben wurde.[173] Da der Bürge schon mit der Übernahme der Bürgschaft aufschiebend bedingt durch die Befriedigung des Gläubigers Inhaber der Darlehensforderung wird, ist auf diesen Zeitpunkt abzustellen und nicht auf den der Befriedigung des Gläubigers.[174] Die Vermutung der Einkünfteerzielungsabsicht wäre bei unentgeltlicher Hingabe einer privaten Bürgschaft zu einem Zeitpunkt, zu dem von der Inanspruchnahme des Bürgen auszugehen und ein Ersatz des Schuldners nicht zu erwarten ist, widerlegt. Bei einer Gesellschafterbürgschaft bleibt die Vermutung allerdings weiter bestehen, da der Gesellschafter mit der Hingabe der Bürgschaft regelmäßig die Gesellschaft stärken will und so zwar unmittelbar keine Erträge aus der Bürgschaft, jedoch mittelbar Erträge aus künftigen Gewinnausschüttungen der Gesellschaft erzielen will (§ 20 Abs. 1 Nr. 1 EStG).[175]

Zum Forderungsausfall hat der IX. Senat die Rspr. des VIII. Senats des BFH bestätigt und entschieden, dass bei insolvenzfreier Auflösung einer Kapitalgesellschaft als Forderungsschuldnerin der Verlust regelmäßig erst bei Abschluss der Liquidation entsteht, sofern sich nicht aus besonderen Umständen ausnahmsweise etwas anderes ergibt.[176]

Hier schließt der VIII. Senat im Verfahren VIII 28/18[177] an: Von einem **endgültigen Ausfall** einer privaten Kapitalforderung i. S. des § 20 Abs. 1 Nr. 7 EStG ist jedenfalls dann auszugehen, wenn über das Vermögen des Schuldners das Insolvenzverfahren eröffnet wurde und der Insolvenzverwalter gegenüber dem Insolvenzgericht die **Masseunzulänglichkeit** gem. § 208 Abs. 1 Satz 1 InsO **angezeigt** hat. Dann steht mit der erforderlichen Sicherheit fest, dass auf die Forderungen der Insolvenzgläubiger keine Zahlungen mehr erfolgen werden. Ist die angezeigte Masseunzulänglichkeit nicht von Dauer und wird der Insolvenzgläubiger aus der Insolvenzmasse (anteilig) befriedigt, liegt ein Ereignis mit steuerlicher Rückwirkung auf den Veranlagungszeitraum des Forderungsausfalls i. S. des § 175 Abs. 1 Nr. 2 AO vor.

173 Dazu A. III. 1.; vgl. auch *Kahlert*, DStR 2018, 229, 232: Maßgeblichkeit der Einkünfteerzielungsabsicht des Erstgläubigers und Darlehensgebers, die für den Bürgen über die Legalzession (§ 774 Abs. 1 Satz 1 BGB) weiterwirkt; dem folgend *Ott*, StuB 2019, 35, 40.

174 Ebenso *Ott*, StuB 2019, 35, 40.

175 Zust. *Ott*, StuB 2019, 35, 40.

176 BFH v. 27.10.2020, IX R 5/20, BFHE 271, 359, BStBl II 2021, 600.

177 BFH v. 1.7.2021, VIII R 28/18, BFHE 273, 301, BStBl II 2021, 911.

Auf der Linie des BFH judiziert das FG Düsseldorf, bestätigt durch den BFH[178], dass ein Verlust bei den Einkünften aus Kapitalvermögen gem. § 20 Abs. 2 Satz 1 Nr. 7, Abs. 4 EStG vorliegt, wenn ein Gesellschafter einer Kapitalgesellschaft aus **nicht krisenbestimmten Bürgschaften** für Verbindlichkeiten der Gesellschaft in Anspruch genommen wird und mit seinem Rückforderungsanspruch gegenüber der Gesellschaft endgültig ausfällt. Der Verlust ist realisiert, wenn bei objektiver Betrachtung nicht mehr mit Rückzahlungen auf die Forderung zu rechnen ist und ausreichende objektive Anhaltspunkte für eine Uneinbringlichkeit der Forderung vorliegen. Er ist erst dann zu berücksichtigen, wenn endgültig feststeht, dass der Schuldner keine Zahlungen mehr leisten wird. Bei der Beurteilung dieser Frage ist nicht auf die Grundsätze der Verlustrealisierung nach § 17 Abs. 4 EStG zurückzugreifen.[179] Insoweit hat das FG auf den Zeitpunkt des Abschlusses einer Zahlungs- und Verzichtsvereinbarung mit dem Insolvenzverwalter über das Vermögen der Gesellschaft abgestellt, die sämtliche Ansprüche der Beteiligten grundsätzlich abschließend regeln sollte. Der BFH stellt für den Fall, dass sich mehrere Gesellschafter für dieselbe Gesellschaftsschuld verbürgen, klar, dass der über seinen Anteil hinaus in Anspruch genommene Bürge den Ausfall seiner gegen die Gesellschaft gerichteten Regressforderung nur dann in voller Höhe nach § 20 Abs. 2 Satz 1 Nr. 7, Satz 2, Abs. 4 EStG geltend machen kann, wenn feststeht, dass die Ausgleichsforderung gegen den Mitbürgen nach § 426 Abs. 2 BGB nicht realisierbar und damit wertlos ist.[180]

dd) Forderungsverzicht, insbes. eines Gesellschafters

Der BFH hat mit Urteil vom 6.8.2019[181] entschieden, dass ein durch das Gesellschaftsverhältnis veranlasster unbedingter Verzicht eines Gesellschafters auf einen Teil der ihm gegen die Kapitalgesellschaft zustehenden Darlehensforderungen zu einer Einlage i. S. des § 20 Abs. 2 Satz 2 EStG führt, soweit der Gesellschafter auf den werthaltigen Teil der Forderung verzichtet. So kann der Forderungsverzicht eines Gesellschafters gem. § 20 Abs. 2 Satz 1 Nr. 7, Satz 2 EStG zu negativen Einkünften führen. Der Verzicht setzt voraus, dass der Verzichtsbetrag den Nennwert des nicht werthaltigen Teils der Forderung übersteigt. Stehen dem durch die Einlage bewirkten Zufluss Anschaffungskosten in gleicher Höhe gegenüber, fällt kein Gewinn i. S. des § 20 Abs. 4 EStG an. Der Verzicht des Ge-

178 FG Düsseldorf v. 11.11.2021, 14 K 2330/19 E, bestätigt durch BFH v. 20.6.2023, IX R 2/22, DStR 2023, 1882; dazu weiter A. II. 3. f) bb).

179 BFH v. 27.10.2020, IX R 5/20, BFHE 271, 359, BStBl II 2021, 600, Rz. 37 f.

180 BFH v. 20.6.2023, IX R 2/22, DStR 2023, 1882.

181 BFH v. 6.8.2019, VIII R 18/16, BFHE 265, 531, BStBl II 2020, 833.

sellschafters auf den nicht werthaltigen Teil seiner Forderung gegen die Kapitalgesellschaft steht einer Abtretung gleich und führt zu einem gem. § 20 Abs. 2 Satz 2 EStG steuerlich zu berücksichtigenden Forderungsausfall. Steuerliche Auswirkungen hat der Forderungsverzicht insoweit jedoch nur, wenn der Stpfl. für den nicht werthaltigen Teil der Forderung Anschaffungskosten getragen hat.

Die Grundsätze zum Forderungsverzicht eines Gesellschafters gelten in gleicher Weise für den wesentlich wie den nicht wesentlich beteiligten Gesellschafter. Beim wesentlich beteiligten Gesellschafter führt die verdeckte Einlage in Höhe des werthaltigen Teils der Forderung zu nachträglichen Anschaffungskosten i. S. v. § 17 Abs. 2 EStG.

Im Ergebnis ebenso wie ein auf dem Gesellschaftsverhältnis beruhender Forderungsverzicht dürfte die Vereinbarung eines Rangrücktritts i. S. v. § 5 Abs. 2a EStG[182] zu behandeln sein. Die darin liegende verdeckte Einlage ist mit dem Teilwert, der dem werthaltigen Teil der korrespondierenden Forderung entspricht, zu bewerten.[183] Wird der Rangrücktritt schon mit der Darlehenshingabe vereinbart, entstehen nachträgliche Anschaffungskosten in Höhe des Nennwerts des Darlehens. Der spätere Ausfall der Rückzahlungsforderung führt nicht zu weiteren nachträglichen Anschaffungskosten.[184]

Aus einer etwaigen Liquidation der Gesellschaft (nach dem Forderungsverzicht) folgt für den Gesellschafter auch hinsichtlich eines ggf. verbliebenen Teils der ursprünglichen Forderung ein Verlust, der bei wesentlicher Beteiligung im Rahmen der nachträglichen Anschaffungskosten der Beteiligung berücksichtigt wird (§ 17 Abs. 1 und 4 EStG).[185] Bei nicht wesentlicher Beteiligung könnte der Verlust gem. § 20 Abs. 2 Satz 1 Nr. 1 i. V. m. Satz 2 EStG im Zusammenhang mit der Auflösung der Gesellschaft anzuerkennen sein. Der aus der Beteiligungshöhe resultierende Unter-

182 Ein Rangrücktritt i. S. des § 5 Abs. 2a EStG liegt vor, wenn nach der Rangrücktrittsvereinbarung der Rückzahlungsanspruch nur aus künftigen Jahresüberschüssen, Steuerbilanzgewinnen oder aus einem Liquidationsüberschuss befriedigt werden darf und eine Liquidation nicht konkret absehbar ist, oder wenn eine Rückzahlung auch aus künftigen Bilanzgewinnen zugelassen wird, jedoch nach den konkreten Verhältnissen des Bilanzstichtags auch durch Auflösung von Rücklagen und eines Gewinnvortrags ein Bilanzgewinn nicht entstehen kann. Gem. § 5 Abs. 2a EStG darf die Rückzahlungsverpflichtung in der Steuerbilanz der Gesellschaft nicht passiviert werden, solange die Jahresüberschüsse, Steuerbilanzgewinne, Liquidationsüberschüsse oder Bilanzgewinne nicht angefallen sind. Die bilanzielle Vermögensmehrung bei der Gesellschaft führt bei einem auf dem Gesellschaftsverhältnis beruhenden Rangrücktritt zu einer verdeckten Einlage. Dazu *Förster,* DB 2018, 336, 342; *Ott,* DStZ 2018, 178, 181 m. w. N.; krit. *Rätke,* StuB 2019, 27, 33.

183 Vgl. *Wacker,* DB 2017, 26, 28 f., 30; *Blumenberg/Neumann,* Ubg 2016, 181, 186.

184 *Förster,* DB 2018, 336, 342.

185 BFH v. 11.7.2017, IX R 36/15, BFHE 258, 427, BStBl II 2019, 208, Rz. 36.

schied liegt dabei maßgeblich in der Anwendung von § 3 Nr. 40 Buchst. c EStG oder des § 20 Abs. 6 EStG.

Verzichtet ein Gesellschafter unter der auflösenden Bedingung der wirtschaftlichen Genesung auf eine Forderung, lebt die Forderung prima facie mit Eintritt des Besserungsfalls wieder auf, da dann das Eigenkapital der Gesellschaft wieder Fremdkapital wird,[186] ohne dass der Bedingungseintritt rückwirkende Kraft hätte.[187] Dies könnte für die Erfüllung des Tatbestands von § 20 Abs. 2 Satz 1 Nr. 7 i. V. m. Satz 2 EStG unter dem Aspekt der Endgültigkeit des Forderungsausfalls relevant sein. Die Umqualifikation zurück in Fremdkapital und das Aufleben der Forderung könnten ein rückwirkendes Ereignis (vgl. § 175 Abs. 1 Satz 1 Nr. 2 AO) sein, mit dem die Endgültigkeit des Verlusts im Verzichtsmoment wegfällt. In Betracht käme aber auch, dass die neuerliche Umqualifikation erst im Zeitpunkt des Wiederauflebens der Forderung zu einem Gewinn führt (§ 20 Abs. 2 Satz 1 Nr. 8 EStG)[188]. Dies kann jedoch gem. § 43a Abs. 3 Satz 7 EStG insoweit dahinstehen, als bei Änderungen der Bemessungsgrundlage ohnehin nur eine Korrektur pro futuro vorgesehen ist. Unabhängig davon, ob ein rückwirkendes Ereignis im Hinblick auf § 20 Abs. 2 Nr. 7 EStG oder ein aktuelles Ereignis im Hinblick auf § 20 Abs. 2 Nr. 8 EStG vorliegt, reagiert die auszahlende Stelle im KapESt-Abzugsverfahren im Zeitpunkt der neuerlichen Umqualifikation und unterwirft den Kapitalertrag dem Steuerabzug, um den Verlust aus der ersten Umqualifikation rückgängig zu machen. Dies gilt gem. § 20 Abs. 3a Satz 1 EStG auch für eine (subsidiäre) Veranlagung, bei der der Stpfl. eine Bescheinigung gem. § 20 Abs. 3a Satz 2 i. V. m. § 43a Abs. 3 Satz 7 EStG vorlegt. Auf das Verzichtsjahr wird nicht zurückgegriffen. Materiell-rechtlich dürfte § 20 Abs. 2 Satz 1 Nr. 8 EStG – Aufgabe einer Rechtsposition – i. V. m. § 20 Abs. 2 Satz 2 EStG – Einlösung – einschlägig sein, da während des Zeitraums des Verzichts des Gesellschafters auf seine Forderung eine Besserungsanwartschaft besteht,[189] die untergeht, wenn die Forderung wieder auflebt.

Auf einen Forderungsverzicht außerhalb eines Gesellschaftsverhältnisses wären die Grundsätze des Urteils im Verfahren VIII R 18/16[190] zu übertragen. Soweit die Forderung nicht mehr werthaltig ist, bewirkt der Forderungsverzicht einen Forderungsausfall und steht so dem ausdrücklich vom

186 BFH v. 30.5.1990, I R 41/87, BFHE 161, 87, BStBl II 1991, 588, Rz. 33; v. 15.4.2015, I R 44/14, BFHE 249, 493, BStBl II 2015, 769, Rz. 18.
187 BFH v. 30.5.1990, I R 41/87, BFHE 161, 87, BStBl II 1991, 588, Rz. 34.
188 Zur Einordnung des Auffangtatbestands BT-Drs. 16/4841, 56.
189 BFH v. 12.7.2012, I R 23/11, BFHE 238, 344, DStR 2012, 2058.
190 BFH v. 6.8.2019, VIII R 18/16, BFHE 265, 531, BStBl II 2020, 833.

Gesetz erfassten Realisationsvorgang einer Abtretung i. S. des § 20 Abs. 2 Satz 2 EStG gleich. Wirtschaftlich betrachtet macht es keinen Unterschied, ob der Gesellschafter eine Forderung an den Schuldner (die Gesellschaft) abtritt oder auf sie verzichtet. Zu fragen ist jedoch, ob ein Forderungsverzicht außerhalb eines Gesellschaftsverhältnisses durch eine steuerbare Tätigkeit veranlasst ist. Bei rein privaten Motiven fehlt es am Veranlassungszusammenhang mit den Einkünften aus Kapitalvermögen.[191] Wäre bei einer privaten Darlehensgewährung der spätere Verzicht schon geplant, fehlte es im Übrigen an der Einkünfteerzielungsabsicht im Hinblick auf § 20 Abs. 1 Nr. 7 EStG. Anknüpfend daran judiziert das FG Düsseldorf[192], dass eine **Einlage** in die Kapitalrücklage mit anschließender Tilgung von Verbindlichkeiten gegenüber einer Alleingesellschafterin **anstelle eines Forderungsverzichts** durch die Alleingesellschafterin einen Gestaltungsmissbrauch darstellen kann. Im entschiedenen Fall hätte ein vereinbarter Verzicht der Klägerin (Alleingesellschafterin) auf ihre Rückzahlungsansprüche aus einem unverzinslichen Gesellschafterdarlehen und der Forderung aus dem negativ valutierten Verrechnungskonto bei der Klägerin zu einem Gewinn in Höhe der Werthaltigkeit der Forderungen geführt. Soweit das FA eine Werthaltigkeit der Forderungen der Alleingesellschafterin in der Höhe angenommen hat, in der ein nicht durch Eigenkapital gedeckter Fehlbetrag beseitigt wurde und sich ein positiver Eigenkapitalausweis ergeben hat, und dies der Bewertung der verdeckten Einlage zugrunde gelegen hat, folgt das FG dieser Bewertung. Denn den Forderungen könne aufgrund der wirtschaftlichen Situation der Klägerin jedenfalls kein höherer Teilwert beigemessen werden. Mit der gewählten Vorgehensweise wurden die steuerrechtlichen Folgen eines Forderungsverzichts vermieden. Das FG geht davon aus, sich mit der Bejahung von § 42 AO im Streitfall nicht in Widerspruch zu der Entscheidung des BFH im Verfahren IX R 5/15[193] zu stellen, wonach ein Missbrauch von Gestaltungsmöglichkeiten nicht vorliegt, wenn die zu gleichen Teilen beteiligten Gesellschafter einer GmbH in gleicher Höhe Einzahlungen in das Gesellschaftsvermögen leisten, damit die GmbH ihre gegenüber nicht mit den Gesellschaftern identischen Gläubigern bestehenden Verbindlichkeiten, für die sich die einlegenden Gesellschafter verbürgt hatten, ablösen kann. Dies betreffe einen nicht vergleichbaren Sachverhalt.

---

191 Vgl. *Moritz/Strohm*, BB 2018, 542, 545.
192 FG Düsseldorf v. 22.12.2021, 7 K 101/18, K, G, F, DStR 2022, 257.
193 BFH v. 20.7.2018, IX R 5/15, BFHE 262, 135, BStBl II 2019, 194.

ee) Insolvenzbedingter Untergang und entschädigungsloser Entzug von Aktien

Die **Steuerbarkeit des insolvenzbedingten Untergangs von Aktien** hat der BFH[194] mit einer analogen Anwendung des Veräußerungstatbestandes begründet. § 20 Abs. 2 Satz 1 Nr. 1 und Abs. 2 Satz 2 EStG enthalten eine planwidrige Regelungslücke, soweit die dort enthaltenen Realisationstatbestände den Entzug von Aktien aufgrund der Auflösung und Abwicklung einer inl. AG durch ein Insolvenzverfahren mit anschließender Löschung im Register nicht unmittelbar erfassen. Diese Regelungslücke ist durch eine entsprechende Anwendung des Veräußerungstatbestands gem. § 20 Abs. 2 Satz 1 Nr. 1 EStG zu schließen.

Der bloße Kursverfall des Aktienbestands bewirkt aber noch keine Realisation eines steuerbaren Verlusts. Von einer „Veräußerung" der Aktien ist auszugehen, wenn die AG bei Vermögenslosigkeit gem. § 394 Abs. 1 Satz 2 FamFG im Register gelöscht wird und das Mitgliedschaftsrecht des Aktionärs erlischt. Bei einer (früheren) **Ausbuchung** der Aktien aus dem Depot des Stpfl. durch die Depotbank wird der Tatbestand schon zu diesem Zeitpunkt verwirklicht.[195]

Dass mit einer Auskehrung von Vermögen an die Aktionäre der AG nicht mehr zu rechnen gewesen ist, ist unerheblich. Soweit gem. § 17 Abs. 4 i. V. m. Abs. 2 EStG ein Auflösungsverlust schon zu diesem Zeitpunkt realisiert sein kann, sind diese Grundsätze bei analoger Anwendung des Veräußerungstatbestands gem. § 20 Abs. 2 Satz 1 Nr. 1 EStG nicht sinngemäß heranzuziehen.

Auch die für die Steuerbarkeit eines sog. Rückzahlungsverlusts gem. § 20 Abs. 2 Satz 1 Nr. 7, Abs. 2 Satz 2 und Abs. 4 EStG aufgestellten Grundsätze zur Verwirklichung des Rückzahlungstatbestands bei Ausfall einer privaten sonstigen Kapitalforderung[196] sind nicht auf den insolvenzbedingten Untergang von Aktien übertragbar. Der endgültige Ausfall einer privaten Kapitalforderung i. S. des § 20 Abs. 1 Nr. 7 EStG führt zu einem steuerlich anzuerkennenden Verlust gem. § 20 Abs. 2 Satz 1 Nr. 7, Abs. 2 Satz 2 und Abs. 4 EStG, wenn endgültig feststeht, dass (über die bereits gezahlten Beträge hinaus) keine (weiteren) Rückzahlungen (mehr) erfolgen werden. Die Eröffnung eines Insolvenzverfahrens über das Vermögen des Schuldners reicht hierfür in der Regel noch nicht aus. Etwas anderes gilt, wenn die Eröffnung des Insolvenzverfahrens mangels Masse abgelehnt worden ist oder aus anderen Gründen feststeht, dass keine Rückzahlung mehr zu

194 BFH v. 17.11.2020, VIII R 20/18, BFHE 271, 233, BStBl II 2021, 378, dazu SteuerPrisma, Ubg 2021, 292, 295 ff. sowie *Droege/Hauptmann*, StuB 2021, 443.

195 Dazu A. II. 1. b) ff.

196 S. o. A. II. 1. b) cc).

erwarten ist. Der Rückzahlungstatbestand gem. § 20 Abs. 2 Satz 2 i. V. m. Satz 1 Nr. 7 EStG wird nach anderen zeitlichen Anknüpfungspunkten als der Veräußerungstatbestand gem. § 20 Abs. 2 Satz 1 Nr. 1 EStG verwirklicht, da für die Tatbestandsverwirklichung eine endgültig ausbleibende Tilgung (Rückzahlung) der Darlehensforderung und nicht das zivilrechtliche Erlöschen der Forderung maßgeblich ist.

Der Verlust aus dem entschädigungslosen Entzug von Aktien durch eine **Kapitalherabsetzung auf Null samt eines Bezugsrechtsausschlusses** für die anschließende Kapitalerhöhung auf der Grundlage eines Insolvenzplans ist ebenfalls analog § 20 Abs. 2 Satz 1 Nr. 1 i. V. m. § 20 Abs. 4 Satz 1 EStG als Aktienveräußerungsverlust steuerbar.[197]

Die im Streitfall aufgrund eines Insolvenzplanverfahrens durchgeführte Kapitalherabsetzung auf Null bewirkte den Untergang der Mitgliedschaftsrechte der Klägerin an einer AG und wirtschaftlich den Entzug der Beteiligung zugunsten der an der anschließenden Kapitalerhöhung allein teilnehmenden Neugesellschafterin. In der Insolvenz einer AG ist eine „sanierende Kapitalherabsetzung auf Null" verbunden mit einem entschädigungslosen Bezugsrechtsausschluss der Altaktionäre und unter gleichzeitiger Vornahme einer Kapitalerhöhung, an der nur neue Gesellschafter teilnehmen, auf der Grundlage eines gerichtlich bestätigten Insolvenzplans gem. § 225a Abs. 2 InsO zulässig. Diese Maßnahme ist weitgehender als die gem. §§ 228, 229 Abs. 1 und 3, § 230 AktG zulässige Herabsetzung des Grundkapitals einer AG auf Null zum Ausgleich von Wertminderungen oder zur Verlustdeckung, die mit einer anschließenden Kapitalerhöhung verbunden werden muss und an der die Altaktionäre aufgrund ihrer Bezugsrechte grundsätzlich zu beteiligen sind. Die Kapitalherabsetzung auf Null bewirkte im entschiedenen Fall in Verbindung mit dem Bezugsrechtsauschluss für die Kapitalerhöhung, dass Altaktionäre wie die Klägerin ihre Gesellschafterstellung endgültig verloren. Bei diesem „totalen Squeeze-out" wurde das Insolvenzverfahren dazu genutzt, die bisherigen Gesellschafter ohne Entschädigung aus dem insolventen, jedoch sanierungsfähigen Unternehmen zu drängen.

§ 20 Abs. 2 Sätze und 2 EStG enthalten für diesen Entzug der Beteiligung eine planwidrige Regelungslücke, die durch eine entsprechende Anwendung des Veräußerungstatbestands gem. § 20 Abs. 2 Satz 1 Nr. 1 EStG auf diesen Vorgang zu schließen ist.

197 BFH v. 3.12.2019, VIII R 34/16, BFHE 267, 232, BStBl II 2020, 836; Parallelentscheidung BFH v. 3.12.2019, VIII R 43/18, BFH/NV 2020, 687; *Faber*, DStR 2020, 1825.

Weder der Veräußerungstatbestand des § 20 Abs. 2 Satz 1 Nr. 1 EStG noch die der Veräußerung gleichgestellten Ersatztatbestände des § 20 Abs. 2 Satz 2 EStG erfassen den Untergang der Beteiligung der Klägerin infolge der Kapitalherabsetzung auf Null samt des Bezugsrechtsausschlusses. Die Klägerin hat die Aktien nicht veräußert, da die Aktien nicht im Wege eines Rechtsträgerwechsels auf die AG oder den Neugesellschafter übertragen wurden; „Veräußerung" ist die entgeltliche Übertragung des – zumindest wirtschaftlichen – Eigentums auf einen Dritten, ggf. auch zwangsweise. Der Untergang der Aktien ist auch nicht als Einlösung gem. § 20 Abs. 2 Satz 2 EStG steuerbar.[198] Der Begriff der Einlösung bezieht sich auf die Erfüllung einer verbrieften sonstigen Kapitalforderung i. S. v. § 20 Abs. 1 Nr. 7 EStG durch Zahlung des geschuldeten Geldbetrags unter gleichzeitiger Rückgabe der über die Kapitalforderung ausgestellten Urkunde. Er ist zwar nicht auf Forderungen (Schuldverschreibungen) beschränkt, sondern betrifft dem Wortlaut nach alle Wertpapiere (z. B. Zins-, Gewinnanteils- und Ertragsscheine sowie rückzahlbare Wertpapiere gem. §§ 803, 804, 1083 Abs. 2 BGB), die bei Fälligkeit gegen Rückgabe der Urkunde zu erfüllen sind. Der „Entzug" von Aktien und die Erfüllung darin verbriefter Forderungen erfolgen aber im Rahmen der besonderen aktienrechtlichen Verfahren zur Einziehung, Kapitalherabsetzung und Liquidation. Der Untergang der Aktien ist auch nicht als verdeckte Einlage in die AG (§ 20 Abs. 2 Satz 2 EStG) steuerbar. Eine solche verlangt die Zuwendung eines bilanzierbaren Vermögensvorteils an die Gesellschaft aus gesellschaftsrechtlichen Gründen ohne eine wertadäquate Gegenleistung. Die Aktien der Klägerin erloschen aber aufgrund der Kapitalherabsetzung auf Null, ohne auf die AG überzugehen.

§ 20 Abs. 2 Satz 1 Nr. 1 EStG und § 20 Abs. 2 Satz 2 EStG enthalten für den im Streitfall eingetretenen Entzug der Aktien der Klägerin im Rahmen des Insolvenzplanes eine Regelungslücke, die planwidrig ist. Es ist davon auszugehen, dass der Gesetzgeber den Entzug von Aktien gem. § 225a Abs. 2 InsO im Rahmen eines Insolvenzplans durch eine Kapitalherabsetzung auf Null in Verbindung mit einem anschließenden Bezugsrechtsausschluss als veräußerungsähnlichen Tatbestand geregelt hätte, wenn er diesen Sachverhalt bei Erlass des § 20 Abs. 2 EStG im Blick gehabt hätte. Nach der Regelungsintention von § 20 Abs. 2 EStG sollen bei Aktien, die nach dem 31. Dezember 2008 angeschafft worden sind, in den Veranlagungszeiträumen ab 2009 alle Wertveränderungen besteuert werden.[199] Werden Aktien gem. § 20 Abs. 2 Nr. 1 EStG veräußert oder gem. § 20 Abs. 2

198 A. A. *Faber*, DStR 2020, 1825, 1827 ff.
199 Vgl. BT-Drs. 16/4841, 56.

Satz 2 EStG veräußerungsgleich übertragen, ist gem. § 20 Abs. 4 EStG ein Gewinn oder Verlust zu ermitteln, indem das erhaltene Entgelt/der gemeine Wert den Anschaffungskosten gegenübergestellt wird. Dass der Gesetzgeber bei Aktien bei Verwirklichung eines Realisationstatbestands auch von der Möglichkeit der Verlustentstehung ausgegangen ist, folgt unmittelbar aus § 20 Abs. 6 Satz 4 EStG, wonach Aktienveräußerungsverluste einer besonderen Verlustverrechnungsbeschränkung unterliegen. Indem nun Wertveränderungen einer Aktie nicht besteuert werden, wenn es zu deren Entzug durch eine Kapitalherabsetzung auf Null samt eines Bezugsrechtsausschlusses gem. § 225a Abs. 2 InsO im Rahmen eines Insolvenzplans kommt, erweist sich § 20 Abs. 2 EStG insoweit als planwidrig unvollständig. Der Gesetzgeber kann diesen Vorgang bei der Ausgestaltung des § 20 Abs. 2 EStG auch nicht im Blick gehabt haben, denn der Entzug von Aktien durch eine Kapitalherabsetzung auf Null mit anschließendem Bezugsrechtsauschluss im Rahmen eines Insolvenzplanverfahrens (§ 225a InsO) wurde erst durch das Gesetz zur weiteren Erleichterung der Sanierung von Unternehmen vom 7.12.2011[200] mit Wirkung ab dem 1.3.2012 ermöglicht.

Die danach in § 20 Abs. 2 EStG vorhandene planwidrige Lücke ist durch eine entsprechende Anwendung des Veräußerungstatbestands gem. § 20 Abs. 2 Satz 1 Nr. 1 EStG auf den im Streitfall eingetretenen „Aktienentzug" zu schließen. Die Veräußerung objektiv wertloser Aktien gem. § 20 Abs. 2 Satz 1 Nr. 1 EStG ohne Entgelt durch zivilrechtliche Übereignung, Einziehung und Squeeze-out ist der im Streitfall verwirklichten Kapitalherabsetzung auf Null mit anschließendem Bezugsrechtsausschluss der Altaktionäre im Wesentlichen vergleichbar, sodass § 20 Abs. 2 Satz 1 Nr. 1 EStG hierauf entsprechend angewendet werden kann. Für die Vergleichbarkeit einer Aktienveräußerung mit dem im Streitfall vorliegenden „Aktienentzug" spricht, dass bei wirtschaftlicher Betrachtung die wertlos gewordenen Mitgliedschaftsrechte den Altaktionären durch die Kapitalherabsetzung auf Null und den Bezugsrechtsauschluss „entzogen" und auf die an der Kapitalerhöhung ausschließlich beteiligte Neugesellschafterin „übertragen" werden, indem nur dieser die Teilnahme an der anschließenden Kapitalerhöhung gestattet ist. Dass die Klägerin für ihre Aktien keine Gegenleistung erhielt, stand der Annahme einer Veräußerung angesichts der Wertlosigkeit der Anteile nicht entgegen.

200 Sog. ESUG, BGBl I 2011, 2582.

ff) Ausbuchung wertloser Aktien

Was die Ausbuchung wertloser Aktien betrifft, hat das FG Rheinland-Pfalz entschieden,[201] dass die ersatzlose Ausbuchung von endgültig wertlos gewordenen Aktien zu einem nach § 20 Abs. 2 Satz 2 EStG zu berücksichtigenden Vermögensverlust führt. Die Ausbuchung stelle ebenso wie der Ausfall einer Kapitalforderung einen endgültigen Vermögensverlust dar, der bei den Einkünften aus Kapitalvermögen anzusetzen sei.

gg) Termingeschäfte, einschließlich Knock-out-Zertifikate

Gem. § 20 Abs. 2 Satz 1 Nr. 3 Buchst. a EStG gehört zu den Einkünften aus Kapitalvermögen auch der Gewinn bei Termingeschäften, durch die der Stpfl. einen Differenzausgleich oder einen durch den Wert einer veränderlichen Bezugsgröße bestimmten Geldbetrag oder Vorteil erlangt. Etwas anderes gilt bei einer vorrangigen Zuordnung zu den Vermietungseinkünften **(§ 20 Abs. 8 Satz 1 EStG)**. Termingeschäfte sind Festgeschäfte oder Optionsgeschäfte, die zeitlich verzögert zu erfüllen sind und deren Wert sich unmittelbar oder mittelbar vom Preis oder Maß eines bestimmten Basiswertes ableitet.[202] § 20 Abs. 2 Satz 1 Nr. 3 Buchst. a EStG erfasst Termingeschäfte, durch die der Stpfl. einen Differenzausgleich erlangt. Maßgeblich ist insoweit die Zweckbestimmung des Termingeschäftes, die von dem anhand objektiver Umstände nachvollziehbaren Willen der Vertragsbeteiligten abhängt. Erfasst sind Termingeschäfte, die auf die Erzielung eines Differenzausgleiches gerichtet sind, nicht aber Termingeschäfte, die auf die tatsächliche („physische“) Lieferung des Basiswertes am Ende der Laufzeit abzielen.[203]

§ 20 Abs. 1 Nr. 11 EStG[204] regelt die Behandlung von Stillhalterprämie und Glattstellungsgeschäft. Der Barausgleich fällt unter § 20 Abs. 2 Satz 1 Nr. 3 Buchst. a EStG.[205] Der vom Stillhalter gezahlte Barausgleich ist als negativer Differenzausgleich/Verlust aus einem Termingeschäft abzugsfähig.[206]

Im Verfahren VIII R 35/15[207] hatte der BFH die Frage zu beantworten, ob danach Verluste zu berücksichtigen sind, wenn Devisen vor ihrem Er-

201 FG Rheinland-Pfalz v. 12.12.2018, 2 K 1952/16, EFG 2019, 365, Rev. VIII R 5/19 (ausgesetzt gem. § 74 FGO).

202 BFH v. 12.5.2015, VIII R 4/15, BFHE 250, 75, BStBl II 2015, 835, unter Verweis auf BFH v. 13.1.2015, IX R 13/14, BFHE 248, 340, BStBl II 2015, 827.

203 BFH v. 24.10.2017, VIII R 35/15, BFHE 259, 540, BStBl II 2018, 189 m.w.N.

204 Dazu A. I. 7.

205 BFH v. 20.10.2016, VIII R 55/13, BFHE 256, 56, BStBl II 2017, 264, Rz. 32.

206 BFH v. 20.10.2016, VIII R 55/13, BFHE 256, 56, BStBl II 2017, 264, Rz. 30; noch entgegen BMF v. 18.1.2016, IV C 1-S 2252/08/10004:017, BStBl I 2016, 85, Rz. 26, 34; Rspr. des BFH nunmehr berücksichtigt in BMF v. 19.5.2022, IV C 1-S 2252/19/10003:009, BStBl I 2022, 742, Rz. 26, 34.

207 BFH v. 24.10.2017, VIII R 35/15, BFHE 259, 540, BStBl II 2018, 189.

werb veräußert und erst am Fälligkeitstag angeschafft werden. Er hat eine differenzierte Antwort gegeben: Ein auf Differenzausgleich gerichtetes **Devisentermingeschäft** liegt vor, wenn die Vertragsbeteiligten ausdrücklich oder stillschweigend vereinbaren, dass keine effektive Lieferung, sondern ein Differenzausgleich erfolgen soll. Devisentermingeschäfte können auch dann auf einen Differenzausgleich gerichtet sein, wenn sie äußerlich in die Form eines Kaufvertrages gekleidet sind. Dies gilt auch bei Abschluss eines Eröffnungsgeschäftes mit nachfolgendem Gegengeschäft.[208] Das Termingeschäft muss allerdings auf einen Differenzausgleich in Bezug auf ein Gegengeschäft gerichtet sein, d. h. beide Geschäfte müssen derart miteinander verknüpft sein, dass der auf die Realisierung einer positiven oder negativen Differenz aus Eröffnungs- und Gegengeschäft gerichtete Wille der Vertragsbeteiligten erkennbar ist. Davon ist auszugehen, wenn der Kunde eine Order mit Closingvermerk aufgibt.[209] Demgegenüber genügt es nicht, dass dem Eröffnungsgeschäft tatsächlich ein Gegengeschäft lediglich nachfolgt, das dessen Erfüllung dient.

In diesem Kontext hat das FG Düsseldorf[210] entschieden, dass Zahlungen zur Ablösung eines Zinsswaps gem. § 20 Abs. 8 Satz 1 EStG den Werbungskosten bei den Einkünften aus **Vermietung und Verpachtung** i. S. v. § 21 Abs. 1 Satz 1 Nr. 1 EStG zuzuordnen sind, wenn das Swap-Geschäft subjektiv dazu bestimmt und objektiv dazu geeignet ist, das Zinsrisiko aus einem Darlehen, das zur Finanzierung einer Immobilie aufgenommen wurde, abzusichern. Die Berücksichtigung der Ablösezahlung bei den Einkünften aus Vermietung und Verpachtung sei insbes. auch dann möglich, wenn es, anders als in den von FG Rheinland-Pfalz[211] und vom FG Hessen[212] entschiedenen Fällen, zum Zeitpunkt der Kündigung des Zinsswaps nicht zu einer Umschuldung in Gestalt des Abschlusses eines neuen Darlehensvertrags komme. Im Streitfall bestehe auch ohne eine solche Umschuldung eine Ähnlichkeit zwischen der Zahlung des Ablösebetrags und einer Vorfälligkeitsentschädigung; denn durch die Kündigung des Zinsswaps sei es zu einer faktischen Umschuldung gekommen. Während die Darlehensfinanzierung bis zur Kündigung wirtschaftlich als eine solche anzusehen gewesen sei, die einem Darlehen mit einem Festzins entsprochen habe, sei diese Finanzierung durch die Kündigung des Swap-

208 Vgl. BMF v. 19.5.2022, IV C 1-S 2252/19/10003:009, BStBl I 2022, 742, Rz. 38.
209 BMF v. 19.5.2022, IV C 1-S 2252/19/10003:009, BStBl I 2022, 742, Rz. 38.
210 FG Düsseldorf v. 8.9.2021, 5 K 881/20 F, EFG 2021, 2048, Rev. VIII R 26/21.
211 FG Rheinland-Pfalz v. 9.4.2019, 4 K 1734/17, EFG 2019, 901.
212 FG Hessen v. 26.10.2020, 6 K 271/18, DStRE 2021, 916.

Vertrags im Ergebnis auf eine variable Finanzierung auf der Basis des Ein-Monats-Euribors umgestellt worden.

Maßgeblich sei der Veranlassungszusammenhang zwischen der Anschaffung der Immobilie, der Darlehensfinanzierung und dem Abschluss des Swap-Geschäfts. Das FG stellt dabei darauf ab, dass ein Zinsänderungsrisiko im Darlehensverhältnis durch den Abschluss eines Zinsswaps abgesichert wird, ein enger zeitlicher Zusammenhang zwischen Abschluss Darlehensvertrag und Swap-Geschäft besteht, Darlehensverhältnis und Swap-Geschäft identische Vertragsparteien haben, die Zahlungsverpflichtung der Bank aus dem Swap-Geschäft sich nach derselben Zinsbasis richtet wie der Darlehensvertrag, die Bezugsbeträge der beiden Rechtsgeschäfte im Wesentlichen deckungsgleich sind, sich ihre Laufzeiten decken und keine Anzeichen dafür bestehen, dass mit dem Swap-Geschäft in erster Linie „Spekulationsgewinne“ erzielt werden sollten. Diese Kriterien entsprechen weitgehend denjenigen, die schon das FG Köln,[213] FG Rheinland-Pfalz[214] und FG Hessen[215] angewandt haben.

Während aber die anderen FGe die Zuordnung der Ablösezahlungen zu den Werbungskosten bei den Vermietungseinkünften vor allem mit der Vergleichbarkeit mit einer Vorfälligkeitsentschädigung für die vorzeitige Beendigung eines Darlehens begründet haben, für die der Werbungskostenabzug anerkannt ist, wurde im Fall des FG Düsseldorf nur das Swap-Geschäft gekündigt. Das FG hat eine nur faktische Umschuldung angenommen. Durch die Kündigung des Swap-Geschäfts werde aus einem Finanzierungsgeschäft, das insgesamt – bei Gesamtbetrachtung von Darlehensvertrag und Swap-Geschäft – als festverzinsliches Kreditgeschäft anzusehen gewesen sei, ein variabel verzinsliches Darlehensgeschäft.

Der IX. Senat des **BFH** hatte zur Rechtslage vor Einführung der Abgeltungsteuer in einer vergleichbaren Konstellation angenommen, dass es sich bei einer solchen Kündigung um eine (isoliert zu betrachtende) Verfügung über den Bestand des Termingeschäfts handele, die die inhaltliche Verknüpfung von Immobilienfinanzierung und Zinsabsicherung löse.[216]

§ 20 Abs. 2 Satz 1 Nr. 3 Buchst. a EStG erfasst auch den automatischen Verfall eines Termingeschäfts bei Erreichen einer Knock-out-Schwelle, der ohne Zahlung eines Restwerts zur Ausbuchung führt.[217] Kommt es bei

213 FG Köln v. 30.1.2019, 7 K 2736/17, juris.

214 FG Rheinland-Pfalz v. 9.4.2019, 4 K 1734/17, EFG 2019, 903 mit Anm. *Eggers-Wronna.*

215 FG Hessen v. 26.10.2020, 6 K 271/18, DStRE 2021, 916.

216 BFH v. 13.1.2015, IX R 13/14, BFHE 248, 340, BStBl II 2015, 827.

217 BFH v. 20.11.2018, VIII R 37/15, BFHE 263, 169, BStBl II 2019, 507; dazu *Höring*, DStZ 2019, 457, 458 ff.; *Dittes*, BB 2019, 2208 ff.

Knock-out-Zertifikaten zum Eintritt des Knock-out-Ereignisses, können die Anschaffungskosten dieser Zertifikate nach der ab 2009 geltenden Rechtslage im Rahmen der Einkünfte aus Kapitalvermögen als Verlust berücksichtigt werden, ohne dass es auf die Einordnung als Termingeschäft ankommt.[218] § 20 Abs. 2 Satz 1 Nr. 3 Buchst. a EStG bezieht sich nicht wie § 23 Abs. 1 Satz 1 Nr. 4 EStG a. F. auf die „Beendigung des Rechts“, sondern stellt nur noch auf den Abschluss eines Termingeschäfts und dessen wirtschaftliches Ergebnis ab („... Gewinn bei Termingeschäften ...“). Damit werden sämtliche Vor- und Nachteile „bei Termingeschäften“ erfasst, d. h. jedweder Ausgang des Termingeschäfts. Die Rechtsprechung, wonach § 20 Abs. 2 Satz 1 Nr. 3 Buchst. a EStG auch den Verfall von Optionen erfasst und – in Abweichung zur alten Rechtslage[219] – nicht mehr zwischen Eröffnungs- und Basisgeschäft zu trennen ist, sondern die Anschaffung der Option und der Ausgang des Optionsgeschäfts im Rahmen einer wirtschaftlichen Betrachtungsweise grundsätzlich eine Einheit darstellen,[220] ist auch auf Knock-out-Zertifikate zu übertragen. Soll jedweder Ausgang eines Termingeschäfts erfasst werden, kann es nicht mehr darauf ankommen, ob dem Stpfl. ein Entscheidungsspielraum bleibt oder ob das Recht automatisch verfällt. Im Übrigen entspricht diese Auslegung dem verfassungsrechtlichen Gebot der Ausrichtung der Steuerlast am Prinzip der finanziellen Leistungsfähigkeit und dem Gebot der Folgerichtigkeit (Art. 3 Abs. 1 GG). Die Leistungsfähigkeit des Stpfl. ist auch dann um die Anschaffungskosten für die Zertifikate gemindert, wenn sie aufgrund des Eintritts der Knock-out-Schwelle automatisch verfallen und ausgebucht werden.

Handelt es sich bei Knock-out-Zertifikaten nicht um Termingeschäfte, folgt dasselbe Ergebnis aus § 20 Abs. 2 Satz 1 Nr. 7 EStG i. V. m. § 20 Abs. 2 Satz 2 und Abs. 4 Satz 1 EStG. Der automatische Verfall mit Erreichen der Knock-out-Schwelle ist unter den Begriff der **„Einlösung“** i. S. des § 20 Abs. 2 Satz 2 EStG zu fassen[221] – (automatische) Einlösung zu Null.[222]

Der Begriff der Einlösung bezieht sich grundsätzlich auf die Erfüllung einer Kapitalforderung i. S. des § 20 Abs. 1 Nr. 7 EStG durch Zahlung des geschuldeten Geldbetrags unter gleichzeitiger Rückgabe der über die Kapitalforderung ausgestellten Urkunde.[223] § 20 Abs. 2 Satz 2 EStG erfasst sowohl die

218 So nunmehr auch BMF v. 19.5.2022, IV C 1-S 2252/19/10003:009, BStBl I 2022, 742, Rn. 8a; v. 16.9.2019, IV C 1-S2252/08/1004:027, BStBl I 2019, 889 Rn. 8a.
219 BFH v. 19.12.2007, IX R 11/06, BFHE 219, 574, BStBl II 2008, 519; v. 9.10.2008, IX R 69/07, BFH/NV 2009, 152.
220 BFH v. 12.1.2016, IX R 48/14, BFHE 252, 423, BStBl II 2016, 456.
221 BFH v. 20.11.2018, VIII R 37/15, BFHE 263, 169, BStBl II 2019, 507.
222 Dazu A. II. 1. b) bb).
223 *Moritz/Strohm* (Hrsg.), Besteuerung privater Kapitalanlagen, 2017, Kap. A, Rz. 220 m. w. N.

vertragsmäßige Einlösung zum Zeitpunkt der Endfälligkeit bzw. zum Zeitpunkt vereinbarter Einlösungstermine als auch jede andere vorzeitige oder verspätete Einlösung. Da es seit Einführung der Abgeltungsteuer bei Kapitalanlagen i. S. des § 20 Abs. 1 Nr. 7 EStG keine steuerlich irrelevante Vermögensebene mehr gibt, besteht kein sachlich gerechtfertigter Grund, einen solchen Verfall nicht unter § 20 Abs. 2 Satz 2 EStG zu fassen. Insoweit gilt dasselbe wie für die Rückzahlung zu Null beim Forderungsausfall.[224]

Auch Verluste aus Knock-out-Zertifikaten werden nach der Einführung der Abgeltungsteuer zum 1.1.2009 als negative Kapitaleinkünfte i. S. des § 20 EStG berücksichtigt.[225] Im Verfahren VIII R 1/17 hatte der Kläger sog. Wave-XXL-Papiere der Deutschen Bank sowie vergleichbare Papiere der Commerzbank und der Dresdner Bank erworben. Es handelte sich dabei um sog. „Open-End-Knock-out"-Produkte, die an Indizes oder einen bestimmten Aktienkurs gekoppelt waren. Der Preis eines Wertpapiers bestimmte sich nach der Differenz zwischen einem vereinbarten Basispreis und dem Wert des Bezugsindex bzw. der Bezugsaktie (Basiswert) bei Erwerb des Produkts, vermindert um ein bestimmtes Bezugsverhältnis, sodass der Anleger nur einen Bruchteil der Differenz (regelmäßig 1/100) bezahlen musste. In gleicher Weise berechnete sich der Abrechnungsbetrag bei Ausübung des Wertpapiers. Die Wertpapiere waren mit einer sog. Stopp-Loss-Schwelle (Knock-out-Barriere) versehen, die dem Basispreis vorgelagert war. Bei Berühren oder Durchbrechen der Stopp-Loss-Schwelle endete die Laufzeit des Produktes. Der Restwert wurde abgerechnet und an den Anleger ausbezahlt. Er entsprach der Differenz aus dem Auflösungskurs und dem Basispreis und belief sich auf mindestens 0,001 € je Wertpapier. Der Kläger erzielte aus den Papieren in den Streitjahren 2008–2011 Verluste, die auf das Erreichen der Knock-out-Barriere zurückzuführen waren. Bei diesen Wave-XXL-Papieren, die das Recht des Inhabers verbriefen, während der – allein durch eine Stopp-Loss-Schwelle begrenzten – Laufzeit vom Emittenten einen Barausgleich in Höhe der Differenz zwischen dem vereinbarten Basispreis und dem aktuellen Wert des Basiswerts vermindert um ein Bezugsverhältnis zu verlangen, handelt es sich um Optionsscheine i. S. v. § 23 Abs. 1 Satz 1 Nr. 4 Satz 2 EStG 2008. Hat der Inhaber des Optionsscheins das Recht, auch bei Durchbrechung der Stopp-Loss-Schwelle eine Abrechnung und einen Differenzausgleich zu verlangen, wird der Tatbestand des § 23 Abs. 1 Nr. 4 EStG

224 BFH v. 24.10.2017, VIII R 13/15, BFHE 259, 540, BStBl II 2018, 189; s. dazu A. II. 1. b) cc).

225 BFH v. 16.6.2020, VIII R 1/17, BFHE 269, 279, BStBl II 2021, 144; Anschluss an BFH v. 20.11.2018, VIII R 37/15, BFHE 263, 169, BStBl II 2019, 507. – Vgl. demgegenüber dazu, dass der Verfall von Knock-out-Optionen den Tatbestand des § 23 Abs. 1 Satz 1 Nr. 4 EStG nicht erfüllt, BFH v. 26.5.2020, IX R 1/20 (IX R 39/15), BFH/NV 2021, 6 (Bestätigung von BFH v. 10.11.2015, IX R 20/14, BFHE 251, 381, BStBl II 2016, 159).

beendet.[226] Das FG hatte – im Ergebnis – zu Recht entschieden, dass die von dem Kläger erzielten Verluste 2008 als negative Einkünfte aus privaten Veräußerungsgeschäften i. S. des § 23 Abs. 1 Satz 1 Nr. 4 EStG, 2009 bis 2011 als negative Einkünfte aus Kapitalvermögen i. S. des § 20 EStG 2009 zu berücksichtigen sind. Ob die Wertpapiere als Termingeschäfte i. S. des § 20 Abs. 2 Satz 1 Nr. 3 EStG 2009 zu qualifizieren sind, ist insoweit nicht von Bedeutung. Sollten die Voraussetzungen eines Termingeschäfts nicht erfüllt sein, folgt die steuerliche Anerkennung des Verlusts jedenfalls aus § 20 Abs. 2 Satz 1 Nr. 7 i. V. m. Abs. 2 Satz 2 und Abs. 4 Satz 1 EStG 2009.[227]

Der nach § 20 Abs. 4 Satz 1 EStG 2009 zu ermittelnde Gewinn ist der Unterschied zwischen den Einnahmen aus der Veräußerung bzw. Einlösung nach Abzug der Aufwendungen, die im unmittelbaren sachlichen Zusammenhang mit dem Veräußerungsgeschäft bzw. der Einlösung stehen, und den Anschaffungskosten. Dieser Gewinn kann auch negativ sein. Danach berechnen sich die Verluste aus der Differenz zwischen den Anschaffungskosten und den ausbezahlten Restwerten. Die Verluste können gem. § 20 Abs. 6 EStG 2009 mit positiven Einkünften aus Kapitalvermögen verrechnet und daher auch ohne Einschränkung als negative Einkünfte aus Kapitalvermögen (ohne Veräußerung von Aktien) festgestellt werden. Das Verlustabzugsverbot des § 20 Abs. 9 EStG 2009 ist nicht anwendbar. § 20 Abs. 4 Satz 5 EStG 2009 enthält insoweit eine Sondervorschrift.

c) § 42 AO[228]

Das **FG** München[229] hatte über eine vom FA als modellhaft eingestufte Konstellation zu entscheiden: Der Kläger erwarb zwei **Wandelschuldverschreibungen in Form von gegenläufigen Indexanleihen**, sodass (zwangsläufig) eine Anleihe gewinnbringend und die andere verlustbringend war. Die verlustbringende Anleihe veräußerte der Kläger an eine GmbH, an der er zu 100 % beteiligt war (§ 20 Abs. 2 Satz 1 Nr. 7 EStG). Er war der Auffassung, dass gem. § 32d Abs. 1 Nr. 1 Buchst. b EStG die tarifliche Besteuerung Anwendung finde. So sollte gem. § 32d Abs. 2 Nr. 1 Satz 2 EStG die Verlustverrechnungsbeschränkung des § 20 Abs. 6 EStG ausgeschlossen und ein unbeschränkter Verlustausgleich mit anderen Einkünften aller Einkunftsarten möglich sein; der erzielte Veräußerungsgewinn sollte sich in Höhe des progressiven Einkommensteuertarifs auswirken.

---

226 Abgrenzung zu BFH v. 10.11.2015, IX R 20/14, BFHE 251, 381, BStBl II 2016, 159.
227 BFH v. 20.11.2018, VIII R 37/15, BFHE 263, 169, BStBl II 2019, 507.
228 Im Kontext von Aktienveräußerungen s. schon oben A. II. 1. b) aa).
229 FG München v. 29.9.2020, 5 K 2870/19, EFG 2021, 111, Rev. VIII R 28/20, dazu auch A. II. 2. b), III. 1., C. III. 1.

Die gewinnbringende Anleihe wandelte der Kläger in Xetra-Gold (seiner Meinung nach eine der Abgeltungsteuer unterliegende Veräußerung gem. § 20 Abs. 2 Satz 1 Nr. 7, Satz 2 Halbs. 1 i.V.m. § 32d Abs. 1 EStG). Die Wandlung der Anleihe in Xetra-Gold sollte nach Auffassung des Klägers gem. § 20 Abs. 4a Satz 3 EStG steuerneutral möglich sein. Das Xetra-Gold veräußerte er nach Ablauf eines Jahres, sodass insoweit ein nicht steuerbarer Vorgang nach § 22 Nr. 2, § 23 Abs. 1 Satz 1 Nr. 2 (privates Veräußerungsgeschäft außerhalb der Spekulationsfrist) vorlag.

Das FA wollte § 32d Abs. 2 Nr. 1 Buchst. b EStG teleologisch reduzieren bzw. § 42 AO anwenden, sodass eine Verlustverrechnung nur im Rahmen des § 20 Abs. 6 EStG (Verrechnung mit anderen Kapitaleinkünften) möglich gewesen wäre. Jedenfalls sei der Gesamtvorgang ein Missbrauch von Gestaltungsmöglichkeiten. Das FG urteilte, der Gesamtvorgang sei **kein Fall des § 42 AO**: Vorteile aufgrund unterschiedlicher Steuersätze seien der Schedulenbesteuerung immanent. Soweit sich das FA darauf berufe, dass der Steuervorteil – der darin liege, dass der durch die Veräußerung einer Anleihe entstandene Verlust zu dem Zweck in den progressiven Bereich der ESt verlagert werde, um die Verrechnung mit positiven Einkünften insbes. aus den Veräußerungsgewinnen zu ermöglichen – dem wirtschaftlichen Lenkungsziel und dem Willen des Gesetzgebers widerspreche, übersehe es, dass der Gesetzgeber diese Rechtsfolge durch Aufnahme von § 20 Abs. 2 Satz 1 Nr. 4 und 7 EStG in § 32d Abs. 2 Nr. 1 EStG und des ausdrücklichen Ausschlusses der Verlustverrechnungsbeschränkung gem. § 20 Abs. 6 EStG in § 32d Abs. 2 Nr. 1 Satz 2 EStG sichtlich in Kauf genommen habe.

Da im Ergebnis kein gesetzlich nicht vorgesehener Steuervorteil genutzt werde, könne dahingestellt bleiben, ob der Anwendung des § 42 Abs. 2 AO die Gesamtgestaltung betreffend § 42 Abs. 1 Satz 2 AO entgegenstehe. Würde jedoch hinsichtlich der Gesamtgestaltung ein Missbrauch rechtlicher Gestaltungsmöglichkeiten gem. § 42 Abs. 2 AO angenommen, so würde im Ergebnis die Abschirmwirkung des § 32d Abs. 2 Nr. 1 Buchst. b EStG als spezieller Missbrauchsnorm unterlaufen, da hinsichtlich des Teils der Gesamtgestaltung, der nicht dem durch § 32d Abs. 2 Nr. 1 Buchst. b EStG abgedeckten Missbrauchsfeld zuzuordnen sei, nämlich der Wandlung einer Anleihe, weder eine Missbrauchsvorschrift ersichtlich sei, noch ein Steuerausfall eintrete.

In die gleiche Richtung geht das FG Münster in einem Urteil zu **EURO-STOXX-Zertifikaten**.[230] Erwerbe ein Stpfl. Finanzinstrumente mit sog. Hebelwirkung, könne er sowohl auf steigende als auch auf fallende Kurse setzen.

230 FG Münster v. 29.9.2020, 6 K 1176/17 E, DStRE 2021, 1230, rkr.

Veräußere er in einem Jahr EURO STOXX-Zertifikate mit Gewinn und verrechne er diesen Gewinn mit Altverlusten, während er im Folgejahr Verluste aus der Veräußerung anderer EURO STOXX-Zertifikate eines anderen Emittenten erziele, sei eine solche Gestaltung nicht rechtsmissbräuchlich (§ 42 AO). Denn es stehe im Belieben eines Stpfl., ob, wann und mit welchem Risiko er von ihm gehaltene Wertpapiere ankaufe, verkaufe und danach wiederkaufe und verkaufe. Auch in der zeitlich zusammenhängenden Anschaffung und Veräußerung von EURO STOXX 1- und EURO STOXX 2-Zertifikaten zur steuerlichen Ausnutzung etwaiger Altverluste i. S. des § 23 EStG a. F. liege kein Missbrauch.

d) Bondstripping

Gem. **§ 20 Abs. 2 Satz 4 EStG n. F.** gilt die Abtrennung eines Zinsscheins oder einer Zinsforderung vom Stammrecht als Veräußerung der Schuldverschreibung und Anschaffung der durch die Trennung entstandenen Wirtschaftsgüter. Gem. § 20 Abs. 4 Sätze 8, 9 EStG gilt als Veräußerungserlös der Schuldverschreibung deren gemeiner Wert. Für die Ermittlung der Anschaffungskosten ist entsprechend dem gemeinen Wert der neuen Wirtschaftsgüter aufzuteilen.

§ 20 Abs. 2 Sätze 4 und 5 EStG sollen Gestaltungen verhindern, mit denen durch sog. Bondstripping versucht wird, die Steuerbelastung tariflich zu versteuernder Einkünfte zu vermindern: Verluste aus Kapitalvermögen werden generiert, die gem. § 32d Abs. 2 EStG dem persönlichen Steuersatz unterliegen und somit – mangels Anwendung von § 20 Abs. 6 EStG – voll mit den übrigen Einkünften eines Stpfl. verrechnet werden können. Die Gewinne werden demgegenüber dem Abgeltungsteuersatz in Höhe von 25 % unterworfen. Hierzu werden bei im Privatvermögen erworbenen Anleihen der Zinsschein oder die Zinsforderung vom Anleihemantel abgetrennt (Bondstripping) und die Anschaffungskosten für die Anleihe vollständig dem Anleihemantel zugeordnet. Der Anleihemantel wird im Anschluss an das Stripping an eine ausschließlich zur Abwicklung der Gestaltung erworbenen Vorratsgesellschaft (bspw. GmbH) veräußert, an der der Stpfl. zu 100 % beteiligt ist. Aufgrund der vollständigen Zuordnung der Anschaffungskosten zum Anleihemantel wird aus der Veräußerung des Anleihemantels ein Verlust nach § 20 Abs. 2 Satz 1 Nr. 7, Abs. 4 EStG erzielt, der gem. § 32d Abs. 2 Satz 1 Nr. 1 Buchst. b) EStG der tariflichen ESt unterliegt und auf den die Verlustverrechnungsbeschränkung i. S. des § 20 Abs. 6 EStG gem. § 32d Abs. 2 Satz 2 EStG keine Anwendung findet. Der Zinsschein bzw. die Zinsforderung wird demgegenüber vom Stpfl. an seine

Bank veräußert. Die vollständige Zuordnung der Anschaffungskosten zum Anleihemantel führt dazu, dass der aus der Veräußerung des Zinsscheins bzw. der Zinsforderung erzielte Veräußerungserlös nach § 20 Abs. 2 Satz 1 Nr. 2 Buchst. b), Abs. 4 EStG dem Gewinn entspricht. Der Veräußerungsgewinn unterliegt dabei dem Abgeltungsteuersatz in Höhe von 25 %.[231]

Sätze 4 und 5 wurden mit dem InvStRefG vom 19.7.2016[232] eingeführt und sind ab VZ 2017 anwendbar.

Im Hinblick auf die **Altfälle,** d.h. Bondstripping-Gestaltungen vor dem VZ 2017, führt die Gesetzesbegründung aus, dass derartige Gestaltungsmodelle nach Auffassung der Verwaltung zumindest dem Tatbestand des § 42 AO unterliegen.[233] Insoweit ist jedoch zu bedenken, dass § 42 Abs. 2 Satz 1 AO einen im Zeitpunkt der fraglichen Gestaltung gesetzlich nicht vorgesehenen Steuervorteil voraussetzt.[234] Eine nachträgliche Korrektur von später als rechtspolitischer Fehler erkannten und für die Zukunft unterbundenen Gestaltungsmöglichkeiten ist über § 42 AO nicht möglich. Dies bestätigt auch der BFH. In den Urteilen vom 30.11.2022[235] hat er sich systematisch mit der steuerlichen Behandlung von Veräußerungsgewinnen und -verlusten bei sog. Bondstripping beschäftigt. Er stellt für die Rechtslage bis zur Einfügung des § 20 Abs. 2 Sätze 4 und 5, Abs. 4 Sätze 8 und 9 EStG durch das Investmentsteuerreformgesetz vom 19.07.2016 klar, dass beim Bondstripping von im Privatvermögen gehaltenen Bundesanleihen deren Anschaffungskosten nicht auf den durch die Trennung entstandenen Anleihemantel und die Zinsscheine aufzuteilen sind.

Dem Grunde nach war in den entschiedenen Fällen die Besteuerung der Veräußerungsgewinne bzw. -verluste unstreitig. Die isolierte Veräußerung der Zinsscheine unterfällt § 20 Abs. 2 Satz 1 Nr. 2 Buchst. b EStG, die der Anleihemäntel § 20 Abs. 2 Satz 1 Nr. 7 EStG. Streitig war bislang die Anerkennung des Verlusts aus der Veräußerung der Anleihemäntel. Dabei geht es zunächst um die Höhe des Gewinns/Verlusts gem. § 20 Abs. 4 Satz 1 EStG unter dem Aspekt einer Aufteilung der Anschaffungskosten auf Stammrecht und Zinsscheine im Verhältnis der Marktwerte. Nach Auffassung des BFH haften die Anschaffungskosten jedoch in ganzer Höhe dem Anleihemantel an, weil das Bondstripping nicht zu einer Anschaffung führt und auch nicht zu einer Substanzabspaltung.

---

231 Ausführlich *Höring*, DStZ 2016, 727, 733f.
232 BGBl I 2016, 1730.
233 Vgl. BT-Drs. 18/8739, 116.
234 Dazu sehr zutreffend und eingehend *Drüen*, Ubg 2022, 61, 69.
235 BFH v. 30.11.2022, VIII R 15/19, DStR 2023, 565, BStBl II 2023, 632 sowie VIII R 30/20, DStRE 2023, 525, BStBl II 2023, 638, ebenso BFH v. 16.3.2023, VIII R 36/19, n.v., juris.

Der BFH versagt dem Verlust aus der Veräußerung der Anleihemäntel auch nicht unter dem Aspekt einer fehlenden Einkünfteerzielungsabsicht die Anerkennung. Denn die Vermutung der Einkünfteerzielungsabsicht gilt unabhängig davon, ob ein Verlust dem gesonderten Tarif unterliegt oder, wie vorliegend, gem. § 32d Abs. 2 Nr. 1 Buchst. b EStG nicht.

e) Besteuerung der Rückzahlung einer unter Nominalwert erworbenen Kapitalforderung

Mit Urteil vom 25.10.2022[236] hat der BFH klargestellt, dass die Rückzahlung einer unter Nominalwert erworbenen Kapitalforderung – im Streitfall ein Anspruch auf Auszahlung eines Körperschaftsteuerguthabens i. S. des § 37 Abs. 5 KStG – nach § 20 Abs. 2 Satz 1 Nr. 7, Abs. 2 Satz 2 EStG zu besteuern und nicht in einen Zins- und Tilgungsanteil aufzuteilen ist. Die Anschaffungskosten für den Erwerb einer Forderung mit verschiedenen Fälligkeitszeitpunkten sind aufzuteilen und anteilig in dem Veranlagungszeitraum abziehbar, in dem die jeweils fällige Teilrückzahlung zufließt (§ 20 Abs. 4 Satz 1 EStG).

- von der Forderung 2015: vier Zwölftel, also 200.683,07 €
- von der Forderung 2016: zwei Zwölftel, also 100.341,53 €
- von der Forderung 2017: vier Sechstel, also 200.683,07 €

„(…) Der Verkäufer verkauft die Forderungen an den dies annehmenden Käufer mit Wirkung zum Zeitpunkt der Unterzeichnung dieses Vertrages. (…) Der Kaufpreis für die Forderungen beträgt 210.000 €.“

Die Zahlung des Körperschaftsteuerguthabens in Höhe von 200.683 € fällt unter den Tatbestand der Rückzahlung i. S. des § 20 Abs. 2 Satz 2 EStG. Der Fiskus zahlte an den Kläger, der infolge der Abtretung an die Stelle des bisherigen Gläubigers der Kapitalforderung – zuletzt die K GmbH – getreten war, um den Anspruch nach § 37 Abs. 5 KStG zum Erlöschen zu bringen.

Bei der Ermittlung des erzielten Veräußerungsgewinns gemäß § 20 Abs. 4 Satz 1 EStG ist der vom Kläger gezahlte Gesamtkaufpreis für den Erwerb der Forderung auf Erstattung des Körperschaftsteuerguthabens i. S. des § 37 Abs. 5 KStG anteilig als Anschaffungskosten für die im Streitjahr 2015 erhaltene Teilrückzahlung zu berücksichtigen, sodass sich ein Veräußerungsgewinn von 116.683 € ergibt. Auf der Einnahmeseite hat das FA zu Recht die Zahlung des Fiskus von 200.683 € – in voller Höhe – als Einnahme i. S. des § 20 Abs. 2 Satz 2 EStG behandelt und diese nicht in einen nach § 20 Abs. 1 Nr. 7 EStG zu besteuernden Zinsanteil und einen nach § 20 Abs. 2 Satz 1 Nr. 7, Abs. 2 Satz 2 EStG zu besteuernden Tilgungsanteil

236 BFH v. 25.10.2022, VIII R 1/19, BStBl I 2023, 252, DStRE 2023, 207.

aufgeteilt. Letzterer ist Teil des Gewinns aus der Rückzahlung der abgetretenen Kapitalforderung und gemäß § 20 Abs. 2 Satz 2 EStG steuerbar. Hinsichtlich der Ermittlung der abzuziehenden Anschaffungskosten im Streitjahr ist das FG unter Berücksichtigung der Umstände des Streitfalls in Bezug auf die vertragliche Auslegung des Parteiwillens revisionsrechtlich bindend (§ 118 Abs. 2 FGO) davon ausgegangen, dass der im Forderungskauf- und Abtretungsvertrag vereinbarte Kaufpreis von 210.000 € im Verhältnis zum Nominalwert der voll werthaltigen Forderung auf Erstattung des Körperschaftsteuerguthabens nach § 37 Abs. 5 KStG aufzuteilen ist. Dabei war zu berücksichtigen, dass der Kläger – entgegen der Auffassung des FG – von der K-GmbH nicht drei nach den Zeitpunkten der Auszahlung in den Jahren 2015, 2016 und 2017 selbständige Ansprüche auf Auszahlung eines Körperschaftsteuerguthabens, sondern einen einheitlichen Auszahlungsanspruch mit drei verschiedenen Fälligkeitszeitpunkten erworben hat. Dies entspricht der gesetzlichen Ausgestaltung des Anspruchs auf Auszahlung des Körperschaftsteuerguthabens in § 37 Abs. 5 KStG als einheitlichem Auszahlungsanspruch mit jeweils unterschiedlichen Fälligkeiten hinsichtlich der Jahresraten und der Vereinbarung eines einheitlichen Kaufpreises.

f) Aufrechnung

Mit Urteil vom 30.11.2022 stellt der BFH klar, dass eine **Rückzahlung i. S. des § 20 Abs. 2 Satz 2 EStG** auch dann vorliegt, wenn eine GmbH eine Verbindlichkeit gegenüber einem Gesellschafter dadurch erfüllt, dass sie mit einer ihr zustehenden Gegenforderung aufrechnet.[237]

Der Begriff der Rückzahlung i. S. des § 20 Abs. 2 Satz 2 EStG ist weit auszulegen. § 20 Abs. 2 Satz 2 EStG erfasst nicht nur die vertragsgemäße Rückzahlung des geschuldeten Kapitalbetrags bei Fälligkeit durch den Schuldner, sondern auch andere Fälle der zivilrechtlichen Erfüllung der Kapitalforderung. Die Aufrechnung des Schuldners der Kapitalforderung mit einer ihm gegen den Gläubiger zustehenden Gegenforderung führt – ebenso wie die tatsächliche Zahlung des geschuldeten Kapitalbetrags durch den Schuldner – zur zivilrechtlichen Erfüllung der Forderung und damit zu einer „Rückzahlung" i. S. des § 20 Abs. 2 Satz 2 EStG.

g) Übergangsrecht

Mit Urteil vom 13.12.2022[238] stellt der BFH klar, dass das Übergangsrecht zur Einführung der Veräußerungsgewinnbesteuerung gem. § 20 Abs. 2

237 BFH v. 30.11.2022, VIII R 27/19, BStBl II 2023, 330.
238 BFH v. 13.12.2022, VIII R 23/20, BStBl II 2023, 480.

Satz 1 Nr. 7 EStG mit Wirkung vom 1.1.2009 verfassungsgemäß ist. Die durch § 52 Abs. 28 Satz 16 Teils. 3 EStG bewirkte **Einbeziehung unechter Finanzinnovationen in die Veräußerungsgewinnbesteuerung** gem. § 20 Abs. 2 Satz 1 Nr. 7 EStG mit Wirkung vom 1.1.2009 verstößt weder gegen das Rückwirkungsverbot noch gegen den allgemeinen Gleichheitssatz.

Im Verfahren VIII R 16/16[239] hat der BFH festgestellt, dass nach dem 30.6.2009 realisierte Verluste aus der Veräußerung von sog. **Vollrisikozertifikaten, die nach dem 14.3.2007 angeschafft wurden,** § 20 Abs. 2 Satz 1 Nr. 7, Abs. 4, Abs. 6 EStG unterfallen. **§ 20 Abs. 2 Satz 1 Nr. 7 EStG n.F.**[240] war **anwendbar**, obwohl der Kläger die Zertifikate bereits im November 2007 bzw. Januar 2008 erworben hatte. Dies folgt aus § 52a Abs. 10 Satz 8 EStG i.d.F. des Art. 1 des UntStRefG 2008 (§ 52 Abs. 28 Satz 17 EStG in der aktuell gültigen Fassung)[241].

§ 52 Abs. 28 EStG[242] enthält Regelungen zur erstmaligen Anwendbarkeit von § 20 Abs. 2 EStG n.F.; § 52 Abs. 28 Sätze 15 bis 17 EStG[243] bestimmen, wann Gewinne (bzw. Verluste) aus der Veräußerung von sonstigen Kapitalforderungen jeder Art i.S.v. § 20 Abs. 1 Nr. 7 EStG n.F. erstmals § 20 Abs. 2 Satz 1 Nr. 7 EStG n.F. unterfallen. § 52 Abs. 28 Satz 17 EStG[244] regelt dies für Kapitalforderungen, die zwar nicht die Voraussetzungen von § 20 Abs. 1 Nr. 7 EStG a.F., wohl aber die Voraussetzungen von § 20 Abs. 1 Nr. 7 EStG n.F. erfüllen. Hierzu bestimmt § 52 Abs. 28 Satz 17 EStG, dass bei Kapitalforderungen, die zwar nicht die Voraussetzungen von § 20 Abs. 1 Nr. 7 EStG in der am 31.12.2008 anzuwendenden Fassung, aber die Voraussetzungen von § 20 Abs. 1 Nr. 7 i.d.F. des UntStRefG 2008 erfüllen, § 20 Abs. 2 Satz 1 Nr. 7 i.V.m. § 20 Abs. 1 Nr. 7 EStG vorbehaltlich der Regelung in § 50 Abs. 31 Sätze 2 und 3 EStG[245] auf alle nach dem 30.6.2009 zufließenden Kapitalerträge anzuwenden ist, es sei denn, die Kapitalforderung wurde vor dem 15.3.2007 angeschafft. Gem. § 50 Abs. 31 Satz 2 EStG ist § 23 Abs. 1 Satz 1 Nr. 2 EStG in der am 1.1.1999 geltenden Fassung letztmals auf Veräußerungsgeschäfte anzuwenden, bei denen die Wirtschaftsgüter vor dem 1.1.2009 erworben wurden. § 23 Abs. 1 Satz 1 Nr. 2 EStG in der am 1.1.1999

239 BFH v. 29.10.2019, VIII R 16/16, BFHE 266, 550, BStBl II 2020, 245; dazu *Schober*, BB 2020, 1442.

240 I.d.F. des UntStRefG 2008 v. 14.8.2007, BGBl I 2007, 1912.

241 Die Regelung des § 52a Abs. 10 (Satz 8) EStG wurde durch Art. 2 StRAnpG (Gesetz zur Anpassung des nationalen Steuerrechts an den Beitritt Kroatiens zur EU und zur Änderung weiterer steuerlicher Vorschriften v. 25.7.2014, BGBl I 2014, 1266) aufgehoben und in § 52 Abs. 28 (Satz 17) EStG überführt.

242 § 52a Abs. 10 EStG i.d.F. des UntStRefG 2008 v. 14.8.2007, BGBl I 2007, 1912.

243 § 52a Abs. 10 Sätze 6 bis 8 EStG i.d.F. des UntStRefG 2008.

244 § 52a Abs. 10 Satz 8 EStG i.d.F. des UntStRefG 2008.

245 § 52a Abs. 11 Sätze 4 und 6 EStG i.d.F. des UntStRefG 2008.

geltenden Fassung bestimmte als private Veräußerungsgeschäfte (§ 22 Nr. 2 EStG) solche bei anderen Wirtschaftsgütern, insbes. bei Wertpapieren, bei denen der Zeitraum zwischen Anschaffung und Veräußerung nicht mehr als ein Jahr beträgt. Im Streitfall war § 52a Abs. 10 Satz 8 EStG i.d.F. des UntStRefG 2008 (§ 52 Abs. 28 Satz 17 EStG in der aktuellen Fassung) erfüllt, da die veräußerten Zertifikate keine Kapitalforderungen i.S.v. § 20 Abs. 1 Nr. 7 EStG a.F. sind; Vollrisikozertifikate ohne Kapitalrückzahlungsgarantie, bei denen sowohl der Zinssatz als auch die Höhe der Kapitalrückzahlung an einen Index gekoppelt sind, sind keine Kapitalforderungen i.S.v. § 20 Abs. 1 Nr. 7 EStG a.F. Der Kläger hatte die Zertifikate am 2.11.2007 bzw. am 2.1.2008 angeschafft und am 22.5.2012 veräußert, sodass auch die weiteren Voraussetzungen des § 52a Abs. 10 Satz 8 EStG i.d.F. des UntStRefG 2008 erfüllt waren. Eine Veräußerung innerhalb der Jahresfrist des § 23 Abs. 1 Satz 1 Nr. 2 EStG a.F. lag nicht vor.

Die Anwendung des § 20 Abs. 2 EStG n.F. war auch nicht deshalb ausgeschlossen, weil § 52a Abs. 10 Satz 8 EStG i.d.F. des UntStRefG 2008 im Einzelfall dazu führen kann, dass Vollrisikozertifikate, die – wegen des Ablaufs der Spekulationsfrist des § 23 Abs. 1 Satz 1 Nr. 2 EStG a.F. – steuerentstrickt waren, infolge der Regelung des § 52a Abs. 10 Satz 8 EStG i.d.F. des UntStRefG 2008 erneut steuerverstrickt werden. Im Streitfall lag keine unechte Rückwirkung vor, da im Zeitpunkt des Erwerbs der streitgegenständlichen Zertifikate am 2.11.2007 bzw. am 2.1.2008 das UntStRefG 2008, d.h. auch §§ 20 Abs. 2, 52a EStG in dessen Fassung in Kraft war, sodass die gesetzliche Grundlage für eine Verlustberücksichtigung feststand. Das UntStRefG 2008 wurde am 17.8.2007 verkündet und trat einen Tag nach der Verkündigung in Kraft.

Übergangsrecht betraf auch das Verfahren IX R 9/18.[246] Der BFH bestätigt hier, dass auf Kapitalerträge aus Kapitalforderungen, die zum Zeitpunkt des vor dem 1.1.2009 erfolgten Erwerbs zwar Kapitalforderungen i.S.v. § 20 Abs. 1 Nr. 7 EStG in der am 31.12.2008 anzuwendenden Fassung, aber nicht Kapitalforderungen i.S.v. § 20 Abs. 2 Satz 1 Nr. 4 EStG a.F. (sog. Finanzinnovationen) sind, § 20 Abs. 2 Satz 1 Nr. 7 EStG i.d.F. des UntStRefG 2008 nicht anzuwenden ist. Auch ist § 20 Abs. 2 Satz 2 EStG nur auf Sachverhalte anwendbar, für die der Anwendungsbereich der durch das UntStRefG 2008 neu eingeführten Veräußerungstatbestände in § 20 Abs. 2 Satz 1 EStG eröffnet ist. Der streitige Verlust aus dem **Verzicht auf ein Ge-**

246 BFH v. 14.1.2020, IX R 9/18, BFHE 268, 61, BStBl II 2020, 490, FR 2020, 931 mit Anm. *Dorn*, 934 sowie *Krohn*, AktStR 2020, 557.

sellschafterdarlehen[247] war danach nicht am Maßstab von § 20 Abs. 2 EStG zu prüfen. Es galt insoweit altes Recht. Die bis zum Urteil des IX. Senats im Verfahren IX R 36/15[248] anerkannten Grundsätze zur Berücksichtigung von nachträglichen Anschaffungskosten aus eigenkapitalersetzenden Finanzierungshilfen sind weiter anzuwenden, wenn der Gesellschafter eine eigenkapitalersetzende Finanzierungshilfe bis zum 27.9.2017 geleistet hatte oder wenn eine Finanzierungshilfe des Gesellschafters bis zu diesem Tag eigenkapitalersetzend geworden war und er keinen Antrag auf Anwendung der Neuregelung in § 17 Abs. 2a EStG i. V. m. § 52 Abs. 25a Satz 2 EStG[249] gestellt hat. So genoss der Kläger mangels Antrags auf Anwendung der Neuregelung in § 17 Abs. 2a EStG Vertrauensschutz. Im Streitfall kam es für die Berücksichtigung (nachträglicher) Anschaffungskosten auf den unter Geltung des Eigenkapitalersatzrechts zu § 17 Abs. 2 Satz 1 EStG entwickelten normspezifischen Anschaffungskostenbegriff an. Denn das vom Kläger gewährte Gesellschafterdarlehen war bis zum Tag der Veröffentlichung des Urteils im Verfahren IX R 36/15 am 27.9.2017 geleistet worden.[250]

h) Vermögensverwaltende Personengesellschaft

Gem. § 20 Abs. 2 Satz 3 EStG gilt die Anschaffung/Veräußerung einer Beteiligung an einer Personengesellschaft als solche der anteiligen Wirtschaftsgüter, um die von der Personengesellschaft in ihrem Gesellschaftsvermögen gehaltenen Kapitalanlagen auch bei Veräußerung eines Anteils der Besteuerung zu unterwerfen; ohne die Regelung würde gem. § 23 Abs. 1 Satz 1 Nr. 2 EStG nach einem Jahr Steuerfreiheit eintreten.

Bei der Veräußerung eines Anteils an einer vermögensverwaltenden Gesellschaft durch einen Gesellschafter gem. § 20 Abs. 2 Satz 3 EStG findet grundsätzlich kein gem. § 43 Abs. 5 Satz 1 EStG abgeltender KapESt-Abzug statt. Der Gesellschafter hat den Veräußerungsgewinn i. S. des § 20 Abs. 2 Satz 3 EStG daher gem. § 32d Abs. 3 Satz 1 EStG in der ESt-Erklärung anzugeben; über das Vorliegen und die Höhe dieser Einkünfte ist abschließend im Rahmen der Veranlagung zu entscheiden. Erfolgen Anschaffung und Veräußerung durch die vermögensverwaltende Personengesellschaft, so sind Veräußerungsgewinne i. S. v. § 20 Abs. 2 i. V. m. Abs. 4 EStG gem. §§ 179 Abs. 1, 180 Abs. 1 Satz 1 Nr. 2 Buchs. a AO gesondert und einheitlich festzustellen.

247 Zur Berücksichtigung unter Geltung der Abgeltungsteuer BFH v. 6.8.2019, VIII R 18/16, BFHE 265, 531, BStBl II 2020, 833; dazu aktuell *Demuth*, GmbH-StB 2020, 189; s. im Übrigen Die Besteuerung der Kapitaleinkünfte, 2. Aufl., 45 ff.

248 BFH v. 11.7.2017, IX R 36/15, BFHE 258, 427, BStBl II 2019, 208.

249 I. d. F. des Gesetzes zur weiteren Förderung der Elektromobilität und zur Änderung weiterer steuerlicher Vorschriften v. 12.12.2019, BGBl I 2019, 2451.

250 So schon BFH v. 2.7.2019, IX R 13/18, BFHE 265, 333, BStBl II 2020, 89.

Insoweit ist zwischen Veräußerungsgewinnen gem. § 20 Abs. 2 EStG, die nach Anschaffung einer Kapitalanlage auf Ebene einer vermögensverwaltenden GbR gem. § 20 Abs. 2 Satz 3 EStG durch eine Anteilsveräußerung vom Gesellschafter persönlich erzielt werden, und Veräußerungsgewinnen, die auf Ebene der vermögensverwaltenden Gesellschaft durch gemeinschaftliche Anschaffung und Veräußerung der Kapitalanlage verwirklicht werden, zu differenzieren.[251] Kapitaleinkünfte gem. § 20 Abs. 2 EStG, die nach Anschaffung einer Kapitalanlage durch eine vermögensverwaltende GbR aufgrund einer Anteilsveräußerung durch einen Gesellschafter gem. § 20 Abs. 2 Satz 3 EStG entstehen, werden nicht gem. §§ 179 Abs. 1, 180 Abs. 1 Satz 1 Nr. 2 Buchst. a AO gemeinschaftlich erzielt. In dem hierzu vom BFH entschiedenen Fall[252] übertrugen sämtliche Gesellschafter einer vermögensverwaltenden GbR, die als Versicherungsnehmerin Kapitallebensversicherungen abgeschlossen hatte, ihre GbR-Anteile abgestimmt zum selben Zeitpunkt auf eine beteiligungsidentische KG, um eine liquidationslose Beendigung der GbR unter Anwachsung des Vermögens auf die KG zu bewirken. Hier wurde der Veräußerungstatbestand nicht auf Ebene der vermögensverwaltenden Gesellschaft durch eine gemeinschaftliche Anschaffung und Veräußerung der Kapitalanlage verwirklicht, sodass der auf Ebene der Gesellschaft zu ermittelnde Veräußerungsgewinn oder -verlust auf die Gesellschafter zu verteilen gewesen wäre.[253] Vielmehr wurde der Veräußerungsgewinn nach Anschaffung der Versicherungsansprüche durch die Gesellschaft gem. § 20 Abs. 2 Satz 3 EStG via Anteilsveräußerung der Gesellschafter durch diese persönlich erzielt. Von einer gemeinschaftlichen Anschaffung und Veräußerung der Lebensversicherungsansprüche „durch die GbR“ gem. §§ 179 Abs. 1, 180 Abs. 1 Satz 1 Nr. 2 Buchst. a AO war nach den besonderen Umständen des Streitfalls auch nicht deshalb auszugehen, weil sämtliche Gesellschafter ihre GbR-Anteile abgestimmt zum selben Zeitpunkt auf die beteiligungsidentische KG übertragen haben. Die Anteilsveräußerung gem. § 20 Abs. 2 Satz 3 EStG ist als anteilige Veräußerung sämtlicher Kapitalanlagen des Gesamthandsvermögens durch den Gesellschafter zu behandeln; die Veräußerung einer von der Gesamthand angeschafften Kapitalanlage durch die Gesamthand ist hingegen nur bezogen auf diese einzelne Kapitalanlage steuerbar. Die Ermittlung des Veräußerungsgewinns gem. § 20 Abs. 4 Satz 1 EStG verlangt im Fall der Anteilsveräußerung in einem Mischfall (§ 20 Abs. 2 Satz 3 EStG), die Anschaffungskosten aller Kapitalanlagen und sonstigen Wirtschaftsgüter im Ge-

251 Dazu BFH v. 20.11.2018, VIII R 39/15, BFHE 263, 112, BStBl II 2019, 239.
252 BFH v. 20.11.2018, VIII R 39/15, BFHE 263, 112, BStBl II 2019, 239.
253 Vgl. auch BMF v. 19.5.2022, IV C 1-S 2252/19/10003:009, BStBl I 2022, 742, Rz. 72.

samthandsvermögen dem Gesellschafter anteilig zuzurechnen und dem ebenfalls aufzuteilenden Veräußerungsentgelt gegenüberzustellen. Zudem sind bei einer Anteilsveräußerung i. S. des § 20 Abs. 2 Satz 3 EStG individuelle Veräußerungskosten des Gesellschafters für die Ermittlung der Höhe des Gewinns maßgeblich. Bei der Berechnung eines Veräußerungsgewinns, den die Personengesellschaft für eine von ihr selbst erworbene und veräußerte Kapitalanlage gem. § 20 Abs. 2 EStG erzielt, sind dem Veräußerungsentgelt hingegen nur die gesamthänderisch getragenen Anschaffungskosten für die Kapitalanlage gegenüberzustellen, soweit zwischen Erwerb und Veräußerung kein Gesellschafterwechsel eingetreten ist. § 20 Abs. 2 Satz 3 EStG enthält ferner als insoweit spezielleres Steuergesetz keine von § 179 Abs. 1 AO abweichende Aussage, dass Einkünfte aufgrund persönlicher Anteilsveräußerungen eines Gesellschafters gem. § 20 Abs. 2 Satz 3 EStG auch ohne die sonst erforderliche gemeinschaftliche Tatbestandsverwirklichung gesondert und einheitlich festzustellen wären.

2. § 20 Abs. 4a EStG

§ 20 Abs. 4a EStG trifft bei einem aufgrund gesellschaftsrechtlicher Maßnahmen vollzogenen Tausch abweichend von § 20 Abs. 2 Satz 1 EStG und den §§ 13 und 21 UmwStG Sonderregelungen für die Besteuerung der eingetauschten Aktien und Zuzahlungen.

a) Anteilstausch (§ 20 Abs. 4a Satz 1 EStG)

Erhält der Stpfl. bei einem Aktientausch i. S. des § 20 Abs. 4a Satz 1 EStG zusätzlich zu eingetauschten Aktien eine Gegenleistung, gilt diese gem. § 20 Abs. 4a Satz 2 EStG als Kapitalertrag i. S. des § 20 Abs. 1 Nr. 1 EStG. Voraussetzung für die Anwendung der Sonderregelungen ist nach § 20 Abs. 4a Satz 1 EStG ein Tausch „aufgrund gesellschaftsrechtlicher Maßnahmen". Die Regelung sollte „Verschmelzungen, Aufspaltungen und qualifizierte Anteilstauschvorgänge" erfassen, die „dem Anwendungsbereich des Umwandlungssteuergesetzes in § 1 Abs. 1 Nr. 1 und Abs. 3 Nr. 5 unterliegen".[254] Verdeutlicht wird dies durch den Verweis in § 20 Abs. 4a Satz 1 EStG auf die §§ 13 und 21 UmwStG. Danach werden Kapitalmaßnahmen, die nicht in den Anwendungsbereich des § 1 Abs. 1 Nr. 1 und Abs. 3 Nr. 5 UmwStG bzw. der §§ 13 und 21 UmwStG fallen, auch nicht von § 20 Abs. 4a Satz 1 EStG erfasst. Da eine Verschmelzung unter Beteiligung ausschließlich ausl. Rechtsträger keine Verschmelzung i. S. des § 2 Nr. 1 UmwG darstellt, kann es sich in solchen Fällen allenfalls um einen „vergleichbaren

254 BT-Drs. 16/11108, 16.

ausländischen Vorgang" – nämlich eine von § 13 UmwStG i.V.m. § 12 Abs. 2 Satz 2 KStG ebenfalls erfasste sog. **Drittstaatenverschmelzung** – handeln. Danach findet – so der BFH[255] – § 20 Abs. 4a EStG bei der Besteuerung eines im Inland stpfl. Aktieninhabers einer US-amerikanischen Kapitalgesellschaft bei einem aufgrund einer Verschmelzung erfolgten Tausch der Aktien mit Spitzen- und Barausgleich keine Anwendung, wenn bei rechtsvergleichender Betrachtung die **Verschmelzung** aufgrund der **hohen Barzahlungen** nicht einmal hypothetisch in den Anwendungsbereich des § 1 Abs. 1 Nr. 1 bzw. Abs. 3 Nr. 5 UmwStG fallen könnte. Der gesamte Vorgang ist dann als Tausch gegen die Gewährung eines Mischgelds nach § 20 Abs. 2 Satz 1 Nr. 1, Abs. 4 EStG zu besteuern. Im entschiedenen Fall machten die baren Zuzahlungen ca. 250 % des Aktienkurses der neu eingebuchten Aktien aus. Der BFH ist der Auffassung, dass jedenfalls bare Zuzahlungen in dieser Größenordnung der Vergleichbarkeit mit einer inl. Verschmelzung i.S. des § 2 Nr. 1 UmwG entgegenstehen, sie vielmehr zu einer „verschleierten Aktienveräußerung" führen, die ihrerseits nicht in den Anwendungsbereich des § 20 Abs. 4a Satz 1 EStG fällt.

Ob **Abspaltungen** unter § 20 Abs. 4a Satz 1 EStG fallen, ist streitig. Auch wenn sie ebenfalls aufgrund gesellschaftsrechtlicher Maßnahmen vollzogen werden, herrscht Uneinigkeit darüber, ob bei einer Abspaltung auf Gesellschafterebene ein „Tausch" i.S. der Regelung vorliegt.[256] Die h.M. lehnt dies ab,[257] da der Gesellschafter keine Anteile am übertragenden Rechtsträger hergebe. Jenseits dessen wird speziell bei **Drittstaatenabspaltungen** hinsichtlich der rechtlichen Qualifikation der Kapitalmaßnahme auf Anteilseignerebene noch weiter differenziert. Insoweit ist umstritten, ob die dem Gesellschafter zugeteilten Anteile einen Tauschvorgang auslösen[258] oder zu einer Sachausschüttung i.S. des § 20 Abs. 1 Nr. 1 Satz 1 EStG führen[259] oder ob der gesamte Vorgang vielmehr eine vGA i.S.v. § 20 Abs. 1 Nr. 1 Satz 2 EStG vom übertragenden Rechtsträger an seine Gesellschafter in Form des bei der Abspaltung übertragenen Vermögens mit einer nachfolgenden Sacheinlage durch die Gesellschafter in die übernehmende Gesellschaft gegen eine Anteilsgewährung zur Folge hat.[260]

255 BFH v. 14.2.2022, VIII R 44/18, BFHE 276, 216, BStBl II 2022, 636.
256 Dazu BFH v. 19.10.2021, VIII R 7/20, BFHE 275, 12, BStBl II 2022, 366.
257 Stv. *Bron*, DStR 2014, 353, 354; *Bron/Seidel*, BB 2010, 2599, 2600; *Buge*, in: Herrmann/Heuer/Raupach, EStG, § 20, Rz. 582; *Hartz*, FR 2010, 589, 590; ebenso BMF v. 19.5.2022, IV C 1-S 2252/19/10003:009, BStBl I 2022, 742, Rz. 100.
258 Stv. *Benecke/Staats*, FR 2010, 893, 895; *Ritzer* in Rödder/Herlinghaus/van Lishaut, UmwStG, 3. Aufl., Anh. 6 Rz. 62, 65.
259 BMF v. 19.5.2022, IV C 1-S 2252/19/10003:009, BStBl I 2022, 742, Rz. 113.
260 *Neumann*, in Rödder/Herlinghaus/van Lishaut, a.a.O., § 13, Rz. 14.

Höchstrichterlich ist diese Problematik nunmehr insoweit geklärt, als die Kapitalverkehrsfreiheit (Art. 63 AEUV) gebietet, dass § 20 Abs. 4a Satz 1 EStG **bis zum Inkrafttreten des § 20 Abs. 4a Satz 7 EStG** auch Drittstaatenabspaltungen erfasst. Anderenfalls käme es zu einer nicht zu rechtfertigenden Schlechterstellung inl. Gesellschafter von Drittstaatengesellschaften gegenüber solchen von inl. und ausl. Gesellschaften der EU bzw. des EWR.[261]

Vor Inkrafttreten von § 20 Abs. 4a Satz 7 EStG unterfielen die Gesellschafter von inl. und EU-/EWR-ausl. Gesellschaften § 13 Abs. 2 i. V. m. § 1 Abs. 2 UmwStG. Unter den weiteren Voraussetzungen des § 13 Abs. 2 i. V. m. § 15 Abs. 1 Satz 2 UmwStG löste die im Rahmen einer Abspaltung erfolgte Zuteilung von Aktien für die Gesellschafter von inl. und EU-/EWR- ausl. Gesellschaften keine Besteuerung aus. Demgegenüber waren Gesellschafter von Drittstaatengesellschaften aus dem Anwendungsbereich des § 1 Abs. 2 UmwStG ausgenommen, sodass eine bis zum 31.12.2012 erfolgte Abspaltung – unabhängig von der steuerlichen Qualifikation der Drittstaatenabspaltung selbst – für diese zwingend einen stpfl. Vorgang auslöste. Diese unterschiedlichen steuerlichen Folgen bei Gesellschaftern von Drittstaatengesellschaften einerseits und von inl. bzw. EU-/EWR-ausl. Gesellschaften andererseits verstießen ohne eine unionsrechtskonforme Ausweitung der Regelung in § 20 Abs. 4a Satz 1 EStG auf Drittstaatenabspaltungen gegen die gemeinschaftsrechtliche Grundfreiheit des freien Kapitalverkehrs gem. Art. 63 AEUV.

Ein solcher Verstoß wäre nicht durch die Notwendigkeit, die Wirksamkeit der steuerlichen Kontrolle zu gewährleisten, gerechtfertigt. Insbes. im Hinblick auf in den USA ansässige Kapitalgesellschaften ermöglicht die sog. „große“ Auskunftsklausel in Art. 26 Abs. 1 DBA-USA 1989/2008 einen umfassenden Informationsaustausch zwischen den Verwaltungsbehörden der Vertragsstaaten und folglich eine wirksame steuerliche Kontrolle.

Zur Vermeidung eines unionsrechtswidrigen Zustands ist § 20 Abs. 4a Satz 1 EStG daher dahin gehend auszulegen, dass dieser bis zum Inkrafttreten des § 20 Abs. 4a Satz 7 EStG[262] auch Drittstaatenabspaltungen erfasst.

Rechtsfolge des § 20 Abs. 4a Satz 1 EStG ist, dass der „Spin-off“ und die damit verbundene Aktienzuteilung bei den Anteilseignern keine Besteuerung auslöst. Erst im Zeitpunkt einer späteren Veräußerung der Aktien (§ 20 Abs. 2 Satz 1 Nr. 1, ggf. i. V. m. Abs. 2 Satz 2 EStG) sind etwaige Veräußerungsgewinne zu besteuern. Hierbei ist zu beachten, dass die neuen Aktien aufgrund der

261 BFH v. 19.10.2021, VIII R 7/20, BFHE 275, 12, BStBl II 2022, 366.
262 Vgl. dazu A. II. 2. e).

Abspaltung steuerlich – anteilig – an die Stelle der bereits gehaltenen Aktien treten und deren Anschaffungskosten – anteilig – übernehmen.

b) Umwandlung von Kapitalforderungen in andere Wertpapiere (§ 20 Abs. 4a Satz 3 EStG)

§ 20 Abs. 4a Satz 3 EStG macht eine Ausnahme davon, dass der Tausch von Wirtschaftsgütern und Rechten zu einem Anschaffungs- und Veräußerungsvorgang und somit zur Realisierung eines Gewinns oder Verlusts führt. Zur Vereinfachung des Steuerabzugsverfahrens wird bei dem **Umtausch sonstiger Kapitalforderungen i. S. des § 20 Abs. 1 Nr. 7 EStG in andere Wertpapiere** das Entgelt für den Erwerb der Forderung als Veräußerungspreis der Forderung und als Anschaffungskosten der erhaltenen Wertpapiere angesetzt, sodass es nicht zur Realisation eines Gewinns oder Verlusts kommt.

Der Anwendungsbereich von § 20 Abs. 4a Satz 3 EStG ist auf Wertpapiere beschränkt, die dem Besteuerungsregime des § 20 EStG unterliegen, seit dem JStG 2020[263] nur sog. Umtausch- und Aktienanleihen.[264] Schuldverschreibungen, die die Lieferung physischer Wirtschaftsgüter zum Gegenstand haben, sind nicht erfasst. **Xetra-Gold-Inhaberschuldverschreibungen** sind keine Wertpapiere i. S. v. § 20 Abs. 4a Satz 3 EStG, da sie die Lieferung physischen Golds zum Gegenstand haben und ihre Veräußerung (nur) nach § 22 Nr. 2, § 23 Abs. 1 Satz 1 Nr. 2 EStG steuerbar ist.[265]

Das FG Düsseldorf[266] judiziert, dass § 20 Abs. 4a Satz 3 EStG auch dann anzuwenden ist, wenn die Barzuzahlung ein Vielfaches des Werts der angedienten Wertpapiere beträgt. Die Anschaffungskosten von bei Fälligkeit einer sonstigen Kapitalforderung neben einer Barzahlung gelieferten Wertpapieren entsprechen so gem. § 20 Abs. 4a Satz 3 EStG auch dann dem Entgelt für den Erwerb der Kapitalforderung, wenn die erhaltene Barzahlung ein Vielfaches des Wertes der gelieferten Wertpapiere ausmacht. Auch wenn die Barzahlung erheblich höher ist als der Wert der erhaltenen Wertpapiere, erfordere dies nicht eine teleologische Reduktion des § 20 Abs. 4a Satz 3 EStG in der Weise, dass diese Vorschrift nicht anwendbar ist und es sich um einen Tausch der Kapitalforderung gegen Mischentgelt handelt. Die Anwendung

263 JStG 2020 v. 21.12.2020, BGBl I 2020, 3096.

264 § 20 Abs. 4a Satz 3 EStG n. F. ist für die Andienung von Wertpapieren anzuwenden, wenn diese nach dem 31.12.2020 erfolgt (§ 52 Abs. 28 Satz 19 EStG). Da es auf die Andienung der Wertpapiere ankommt, tritt auch dann eine Gewinnrealisation ein, wenn der Erwerb der Forderungsrechte mit Umtausch- bzw. Andienungsrecht vor dem 1.1.2021 erfolgt ist und es sich bei den nach dem 31.12.2020 angedienten Wertpapieren nicht um solche i. S. des § 20 Abs. 1 Nr. 1 EStG handelt (*Perschon/Seifert*, AktStR 2021, 60).

265 FG München v. 29.9.2020, 5 K 2870/19, EFG 2021, 111, Rev. VIII R 28/20.

266 FG Düsseldorf v. 6.6.2023, 13 K 84/22 E, EFG 2023, 1308, GmbHR 2023, 936, Rev. VIII R 18/23.

des § 20 Abs. 4a Satz 3 EStG sei auch nicht wegen eines Missbrauchs von Gestaltungsmöglichkeiten i. S. d. § 42 AO ausgeschlossen. Ein Steuervorteil aufgrund „Steuersatzspreizung" im Rahmen des steuerlich motivierten Kaufes von Hochrisikoanleihen mit Andienungsrecht, die am Fälligkeitstag seitens des Emittenten durch eine Barzahlung in Höhe von über 90 % des Kurswertes der angedienten Zertifikate und ein Liefergeschäft (Anleihen) bedient werden, bei anschließender Veräußerung der angedienten Anleihen an die eigene GmbH des Stpfl., sei steuerrechtlich anzuerkennen. Erhalte ein Stpfl. in den Fällen des § 20 Abs. 4a Satz 3 EStG zusätzlich zu den Anteilen eine Gegenleistung, gelte diese bei gem. § 20 Abs. 4a Satz 3 Halbs. 2 EStG entsprechender Anwendung des § 20 Abs. 4a Satz 2 EStG als Kapitalertrag i. S. des § 20 Abs. 1 Nr. 7 EStG. Diese Gegenleistung (Bardifferenzausgleich) unterliege dem Abgeltungsteuersatz nach § 32d Abs. 1 Satz 1 EStG im Zeitpunkt des Zuflusses. Der Verlust aus der Veräußerung der angedienten Anleihen, deren Anschaffungskosten sich gem. § 20 Abs. 4a Satz 3 EStG ergeben, an eine GmbH, deren Anteile der Stpfl. zu 100 % hält, unterliege dem Regelsteuersatz gem. § 32b Abs. 2 Nr. 1 Satz 1 Buchst. b EStG. Eine teleologische Reduktion auch dieser Vorschrift komme nicht in Betracht.

c) Veräußerung/Ausübung von Bezugsrechten (§ 20 Abs. 4a Satz 4 EStG)

§ 20 Abs. 4a Satz 4 EStG enthält Sonderregelungen für die Besteuerung von Bezugsrechten nach § 186 AktG, § 55 GmbHG sowie für vergleichbare ausländische Rechte, die einen Anspruch auf Abschluss eines Zeichnungsvortrags begründen. Dabei betrifft § 20 Abs. 4a Satz 4 EStG nur die Bewertung von Bezugsrechten bei einer **Substanzabspaltung** aus gehaltenen Anteilen. Bei Erwerb des Bezugsrechts hat der Erwerber weiterhin Anschaffungskosten in Höhe des Kaufpreises, die bei der Veräußerung des Bezugsrechts im Rahmen der Gewinnermittlung abzuziehen sind bzw. bei Ausübung des Bezugsrechts Teil der Anschaffungskosten der neuen Anteile werden.

Bezugsrechte i. S. von § 20 Abs. 4a Satz 4 EStG vermitteln dem Gesellschafter den Anspruch, bei der Neuemission von Gesellschaftsanteilen im Rahmen einer Kapitalerhöhung entsprechend seiner bisherigen Beteiligung an der Gesellschaft neue Gesellschaftsanteile am Grund- bzw. Stammkapital der Kapitalgesellschaft gegen Zuzahlung zu erwerben (vgl. § 186 Abs. 1 Satz 1 AktG, § 55 GmbHG). Sie sind Bestandteil der Rechte eines Anteilseigners.

§ 20 Abs. 4a Satz 4 EStG erfasst auch die Veräußerung von jungen Aktien, die aufgrund der Ausübung eines Bezugsrechts erworben wurden.[267] Eine Kapi-

267 BFH v. 9.5.2027, VIII R 54/14, BFHE 258, 111, BStBl II 2018, 262, Rz. 14, 24.

talerhöhung gegen Einlage führt grundsätzlich zu einer Substanzabspaltung von den Altanteilen auf die erworbenen Neuanteile. Die Anschaffungskosten der bereits bestehenden Anteile sind anteilig auch den neuen Anteilen zuzuordnen (Gesamtwertmethode).[268] Bei handelbaren Bezugsrechten fehlt es aber häufig am ersten Handelstag an einem Kurs, auf dessen Grundlage die Berechnung erfolgen kann, bei nicht handelbaren Bezugsrechten wird kein Kurs festgestellt und bei im Ausland stattfindenden Kapitalmaßnahmen fehlt es regelmäßig an ausreichenden Informationen für die Qualifikation und Bewertung von Bezugsrechten.[269] § 20 Abs. 4a Satz 4 EStG soll dem in der Weise begegnen, dass bei Kapitalerhöhungen eine Aufteilung der Anschaffungskosten auf die Altaktien und die Bezugsrechte vermieden wird[270], indem die Besteuerung lediglich zeitlich verschoben wird.[271]

§ 20 Abs. 4a Satz 4 EStG ist **nicht anwendbar**, wenn die veräußerten jungen Aktien aufgrund der Ausübung von Bezugsrechten erworben wurden, die von vor dem 1. Januar 2009 angeschafften Altanteilen abgespalten wurden, bei denen die Veräußerungsfrist des § 23 Abs. 1 Satz 1 Nr. 2 EStG a.F. zum Zeitpunkt der Veräußerung der jungen Aktien bereits abgelaufen war.[272]

d) Steuerneutrale Zuteilung von Bonusanteilen einer (ausländischen) Körperschaft (§ 20 Abs. 4a Satz 5 EStG)

Werden Anteile i.S. des § 20 Abs. 1 Nr. 1 EStG von einer ausländischen Körperschaft, Personenvereinigung oder Vermögensmasse an die Anteilseigner ausgegeben, ohne dass diese eine Gegenleistung zu erbringen haben (Bonusanteile), und liegen die Voraussetzungen des § 20 Abs. 4a Satz 3, 4 und 7 EStG nicht vor, sind gem. § 20 Abs. 4a Satz 5 EStG der Ertrag und die Anschaffungskosten der erhaltenen Anteile mit 0 EUR anzusetzen. § 20 Abs. 4a Satz 5 EStG wurde zum 1.1.2009 eingeführt. Voraussetzung war ursprünglich, dass die Ermittlung der Höhe des Kapitalertrags nicht möglich ist. Hierauf kommt es nur noch für Aktienzuteilungen an, die bis zum 31.12.2020 erfolgten. Ab dem 1.1.2021 sind Aktienzuteilungen durch ausländische Gesellschaften stets steuerneutral. § 20 Abs. 4a Satz 5 EStG n.F. ist erstmals auf eine Zuteilung von Anteilen anzuwenden, die nach dem 31.12.2020 erfolgt ist und bei der die die Zuteilung begründenden Anteile nach dem 31.12.2008 angeschafft worden sind (§ 52 Abs. 28 Satz 20 EStG).

---

268 BFH v. 9.5.2017, VIII R 54/14, BFHE 258, 111, BStBl II 2018, 262, Rz. 16.
269 BT-Drs. 16/10189, 50.
270 BFH v. 9.5.2017, VIII R 54/14, BFHE 258, 111, BStBl II 2018, 262, Rz. 3, 19; BT-Drs. 16/10189, 50.
271 BFH v. 9.5.2017, VIII R 54/14, BFHE 258, 111, BStBl II 2018, 262, Rz. 19.
272 S. u. A. II. 2. f.

Indem die Ausnahmeregelung ab 2021 nur für Kapitalgesellschaften ohne Geschäftsleitung oder Sitz im Inland gilt, werden Anteilseigner einer inländischen Kapitalgesellschaft insoweit gegenüber Anteilseignern einer Kapitalgesellschaft mit Geschäftsleitung und Sitz in einem anderen EU-Staat benachteiligt. Bei inländischen Sachverhalten ist ab 2021 als Anschaffungskosten der Bonus- bzw. Freianteile zur Ermittlung eines Veräußerungsgewinns bei späterem Verkauf der Wert anzusetzen, der bei ihrem Bezug als Einkünfte (einschließlich ggf. steuerfrei bleibender Teil) angesetzt wurde.[273]

Bei einem **Anteilstausch** aufgrund einer gesellschaftsrechtlichen Maßnahme (insbes. bei einer Verschmelzung) treten die übernommenen Anteile steuerlich an die Stelle der bisherigen Anteile, wenn die Besteuerung der stillen Reserven im Inland sichergestellt ist (§ 20 Abs. 4a Satz 1 EStG). Dasselbe gilt grundsätzlich für die **Zuteilung von Bezugsrechten**. Insoweit wird aber gem. § 20 Abs. 4a Satz 5 EStG aus Vereinfachungsgründen der Teil der Anschaffungskosten der Alt-Anteile, der auf das Bezugsrecht entfällt, bei der Ermittlung des Gewinns bei Ausübung oder Veräußerung der Bezugsrechte mit 0 € angesetzt. Die Anschaffungskosten der Alt-Anteile bleiben also unverändert.[274] Bei Ausübung der Bezugsrechte führen nur die Zahlungen zu entsprechenden Anschaffungskosten. Der Anschaffungszeitpunkt der bezogenen Anteile ist der Ausübungszeitpunkt der Bezugsrechte.

§ 20 Abs. 4a Satz 5 EStG a. F. setzt für den Ansatz von 0 € für Ertrag und Anschaffungskosten der Neu-Anteile voraus, dass die **Ermittlung der Höhe des Kapitalertrags nicht möglich** ist. Die Finanzverwaltung vertritt hierzu die Auffassung, dafür reiche die **Aktienzuteilung von einer ausl. Gesellschaft** aus. Das entspricht zwar der gesetzgeberischen Absicht,[275] ist dem Gesetzestext aber nicht zu entnehmen. Die Ermittlung der Höhe des Kapitalertrags ist aber nicht bereits deshalb unmöglich i. S. des § 20 Abs. 4a Satz 5 EStG, weil die Anteile von einer ausl. Gesellschaft zugeteilt werden.[276] Zum einen unterscheidet der Wortlaut des § 20 Abs. 4a Satz 5 EStG nicht zwischen inl. und ausl. Sachverhalten. Zum anderen steht einer solchen Auffassung auch die Änderung des § 20 Abs. 4a Satz 5 EStG durch das

273 BMF v. 19.5.2022, IV C 1-S 2252/19/10003:009, BStBl I 2022, 742, Rz. 112.

274 Der volle Veräußerungspreis der Bezugsrechte würde so zu einem stpfl. Kapitalertrag führen, wenn die Alt-Anteile nach dem 31.12.2008 erworben wurden (§ 52 Abs. 28 Satz 11 EStG).

275 Vgl. BT-Drs. 16/11108, 16: „insbesondere bei Auslandssachverhalten".

276 BFH v. 4.5.2021, VIII R 14/20, BFHE 273, 206, DStR 2021, 2396; entgegen BMF v. 18.1.2016, IV C 1-S 2252/08/10004:017, BStBl I 2016, 85, Rz. 111; erweiternd nun BMF v. 11.7.2023, IV C 1-S 2252/19/10003:013, BStBl I 2023, 1471, Rz. 111 (Bezug von Bonusanteilen), Ergänzung des BMF-Schreibens v. 19.5.2022, IV C 1-S 2252/19/10003:009, BStBl I 2022, 742.

JStG 2020[277] entgegen. Danach wird die Vorschrift – seit 1.1.2021 – auf Zuteilungen von Anteilen von einer Körperschaft, Personenvereinigung oder Vermögensmasse beschränkt, „die weder Geschäftsleitung noch Sitz im Inland hat".

Die **Unmöglichkeit der Ermittlung der Höhe des Kapitalertrags** wird auch **bei Auslandssachverhalten** nicht unwiderleglich vermutet.[278] Die Voraussetzungen des § 20 Abs. 4a Satz 5 EStG a.F. liegen jedenfalls dann nicht vor, wenn die Steuerbarkeit der Anteilszuteilung dem Grunde nach – wegen der Fiktion des § 27 Abs. 8 Satz 9 KStG (vorbehaltlich von dessen Unionsrechtskonformität) – und der Höhe nach – wegen eines vorhandenen Börsenkurses der zugeteilten Anteile – feststeht.[279] Soweit vertreten wird, dass die Unmöglichkeit der Ermittlung der Höhe des Kapitalertrags zu vermuten sei, wenn zweifelhaft ist, ob die Anteilszuteilung im Rahmen einer stpfl. Sachausschüttung oder einer nichtsteuerbaren Einlagenrückgewähr erfolgt,[280] brauchte der BFH hierüber nicht zu entscheiden.[281]

Fraglich ist, ob die Regelung des **§ 27 Abs. 8 Satz 9 KStG,** die keine individuelle Nachweismöglichkeit einer Einlagenrückgewähr für Anteilseigner von EU-Kapitalgesellschaften im Veranlagungsverfahren vorsieht, unter Berücksichtigung der EuGH-Rechtsprechung mit den Vorgaben der Kapitalverkehrsfreiheit (Art. 63 AEUV) zu vereinbaren ist.[282]

e) § 20 Abs. 4a Satz 7 EStG/Zuteilung von Aktien im Rahmen eines ausl. „Spin-off"

Überträgt eine inländische Körperschaft in ihrem Besitz befindliche Anteile an einer weiteren Körperschaft ohne Kapitalherabsetzung und ohne zusätzliches Entgelt auf ihre Anteilseigner, ist diese Übertragung vorbehaltlich § 20 Abs. 4a Satz 7 EStG als Sachausschüttung an die Anteilseigner der übertragenden Körperschaft zu beurteilen. Die Sachausschüttung führt zu Einkünften aus Kapitalvermögen nach § 20 Abs. 1 Nr. 1 EStG, sofern keine Einlagenrückgewähr nach § 20 Abs. 1 Nr. 1 Satz 3 vorliegt.

277 JStG 2020 v. 21.12.2020, BGBl I 2020, 3096.
278 BFH v. 19.10.2021, VIII R 7/20, BFHE 275, 12, BStBl II 2022, 366, Rz. 19 m.w.N.
279 BFH v. 4.5.2021, VIII R 14/20, BFHE 273, 206, DStR 2021, 2396; ebenso Parallelverfahren VIII R 17/18 vom gleichen Tag BFH/NV 2021, 1579; dazu auch A. I. 1. c).
280 Z.B. *Spieker*, DB 2015, 207, 208; *Steinlein*, DStR 2009, 509, 512.
281 Der BFH konnte gleichwohl nicht in der Sache entscheiden. Das FG hatte offengelassen, ob sich durch die von den Klägern vorgelegten Unterlagen und Jahresabschlüsse hinreichend erkennen lässt, dass die Zuteilung der streitbefangenen Aktien im Rahmen einer nichtsteuerbaren Einlagenrückgewähr erfolgte, oder ob ein solcher Nachweis offensichtlich ausgeschlossen ist.
282 BFH v. 4.5.2021, VIII R 14/20, BFHE 273, 206, DStR 2021, 2396, Rz. 35f.

Bei ausländischen Sachverhalten gilt vorbehaltlich § 20 Abs. 4a Satz 7 EStG § 20 Abs. 4a Satz 5 EStG.[283]

Erhält ein Anteilseigner Anteile an einer Körperschaft aufgrund einer Abspaltung i. S. des § 123 Abs. 2 UmwG oder aufgrund eines vergleichbaren ausländischen Vorgangs, findet § 20 Abs. 4a Satz 7 EStG Anwendung. § 20 Abs. 4a Satz 1 EStG regelt nur Tauschvorgänge, grundsätzlich aber nicht Abspaltungen.[284] § 20 Abs. 4a Satz 7 EStG fingiert auch in Abspaltungsfällen für steuerliche Zwecke einen Tausch. Die Anteile an den übernehmenden Rechtsträger treten damit partiell an die Stelle der Anteile am übertragenden Rechtsträger.

Gem. § 20 Abs. 4a Satz 7 EStG gelten abweichend von § 20 Abs. 4a Satz 5 EStG und § 15 UmwStG die Sätze 1 und 2 von § 20 Abs. 4a EStG entsprechend, wenn Vermögen einer Körperschaft durch eine **Abspaltung** i. S. v. § 123 Abs. 2 UmwG auf andere Körperschaften übergeht. Erforderlich ist der Vermögensübergang von einer Körperschaft auf eine andere Körperschaft durch Abspaltung. Erfasst sind auch vergleichbare Auslandssachverhalte.[285]

Der BFH urteilte am 1.7.2021 in mehreren Verfahren[286] über die Zuteilung von Aktien im Rahmen eines ausl. Spin-off. Im Leitfall VIII R 9/19 hielten die Kläger im Streitjahr 2015 über ihre Depotbank 700 Aktien einer amerikanischen Company (HPC), einer Kapitalgesellschaft nach dem Recht des US-Bundesstaats Delaware. Nachdem die HPC in HPInc. (HPI) umbenannt worden war, übertrug die HPI das Unternehmenskundengeschäft auf eine HPE, eine Tochtergesellschaft und ebenfalls Kapitalgesellschaft nach dem Recht des US-Bundesstaats Delaware. Die Aktionäre erhielten für eine alte Aktie der HPC eine Aktie der umbenannten HPI. Zusätzlich teilte ihnen die HPI ihre bereits an der HPE gehaltenen Anteile zu, sodass die Aktionäre fortan im selben Verhältnis an HPI und HPE beteiligt waren.

Mit der Einbuchung der HPE-Aktien auf ihrem Depot sind den Klägern Kapitalerträge i. S. des § 20 Abs. 1 Nr. 1 Satz 1 EStG in Form einer Sachausschüttung zugeflossen.[287] Die Aktienzuteilung im Rahmen eines US-ameri-

283 BMF v. 19.5.2022, IV C 1-S 2252/19/10003:009, BStBl I 2022, 742, Rz. 113.

284 S. jedoch zu Drittstaatenabspaltungen A. II. 2. a).

285 Dazu BMF v. 19.5.2022, IV C 1-S 2252/19/10003:009, BStBl I 2022, 742, Rz. 115.

286 BFH v. 1.7.2021, VIII R 9/19, BFHE 273, 306, BStBl II 2022, 359; VIII R 28/19, BFH/NV 2021, 1497; VIII R 6/20, BFH/NV 2021, 1500; VIII R 19/20, BFH/NV 2021, 1502; VIII R 27/20, BFH/NV 2021, 1505; sowie zu einem anderen Spin-off VIII R 15/20, BFHE 273, 314, BStBl II 2022, 363.

287 Für diesen Kapitalertrag der in den USA ansässigen HPI steht der Bundesrepublik Deutschland abkommensrechtlich das Besteuerungsrecht zu (§ 1 Abs. 1 EStG, § 20 Abs. 1 Nr. 1 EStG, Art. 10 Abs. 1 DBA-USA 1989/2008).

kanischen „Spin-off“ ist aber nach **§ 20 Abs. 4a Satz 7 EStG** steuerneutral, wenn die „wesentlichen Strukturmerkmale“ einer **Abspaltung** i. S. des § 123 Abs. 2 UmwG erfüllt sind. Sind – wie in Verfahren VIII R 9/19 – ausschließlich **ausl. Rechtsträger** beteiligt, ist eine Abspaltung nach § 123 Abs. 2 UmwG mangels Anwendbarkeit des deutschen Umwandlungsrechts hingegen nicht möglich (§ 1 Abs. 1 Nr. 2 UmwG). § 20 Abs. 4a Satz 7 EStG ist jedoch auch auf ausl. Vorgänge anwendbar.[288] Dies gebietet jedenfalls die Kapitalverkehrsfreiheit gem. Art. 63 AEUV. Da sie jedoch lediglich eine Benachteiligung der ausl. Gesellschaften und ihrer Anteilseigner verbietet, eine Besserstellung gegenüber reinen Inlandssachverhalten hingegen nicht erfordert, sind nicht jegliche (ausl.) Vorgänge erfasst, sondern nur solche, die einer (inl.) Abspaltung i. S. des § 123 Abs. 2 UmwG vergleichbar sind. Dies ist der Fall, wenn der ausl. Vorgang „seinem Wesen nach“ einer Abspaltung i. S. des § 123 Abs. 2 UmwG entspricht. Erforderlich ist, dass die „wesentlichen Strukturmerkmale“ einer Abspaltung i. S. des § 123 Abs. 2 UmwG erfüllt sind.[289]

Kennzeichnend für eine **Abspaltung i. S. des § 123 Abs. 2 UmwG** ist die Übertragung von Vermögensteilen des übertragenden Rechtsträgers aufgrund eines Rechtsgeschäfts gegen Gewährung von Anteilen oder Mitgliedschaftsrechten des übernehmenden oder neuen Rechtsträgers an die Anteilsinhaber des übertragenden Rechtsträgers ohne liquidationslose Auflösung des übertragenden Rechtsträgers. Sieht das ausl. Recht – anders als das nationale UmwG – keine Übertragung „uno actu“ direkt vom übernehmenden Rechtsträger auf die Anteilsinhaber im Zeitpunkt der Registereintragung vor, sondern kann die Zielstruktur nur durch einzelne Übertragungsakte erreicht werden, ist ein solcher Vorgang auch dann einer Abspaltung i. S. des § 123 Abs. 2 UmwG vergleichbar, wenn die Vermögensübertragung vom übertragenden auf den übernehmenden Rechtsträger sowie die nachfolgende Zuteilung der Anteile am übernehmenden Rechtsträger vom übertragenden Rechtsträger auf dessen Anteilseigner in einem einheitlichen „zeitlichen und sachlichen Zusammenhang“ erfolgen.[290]

Insbes. ist ein ausl. Vorgang dann nicht mit einer Abspaltung i. S. des § 20 Abs. 4a Satz 7 EStG vergleichbar, wenn es an einer Übertragung von Vermögensteilen gegen Gewährung von Anteilen des übernehmenden Rechtsträgers an die Anteilsinhaber des übertragenden Rechtsträgers fehlt.[291]

288 So auch BMF v. 19.05.2022, IV C 1-S 2252/19/10003:009, BStBl I 2022, 742, Rz. 115.
289 BFH v. 19.10.2021, VIII R 7/20, BFHE 275, 12, BStBl II 2022, 366, Rz. 22 m. w. N.
290 BFH v. 19.10.2021, VIII R 7/20, BFHE 275, 12, BStBl II 2022, 366, Rz. 27 m. w. N.
291 So im Verfahren des BFH v. 4.5.2021, VIII R 14/20, BFHE 273, 206, DStR 2021, 2396; ebenso Parallelverfahren VIII R 17/18 vom gleichen Tag BFHE 273, 197, BFH/NV 2021, 1579.

Jedenfalls in Drittstaatsfällen ist aber ein gesetzlicher Vermögensübergang durch partielle Gesamtrechtsnachfolge nicht erforderlich. Entscheidend ist, dass bei einer „Abspaltung“ die Übertragung der Vermögenswerte in einem einheitlichen zeitlichen und sachlichen Zusammenhang mit der Übertragung von Anteilen an der übernehmenden Gesellschaft erfolgt. Im Verfahren VIII R 9/19 waren die genannten Voraussetzungen erfüllt. Insbes. wurde der übertragende Rechtsträger nicht aufgelöst.

Nach § 52a Abs. 10 Satz 12 EStG i. d. F. des AmtshilfeRLUmsG[292] ist § 20 Abs. 4a Satz 7 EStG erstmals auf Abspaltungen anzuwenden, bei denen die Anmeldung zur Eintragung in das öffentliche Register, das für die Wirksamkeit des jeweiligen Vorgangs maßgebend ist, **nach dem 31.12.2012** erfolgt. Da die Anwendungsregelung an die Anmeldung zur Registereintragung, die für nationale Abspaltungen i. S. des § 123 Abs. 2 UmwG erforderlich ist (§ 130 UmwG), und damit an nationale Voraussetzungen anknüpft, ist unklar, wie sich § 52a Abs. 10 Satz 12 EStG i. d. F. des AmtshilfeRLUmsG zu Auslandssachverhalten verhält, für die kein Eintragungserfordernis in das öffentliche Register i. S. des § 130 UmwG besteht. Insoweit stellt der BFH klar, dass es für die zeitliche Anwendbarkeit des § 20 Abs. 4a Satz 7 EStG **bei Auslandssachverhalten** auf die gesellschaftsrechtliche Wirksamkeit der entsprechenden Maßnahme nach ausl. Recht ankommt.[293]

Laut **BMF**[294] sind die Urteilsgrundsätze des BFH in allen noch offenen Fällen anzuwenden und führen zu einer Minderung des bisher angesetzten steuerpflichtigen Kapitalertrags. Von Seiten der depotführenden Stellen ist in diesem Zusammenhang nichts Weiteres zu veranlassen. Insbesondere erfolgt weder bei den „alten“ noch bei den „jungen“ Anteilen eine Korrektur der Anschaffungsdaten. § 43a Abs. 3 Satz 7 und § 20 Abs. 3a EStG sind nicht anzuwenden. Die Folgewirkungen der vorstehenden BFH-Rechtsprechung sind ausschließlich im Rahmen der Veranlagung der betroffenen Anleger zu beachten.[295]

292 Gesetz zur Umsetzung der Amtshilferichtlinie sowie zur Änderung steuerlicher Vorschriften (Amtshilferichtlinie-Umsetzungsgesetz – AmtshilfeRLUmsG) v. 26.6.2013, BGBl 2013, 1809.

293 BFH v. 19.10.2021, VIII R 7/20, BFHE 275, 12, BStBl II 2022, 366, Rz. 30 m. w. N.

294 BMF v. 15.6.2022 [Einzelfragen zur Abgeltungsteuer – Abspaltungen in Drittstaatenfällen (US Spin-offs)], BStBl I 2022, 943, DStR 2022, 1273.

295 Die Prüfung und ggf. Erstattung der anlässlich der Kapitalmaßnahme einbehaltenen Kapitalertragsteuer folgt gem. § 32d Abs. 4 und 6 EStG im Rahmen der Einkommensteuerveranlagung durch das zuständige Wohnsitzfinanzamt, sofern der Einkommensteuerbescheid des betreffenden Veranlagungszeitraums noch nicht bestandskräftig geworden ist. Bei einem bestandskräftigen Einkommensteuerbescheid kann eine Erstattung der Kapitalertragsteuer nicht mehr erfolgen. Für die Besteuerung bei der Veräußerung der Anteile differenziert das BMF zwischen verschiedenen Fallgruppen. – Laut BMF, Schreiben vom 19.5.2022 (IV C 1-S 2252/19/10003:009, BStBl I 2022, 742, FR 2022, 676) sind die

Ob sich für **Abspaltungen innerhalb der EU** aus Art. 17 Abs. 1 Buchst. a und b der Sechsten Richtlinie 82/891/EWG des Rates vom 17.12.1982 betreffend die Spaltung von Aktiengesellschaften (jetzt: Art. 151 Abs. 1 Buchst. a und b der Richtlinie (EU) 2017/1132 des Europäischen Parlaments und des Rates vom 14.6.2017 über bestimmte Aspekte des Gesellschaftsrechts) etwas anderes ergibt,[296] musste der BFH nicht entscheiden. Art. 17 Abs. 1 bzw. Art. 151 Abs. 1 der Richtlinien (Wortlaut identisch) lauten: „Folgen einer Spaltung (1) Die Spaltung bewirkt ipso jure gleichzeitig Folgendes: a) Sowohl zwischen der gespaltenen Gesellschaft und den begünstigten Gesellschaften als auch gegenüber Dritten geht das gesamte Aktiv- und Passivvermögen der gespaltenen Gesellschaft auf die begünstigten Gesellschaften über, und zwar entsprechend der im Spaltungsplan oder in Artikel 137 Absatz 3 vorgesehenen Aufteilung; b) die Aktionäre der gespaltenen Gesellschaft werden entsprechend der im Spaltungsplan vorgesehenen Aufteilung Aktionäre einer oder mehrerer begünstigter Gesellschaft; c) die gespaltene Gesellschaft erlischt."

Werden dem Anleger im Zuge der Reorganisation einer ausländischen Kapitalgesellschaft sog. B-Aktien (B-Shares, redemption shares) angedient, die ihm Wahlrechte zur sofortigen Bareinlösung oder einer späteren Einlösung einräumen, ist danach zu differenzieren, welches Wahlrecht der Anleger ausübt.[297]

f) Wahrung einer eingetretenen Entstrickung

Nach altem Recht konnten mit Ablauf der Veräußerungsfrist des § 23 Abs. 1 Satz 1 Nr. 2 EStG a.F. Aktien steuerfrei veräußert, d.h. auch getauscht werden. Im Hinblick auf § 20 Abs. 4a EStG, wonach für bestimmte Fälle des Tausches der Steuerzugriff auf die stillen Reserven verschoben wird, stellt sich die Frage, ob durch diese Verschiebung nach altem Recht bereits entstrickte Anlagen erneut der „späteren" Besteuerung unterliegen. Der BFH hat sich in zwei Entscheidungen in den Verfahren VIII R 10/13[298] und VIII R 42/13[299] grundsätzlich dagegen ausgesprochen:

Wird danach bei einem Aktientausch für vor dem 1. Januar 2009 erworbene ausl. Aktien ein Barausgleich gezahlt, so ist dieser nicht gem. **§ 20 Abs. 4a Satz 2 EStG** in eine einkommenstpfl. Dividende umzuqualifizieren, wenn die Anteile wegen Ablaufs der einjährigen Veräußerungsfrist bereits steuer-

genannten Urteilsgrundsätze aber auf Abspaltungen i.S.d. § 15 UmwStG nicht anzuwenden. Insoweit gelten weiterhin die für die Vergleichbarkeit maßgeblichen Kriterien der Rz. 01.36 des BMF v. 11.11.2011, BStBl I, 1314.

296 So *Möhlenbrock,* in: Dötsch/Pung/Möhlenbrock, Kommentar zum KStG, § 1 UmwStG, Rz. 104.

297 BMF v. 19.5.2022, IV C 1-S 2252/19/10003:009, BStBl I 2022, 742, Rz. 117 mit Beispielen.

298 BFH v. 20.10.2016, VIII R 10/13, BFHE 255, 537, BStBl II 2017, 262.

299 BFH v. 20.10.2016, VIII R 42/13, BFH/NV 2017, 283.

entstrickt waren. Denn die Anwendung von § 20 Abs. 4a Satz 2 EStG setzt voraus, dass es sich um eine steuerbare Gegenleistung für den Erhalt der Anteile handelt; die Regelung beschränkt sich auf die bloße Umqualifizierung der Barkomponente in eine Dividende und begründet kein Besteuerungsrecht für bereits steuerentstrickte Vermögenswerte. Andernfalls käme es zu einem verfassungsrechtlich unzulässigen Steuerzugriff auf bereits steuerentstrickte Vermögenspositionen.[300] Denn eine Besteuerung verletzt die verfassungsrechtlichen Grundsätze des Vertrauensschutzes, soweit sie auf Vermögensgegenstände zugreift, die steuerentstrickt waren und bis zum Zeitpunkt der Verkündung der neuen gesetzlichen Regelung steuerfrei realisiert worden sind oder steuerfrei hätten realisiert werden können.[301]

Parallele Fragen der Verstrickung stellen sich im Hinblick auf **§ 20 Abs. 4a Satz 4 EStG**,[302] wonach der Teil der Anschaffungskosten der Altanteile, der auf ein Bezugsrecht entfällt, mit 0 € angesetzt wird.

Weitergehende Folgen ergäben sich jedoch bei Kapitalerhöhungen gegen Einlage bei Altanteilen, die vor dem 1. Januar 2009 angeschafft wurden und bei denen die Veräußerungsfrist des § 23 Abs. 1 Satz 1 Nr. 2 EStG a. F. zum Zeitpunkt der Veräußerung der jungen Aktien bereits abgelaufen war. Hier käme es nicht nur zu einer zeitlichen Verschiebung der Besteuerung, sondern zu einer erneuten Steuerverhaftung von stillen Reserven, werden doch die jungen Aktien im Zeitpunkt der Ausübung des Bezugsrechts angeschafft[303] und fallen so unter die Abgeltungsteuer. Damit wären bei einem Ansatz der Anschaffungskosten der jungen Aktien in Höhe von 0 € auch die gesamten von den Altanteilen auf die jungen Aktien übergegangenen stillen Reserven wieder steuerbar. Verhindern könnte der Stpfl. dieses Ergebnis lediglich dadurch, dass er die Bezugsrechte, die ihm aus den Altanteilen zustehen, steuerfrei veräußert – denn das Anschaffungsdatum der Altanteile geht im Falle der Veräußerung auf die Bezugsrechte über[304] – und direkt im Anschluss die Bezugsrechte wieder zurückkauft, wodurch die Anschaffungskosten der Bezugsrechte nun in Höhe dieses Kaufpreises, der die stillen Reserven enthält, anzusetzen sind. Da aber die übergegangenen stillen Reserven wegen des Ablaufs der Veräußerungsfrist i. S. v. § 23 Abs. 1 Satz 1 Nr. 2 EStG a. F. nicht mehr steuerbar waren, dürfen sie auch nicht wegen der Kapitalerhöhung bei einer Weiter-

300 BFH v. 20.10.2016, VIII R 10/13, BFHE 255, 537, BStBl II 2017, 262, Rz. 9.
301 BVerfG v. 7.7.2010, 2 BvL 14/02, 2 BvL 2/04, 2 BvL 13/05, BVerfGE 127, 1, 21 ff., BStBl II 2011, 76.
302 S. o. A. II. 2. c).
303 So auch BMF v. 19.5.2022, IV C 1-S 2252/19/10003:009, BStBl I 2022, 742, Rz. 110.
304 BMF v. 19.5.2022, IV C 1-S 2252/19/10003:009, BStBl I 2022, 742, Rz. 109.

veräußerung der jungen Aktien wieder steuerverhaftet werden.[305] Erfährt doch der Gesellschafter durch die „Verwässerung" seiner Beteiligung keinen realen Wertzuwachs. § 20 Abs. 4a Satz 4 EStG ist daher bei der Ermittlung des Veräußerungsgewinns einer Aktie, die durch die Ausübung eines Bezugsrechts erworben wurde, das von einer vor dem 1. Januar 2009 erworbenen und bereits steuerentstrickten Aktie abgespalten wurde, dahin gehend verfassungskonform[306] zu reduzieren, dass die Anschaffungskosten des Bezugsrechts in der tatsächlichen Höhe angesetzt werden.

3. § 17 EStG

a) Abgrenzung des Tatbestands

aa) Unentgeltliche und teilentgeltliche Anteilsübertragung

Über die Abgrenzung einer Anteilsveräußerung i. S. v. § 17 EStG von einer **Schenkung** hatte das Sächsische FG zu urteilen.[307] Im entschiedenen Fall übertrug der Kläger, Gesellschafter einer GmbH, einen Teil seiner Beteiligung an eine GmbH-Mitgesellschafterin. Rechtliche Grundlage hierfür war eine Beteiligungs- und Gesellschaftervereinbarung zur Umsetzung eines Restrukturierungsplans für die sanierungsbedürftige GmbH. Diese Vereinbarung sah insbes. vor, dass der Kläger wie weitere Gesellschafter Anteile an einer C und D abtreten, diese C und D „auf Ansprüche verzichten, die ihnen jeweils gegenüber der GmbH zustehen," und „im Gegenzug" die Veräußerer, d. h. auch der Kläger, bereit sind, Gesellschaftsanteile ohne weitere Gegenleistung auf die C und die D zu übertragen. Die Übertragung erfolgt – so die Beteiligungs- und Gesellschaftervereinbarung – „insofern nicht schenkweise, sondern in Erfüllung der gesellschaftsrechtlichen Verpflichtung aus der Beteiligungs- und Gesellschaftervereinbarung". Das FG lehnt eine Anteilsveräußerung ab. Der Kläger habe einen freiwilligen Verzicht geübt, um einen Restrukturierungsbeitrag zu leisten, aber ohne unmittelbare Gegenleistung. Die Zuwendungssituation ähnele derjenigen bei einer belohnenden Schenkung. Der BFH[308] hat das Urteil des FG aufgehoben und klargestellt, dass im kaufmännischen Geschäftsverkehr bei Verträgen zwischen fremden Personen eine widerlegbare Vermutung für das Vorliegen eines entgeltlichen Geschäfts spricht.

Für die Ermittlung des Veräußerungsgewinns bei **teilentgeltlicher Übertragung** von GmbH-Anteilen hat das FG Rheinland-Pfalz[309] an der sog. strengen

305 BFH v. 21.9.2004, IX R 36/01, BFHE 207, 543, BStBl II 2006, 12.
306 BFH v. 9.5.2017, VIII R 54/14, BFHE 258, 111, BStBl II 2018, 262, Rz. 21 m. w. N.
307 FG Sachsen v. 16.7.2019, 6 K 1503/17, EFG 2021, 449, Rev. IX R 6/20, dazu sogleich.
308 BFH v. 22.2.2021, IX R 6/20, BFH/NV 2021, 1172.
309 FG Rheinland-Pfalz v. 22.3.2023, 2 K 1617/19, EFG 2023, 923, Rev. IX R 15/23.

Trennungstheorie[310] festgehalten und entschieden, dass eine Aufteilung des Geschäfts in eine voll entgeltliche Veräußerung i. S. v. § 17 Abs. 1 Satz 1 EStG und eine voll unentgeltliche Übertragung i. S. v. § 17 Abs. 1 Satz 4, Abs. 2 Satz 5 EStG vorzunehmen ist. Die Anschaffungskosten der Anteile sind danach anteilig nach dem Verhältnis zwischen dem Entgelt und dem Verkehrswert der übertragenen Anteile beiden Geschäften zuzuordnen.

Zwar ist für die teilentgeltliche Übertragung von Wirtschaftsgütern des Betriebsvermögens unter Beteiligung von Mitunternehmerschaften umstritten, in welcher Weise bei der Aufteilung des Vorgangs in ein voll unentgeltliches und ein voll entgeltliches Geschäft der Buchwert des übertragenen Wirtschaftsguts den beiden Teilen des Rechtsgeschäfts zuzuordnen ist. Nach der sog. strengen Trennungsmethode wird der Buchwert anteilig nach dem Verhältnis zwischen dem Teilentgelt und dem Verkehrswert (Entgeltlichkeitsquote) zwischen dem entgeltlichen und dem unentgeltlichen Teil aufgeteilt; dagegen wird nach der sog. modifizierten Trennungstheorie der Buchwert bis zur Höhe des Teilentgeltes dem entgeltlichen Teil und im Übrigen dem unentgeltlichen Teil zugeordnet.[311] Dies bietet nach Auffassung des FG aber keinen Anlass, von der bisherigen Rechtsprechung zur teilentgeltlichen Übertragung von Anteilen an einer Kapitalgesellschaft nach § 17 EStG abzuweichen. Soweit der X. Senat des BFH[312] die Auffassung vertreten hat, teilentgeltliche Übertragungen von Wirtschaftsgütern müssten sowohl im Betriebsvermögen als auch im steuerverstrickten Privatvermögen nach denselben Grundsätzen beurteilt werden, sodass dem Meinungsstreit auch für das vorliegende Verfahren Bedeutung zukommen könnte, hält das FG dies im Hinblick darauf, dass Gewinn- und Überschusseinkünfte – insbesondere auch hinsichtlich der Steuerverstrickung stiller Reserven – jeweils eigenständigen Regeln folgen, nicht für zwingend.

310 Nach bisheriger Rechtsprechung des BFH ist bei teilentgeltlicher Übertragung von Anteilen an einer Kapitalgesellschaft eine Aufteilung des Rechtsgeschäfts in eine voll entgeltliche Veräußerung i. S. v. § 17 Abs. 1 Satz 1 EStG und eine voll unentgeltliche Übertragung i. S. v. § 17 Abs. 1 Satz 4, Abs. 2 Satz 5 EStG nach dem Verhältnis der Gegenleistung zum Verkehrswert der übertragenen Anteile vorzunehmen. Ein Veräußerungsgewinn entsteht, wenn die vom Erwerber erhaltene Gegenleistung den der Entgeltlichkeitsquote entsprechenden Teil der Gesamtanschaffungskosten übersteigt (BFH v. 17.7.1980, IV R 15/76, 329, BStBl II 1981, 11; BMF v. 13.1.1993, IV B 3 – S 2190–37/92, BStBl I 1993, 80, Rz. 14; H 17 Abs. 4 EStH).

311 Zum Meinungsstand BFH v. 19.3.2014, X R 28/12, BFHE 245, 164, BStBl II 2014, 629; v. 27.10.2015, X R 28/12, BFHE 251, 349, BStBl II 2016, 81 (Vorlagebeschluss an den GrS).

312 BFH v. 27.10.2015, X R 28/12, BStBl II 2016, 81, Rz. 57 ff.; v. 19.3.2014, X R 28/12, BStBl II 2014, 629, Rz. 95 ff.

bb) Abgrenzung zu § 16 EStG

Das FG Düsseldorf[313] hat – im Hinblick auf den Freibetrag nach § 16 Abs. 4 EStG sowie den ermäßigten Steuersatz nach § 34 EStG – entschieden, dass auf die Veräußerung einer das gesamte Nennkapital umfassenden Beteiligung an einer Kapitalgesellschaft, die im Privatvermögen gehalten wird, die §§ 16, 34 EStG nicht, auch nicht wahlweise, anwendbar sind.

b) Relevante Beteiligung und Beteiligungshöhe

Gemäß § 17 Abs. 1 Satz 3 EStG sind Anteile an einer Kapitalgesellschaft auch Anwartschaften auf Beteiligungen an einer Kapitalgesellschaft. Hierzu hat der BFH klargestellt, dass mit dem (erst nach Ablauf einer Frist annehmbaren) Angebot auf Abschluss eines Anteilskauf- und Abtretungsvertrags vor Fristablauf eine Anwartschaft des Angebotsempfängers i. S. des § 17 Abs. 1 Satz 3 EStG nicht begründet wird.[314]

Die Anwartschaft auf Anteile an einer Kapitalgesellschaft (§ 17 Abs. 1 Satz 3 EStG) und die Übertragung von solchen Anteilen sind zwei unterschiedliche Besteuerungsobjekte i. S. v. § 17 Abs. 1 EStG, sodass die Einräumung einer Anwartschaft und die Übertragung von Anteilen (§ 17 Abs. 1 Satz 1 EStG) getrennt beurteilt werden. Im Rahmen beider Vorgänge ist so auch das Vorliegen einer verdeckten Einlage unabhängig zu prüfen. Dies gilt unabhängig davon, dass der Vermögenszuwachs insgesamt nur einmal besteuert wird. So schließt auch die Einräumung eines Anwartschaftsrechts etwa eine verdeckte Einlage hinsichtlich der Übertragung der Anteile selbst nicht aus.

Eigene Anteile einer Kapitalgesellschaft sind bei der Bestimmung der relevanten Beteiligungsquote i. S. des § 17 EStG nicht zu berücksichtigen.[315] Es ist also – so das FG München[316] – von einem um **die eigenen Anteile der Kapitalgesellschaft** verminderten Nennkapital auszugehen. Eine wesentliche Beteiligung i. S. des § 17 EStG sei weiter dann nicht anzunehmen, wenn im Zuge von Anteilsübertragungen in mehreren Teilakten zwar vorübergehend die Beteiligungsgrenze des § 17 EStG überschritten werde, der Gesellschafter aber nach **dem vertraglichen Gesamtkonzept** im Ergebnis unterhalb dieser Grenze beteiligt sein soll.

313 FG Düsseldorf v. 26.1.2022, 2 K 2668/19 E, EFG 2022, 755, rkr.
314 BFH v. 13.12.2022, IX R 5/22, DStR 2023, 507.
315 BFH v. 5.4.2022, IX R 19/20, DStR 2022, 1363.
316 FG München v. 20.10.2020, 12 K 832/16, EFG 2021, 653, DStRE 2021, 973, rkr. m. w. N. zur st. Rspr.

Zur Höhe einer **Beteiligung an einer in** Delaware, **USA, ansässigen Kapitalgesellschaft** hat der BFH[317] klargestellt, dass § 17 Abs. 1 Satz 1 EStG typisierend an die Höhe der nominellen Beteiligung am Grund- oder Stammkapital der (inländischen) Kapitalgesellschaft anknüpft. Bei Auslandskapitalgesellschaften ist auf eine entsprechende Bezugsgröße abzustellen, die die kapitalmäßige Beteiligung des Gesellschafters in vergleichbarer Weise wiedergibt. Diese Bezugsgröße muss bei Auslandskapitalgesellschaften, die nicht dem deutschen Gesellschaftsrecht unterliegen, Auskunft über das tatsächlich übernommene Gesellschaftskapital geben. Maßgeblich ist, welchen Beitrag der Gesellschafter zu dem durch Einlagen gebildeten Gesellschaftsvermögen erbracht hat; damit korrespondiert sein Anspruch auf Beteiligung an der Substanz der Kapitalgesellschaft. Auf eine Größe, die dem genehmigten Kapital nach deutschem Recht entspricht, kann in diesem Zusammenhang auch dann nicht abgestellt werden, wenn sie sich als einzige aus einem öffentlichen Register ergibt. Insoweit hat das FG Nürnberg[318] für den BFH bindend festgestellt, dass nur die „issued and outstanding shares" ihren Inhabern eine kapitalmäßige Beteiligung an der Gesellschaft vermittelten und der Kläger – gemessen an der Anzahl der von der Gesellschaft tatsächlich ausgegebenen „shares" – in relevanter Höhe beteiligt war. Danach war eine Abfindungszahlung an ausgeschiedene Aktionäre im Zusammenhang mit einer Verschmelzung im Jahr der Wirksamkeit der Verschmelzung, das sich nach dem ausländischen Zivilrecht richtet, zu versteuern. Maßgebliche Bezugsgröße für die Bestimmung der wesentlichen Beteiligung gem. § 17 Abs. 1 EStG sind nicht die bei der Regierungsbehörde eingetragenen „authorized shares", da das „authorized shares capital", das neben den Stammaktien auch Bezugsrechte erfasst, nicht mit dem Begriff des Grundkapitals nach deutschem Aktienrecht vergleichbar ist. Stattdessen ist bei einer Veräußerung einer Beteiligung an einer US-amerikanischen incorporation nach dem Recht des Staates Delaware auf die ausgegebenen Aktien („issued and outstanding shares") abzustellen. Die auf der Homepage der US-amerikanischen Wertpapieraufsichtsbehörde SEC einsehbaren Veröffentlichungen von Quartals- und Jahresberichten sowie Bilanzen können auch unter dem Gesichtspunkt der Rechtsklarheit und Rechtssicherheit für die Bestimmung des „Kapitals einer US-Kapitalgesellschaft" herangezogen werden. Dies gilt insbesondere für den Fall, dass die US-Kapitalgesellschaft nicht mit einer Niederlassung im deutschen Handelsregister eingetragen ist. Der BFH folgt nicht dem FG Münster, das 2013[319]

317 BFH v. 14.2.2023, IX R 23/21, DStZ 2023, 406.
318 FG Nürnberg v. 28.4.2021, 5 K 1490/20, EFG 2022, 762.
319 FG Münster v. 27.11.2013, 11 K 3468/11 E, EFG 2014, 341.

betreffend eine Limited englischen Rechts und 2016[320] betreffend eine nach dem Recht des US-Bundesstaats Nevada gegründete „Inc.“ auf das ins Handelsregister eingetragene „authorized capital“ abgestellt hat.

c) Verdeckte Einlage

Verdeckte Einlagen (§ 17 Abs. 1 Satz 2 EStG)[321] sind – im Unterschied zu offenen Einlagen gegen Gewährung von Gesellschaftsrechten – Zuwendungen eines einlagefähigen Vermögensvorteils seitens eines Anteilseigners oder einer ihm nahestehenden Person an seine Kapitalgesellschaft ohne wertadäquate Gegenleistung, die ihre Ursache im Gesellschaftsverhältnis haben. Das Gesellschaftsverhältnis ist ursächlich für die Vermögensmehrung bei der Kapitalgesellschaft, wenn ein Nichtgesellschafter bei Anwendung der Sorgfalt eines ordentlichen Kaufmanns den Vermögensvorteil der Gesellschaft nicht eingeräumt hätte. Bleibt ein vereinbarter Kaufpreis hinter dem Wert eines eingelegten Anteils an einer Kapitalgesellschaft zurück, liegt eine gemischte verdeckte Einlage vor.

Maßgeblicher Zeitpunkt für die Prüfung der gesellschaftsrechtlichen Veranlassung (Durchführung des Fremdvergleichs) ist – auch für Zwecke des § 17 Abs. 1 Satz 2 EStG – der Abschluss des Vertrags, der der Gewährung des Vermögensvorteils zugrunde liegt, also das Verpflichtungsgeschäft, nicht hingegen der Erfüllungszeitpunkt. Liegt eine verdeckte Einlage vor, tritt bei der Ermittlung des Veräußerungsgewinns der gemeine Wert der Anteile gem. § 17 Abs. 2 Satz 2 EStG an die Stelle des Veräußerungspreises. Der gemeine Wert der Anteile wird nach § 11 Abs. 2 BewG bestimmt. Maßgebend ist der Zeitpunkt der Zuführung des einlagefähigen Vorteils, d. h. die Übertragung der Anteile auf die Kapitalgesellschaft.

Fallen also Verpflichtungs- und Erfüllungsgeschäft auseinander, erfolgen die Bewertung der Einlage und damit die Rechtsfolgen auf Gesellschafts- und Gesellschafterebene erst im Zeitpunkt des Erfüllungsgeschäfts. Liegt eine verdeckte Einlage dem Grund nach vor, sind die steuerlichen Folgen von der tatsächlichen zukünftigen Wertentwicklung des zugewendeten Vermögensvorteils abhängig. Für die Beurteilung der verdeckten Einlage dem Grunde nach kommt es aber nicht auf den späteren Wert zum Erfüllungszeitpunkt an.

Bei einer verdeckten Einlage besteht zwischen den steuerlichen Auswirkungen bei der Gesellschaft und beim Gesellschafter ein sog. Korrespondenzprinzip. Wird eine verdeckte Einlage in der Praxis durch die Finanz-

320 FG Münster v. 6.12.2016, 7 K 3225/13 E, EFG 2017, 129.
321 Dazu BFH v. 13.12.2022, IX R 5/22, DStR 2023, 507.

verwaltung auf der Ebene der Gesellschafter oder des Gesellschafters aufgedeckt, stellt sich die Frage, ob eine verfahrensrechtliche Umsetzung auf der jeweils anderen Ebene noch möglich ist. Wird eine verdeckte Einlage beim Gesellschafter festgestellt, gilt § 32a Abs. 2 Satz 1 KStG als eigenständige Änderungsvorschrift, die die korrespondierende Besteuerung sicherstellen soll. Es kommt nicht darauf an, ob hinsichtlich der Veranlagung der Körperschaft neue Tatsachen i. S. des § 173 AO oder widerstreitende Steuerfestsetzungen i. S. des § 174 AO vorliegen, oder ob ggf. Festsetzungsverjährung eingetreten ist.

Wird aber eine verdeckte Einlage bei der Gesellschaft festgestellt, kann der Einkommensteuerbescheid des Gesellschafters nicht nach § 32a Abs. 2 KStG geändert werden. Ist der Bescheid des Gesellschafters verfahrensrechtlich etwa wegen Festsetzungsverjährung nicht mehr änderbar, bleibt die verdeckte Einlage auf der Ebene des Gesellschafters ohne weitere Folgen. Jedoch greift in diesen Fällen § 8 Abs. 3 Satz 4 KStG ein, wonach sich das Einkommen der Gesellschaft erhöht, soweit eine verdeckte Einlage das Einkommen des Gesellschafters gemindert hat. So wird die gewinnerhöhende Wirkung der verdeckten Einlage auf Ebene der GmbH nicht durch eine außerbilanzielle Kürzung neutralisiert.

d) Vertrauensschutz

Bei der Ermittlung des Veräußerungsgewinns i. S. des § 17 Abs. 2 Satz 1 EStG ist auch sub specie **Absenkung der sog. Wesentlichkeitsgrenze** von den tatsächlichen Anschaffungskosten auszugehen; der Ansatz des gemeinen Werts der Beteiligung im Zeitpunkt des Erreichens der Relevanzschwelle kommt nicht in Betracht.[322] Dies gilt auch für § 17 EStG in der seit 1999 geltenden Fassung. Verfassungsrechtlich gebotener Vertrauensschutz[323] setzt unter anderem voraus, dass die bis zum 31.3.1999 entstandenen Wertsteigerungen im Falle einer Veräußerung nach dem 31.3.1999 auch im Zeitpunkt der Veräußerung nach der bis zum 31.3.1999 geltenden Rechtslage steuerfrei hätten realisiert werden können. Ist das nicht der Fall, beruht die rückwirkende Verstrickung der Wertsteigerungen nicht auf der (dem Gesetzgeber zurechenbaren) Absenkung der Wesentlichkeitsschwelle, sondern auf dem (der Sphäre des Stpfl. zurechenbaren) Hineinwachsen in die Wesentlichkeit; Vertrauensschutz ist insoweit nicht geboten.

322 BFH v. 5.4.2022, IX R 19/20, BFHE 276, 343, BStBl II 2023, 18.

323 BVerfG v. 7.7.2010, 2 BvR 748/05, 2 BvR 753/05, 2 BvR 1738/05, BVerfGE 127, 61, BStBl II 2011, 86.

Ist verfassungsrechtlicher Vertrauensschutz geboten, werden die bis zum 31.3.1999 entstandenen Wertsteigerungen vom stpfl. Veräußerungsgewinn abgezogen und insoweit von der Besteuerung ausgenommen. Ggf. wird der Veräußerungsgewinn bis auf Null gemindert. Verluste, die sich ergeben, wenn der gemeine Wert der Anteile am 31.3.1999 dem Veräußerungserlös gegenübergestellt wird, sind nicht steuerbar.

Weiter hat das FG München[324] – bestätigt durch den BFH[325] – entschieden, dass es **keine verfassungswidrige Rückwirkung** bedeute, wenn ein 2012 realisierter Veräußerungsgewinn auch insoweit nach dem Teileinkünfteverfahren besteuert wird, als damit Wertsteigerungen erfasst werden, die noch vor dem 1.1.2009 und damit unter der Geltung des Halbeinkünfteverfahrens entstanden sind. Die Rechtsprechung des BVerfG zur Verfassungswidrigkeit der rückwirkenden Verlängerung der Veräußerungsfrist bei Spekulationsgeschäften von zwei auf zehn Jahre durch das StEntlG 1999/2000/2002[326] sowie der rückwirkenden Absenkung der Wesentlichkeitsgrenze von 25 v.H. auf 10 v.H.[327] ist nicht auf Fallkonstellationen übertragbar, in denen die fraglichen Wertsteigerungen schon nach der alten Rechtslage steuerverstrickt und bei Veräußerung dem Grunde nach stpfl. waren, aber aufgrund einer unecht rückwirkenden Gesetzesänderung einer höheren Besteuerung unterliegen als nach der ursprünglichen Rechtslage. Wegen der fortwährenden steuerlichen Verstrickung der Anteile war damit zu rechnen, dass die Besteuerung nach der jeweils aktuellen Gesetzeslage im Zeitpunkt der Realisierung der stillen Reserven erfolge. Laut BFH liegt bei **Veräußerungen, die zeitlich lange nach Inkrafttreten des StEntlG 1999/2000/2002, des StSenkErgG, des HBeglG 2004 sowie des UntStRefG 2008 erfolgt sind**, weder ein Fall echter noch unechter Rückwirkung vor. Die Gewährung eines vollständigen Schutzes vor zukünftigen steuerlichen Änderungen für noch nicht realisierte und nicht verfestigte Wertsteigerung ist von den Grundsätzen des Vertrauensschutzes nicht umfasst.

e) Zuzug des Anteilseigners

§ 17 Abs. 2 Satz 3 EStG stellt in den Fällen des Zuzugs eines Anteilsinhabers sicher, dass bei der Ermittlung des Gewinns aus einer späteren Veräußerung von steuerverstrickten Anteilen nicht die ursprünglichen Anschaffungskosten, sondern der Wert, den der Wegzugsstaat einer § 6 AStG vergleichbaren Wegzugsbesteuerung unterworfen hat, berücksichtigt wird

324 FG München v. 15.7.2020, 7 K 498/19, EFG 2021, 573; dazu *Forchhammer*, EFG 2021, 577 f.
325 BFH v. 26.3.2021, IX B 45/20, BFH/NV 2021, 767.
326 BVerfG v. 7.7.2020, 2 BvL 14/02, 2 BvL 2/04, 2 BvL 13/05, BVerfGE 127, 1, BStBl II 2011, 76.
327 BVerfG v. 7.7.2020, 2 BvR 748/05, 2 BvR 753/05, 2 BvR 1738/05, BVerfGE 127, 61, BStBl II 2011, 86.

(sog. Wertverknüpfung). Weist der Veräußerer nach, dass ihm die fraglichen Anteile bereits im Zeitpunkt der Begründung der unbeschränkten Stpfl. nach § 1 Abs. 1 EStG zuzurechnen waren und dass der bis zu diesem Zeitpunkt entstandene Vermögenszuwachs aufgrund gesetzlicher Bestimmungen des Wegzugsstaats im Wegzugsstaat einer der Steuer nach § 6 AStG vergleichbaren Steuer unterlegen hat, tritt an die Stelle der Anschaffungskosten der Wert, den der Wegzugsstaat bei der Berechnung der der Steuer nach § 6 AStG vergleichbaren Steuer angesetzt hat, höchstens jedoch der gemeine Wert (§ 17 Abs. 2 Satz 3 EStG). § 17 Abs. 2 Satz 3 EStG ist in den Fällen des § 6 Abs. 3 AStG nicht anzuwenden (§ 17 Abs. 2 Satz 4 EStG).

Jedoch hat ein bis zum Zeitpunkt der Begründung der unbeschränkten Stpfl. nach § 1 Abs. 1 EStG entstandener Vermögenszuwachs nicht i. S. v. § 17 Abs. 2 Satz 3 EStG aufgrund gesetzlicher Bestimmungen des Wegzugsstaates im Wegzugsstaat einer der Steuer nach § 6 AStG vergleichbaren Steuer unterlegen, wenn dort keine Steuer festgesetzt worden ist.[328] Da im Rahmen der Rechtsfolge des § 17 Abs. 2 Satz 3 EStG (Anknüpfung an den „Entstrickungswert“) maßgebend eine „Berechnung“ der der Steuer nach § 6 AStG vergleichbaren Steuer vorausgesetzt wird, tritt insoweit eine Konkretisierung des Tatbestandsmerkmals „einer […] Steuer unterlegen hat“ in dem Sinne ein, dass zumindest ein Steuerbescheid des Wegzugsstaats mit Berechnung und Festsetzung der Steuer ergangen sein muss. Insoweit hat es der BFH im Verfahren IX R 13/20 nicht ausreichen lassen, dass die niederländische Steuerbehörde zwar den Wert der streitbefangenen Anteile im Zeitpunkt des Wegzugs festgestellt hatte, für den Anteilswertzuwachs im Ausland aber weder Steuern berechnet noch festgesetzt hatte. Einen „Aufschubbescheid“ hatte sie nicht erlassen.

f) § 17 Abs. 2a EStG[329]

aa) Genese der Norm und Regelungsinhalt

Gem. § 17 Abs. 1 und 4 EStG steuerbar[330] ist auch ein aus der Auflösung einer Kapitalgesellschaft entstehender Verlust. Maßgeblich für die Berechnung eines Auflösungsverlusts i. S. v. § 17 Abs. 1, 2 und 4 EStG sind unter anderem auch die nachträglichen Anschaffungskosten (vgl. § 255 Abs. 1 Satz 2 HGB). Mit § 17 Abs. 2a EStG sind Darlehensverluste als nachträgliche

328 BFH v. 26.10.2021, IX R 13/20, BFHE 275, 28, BStBl II 2022, 172.

329 § 17 Abs. 2a EStG i. d. F. des Gesetzes zur weiteren steuerlichen Förderung der Elektromobilität und zur Änderung weiterer steuerlicher Vorschriften v. 12.12.2019 (JStG 2019), BGBl I 2019, 2451; zur Rechtslage vor Einführung der Abgeltungsteuer und dem MoMiG sowie der Reaktion der Rspr. hierauf auch *Werth*, FR 2020, 530 ff. m. w. N.; *Dorn/Ludwig*, NWB Nr. 39 v. 25.9.2020 Beilage, 2 ff.

330 Zur grundlegenden „Unvollkommenheit“ von § 17 EStG aktuell *Weber-Grellet*, DB 2021, 81.

Anschaffungskosten der Beteiligung an einer darlehensnehmenden Kapitalgesellschaft normiert, die sich bei gesellschaftsrechtlich veranlassten Darlehen – unabhängig vom Zeitpunkt der Darlehensgewährung – in Höhe des Nennwerts des Darlehens ergeben. Nach Verwaltungssicht[331] sowie der herrschenden Meinung[332] zählen zu den gesellschaftsrechtlich veranlassten Darlehen in der Krise hingegebene Darlehen, krisenbestimmte Darlehen und Finanzplandarlehen.[333]

Die nachträglichen Anschaffungskosten der Beteiligung werden nach dem Teileinkünfteverfahren zu 60 % berücksichtigt.

Schon nach traditioneller Rechtsprechung zählen zu den nachträglichen Anschaffungskosten nachträgliche Aufwendungen auf die Beteiligung, wenn sie durch das Gesellschaftsverhältnis veranlasst und weder Werbungskosten bei den Einkünften aus Kapitalvermögen noch Veräußerungs- oder Auflösungskosten waren,[334] so beim Ausfall eines Gesellschafters mit seinem Anspruch auf Rückzahlung eines der Gesellschaft gewährten Darlehens oder bei Zahlung des Gesellschafters auf eine Bürgschaft und Wertlosigkeit des gegen die Gesellschaft gerichteten Rückgriffsanspruchs. Eine Finanzierungshilfe war durch das Gesellschaftsverhältnis veranlasst, wenn sie eigenkapitalersetzend war.[335] Der BFH hat dies bejaht, wenn der Gesellschafter der Gesellschaft zu einem Zeitpunkt, zu dem ihr die Gesellschafter als ordentliche Kaufleute nur noch Eigenkapital zugeführt hätten (Krise der Gesellschaft), stattdessen ein Darlehen gewährt, eine Bürgschaft zur Verfügung gestellt oder eine wirtschaftlich entsprechende andere Rechtshandlung i. S. v. § 32a Abs. 1 und 3 GmbHG a. F. vorgenommen hatte (sog. funktionales Eigenkapital).[336] Fiel der Gesellschafter mit einer von vornherein eigenkapitalersetzenden Finanzierungshilfe aus, führte dies zu nachträglichen Anschaffungskosten in Höhe des Nennwerts des ausgefallenen Anspruchs.[337] Andernfalls war nur der Wert im Zeitpunkt des Eintritts der Krise zu berücksichtigen;[338] der bis zum Eintritt der Krise einge-

331 Vgl. BMF v. 7.6.2022, IV C 6 – S 2244/20/10001:001, BStBl I 2022, 897, Rz. 11 bis 15.

332 Stv. Schmidt/*Levedag*, 42. Aufl. 2023, § 17 Rz. 188; *Ott*, DStZ 2022, 580, 582 ff.; *Förster*, DStR 2023, 1041, 1046.

333 Zu Gestaltungsmöglichkeiten zur 100-prozentigen Verlustberücksichtigung bei ausfallbedrohten Gesellschafterdarlehen an die GmbH *Ott*, DStZ 2023, 566.

334 Stv. BFH v. 22.4.2008, IX R 75/06, BFH/NV 2008, 1994; zu einem Überblick vgl. stv. *Weber-Grellet*, DB 2021, 81, 82 f.; *Krumm*, FR 2020, 197, 199 jeweils m. w. N.

335 Etwa BFH v. 2.4.2008, IX R 76/06, BFHE 221, 7, BStBl II 2008, 706.

336 Vgl. BFH v. 7.12.2010, IX R 16/10, BFH/NV 2011, 778.

337 BFH v. 26.1.1999, VIII R 32/96, BFH/NV 1999, 922; v. 20.8.2013 IX R 1/13, BFH/NV 2014, 310.

338 Stv. BFH v. 10.11.1998, VIII R 6/96, BFHE 187, 480, BStBl II 1999, 348; v. 26.1.1999 VIII R 50/98, BFHE 188, 295, BStBl II 1999, 559.

tretene Wertverlust fiel in der (steuerlich unbeachtlichen) privaten Vermögenssphäre an.

Dieser traditionellen Rechtsprechung lag die Erwägung zugrunde, dass die Leistung des Gesellschafters trotz zivilrechtlicher Einkleidung als Darlehen oder Bürgschaft als Zuwendung funktionalen Eigenkapitals anzusehen war. Rechtsgrundlage dafür war das Eigenkapitalersatzrecht. Die bei eigenkapitalersetzenden Gesellschafterleistungen nach altem Recht eintretende Kapitalbindung und das zusätzliche Haftungsrisiko des Gesellschafters rechtfertigten es, den Ausfall einer Forderung ausnahmsweise als nachträgliche Anschaffungskosten der Substanz der Beteiligung zuzuordnen. Jenseits der zivilrechtlichen Rechtsfolgen bestand hingegen kein Anlass, den Gesellschafter steuerlich anders zu behandeln als einen Drittgläubiger.[339]

Das MoMiG[340] hat das Eigenkapitalersatzrecht, das durch eine weitgehende Gleichbehandlung der eigenkapitalersetzenden Finanzierungsleistungen mit dem nach §§ 30, 31 GmbHG gebundenen Kapital gekennzeichnet war, aufgehoben.[341] Forderungen des Gesellschafters aus Gesellschafterdarlehen und vergleichbaren Finanzierungshilfen erfahren eine Sonderbehandlung im Insolvenz- und Anfechtungsrecht (vgl. § 135 Abs. 1 InsO), werden aber nicht mehr gesellschaftsrechtlich verstrickt und außerhalb des Insolvenzverfahrens nicht mehr wie haftendes Eigenkapital behandelt.[342]

Mit der Aufhebung des Eigenkapitalersatzrechts war die Grundlage der bisherigen Rechtsprechung weggefallen. Seit Geltung des MoMiG zählt der BFH deshalb zu den (nachträglichen) Anschaffungskosten der Beteiligung grundsätzlich nur solche Aufwendungen des Gesellschafters, die nach handels- und bilanzsteuerrechtlichen Grundsätzen zu einer offenen oder verdeckten Einlage in das Kapital der Gesellschaft führen.[343] Aufwendungen aus Fremdkapitalhilfen wie der Ausfall eines vormals „krisenbedingten", „krisenbestimmten" oder „in der Krise stehen gelassenen" Darlehens oder der Ausfall mit einer Bürgschaftsregressforderung führen danach grundsätzlich nicht mehr zu Anschaffungskosten der Beteiligung.

Der IX. Senat wendet die bisherigen Grundsätze zur Berücksichtigung von nachträglichen Anschaffungskosten aus eigenkapitalersetzenden Fi-

339 BFH v. 20.8.2013, IX R 43/12, BFH/NV 2013, 1783.

340 Gesetz zur Modernisierung des GmbH-Rechts und zur Bekämpfung von Missbräuchen v. 23.10.2008, BGBl I 2008, 2026.

341 Vgl. § 39 Abs. 1 Nr. 5 InsO.

342 BFH v. 11.7.2017, IX R 36/15, BFHE 258, 427, BStBl II 2019, 208 m. w. N.

343 BFH v. 11.7.2017, IX R 36/15, BFHE 258, 427, BStBl II 2019, 208; zust. BMF v. 7.6.2022, IV C 6-S 2244/20/10001:001, BStBl I 2022, 897.

nanzierungshilfen lediglich für einen Übergangszeitraum weiter an, wenn der Gesellschafter eine eigenkapitalersetzende Finanzierungshilfe bis zum Tag der Veröffentlichung des maßgeblichen Urteils geleistet hat (27.9.2017) oder wenn eine Finanzierungshilfe des Gesellschafters bis zu diesem Tag eigenkapitalersetzend geworden ist.[344]

Jedenfalls mit der neuen Beurteilung der nachträglichen Anschaffungskosten bei § 17 EStG war der Weg für eine Berücksichtigung des Verlustes aus Gesellschafterdarlehen über § 20 Abs. 2 Satz 1 Nr. 7, Satz 2, Abs. 4 EStG frei.[345]

Das Gesetz zur weiteren steuerlichen Förderung der Elektromobilität und zur Änderung weiterer steuerlicher Vorschriften[346] (JStG 2019) sollte ursprünglich aber auch eine Korrektur der Rechtsprechung des BFH zur Steuerbarkeit von Verlusten aus privaten Kapitalanlagen regeln, um das Steueraufkommen zu sichern.[347] Hatte doch der VIII. Senat des BFH etwa entschieden, dass der endgültige Ausfall einer Kapitalforderung in der privaten Vermögenssphäre – als Rückzahlung zu Null – zu einem steuerlich anzuerkennenden Verlust nach § 20 Abs. 2 Satz 1 Nr. 7, Satz 2, Abs. 4 EStG führt.[348] Auch das Verfallenlassen einer Option ist nach höchstrichterlicher Rechtsprechung gem. § 20 Abs. 2 Satz 1 Nr. 3 Buchst. a EStG steuerbar und der Verlust in Form der Anschaffungskosten dementsprechend nach § 20 Abs. 4 Satz 5 EStG zu berücksichtigen.[349] Weiter begründen Anschaffungskosten von Aktien auch dann einen abzugsfähigen Verlust, wenn die wertlos gewordenen Anteile ohne Gegenleistung oder gegen einen symbolischen Kaufpreis zwischen fremden Dritten übertragen werden.[350] Gleiches gilt für die Einziehung von Aktien ohne Gegenleistung aufgrund eines amerikanischen Insolvenzplanverfahrens.[351] Schließlich erkannte der BFH die Anschaffungskosten für Knock-out-Zertifikate bei Eintritt des Knock-

344 Zu dieser richterrechtlichen Übergangsregelung, insbes. dazu, dass sie nur zugunsten des Stpfl. wirken kann, stv. *Jachmann-Michel*, BB 2018, 2329, 2331; *Stenert/Selle*, Ubg 2018, 181, 183; *Förster*, DB 2018, 336, 340; gegen eine individuelle Günstigerprüfung stv. *Ratschow* in: Brandis/Heuermann, EStG, § 20, Rz. 479.

345 Dazu stv. *Fuhrmann*, kösdi 2019, 21434, 21436; *Jachmann-Michel*, BB 2018, 2329, 2330; *Desens*, DStR 2019, 1071, 1072; *Ott*, DStZ 2019, 412, 418; krit. *Gragert*, NWB 2019, 2842, 2847.

346 BGBl I 2019, 2451.

347 BT-Drs. 19/13436.

348 BFH v. 24.10.2017, VIII R 13/15, BFHE 259, 535, BStBl II 2020, 831, Rz. 10 ff.

349 BFH v. 12.1.2016, IX R 48/14, BFHE 252, 423, BStBl II 2016, 456, Rz. 13 ff.; v. 12.1.2016, IX R 49/14, BFHE 252, 430, BStBl II 2016, 459, Rz. 9 ff.; v. 12.1.2016, IX R 50/14, BFHE 252, 436, BStBl II 2016, 462, Rz. 7 ff.; zust. BMF v. 16.6.2016, IV C 1-S 2252/14/10001, BStBl I 2016, 527, Rz. 27, 32.

350 BFH v. 12.6.2018, VIII R 32/16, BFHE 262, 74, BStBl II 2019, 221, Rz. 13; vgl. BMF v. 19.5.2022, IV C 1-S 2252/19/10003:009, BStBl I 2022, 742, Rz. 59.

351 BFH v. 15.5.2015, IX R 57/13, BFH/NV 2015, 1364, Rz. 15. Demgegenüber verlangt § 23 Abs. 1 Satz 1 Nr. 1 EStG ein vom Willen des Stpfl. getragenes Veräußerungsgeschäft, das

out-Ereignisses als Verlust an.[352] Allen diesen Entscheidungen[353] ist gemein, dass sie die Tatbestände des § 20 Abs. 2 EStG dahin gehend auslegen, dass sie nicht nur Substanzzuwächse, sondern folgerichtig auch Substanzverluste erfassen.[354]

Demgegenüber sollte das JStG 2019 mit § 20 Abs. 2 Satz 1 Nr. 3 Buchst. a EStG-E dem Verfall von Optionen im Privatvermögen die einkommensteuerrechtliche Relevanz absprechen[355] und mit § 20 Abs. 2 Satz 3 EStG-E die Veräußerungstatbestände einschränken.[356] Um dadurch aber die Finanzierungsfreiheit der Gesellschafter nicht zu behindern und den Gesellschaftern von Kapitalgesellschaften weiterhin Finanzierungshilfen für ihre Gesellschaft unter Wahrung des objektiven Nettoprinzips zu ermöglichen,[357] wurde § 17 Abs. 2a EStG eingeführt. Die Regelung ist laut Gesetzesbegründung erforderlich, da eine Berücksichtigung der Darlehensverluste aufgrund der Änderung von § 20 Abs. 2 EStG-E im Rahmen der Einkünfte aus Kapitalvermögen ab Veranlagungszeitraum 2020 nicht mehr möglich sei.[358] Die Grundsätze der Rechtsprechung zum Rechtsstand vor Geltung des MoMiG sollen wieder maßgeblich sein[359] – freilich steht § 17 Abs. 2a EStG dabei auf neuen dogmatischen Füßen.

§ 17 Abs. 2a EStG soll entgegen der Rechtsprechung gewährleisten, dass Verluste aus sog. gesellschaftsrechtlich veranlassten Finanzierungshilfen auch dann gewinnmindernd im Rahmen des § 17 EStG zu berücksichtigen sind, wenn sie nach den Grundsätzen des MoMiG zu behandeln sind.[360] „Anschaffungskosten sind die Aufwendungen, die geleistet werden, um

bei einer Grundstücksenteignung nicht vorliegt (BFH v. 23.7.2019, IX R 28/18, BFHE 265, 258, BStBl II 2019, 701, Rz. 23).

352 BFH v. 20.11.2018, VIII R 37/15, BFHE 263, 169, BStBl II 2019, 507, Rz. 9ff.; zust. BMF v. 19.5.2022, IV C 1-S 2252/19/10003:009, BStBl I 2022, 742, Rz. 8a; vgl. auch BMF v. 12.4.2018, IV C 1-S 2252/08/10004:021, BStBl I 2018, 624, Rz. 27, 32.

353 Dazu im Einzelnen A. II. 1. b).

354 Im Einzelnen zur genannten Rspr. des VIII. Senats auch *Werth*, FR 2020, 530, 532ff.

355 § 20 Abs. 2 Satz 1 Nr. 3 Buchst. a EStG-E: „Zu den Einkünften aus Kapitalvermögen gehören auch (...) der Gewinn (...) bei Termingeschäften, durch die der Stpfl. durch Beendigung des Rechts einen Differenzausgleich oder einen durch den Wert einer veränderlichen Bezugsgröße bestimmten Geldbetrag oder Vorteil erlangt. Der Verfall einer Option gilt nicht als Beendigung des Rechts".

356 „Keine Veräußerung ist (Nr. 1) die ganze oder teilweise Uneinbringlichkeit einer Kapitalforderung, (Nr. 2) die Ausbuchung wertloser Wirtschaftsgüter i. S. des Absatzes 1 durch die die Kapitalerträge auszahlende Stelle; (Nr. 3) die Übertragung wertloser Wirtschaftsgüter i. S. des Absatzes 1 auf einen Dritten oder (Nr. 4) ein den Nummern 1 bis 3 dieses Satzes vergleichbarer Ausfall von Wirtschaftsgütern i. S. des Absatzes 1."

357 Vgl. BT-Drs. 19/13436, 111; *Dorn*, DB 2019, 1930, 1932; *Meurer*, BB 2019, 1074, 1074.

358 BT-Drs. 19/13436, 111.

359 Vgl. *Werth*, FR 2020, 530, 536f.; *Förster/von Cölln/Lentz*, DB 2020, 353, 355; *Graw*, jM 2020, 163, 166f.; *Zapf*, FR 2019, 804, 811; *Ott*, DStZ 2019, 648, 648f.

360 BT-Drs. 19/13436, 112.

die Anteile i.S. des Absatzes 1 zu erwerben. Zu den Anschaffungskosten gehören auch die Nebenkosten sowie die nachträglichen Anschaffungskosten. Zu den nachträglichen Anschaffungskosten i.S. des Satzes 2 gehören insbes. (Nr. 1) offene oder verdeckte Einlagen, (Nr. 2) Darlehensverluste, soweit die Gewährung des Darlehens oder das Stehenlassen des Darlehens in der Krise der Gesellschaft gesellschaftsrechtlich veranlasst war, und (Nr. 3) Ausfälle von Bürgschaftsregressforderungen und vergleichbaren Forderungen,[361] soweit die Hingabe oder das Stehenlassen der betreffenden Sicherheit gesellschaftsrechtlich veranlasst war. Eine gesellschaftsrechtliche Veranlassung liegt regelmäßig vor, wenn ein fremder Dritter das Darlehen oder Sicherungsmittel i.S. der Nummern 2 oder 3 bei sonst gleichen Umständen zurückgefordert oder nicht gewährt hätte. Leistet der Stpfl. über den Nennbetrag seiner Anteile hinaus Einzahlungen in das Kapital der Gesellschaft, sind die Einzahlungen bei der Ermittlung der Anschaffungskosten gleichmäßig auf seine gesamten Anteile einschließlich seiner im Rahmen von Kapitalerhöhungen erhaltenen neuen Anteile aufzuteilen."[362]

Die Regelung gilt[363] unabhängig von der Beteiligungshöhe, sodass auch nichtgeschäftsführende Kleinanleger mit einer Beteiligung zwischen 1 % und 10 %, auf die das frühere Eigenkapitalersatzrecht keine Anwendung fand, Verluste aus Finanzierungshilfen über § 17 Abs. 2a EStG geltend machen können.[364]

Entscheidend dafür, dass ein Gesellschafterdarlehen[365] in den Regelungsbereich von § 17 Abs. 2a EStG fällt, ist seine gesellschaftsrechtliche Veranlassung. Gem. § 17 Abs. 2a Satz 4 EStG wird diese angenommen, wenn ein fremder Dritter ein Darlehen (oder Sicherungsmittel) bei sonst gleichen Umständen zurückgefordert oder nicht gewährt hätte, d.h., wenn die Hingabe

361 Zur möglichen Auslegung von Satz 5 *Ott*, DStR 2020, 313, 317.

362 Zur Auslegung von § 17 Abs. 2a Satz 5 EStG stv. *Ott*, DStR 2020, 313, 317; zu den einzelnen Anwendungsfällen des § 17 Abs. 2a EStG stv. *Ott*, DStZ 2020, 189, 191ff.; *Krumm*, FR 2020, 197, 200ff.; *Fuhrmann*, NWB 2020, 150, 153ff., jeweils m.w.N.

363 Vgl. in zeitlicher Hinsicht die Anwendungsregel des § 52 Abs. 25a Satz 2 EStG. Danach kann der Stpfl. zur Anwendung der Neuregelung für die an sich unter die Rechtsprechungsänderung des BFH fallenden Fälle optieren. Er kann zwischen der Neuregelung und einer Berücksichtigung der Aufwendungen im Rahmen des § 20 Abs. 2 EStG wählen. Das Wahlrecht kann in allen noch nicht bestandskräftigen Fällen ausgeübt werden. Stichtag ist der 31.7.2019 (vgl. dazu *Fuhrmann*, NWB 2020, 150, 152; *Ott*, DStR 2020, 313; *ders.*, StuB 2020, 85, 86).

364 *Ott*, DStZ 2019, 648, 652; *ders.*, StuB 2019, 649, 652; *ders.*, DStR 2020, 313; zur abweichenden Sichtweise nach Maßgabe des sog. Kleinanlegerprivilegs gem. § 32 Abs. 3 Satz 2 GmbHG a.F. (§ 39 Abs. 5 InsO) BFH v. 2.4.2008, IX R 76/06, BFHE 221, 7, BStBl II 2008, 706; BMF v. 21.10.2010, IV C 6-S 2244/08/10001, BStBl I 2010, 832 Abschn. V.

365 Der Nachweis im Hinblick auf ein gewährtes Darlehen ist regelmäßig durch den Ausweis in einem festgestellten Jahresabschluss erbracht (BFH v. 2.7.2019, IX R 13/18, BFHE 265, 333, BStBl II 2020, 89).

oder das Stehenlassen eines Darlehens nicht zu fremdüblichen Konditionen erfolgten. Dabei ist laut Gesetzesbegründung[366] insbes. zu prüfen, ob die Gesellschaft unter den bestehenden Verhältnissen von einem Dritten (insbes. einem Kreditinstitut) noch ein Darlehen zu marktüblichen Bedingungen erhalten hätte. Eine gesellschaftsrechtliche Veranlassung des Stehenlassens eines Darlehens sei insbes. dann gegeben, wenn der Gesellschafter das Darlehen stehen lasse, obwohl er es hätte abziehen können und es angesichts der veränderten finanziellen Situation der Gesellschaft absehbar sei, dass die Rückzahlung gefährdet sei. Im genannten Sinne gesellschaftsrechtlich veranlasst sind krisenbestimmte Darlehen[367] sowie Finanzplandarlehen[368], da sie allein im Hinblick auf das Gesellschaftsverhältnis gewährt werden. Anders als nach der früheren Rechtsprechung[369] ist bei Darlehenshingabe vor Eintritt der Krise eine Abrede, das Darlehen bei Kriseneintritt bestehen zu lassen (sog. krisenbestimmtes Darlehen), nicht erforderlich; es kommt allein darauf an, dass die Finanzierungshilfe bei Kriseneintritt – fremdunüblich – tatsächlich nicht abgezogen wird. Wenngleich § 17 Abs. 2a EStG im Ergebnis alle Fallgruppen erfasst, die nach der Rechtslage vor Geltung des MoMiG unter dem Tenor des funktionalen Eigenkapitals geführt wurden,[370] ist die dogmatische Basis nachträglicher Anschaffungskosten nach § 17 Abs. 2a EStG – anders als nach der früheren Rechtsprechung – der Fremdvergleich. Dass die Grundsätze der traditionellen Rechtsprechung vor Geltung des MoMiG nicht unbesehen weiter anzuwenden sind, folgt im Übrigen schon daraus, dass der IX. Senat diese Grundsätze aufgegeben hat. § 17 Abs. 2a EStG definiert insofern originär den Begriff der nachträglichen Anschaffungskosten für § 17 EStG,[371] während die Änderung der Rechtspre-

366 BT-Drs. 19/13436, 111.

367 Der Gesellschafter hat schon vor der Krise bindend gegenüber der Gesellschaft oder den Gesellschaftsgläubigern erklärt, dass er das Darlehen auch in der Krise stehen lassen werde.

368 Ein Finanzplandarlehen – im neuen Gesetzestext nicht erwähnt – liegt nach traditioneller Sichtweise vor, wenn das Darlehen von vornherein in die Finanzplanung der Gesellschaft in der Weise einbezogen ist, dass die zur Aufnahme der Geschäfte erforderliche Kapitalausstattung der Gesellschaft krisenunabhängig durch eine Kombination von Eigen- und Fremdfinanzierung erreicht werden soll (BFH v. 7.12.2010, IX R 16/10, BFH/NV 2011, 778; BMF v. 21.10.2010, IV C 6-S 2244/08/10001, BStBl I 2010, 832 Abschn. III.c)). Solche Darlehen zur Finanzierung des Unternehmens werden gesellschaftsrechtlich den Einlagen gleichgestellt. Die hierfür maßgeblichen Bindungen ergaben sich schon vor Inkrafttreten des MoMiG nicht aus dem Eigenkapitalersatzrecht, sondern aus den vertraglichen Vereinbarungen.

369 BFH v. 7.12.2010, IX R 16/10, BFH/NV 2011, 778, Rz. 30; v. 10.11.1998, VIII R 6/96, BFHE 187, 480, BStBl II 1999, 348.

370 Zur Kritik des Bundesrats im Hinblick auf die Reimplimentierung eines rechtsunsicheren und schwer anwendbaren Rechtszustands BR-Drs. 356/19, 30.

371 Vgl. auch *Ott*, DStZ 2020, 189, 190.

chung des IX. Senats gerade darauf fußte, dass § 17 EStG keinen speziell einkommensteuerlichen Anschaffungskostenbegriff regelte.

bb) Verhältnis zu § 20 Abs. 2, 4 EStG

§ 20 Abs. 2 EStG intendiert die umfassende Steuerbarkeit jeglicher Kapitalanlage auch im Verlustfall. Soweit davon Gesellschafterdarlehen betroffen sind, korrespondiert die Berücksichtigung im Rahmen von § 20 Abs. 2 EStG dem vom BFH auf das Handelsrecht zurückgeführten Anschaffungskostenbegriff im Rahmen von § 17 Abs. 2 EStG.[372] Im Hinblick auf § 17 Abs. 2a EStG stellt sich die Frage, inwieweit der Wertverlust einer Forderung, der tatbestandlich unter § 20 Abs. 2 EStG fällt, deshalb nicht von § 20 EStG geregelt wird, weil nachträgliche Anschaffungskosten i. S. v. § 17 Abs. 2a EStG vorliegen (§ 20 Abs. 8 EStG).[373]

Insoweit stellt der BFH Vorrang von § 17 EStG gegenüber § 20 Abs. 2 EStG gem. § 20 Abs. 8 EStG für den Ausfall der Regressforderung aus einer stehen gelassenen Bürgschaft, der im Rahmen des § 17 Abs. 1, 4 EStG[374] keine Berücksichtigung findet, weil der gemeine Wert der Forderung im Zeitpunkt des Stehenlassens mit 0 € zu bewerten ist, fest, dass § 20 Abs. 8 EStG einer Berücksichtigung der Forderung mit ihrem nicht werthaltigen Teil (Nennwert) nach § 20 Abs. 2 Satz 1 Nr. 7, Satz 2, Abs. 4 EStG nicht entgegensteht.[375] Die in § 20 Abs. 8 Satz 1 EStG geregelte Sperrwirkung der Einkünfte aus Gewerbebetrieb (nach § 17 EStG) erstreckt sich **nur** auf den **von § 17 EStG positiv erfassten Forderungsverlust** nach gesellschaftsrechtlicher Verstrickung der Bürgschaft (im entschiedenen Fall 0 EUR), nicht aber auf den zuvor eingetretenen Wertverlust. Nur „soweit" Anschaffungskosten als Teil der Veräußerungseinkünfte i. S. des § 20 Abs. 2 EStG (im Zusammenhang mit der Bürgschaftsregressforderung) zu den Anschaffungskosten als Teil der Veräußerungseinkünfte i. S. des § 17 EStG (im Zusammenhang mit der GmbH-Beteiligung) gehören (hier: 0 €), ist § 20 Abs. 2 EStG nach dem Wortlaut des § 20 Abs. 8 EStG anwendungsgesperrt.[376] Entstehen nachträgliche Anschaffungskosten auf die Gesellschaftsbeteiligung in Höhe von null, steht dies der Nichtanwendbarkeit des § 17 EStG a. F. für diesen Ausfallverlust gleich. Damit fällt der bis zum Eintritt der Krise eingetretene Wertverlust – im Unterschied zu der vor

372 BFH v. 11.7.2017, IX R 36/15, BFHE 258, 427, BStBl II 2019, 208, dazu sogleich cc).

373 Vgl. dazu *Jachmann-Michel*, BB 2020, 727, 734; *Werth*, FR 2020, 530, 542; *Ott*, DStZ 2020, 189, 197 ff. m. w. N.

374 Übergangsregelung nach Maßgabe von BFH v. 11.7.2017, IX R 36/15, BFHE 258, 427, BStBl II 2019, 208, DStR 2017, 2098.

375 BFH v. 20.6.2023, IX R 2/22, DStR 2023, 1882; dazu *Messner*, AktStR 2023, 627.

376 § 17 Abs. 2a EStG war im entschiedenen Fall noch nicht anzuwenden.

Einführung der Abgeltungsteuer geltenden Rechtslage – nicht mehr in der (steuerlich unbeachtlichen) privaten Vermögenssphäre an.

Der Gesellschaftsanteil eines mindestens 1 % Beteiligten ist zwar allein wegen der Beteiligungshöhe verstrickt und sein Schicksal deshalb nach den Regeln des § 17 EStG zu behandeln.[377] So kommt eine weitergehende Berücksichtigung nach § 20 Abs. 2 Satz 1 Nr. 7 EStG nicht in Betracht, soweit ein ausgefallenes Darlehen aufgrund der Berücksichtigung als nachträgliche Anschaffungskosten gem. § 3c Abs. 2 Satz 1 EStG nur zu 60 % anzusetzen ist.[378] Gem. § 17 Abs. 2a Satz 3 Nr. 2 EStG reicht dieser Vorrang aber nur „soweit" wie die gesellschaftsrechtliche Veranlassung der Gewährung bzw. des Stehenlassens eines betroffenen Darlehens. Zu berücksichtigen sind dabei der Zweck von § 17 Abs. 2a EStG, im Rahmen von § 17 EStG über den handelsrechtlichen Anschaffungskostenbegriff hinaus nachträgliche Anschaffungskosten zuzulassen, sowie die Bestätigung der umfassenden Steuerbarkeit von Substanzverlusten nach § 20 Abs. 2 EStG durch Einführung „lediglich" von Verlustverrechnungsbeschränkungen für diese – damit zwangsläufig steuerbaren – Verluste in § 20 Abs. 6 Sätze 5 und 6 EStG. Danach kann § 17 Abs. 2a EStG kein Absolutheitsanspruch in der Weise zukommen,[379] dass bei einer i. S. v. § 17 EStG qualifizierten Beteiligung ein Rückgriff auf § 20 EStG stets ausgeschlossen wäre,[380] ggf. mit der Konsequenz, dass Verluste weder von § 17 Abs. 2a EStG noch von § 20 Abs. 2 EStG erfasst würden. Wird ein nicht gesellschaftsrechtlich veranlasst hingegebenes Darlehen später in der Krise stehen gelassen, entsprechen die nachträglichen Anschaffungskosten dem Teilwert der Forderung. Die Differenz zum Nennwert unterfällt § 20 Abs. 2 EStG.[381] Ist die Hingabe des Darlehens gesellschaftsrechtlich veranlasst und verzichtet der mindestens 1 % beteiligte Gesellschafter zu einem Zeitpunkt auf die Darlehensforderung, zu dem sie nur noch zum Teil werthaltig ist,[382] so handelt es sich

377 Die Zuordnung zu § 17 EStG greift auch schon vor der Verwirklichung des Tatbestandes durch eine Veräußerung bzw. sonstige Realisation i. S. v. § 17 Abs. 4 EStG (so stv. auch *Fuhrmann*, NWB 2020, 150, 158; vgl. demgegenüber zur Subsidiarität von § 20 Abs. 2 EStG bei Inanspruchnahme der Vertrauensschutzregelung des BFH nur bei Verwirklichung von § 17 EStG im selben Veranlagungszeitraum *Levedag*, GmbHR 2020, 114, 115).

378 FG Düsseldorf v. 28.1.2020, 10 K 2166/16 E, EFG 2020, DStRE 2020, 775, Rz. 38, Rev. IX R 5/20 insoweit unbegründet, BFH v. 27.10.2020, BFHE 271, 359, BStBl II 2021, 600; zu Gestaltungen, um etwa über § 32d Abs. 2 Nr. 1 Buchst. b EStG die ausschließliche Anwendung von § 20 Abs. 2 EStG zu erreichen, *Ott*, DStZ 2020, 735, 745 m. w. N.

379 Insoweit entfaltet § 17 Abs. 2a EStG keine umfassende „Sogwirkung" (*Ott*, StuB 2020, 85, 91; *ders.*, DStZ 2020, 189, 197; *ders.*, DStR 2020, 313, 318; *ders.*, DStZ 2020, 735, 744).

380 *Krumm*, FR 2020, 197, 205; so auch FG Düsseldorf v. 28.1.2020, 10 K 2166/16 E, EFG 2020, 444, DStRE 2020, 775, Rz. 41.

381 So auch *Krumm*, FR 2020, 197, 205.

382 Dazu BFH v. 6.8.2019, VIII R 18/16, BFHE 265, 531, BStBl II 2020, 833.

hinsichtlich des werthaltigen Teils um eine Einlage, die gem. § 17 Abs. 2a Satz 3 Nr. 1 EStG zu nachträglichen Anschaffungskosten führt. Hinsichtlich des nicht werthaltigen Teils liegen keine nachträglichen Anschaffungskosten vor, sondern ein gem. § 20 Abs. 2 EStG steuerbarer Forderungsausfall. Dieser ist nicht gesellschaftsrechtlich veranlasst, das ist nur die Einlage. § 20 Abs. 8 EStG entfaltet in diesen Fällen keine Sperrwirkung; denn es fehlt an „Einkünften" i. S. v. § 17 EStG, wenn der Ansatz des fraglichen Darlehens im Rahmen von § 17 Abs. 4 EStG die Einkünfteermittlung nicht beeinflusst, weil (soweit) es mit Null (unter dem Nennwert) zu bewerten ist.

Die vorrangige Anwendung des § 17 Abs. 2a EStG ist im Übrigen jedenfalls dann ausgeschlossen und eine sofortige Verlustberücksichtigung nach § 20 Abs. 2, 4 EStG möglich, wenn ein Forderungsverzicht/Forderungsverkauf vor dem 1.1.2019 erfolgt, ein Realisationstatbestand i. S. v. § 17 EStG aber erst nach dem 31.7.2019 eintritt. Würde § 17 Abs. 2a EStG bereits vor dem 1.1.2019 realisierte Darlehensverluste erfassen, läge darin eine unzulässige echte Rückwirkung.[383]

§ 20 Abs. 2 EStG bleibt im Übrigen stets anwendbar auf den Ausfall von Darlehen, die ein nicht i. S. v. § 17 EStG relevant beteiligter Gesellschafter gewährt hat oder deren Gewährung nicht gesellschaftsrechtlich veranlasst war.[384]

Thematisiert wird auch die Frage, ob der Ausfall einer Finanzierungshilfe eines Gesellschafters, der bei der Ermittlung eines Veräußerungs-/Auflösungsverlusts nach § 17 Abs. 2a, 4 EStG nicht zu berücksichtigen ist, ggf. deshalb nicht zu einem steuerbaren Verlust i. S. v. § 20 Abs. 2 Satz 1 Nr. 7, Satz 2, Abs. 4 Satz 1 EStG führt, weil das Darlehen nicht mit Einkünfteerzielungsabsicht gewährt wurde.[385]

cc) Nachträgliche Anschaffungskosten

Was die Höhe der nachträglichen Anschaffungskosten i. S. v. § 17 Abs. 2a EStG angeht,[386] liegt es prima facie nahe, die frühere Rechtsprechung heranzuziehen,[387] da die Neuregelung im Grundsatz die Rechtslage vor Änderung der Rechtsprechung wiederherstellen soll.[388] Eine dogmatische Bindung an die frühere Rechtsprechung besteht freilich gerade nicht. § 17

383 *Ott*, DStZ 2020, 735, 744; *ders.*, DStR 2020, 313, 318; *Werth*, FR 2020, 530, 542.

384 Dies bedeutet einen vollumfänglichen Verlustausgleich im Rahmen der Einkünfte aus Kapitalvermögen bei einer Beteiligung von mindestens 10 % nach § 32d Abs. 2 Nr. 1 Satz 1 Buchst. b., Satz 2 EStG, während bei den Einkünften nach § 17 EStG das Teilabzugsverbot nach § 3c Abs. 2 Satz 1 EStG gilt.

385 Dazu A. III. 1.

386 Grundlegend zu Gesellschafterdarlehen nach § 17 Abs. 2a EStG sowie Bürgschaftsregress- und vergleichbaren Forderungen nach dem BMF v. 7.6.2022, IV C 6-S 2244/20/10001:001, BStBl I 2022, 897; *Ott*, DStZ 2022, 580; s. auch *Ott*, DStR 2020, 313, 316 f.

387 *Krumm*, FR 2020, 197, 202; *Fuhrmann*, kösdi 2019, 21434, 21440 m. w. N.

388 BT-Drs. 19/13436, 111; *Ott*, DStZ 2019, 648 f.; *Zapf*, FR 2019, 804, 811.

Abs. 2a EStG ist losgelöst von den normativen Vorgaben vor Geltung des MoMiG und deren Einbindung in die Auslegung des § 17 EStG zu sehen, d.h. originär auszulegen, auch im Kontext des geltenden Rechts inklusive des MoMiG. Die Bewertung der ausgefallenen Darlehensforderung und damit die Höhe der nachträglichen Anschaffungskosten hängt danach davon ab, ob die Gewährung bzw. das Stehenlassen eines Darlehens vor oder nach Eintritt der Krise der fraglichen Gesellschaft sowie vor oder im einjährigen Anfechtungszeitraum (§ 135 InsO) erfolgt ist.[389] Fällt ein Darlehen mit vertraglicher Krisenbestimmung (Verzicht auf außerordentliches Kündigungsrecht) aus, so führt dies i.d.R. zu nachträglichen Anschaffungskosten in Höhe des Nennwerts. Gleiches gilt für ein Finanzplandarlehen.[390] Wird ein Darlehen in der Krise gewährt, entstehen bei einem späteren Ausfall nach früherer Rechtsprechung nachträgliche Anschaffungskosten in Höhe des Nennwerts.[391] Dasselbe gilt in den Fällen von § 17 Abs. 2a Satz 3 Nr. 2, Satz 4 EStG. Gewährt der Gesellschafter im Anfechtungszeitraum ein Darlehen, kann er auf seine Forderung nicht mehr erfolgreich zugreifen; er verliert sie mit der Insolvenz der Gesellschaft zum Nennwert. Die Situation des Gesellschafters entspricht der bei einer vertraglichen Krisenbestimmung des Darlehens.[392] Beim sog. stehen gelassenen Darlehen – vor Kriseneintritt ohne Krisenbestimmungsabrede gewährt –, das mit Kriseneintritt fremdunüblich nicht zurückgefordert (früher eigenkapitalersetzend) wird, entstehen i.d.R. keine nachträglichen Anschaffungskosten der Höhe nach, da der gemeine Wert der Forderung regelmäßig mit 0 € anzusetzen sein wird.[393] Ist die Krise aber nach Beginn des einjährigen Anfechtungszeitraums entstanden, wird zum Teil von einer gesetzlichen Krisenbestimmung ausgegangen, sodass nachträgliche Anschaffungskosten grundsätzlich in Höhe des Nennwerts vorliegen sollen.[394] Dasselbe wird für eine stehen gelassene Bürgschaft angenommen, bei der der Bürge nicht auf den (wirtschaftlich freilich bedeutungslosen) Freistellungsanspruch verzichtet hat.[395] Hierfür spricht prima facie, dass innerhalb des Anfechtungszeitraums eine erfolgreiche Realisierung der Forderung ausscheidet, was einer

389 Anders *Strahl*, kösdi 2020, 21602, 21611: bei gesellschaftsrechtlicher Veranlassung immer Nennwert; zum Streitstand insoweit *Ott*, DStZ 2020, 189, 193 m.w.N. in Rz. 40.

390 *Krumm*, FR 2020, 197, 202.

391 *Förster/von Cölln/Lentz*, DB 2020, 353, 355 m. w. N. Rz. 37; BFH v. 7.12.2010, IX R 16/10, BFH/NV 2011, 778.

392 Vgl. dazu *Förster/von Cölln/Lentz*, DB 2020, 353, 355 m.w.N. in Rz. 38.

393 BFH v. 10.11.1998, VIII R 6/96, BFHE 187, 480, BStBl II 1999, 348.

394 *Fuhrmann*, kösdi 2019, 21434, 21440; im Ergebnis wohl ebenso, abstellend auf die Definition der gesellschaftsrechtlichen Veranlassung *Ott*, DStR 2020, 313, 317 m.w.N.

395 Dazu BMF v. 7.6.2022, IV C 6-S 2244/20/10001:001, BStBl I 2022, 897, Rz. 18ff.; abstellend auf den Betrag, den der Bürge an den Gläubiger zahlt, *Ott*, DStR 2020, 313, 317 im Anschluss an BFH v. 11.4.2017, IX R 4/16, BFH/NV 2017, 1309.

Krisenbestimmung gleichkommt. Diese Krisenbestimmung tritt jedoch erst nachträglich ein.[396] Das Stehenlassen des Darlehens ist hier die einzige Möglichkeit des Gesellschafters; im Zeitpunkt des Stehenlassens ist die Forderung nichts mehr wert.

Der BFH[397] stellt zur Höhe der nachträglichen Anschaffungskosten i. S. des **§ 17 Abs. 2a Satz 3 Nr. 2 EStG** fest, dass ein in der Krise stehen gelassenes Darlehen im Anwendungsbereich des § 17 Abs. 2a EStG mit dem zum Zeitpunkt des Eintritts der Krise bestehenden Teilwert zu bewerten ist. Insoweit gelten die von der Rechtsprechung entwickelten Grundsätze zur Berücksichtigung von Aufwendungen des Gesellschafters aus eigenkapitalersetzenden Finanzierungshilfen als nachträgliche Anschaffungskosten im Rahmen des § 17 EStG, insbesondere hinsichtlich stehen gelassener Darlehen, fort.[398] Der bei § 17 EStG nicht abziehbare Verlust aus dem Ausfall eines stehen gelassenen Gesellschafterdarlehens wird auch nicht bei § 20 EStG berücksichtigt, wenn der Darlehensverlust vor dem 31.12.2008 eingetreten ist.

Für die Absicht des Gesetzgebers, einen Gesellschafter, der ein vor Eintritt der Kreise der Gesellschaft gewährtes Darlehen stehen lasse, gegenüber der alten Rechtslage insoweit besserzustellen, als nunmehr die Forderung mit dem Nennwert zu berücksichtigen wäre, sei der Gesetzesbegründung nichts zu entnehmen. Soweit in der Literatur demgegenüber teilweise die Auffassung vertreten werde, dass beim Ausfall stehen gelassener Darlehen der Nennwert zu berücksichtigen sei,[399] da nur auf diese Weise einkommensteuerrechtlich eine Gleichbehandlung von Eigenkapital und Fremdkapital einerseits und eine Gleichbehandlung von Darlehensverlusten in ihren unterschiedlichen Erscheinungsformen andererseits erreichbar sei, vermöge der Senat dem nicht zu folgen. Es komme hinzu, dass auch eine systematische Interpretation der Norm gegen ein solches Verständnis spreche.[400] Denn die Differenzierung zwischen gewährten und stehen gelassenen Darlehen sei im Gesetzestext selbst angelegt. Bei Letztgenannten trete erst mit Eintritt der Kreise eine gesellschaftsrechtliche Veranlassung ein, was es rechtfertige, den Wert des Darlehens zu diesem Zeitpunkt als maßgeblich zu erachten. Im Übrigen könne der nicht berücksichtigte Teil über § 20 EStG in Abzug gebracht werden. Systematisch sei also zu unterscheiden zwischen

396 *Förster/von Cölln/Lentz*, DB 2020, 353, 355.

397 BFH v. 18.7.2023, IX R 21/21, juris.

398 § 20 Abs. 2 Satz 1 Nr. 7, Satz 2, Abs. 4 EStG waren im Streitfall nicht anzuwenden (§ 52 Abs. 28 Satz 15 EStG n. F.).

399 So *Ott*, DStR 2020, 313; *Demuth*, kösdi 2020, 21771, 21776; *Karrenbrock* in Littmann/Bitz/Pust, EStG, § 17, Rz. 281 f.; *Levedag*, GmbHR 2021, 14.

400 So auch *Weber-Grellet*, DB 2021, 81.

gesellschaftsrechtlich veranlassten Darlehen, die nach § 17 EStG zu berücksichtigen seien, und nicht gesellschaftsrechtlich veranlassten Darlehen, deren Ausfall nach § 20 EStG in Ansatz zu bringen sei.

dd) Realisierung eines Auflösungsverlusts

Das FG Münster hat sich zum Zeitpunkt der Realisierung eines Auflösungsverlustes i. S. des § 17 Abs. 1 und 4 EStG im Falle der **Insolvenz und Bürgschaftsinanspruchnahme** geäußert.[401] Danach kann ein Auslösungsverlust i. S. des § 17 Abs. 1 und 4 EStG erst in dem Jahr erfasst werden, in dem er der Höhe nach feststeht. Dies ist regelmäßig dann der Fall, wenn der gemeine Wert des dem Stpfl. zugeteilten oder zurückgezahlten Vermögens einerseits (§ 17 Abs. 4 Satz 2 EStG) und die Liquidationskosten und Anschaffungskosten des Gesellschafters andererseits (§ 17 Abs. 2 Satz 1 EStG) feststehen. Im Fall der Liquidation oder Insolvenz einer Gesellschaft ist eine Zuteilung oder Zurückzahlung von Gesellschaftsvermögen an den Gesellschafter regelmäßig erst nach Abschluss des Insolvenzverfahrens ausgeschlossen. Zusätzlich hierzu setzt die Entstehung eines Auflösungsverlusts voraus, dass die Höhe der nachträglichen Anschaffungskosten des Gesellschafters feststeht. Es muss absehbar sein, ob und in welcher Höhe dem Gesellschafter noch nachträgliche Anschaffungskosten oder sonstige im Rahmen des § 17 Abs. 2 EStG berücksichtigungsfähige Veräußerungs- oder Aufgabekosten entstehen. Insofern dürfen keine wesentlichen Änderungen mehr eintreten.

Auch das FG Düsseldorf[402] bestätigt, dass ein Auflösungsverlust i. S. v. § 17 Abs. 4 EStG bei einer Auflösung einer Kapitalgesellschaft mit anschließendem Insolvenzverfahren regelmäßig erst mit dessen Abschluss entsteht.

4. Transaktionen mit Kryptowährungen

Mit Urteil vom 14.2.2023[403] stellt der BFH klar, dass zu den (anderen) Wirtschaftsgütern, die Gegenstand eines privaten Veräußerungsgeschäfts i. S. des **§ 23 Abs. 1 Satz 1 Nr. 2 EStG** sein können, auch virtuelle Währungen in der Gestalt von Currency Token gehören. Diese werden i. S. von § 23 Abs. 1 Satz 1 Nr. 2 EStG angeschafft, wenn sie im Tausch gegen Euro, gegen eine Fremdwährung oder gegen andere virtuelle Währungen erworben werden; sie werden veräußert, wenn sie in Euro oder gegen eine Fremdwährung zurückgetauscht oder in andere Currency Token umgetauscht werden. Damit bestätigt der BFH die Sichtweise der Finanzgerichte, die in einstweili-

401 FG Münster v. 3.11.2021, 13 K 3187/19 E, F, EFG 2022, 325, rkr.
402 FG Düsseldorf v. 12.4.2022, 10 K 1175/19 E, rkr., EFG 2022, 1286.
403 BFH v. 14.2.2023, IX R 3/22, DStR 2023, 435, FR 2023, 323, dazu *Trossen,* jM 2023, 203, *Kaminski,* AltStR 2023, 405 ff.

gen Rechtsschutzverfahren[404] wie auch in Hauptsacheverfahren,[405] Gewinne aus der Veräußerung von Kryptowerten als steuerpflichtige **Veräußerungsgeschäfte nach § 22 Nr. 2, § 23 Abs. 1 Satz 1 Nr. 2 EStG** eingeordnet haben. Dabei werden Krypto-Assets als ein „anderes Wirtschaftsgut" i. S. v. § 23 Abs. 1 Satz 1 Nr. 2 Satz 1 EStG qualifiziert, da ihnen im Rechtsverkehr ein eigenständiger Wert zukommt. Aufgrund der breiten Ausgestaltungsmöglichkeiten von Krypto-Token scheint prima facie eine einzelfallbezogene Prüfung der Voraussetzungen des § 23 Abs. 1 Satz 1 Nr. 2 Satz 1 EStG erforderlich.[406] Nach dem FG Baden-Württemberg soll es auf die technischen Details der Kryptowährung aber nicht ankommen.[407] Laut BFH können zu den Wirtschaftsgütern i. S. des § 23 Abs. 1 Satz 1 Nr. 2 EStG grundsätzlich auch solche objektiv werthaltigen Positionen gerechnet werden, bei deren Übertragung es auf dinglicher Ebene an einem Rechtsgeschäft fehlen könnte, sofern ihnen im Geschäftsverkehr ein selbständiger Wert beigelegt wird und sie – allein oder mit dem Betrieb – verkehrsfähig sind. Den Currency Token Bitcoin, Ethereum und Monero sei gemeinsam, dass sie – wirtschaftlich betrachtet – als „Zahlungsmittel" anzusehen seien, auch wenn es sich dabei zivilrechtlich weder um Geld noch um elektronisches Geld handelte. „Eigentümer" eines Wirtschaftsguts i. S. des § 39 Abs. 1 AO sei der nach Maßgabe des Privatrechts Berechtigte. Dabei sei der Begriff weit auszulegen, sodass eine faktische Berechtigung an der als Wirtschaftsgut zu qualifizierenden Position ausreichte („unbeschränkten Herrschaftsmacht").

Was Zeitpunkt, Umfang und wirtschaftlichen Erfolg der durchgeführten Transaktionen betraf, waren die Feststellungen des FG für den Senat nach § 118 Abs. 2 FGO bindend, soweit sie nicht sowieso bereits unstreitig waren.

Wie schon FG Köln und FG Baden-Württemberg **verneint** der BFH auch ein **strukturelles** bzw. **normatives Vollzugsdefizit** im Hinblick auf die Besteuerung der Veräußerung von Kryptowährungen nach § 23 Abs. 1 Satz 1 Nr. 2 EStG. Es fehle schon an widersprüchlichen auf Ineffektivität angelegten gesetzlichen Regelungen. Trotz etwaiger auf die Anonymisierung des Handels oder die Verlagerung von Geschäften auf Handelsplattformen im Ausland zurückzuführender Vollzugsschwierigkeiten bei der Besteuerung von Veräußerungsgeschäften mit Kryptowährungen liege nach den

404 FG Berlin-Brandenburg v. 20.6.2019, 13 V 13100/19, DStRK 2019, 279 zu Bitcoins; a. A. FG Nürnberg v. 8.4.2020, 3 V 1239/19, EFG 2020, 1074, zu sog. „Altcoins".

405 FG Köln v. 25.11.2021, 14 K 1178/20, EFG 2022, 677, Rev. IX R 3/22 (s. o.); FG Baden-Württemberg v. 11.6.2021, 5 K 1996/19, EFG 2022, 163, rkr.

406 Vgl. dazu *Delp*, DB 2019, 2148, 2154.

407 Krit. *Andres/Stoffels*, DStR 2022, 137 ff.

Feststellungen der Vorinstanz weder eine der materillen Regelung strukturell gegenläufige Erhebungsregelung noch eine bewusst geschaffene bzw. gesetzlich vorgegebene Kontrolllücke vor. Die dem Gesetzgeber zustehende Reaktionszeit bei der Prüfung und Einführung neuer – d.h. zusätzlicher – Kontrollmaßnahmen sei weder im Streitjahr 2017 noch zum gegenwärtigen Zeitpunkt überschritten.

Hierfür spricht, dass die die Finanzverwaltung auf nationaler Ebene umfangreiche Ermittlungsmöglichkeiten hat, insbesondere durch Sammelauskunftsersuchen an die Betreiber von Handelsplattformen. In der EU sollen die Richtlinie über die Zusammenarbeit der Verwaltungsbehörden (Directive on Administrative Cooperartion DAC 8) aktualisiert und alle Anbieter von Krypto-Dienstleistungen verpflichtet werden, inländische wie grenzüberschreitende Transaktionen von in der EU ansässigen Kunden zu melden. Auch auf Ebene der OECD laufen Bemühungen, einen Melderahmen für Kryptowerte zu schaffen (Crypto-Asset-Reporting Framework – CARF).

Der BFH hat mit seiner Entscheidung zugleich geklärt, dass auch Veräußerungsverluste aus Kryptotoken steuerbar sind. Freilich können diese Verluste nur mit Gewinnen aus anderen privaten Veräußerungsgeschäften verrechnet werden.

III. Einkünfteerzielungsabsicht und Gestaltungsmissbrauch

1. Bei § 20 EStG

Bei Einkünften aus Kapitalvermögen i. S. v. § 20 EStG wird die Einkünfteerzielungsabsicht **tatsächlich vermutet.**[408] Es reicht danach aus, dass ein positiver Ertrag in Zukunft möglich ist. Hiervon ist regelmäßig auszugehen, es sei denn, es gäbe ex ante konkrete Anhaltspunkte für dauerhaft negative Ergebnisse. Insoweit kann eine etwaige Einkünfteerzielungsabsicht nicht für einen Veranlagungszeitraum deshalb entfallen, weil – aus der Perspektive des Anlegers fremdbestimmt – der Zins negativ wird und wieder steigt, wenn die Währungspolitik ihn wieder positiv gestaltet. Die Vermutung ist widerlegt, wenn ein positives Ergebnis einer Kapitalanlage in laufenden Erträgen oder Gewinnen i.S.v. § 20 Abs. 2 EStG auf Dauer von vorneherein ausgeschlossen erscheint. Die praktische Unmöglich-

408 BFH v. 14.3.2017, VIII R 38/15, BFHE 258, 240, BStBl II 2017, 1040; VIII R 25/14, BFHE 258, 237, BStBl II 2017, 1038.

keit, Marktentwicklungen zuverlässig vorherzusagen, geht insoweit nicht zulasten des Stpfl. Die Feststellungslast trifft das FA.

Bei der Prüfung der Einkünfteerzielungsabsicht im Rahmen des § 20 EStG ist grundsätzlich jede Kapitalanlage getrennt zu beurteilen.[409] Allerdings bedarf es im Fall einer **stehen gelassenen Gesellschafterbürgschaft** einer **„Gesamtbetrachtung“** von Beteiligung und Bürgschaft/Regressforderung. Danach sind die gesamten „aus der Beteiligung“ erzielten Einkünfte maßgebend, d.h. sowohl Wertsteigerungen als auch Ausschüttungen (§ 17 Abs. 1, 4, § 20 Abs. 1 Nr. 1, Abs. 2 Satz 1 Nr. 7 EStG). Von fehlender Einkünfteerzielungsabsicht ist auch ohne Vereinbarung einer Bürgschaftsprovision nur dann auszugehen, wenn die Erzielung von positiven Einkünften insgesamt ausscheidet.[410]

Zur Frage, auf welchen **Zeitraum** es bei Anwendung dieser Grundsätze ankommt, hat sich der BFH im Verfahren VIII R 38/15[411] geäußert. Es ging darum, ob ein Verlust aus der Veräußerung von Ansprüchen aus einer Lebensversicherung bei den Einkünften aus Kapitalvermögen nach § 20 Abs. 2 Satz 1 Nr. 6 EStG zu berücksichtigen ist. Gegenstand war ein Alt-Vertrag, bei dem die 12-Jahres-Frist für die Besteuerung der Zinsen aus den Sparanteilen nach § 20 Abs. 1 Nr. 6 EStG a.F.[412] zwar noch nicht abgelaufen war, dessen Verkauf insgesamt als Kapitalstamm vor dem 1. Januar 2009 nach § 23 Abs. 1 Satz 1 Nr. 2 EStG wegen Ablaufs der Jahresfrist aber bereits nicht mehr steuerbar gewesen wäre. Erst bei einem Verkauf nach dem 31. Dezember 2008 waren die Gewinne/Verluste in Form des Unterschiedsbetrages zwischen den Einnahmen aus der Veräußerung nach Abzug der Aufwendungen, die im unmittelbaren sachlichen Zusammenhang mit dem Veräußerungsgeschäft stehen, und den Anschaffungskosten (§ 20 Abs. 4 Sätze 1 und 4 EStG) wieder steuerbar. Zu entscheiden war, ob das Finanzgericht die Anerkennung des Verlusts wegen fehlender Einkünfteerzielungsabsicht verneinen durfte. Maßgeblicher Zeitpunkt für die Prüfung der Widerlegung der Vermutung der Einkünfteerzielungsabsicht konnte nur der der Veräußerung sein, in dem der Kläger seine ursprüngliche Investitionsplanung geändert hat. Erst diese erfüllt auch den maßgeblichen Steuertatbestand des § 20 Abs. 2 Satz 1 Nr. 6 EStG. Bei ursprünglich geplantem Lauf der Dinge wären weder hinsichtlich der Substanz (Jahresfrist nach § 23 EStG a.F.) noch für die Erträge (12-Jahres-Frist nach § 20 Abs. 1 Nr. 6 EStG a.F.) steuerbare Einkünfte angefallen.

409 FG München v. 29.1.2020, 5 K 2870/19, juris, Rz. 34, Rev. VIII R 28/20.
410 BFH v. 20.6.2023, IX R 2/22, DStR 2023, 1882.
411 BFH v. 14.3.2017, VIII R 38/15, BFHE 258, 240, BStBl II 2017, 1040.
412 Fassung vor Einführung des Alterseinkünftegesetzes v. 5.7.2004, BGBl I 2004, 1427.

Ausgehend vom maßgeblichen Veräußerungszeitpunkt genügte allein das negative Ergebnis der Veräußerung nicht für die Widerlegung der Vermutung der Einkünfteerzielungsabsicht. Denn § 20 Abs. 2 Satz 1 Nr. 6 EStG soll gerade auch den Verlustfall erfassen.[413] Im Übrigen diente die Veräußerung der Verlustminimierung. Wesentliches Merkmal bei der Feststellung der Einkünfteerzielungsabsicht ist aber, wie der Stpfl. auf eine Verlustperiode reagiert, insbes. ob er sie unverändert fortführt oder sich um eine Beendigung bemüht, wenn er erkennt, dass ein Gewinn nicht zu erzielen ist. Wie dem Inhaber einer notleidenden Option nicht zugemutet wird, sie mit einem noch höheren Verlust ausüben zu müssen, um den Verlust aus dem Verfall geltend machen zu können[414], ist auch die Vermutung der Einkünfteerzielungsabsicht im Rahmen von § 20 Abs. 2 EStG nicht dadurch widerlegt, dass der Stpfl. sich zu einer Veräußerung entschließt, um eine sich negativ entwickelnde Anlage zu beenden und so einen noch höheren Verlust zu vermeiden.

Im Verfahren VIII R 25/14 (Rückkauf einer Sterbegeldversicherung)[415] kündigten die Kläger je eine im Jahr 2005 abgeschlossene Sterbegeldversicherung, worauf diese die Versicherung zurückkaufte, die eingezahlten Beiträge den Rückkaufwerten gegenüberstellte und den Klägern einen Verlust aus Kapitalerträgen bescheinigte. Die besondere Typik dieser Anlage bestand darin, dass sie bei geplantem Lauf der Dinge weder in der Substanz noch in den Erträgen steuerbar gewesen wäre – bei einer Sterbegeldversicherung ist der Erlebensfall nicht geplant (§ 20 Abs. 1 Nr. 6 EStG). Maßgeblicher Zeitpunkt für die Prüfung der Einkünfteerzielungsabsicht konnte dementsprechend nicht der Zeitpunkt des Erwerbs sein; damit würde verkannt, dass mit dem Entschluss zu der den Rückkauf auslösenden Kündigung der Versicherungen die **ursprüngliche Investitionsplanung geändert** wurde. Im Übrigen wäre eine Prognose für den Fall des Scheiterns der ex ante intendierten Anlage aufzustellen, während es in der Systematik der Prüfung von Einkünfte- und Gewinnerzielungsabsicht liegt, vom Plan des Stpfl. zur Einkünfteerzielung auszugehen. Die Stpfl. hatten im entschiedenen Fall aber ex ante (plankonform) nicht die Absicht, steuerbare Einkünfte zu erzielen. Geboten war also eine Progno-

413 *Haisch/Krampe*, DStR 2011, 2178, 2183; *Moritz/Strohm*, in: Frotscher/Geurts, EStG, § 20 (n.F.), Rz. 62.

414 So bereits BFH v. 26.9.2012, IX R 50/09, BFHE 239, 95, BStBl II 2013, 231; v. 10.11.2015, IX R 20/14, BFHE 251, 381, BStBl II 2016, 159; zur neuen Rechtslage BFH v. 12.1.2016, IX R 48/14, BFHE 252, 423, BStBl II 2016, 456; v. 12.1.2016, IX R 49/14, BFHE 252, 430, BStBl II 2016, 459; v. 12.1.2016 IX R 50/14, BFHE 252, 436, BStBl II 2016, 462; v. 20.10.2016, VIII R 55/13, BFHE 256, 56, BStBl II 2017, 264.

415 BFH v. 14.3.2017, VIII R 25/14, BFHE 258, 237, BStBl II 2017, 1038.

se im Zeitpunkt des Rückkaufs. Diese Prognose konnte nicht auf den Zeitpunkt des Abschlusses der Versicherung bezogen werden, wäre dies doch eine unzulässige ex-tunc-Beurteilung der Einkünfteerzielungsabsicht. Für die Widerlegung der Vermutung der Einkünfteerzielungsabsicht ab dem Entschluss zum Rückkauf genügt allein der negative Unterschiedsbetrag nicht.

Die Vermutung der Einkünfteerzielungsabsicht soll nur laut FG Münster[416] nicht gelten, wenn die betroffenen Einkünfte nicht dem **Regime der Abgeltungsteuer gem. § 32d EStG** unterliegen. Das FG Münster hat die Berücksichtigung von Gewinnen und Verlusten aus Aktivitäten im Zusammenhang mit sog. **Bondstripping**[417] mangels Einkünfteerzielungsabsicht abgelehnt. Demgegenüber erkennt der BFH einen Verlust aus der Veräußerung der Anleihemäntel auch unter dem Aspekt einer fehlenden Einkünfteerzielungsabsicht an.[418] Denn die Vermutung der Einkünfteerzielungsabsicht gilt unabhängig davon, ob ein Verlust dem gesonderten Tarif unterliegt oder, wie vorliegend, gemäß § 32d Abs. 2 Nr. 2 Buchst. b EStG nicht. Die Vermutung war im entschiedenen Fall auch nicht widerlegt, da die Erzielung von Gewinn oder Verlust von der Entwicklung der Marktwerte abhängig war. Demgegenüber hatte das FG Münster die Berücksichtigung von Gewinnen und Verlusten aus Aktivitäten im Zusammenhang mit sog. Bondstripping mangels Einkünfteerzielungsabsicht abgelehnt.[419]

Der BFH[420] stellt klar, dass die mit der Abgeltungsteuer eingeführten Besonderheiten der Einkünfte aus Kapitalvermögen wegen der Nichtabzugsfähigkeit der tatsächlichen Werbungskosten (§ 20 Abs. 9 EStG) und der beschränkten Verrechenbarkeit der unter § 32d Abs. 1 EStG fallenden Kapitalerträge (§ 20 Abs. 6 EStG) eine tatsächliche (widerlegbare) Vermutung der Einkünfteerzielungsabsicht bedingen, die unabhängig davon gilt, ob die sich ergebenden negativen Einkünfte aus Kapitalvermögen (hier aus der Veräußerung der Anleihemäntel gemäß § 20 Abs. 2 Satz 1 Nr. 7 EStG) in einem zweiten Schritt gemäß § 32d Abs. 2 Nr. 1 Satz 1 Buchst. b EStG aus dem gesonderten Tarif ausgeschlossen werden. Die Ausschlussrege-

416 FG Münster v. 5.9.2019, 8 K 2950/16 E, DStRE 2020, 131ff., Rev. (begründet) BFH v. 16.3.2023, VIII R 36/19, BFH/NV 2023, 808.

417 Dazu auch oben A. II. 1. d).

418 BFH v. 30.11.2022, VIII R 15/19, DStR 2023, 565 sowie VIII R 30/20, DStRE 2023, 525, FR 2023, 428.

419 FG Münster v. 5.9.2019, 8 K 2950/16 E, EFG 2019, 1774; aufgehoben durch BFH v. 16.2.2023, VIII R 36/19, n. v., juris.

420 BFH v. 30.11.2022, VIII R 15/19, DStR 2023, 565 sowie VIII R 30/20, DStRE 2023, 525, FR 2023, 428.

lung knüpft an die jeweiligen Einkünfte an. Sie wirkt nicht in die Einkünfteermittlung selbst hinein.

Der Gesetzgeber wollte mit der Einführung der Abgeltungsteuer die in § 20 Abs. 2 EStG genannten Kapitalanlagen einschließlich sämtlicher realisierter Wertveränderungen steuerlich erfassen, unabhängig davon, ob die jeweiligen positiven oder negativen Kapitalerträge aus § 20 Abs. 2 EStG dem gesonderten Tarif des § 32d Abs. 1 EStG unterliegen oder – wie hier von den Klägern geltend gemacht – nach Maßgabe des § 32d Abs. 2 EStG tariflich zu besteuern sind. Zur Widerlegung der Einkünfteerzielungsabsicht für die Veräußerung der Anleihemäntel gemäß § 20 Abs. 2 Satz 1 Nr. 7 EStG genügt daher weder das bloße Erzielen eines Veräußerungsverlusts aus der Veräußerung der Anleihemäntel noch kann wegen der beabsichtigten Abtrennung der Zinsscheine auf eine fehlende Einkünfteerzielungsabsicht beim Erwerb der Bundesanleihen abgestellt werden. Vielmehr setzt sich die beim Erwerb der Bundesanleihen unzweifelhaft bestehende Einkünfteerzielungsabsicht an den durch die Trennung entstandenen Kapitalanlagen (den Anleihemänteln und den Zinsscheinen) fort. Zwar stand auch im entschiedenen Fall im Zeitpunkt der Veräußerung der Anleihemäntel fest, dass der Kläger hieraus einen Verlust erzielen werde. Unter Berücksichtigung der Tatsache, dass der Kläger zunächst die ungetrennten Anleihen erworben und in engem zeitlichen Zusammenhang nicht nur die durch die Trennung entstandenen Anleihemäntel, sondern auch die Zinsscheine veräußert hat, hält der BFH jedoch eine Gesamtbetrachtung für geboten, bei der die Einkünfteerzielungsabsicht unter Einbeziehung sowohl der durch die Veräußerung der Anleihemäntel erzielten Verluste als auch der durch die Veräußerung der Zinsscheine erzielten Gewinne nach der Auftrennung der Bundesanleihen zu beurteilen ist. Daran gemessen war die Vermutung der Einkünfteerzielungsabsicht nicht widerlegt, da keine Anhaltspunkte dafür vorlagen, dass von vornherein feststand oder von Anfang an beabsichtigt war, dass bei zusammenfassender Betrachtung beider Veräußerungsvorgänge jeweils per Saldo ein Verlust erzielt werde. Auch hatte der Kläger die Anleihemäntel wie unter fremden Dritten zum marktüblichen Preis veräußert.

Auf der Linie des BFH liegt das FG München[421] hinsichtlich einer etwas anders gelagerten Konstellation. Es ging dabei um den Verlust aus der Veräußerung von **Wandelschuldverschreibungen** an eine GmbH, an der der Kläger zu 100 % beteiligt war. Gem. § 32d Abs. 2 Nr. 1 b) EStG unterlag er der tariflichen Einkommensteuer und demgemäß war der Verlustausgleich nach § 32d Abs. 2 Nr. 1 Satz 2 EStG nicht eingeschränkt. Das Vorliegen

421 FG München v. 29.9.2020, 5 K 2870/19, EFG 2021, 111, Rev. VIII R 28/20.

einer Einkünfteerzielungsabsicht sei für jede Kapitalanlage getrennt zu beurteilen. Aus dem Urteil des FG Münster[422] ergebe sich nichts Abweichendes. Der Erwerb zwar gegenläufiger, sich aber nicht gegenseitig bedingender Anleihen sei nicht mit dem Erwerb einer Bundesanleihe zu vergleichen, die in einen Kapitalstrip und einen Zinsstrip aufgeteilt werde, die sodann getrennt veräußert würden.

Dem gleichen Ansatz folgt das FG Münster[423] hinsichtlich der steuerlichen Behandlung von Gewinnen und Verlusten aus der Veräußerung von sog. **EURO STOXX 1- und EURO STOXX 2**-Zertifikaten im Jahr 2010. Der Kläger hatte durch den Verkauf der im vorangegangenen Jahr 2009 erworbenen streitgegenständlichen EURO STOXX 1-Zertifikate Gewinne aus Kapitalvermögen erzielt. Da die tatsächlich entstandenen Werbungskosten nicht geltend gemacht werden konnten, basierte die Möglichkeit der Gewinnerzielung allein auf der Entwicklung des Dow Jones EURO STOXX 50 im Verhältnis von Fixing- und Bewertungsstichtag. Auf diese Entwicklung hatte der Kläger keinen Einfluss. Das FG sah die Vermutung der Einkünfteerzielungsabsicht nicht als widerlegt an. Dies gelte selbst dann, wenn man die vom Kläger erworbenen Produkte als Einheit betrachten würde. Mit einer positiven Entwicklung eines Zertifikates ging automatisch die gegenläufig negative Entwicklung des anderen Zertifikates einher. Dabei bestand aufgrund der leicht abweichenden Rückzahlungsgarantien im Vergleich zum Kapitaleinsatz jedoch die (für den Kläger nicht vorhersehbare) Möglichkeit, in der Gesamtschau der gegenläufigen Geschäfte sowohl einen Gewinn als auch einen Verlust zu erwirtschaften. Es sei davon auszugehen, dass ein Gewinn angestrebt wurde, dieser aufgrund nicht zu beeinflussender Kursveränderungen an der Börse aber tatsächlich nicht erzielt worden sei.

Thematisiert wird die Einkünfteerzielungsabsicht auch immer wieder im **Kontext eines Darlehensverzichts eines Gesellschafter-Geschäftsführers**. Hierzu hat das FG München[424] den Streitstand dargelegt und – zutreffend – Stellung bezogen. Verzichtet ein Gesellschafter-Geschäftsführer auf Rückzahlungsansprüche wegen eines gegenüber der Gesellschaft gewährten Darlehens wegen Verschlechterung der Vermögenslage, so liegen im Hinblick auf den insoweit nicht werthaltigen Teil der Rückzahlungsansprüche negative Kapitaleinkünfte i. S. v. § 20 Abs. 2 Satz 1 Nr. 7 EStG vor. Im Hinblick auf die Gewinnerzielungsabsicht bezüglich der Dar-

422 FG Münster v. 5.9.2019, 8 K 2950/16 E, EFG 2019, 1774; aufgehoben durch BFH v. 16.2.2023, VIII R 36/19, n. v., juris.
423 FG Münster v. 29.9.2020, 6 K 1176/17 E, DStRE 2021, 1230, rkr.
424 FG München v. 17.2.2022, 11 K 2371/18, EFG 2022, 1373, Rev. VIII R 8/22.

lehensgewährung ist auch die Absicht, das Gesellschaftsvermögen zu stärken, in die Gesamtbetrachtung miteinzubeziehen.

Für die Beurteilung des Vorliegens der Einkunftserzielungsabsicht eines **Bürgen** stellt das FG Nürnberg[425] auf den **Zeitpunkt** des Forderungsübergangs nach § 774 Abs. 1 Satz 1 BGB (Befriedigung des Gläubigers durch den Bürgen) und nicht auf den Zeitpunkt des Abschlusses des Bürgschaftsvertrages ab.

2. Bei § 17 EStG

Zur wechselseitigen Veräußerung von Kapitalgesellschaftsanteilen unter Wert hat der BFH[426] entschieden, dass ein „Verlust" i. S. des § 17 Abs. 1 Satz 1, Abs. 2 Satz 1 EStG, der im Zuge einer solchen Anteilsrotation lediglich wegen der Vereinbarung eines den Wert des veräußerten Anteils krass verfehlenden Kaufpreises entsteht, zu einem gesetzlich nicht vorgesehenen Steuervorteil führt und einen Missbrauch von Gestaltungsmöglichkeiten des Rechts (§ 42 Abs. 1 Satz 1, Abs. 2 Satz 1 AO) darstellt.[427]

Einem Steuerpflichtigen steht es zwar frei, ob, wann und an wen er seine Anteile veräußert. Dies gilt grundsätzlich auch dann, wenn die Veräußerung zu einem Verlust führt. Denn die Berücksichtigung eines Veräußerungsverlusts steht nicht nur im Einklang mit § 17 EStG, sondern entspricht auch dem Grundsatz der Besteuerung nach der Leistungsfähigkeit; sie ist damit nicht von vornherein rechtsmissbräuchlich. Etwas anderes kann aber dann gelten, wenn ein „Verlust" nur dadurch entsteht, dass die Beteiligten einen unzutreffenden, die Wertverhältnisse des zur Veräußerung bestimmten Kapitalgesellschaftsanteils in krasser Weise verfehlenden Kaufpreis vereinbaren; denn in diesem Fall ist der „Verlust" nicht durch eine den Kapitalgesellschaftsanteilen innewohnende Wertminderung, sondern durch einen Verkauf von Anteilen weit unter Wert zustande gekommen.

Im entschiedenen Fall war der gewählte Weg des wechselseitigen Anteilsverkaufs unter Wert zur Verlustnutzung rechtsmissbräuchlich i. S. des § 42 Abs. 1 Satz 1, Abs. 2 AO. Die betroffene GmbH war im Zeitpunkt der Veräußerung wirtschaftlich erfolgreich. Die wirtschaftlichen Kennzahlen ließen nicht den Schluss zu, dass der von den Vertragsbeteiligten vereinbarte Kaufpreis in Höhe von (jeweils) 12.500 € auch nur annähernd dem Wert der veräußerten Geschäftsanteile im Veräußerungszeitpunkt

425 FG Nürnberg v. 18.11.2021, 4 K 519/18, EFG 2023, 1128, Rev. VIII R 3/23.
426 BFH v. 20.9.2022, IX R 18/21, BStBl II 2023, 315, DStR 2023, 139.
427 Abgrenzung zu BFH v. 7.12.2010, IX R 40/09, BFHE 232, 1, BStBl II 2011, 427.

entsprach. Zu Recht ist das FG in diesem Zusammenhang davon ausgegangen, dass sich bei der guten Ertragslage der GmbH der Ansatz eines etwaigen „Liquidationserlöses“ in Höhe des Mindeststammkapitals gemäß § 5 Abs. 1 GmbHG als maßgeblicher Gesamtwert der veräußerten Kapitalgesellschaftsanteile verbiete.

Der „Verlust“ des Klägers aus der Veräußerung war mithin im Veräußerungszeitpunkt nicht real eingetreten, sondern nur das rechnerische Ergebnis der vertraglichen Vereinbarung eines Unter-Wert-Verkaufs, bei dem der (jeweilige) Kaufpreis die Wertverhältnisse der (jeweils) zur Veräußerung bestimmten Kapitalgesellschaftsanteile in krasser Weise verfehlte; er spiegelt demnach auch nicht eine geminderte Leistungsfähigkeit des Klägers wider. Der vom Kläger und seinem Mitgesellschafter durchgeführten Anteilsrotation konnte kein realer wirtschaftlicher Hintergrund beigemessen werden; sie diente lediglich dem Zweck, durch das Auslösen eines – mit der Vereinbarung eines gegenseitigen Verkaufs unter Wert verbundenen – Steuererstattungsanspruchs die Möglichkeit zur Tilgung privater Aufwendungen zu schaffen. Dies stellt keinen beachtlichen außersteuerlichen Grund für die gewählte Vertragsgestaltung dar (§ 42 Abs. 2 Satz 2 AO).

Die an der Anteilsrotation beteiligten Vertragsparteien haben die jeweilige Übertragung ihres Anteils unter Wert nur deshalb vorgenommen, weil sie im Gegenzug hierfür (zivil-)rechtlich zwar einen „anderen“, wirtschaftlich gesehen jedoch einen wertidentischen Kapitalgesellschaftsanteil zu einem dem realen Wert nicht entsprechenden Kaufpreis zurückerhalten haben. Derartige gegenläufige/ringförmige Rechtsgeschäfte sind rechtsmissbräuchlich, wenn sie keine verständliche wirtschaftliche Veränderung bewirken (und auch nicht bewirken sollen). Ein steuerrechtlich dem Grunde nach erheblicher Vorgang kann dann nicht berücksichtigt werden, wenn er nach dem Willen des Steuerpflichtigen durch einen gegenläufigen Rechtsakt erst geschaffen oder wieder ausgeglichen wird und damit von vornherein eine wirtschaftliche Belastung vermieden werden soll.

Gewinnerzielungsabsicht und Gestaltungsmissbrauch sind stets Thema in Fällen einer gezielten Herbeiführung von Veräußerungsverlusten; entschieden hat der BFH dazu einen Fall der sog. **Überpari-Emission.**[428] Danach muss sich die auch bei den Einkünften aus § 17 EStG erforderliche Gewinnerzielungsabsicht auf die gesamte Beteiligung des Steuerpflichtigen an der Kapitalgesellschaft beziehen. Eine auf den einzelnen veräußerten Geschäftsanteil bezogene Betrachtung ist ausgeschlossen. Dabei ist **regelmäßig** von einer **Ge-**

428 BFH v. 3.5.2023, IX R 12/22, DStR 2023, 1763 mit Anm. *Trossen*, 1768; dazu auch *Messner*, AktStR 2023, 597.

winnerzielungsabsicht auszugehen, selbst wenn die Beteiligung nur kurze Zeit gehalten wurde. Denn § 17 Abs. 1 Satz 1 EStG gibt keine Mindestdauer für das Halten der Beteiligung vor, sondern lässt es genügen, dass der Steuerpflichtige zu irgendeinem Zeitpunkt innerhalb der letzten fünf Jahre vor der Veräußerung tatbestandsmäßig an der Kapitalgesellschaft beteiligt war. An einer Gewinnerzielungsabsicht fehlt es (nur), wenn konkrete Anhaltspunkte dafür vorliegen, dass aufgrund der individuellen Verhältnisse der Kapitalgesellschaft und/oder ihrer Gesellschafter auch langfristig mit positiven Einkünften nicht zu rechnen ist oder dass rein persönliche Gesichtspunkte – wie freundschaftliche oder verwandtschaftliche Beziehungen – für die Beteiligung des Steuerpflichtigen bestimmend waren. Veräußerungsverluste, die generiert werden, um steuerliche Vorteile zu erzielen, stellen im Regelfall nicht die Gewinnerzielungsabsicht infrage, sondern sind dahin zu würdigen, ob rechtliche Gestaltungsmöglichkeiten gemäß § 42 AO missbraucht wurden.

Die Gewinnerzielungsabsicht muss sich auf die **gesamte Beteiligung an der Kapitalgesellschaft** beziehen, nicht auf jeden veräußerten Geschäftsanteil. Die einzelnen Geschäftsanteile an einer GmbH sind zwar zivilrechtlich selbständig und daher unterscheidbar (vgl. § 15 Abs. 2 GmbHG). Diese Selbständigkeit spiegelt sich in der steuerrechtlichen Beurteilung insoweit wider, als auch die Veräußerung eines einzelnen Geschäftsanteils und nicht nur die Gesamtbeteiligung unter den Voraussetzungen des § 17 Abs. 1 Satz 1 EStG tatbeständsmäßig ist. Zudem sind bei der Ermittlung des Veräußerungsgewinns gemäß § 17 Abs. 2 Satz 1 EStG die Anschaffungskosten für den jeweiligen Anteil jedenfalls dann isoliert zu bestimmen, wenn sie jeweils unterschiedlich hoch ausgefallen sind. Darüber hinaus ist auch das in § 17 Abs. 2 Satz 6 EStG geregelte Verlustberücksichtigungsverbot anteilsbezogen ausgestaltet („... soweit [...] auf Anteile entfällt ...“). Diese Betrachtung ist aber nicht auf die Gewinnerzielungsabsicht auszudehnen. Denn im Fall des Erreichens der Relevanzschwelle des § 17 Abs. 1 Satz 1 EStG ist die Beteiligung an der Kapitalgesellschaft als Ganzes und eben nicht der einzelne Geschäftsanteil steuerlich verstrickt.

Im entschiedenen Fall entstand ein Verlust aus der Veräußerung eines GmbH-Geschäftsanteils, da dessen Anschaffungskosten aufgrund eines Aufgelds seinen Verkehrswert überstiegen. Das für einen bestimmten Geschäftsanteil gezahlte Aufgeld (Agio) erhöht die Anschaffungskosten dieses Anteils, auch wenn die Summe aus dem Nennbetrag und dem Agio den Verkehrswert des Anteils übersteigt (sog. Überpari-Emission).[429] Das gilt

429 Anschluss an BFH v. 27.5.2009, I R 53/08, DStR 2009, 2661.

jedenfalls für Veräußerungen **bis zum 31.7.2019.** Hat der Steuerpflichtige Anteile an einer Kapitalgesellschaft zu verschiedenen Zeiten und zu unterschiedlichen Anschaffungskosten erworben, ist eine Zusammenrechnung der einzelnen Anteile und die Bildung eines durchschnittlichen Anschaffungspreises nicht zulässig. Dies widerspräche dem Grundsatz der zivilrechtlichen Selbständigkeit und Unterscheidbarkeit der Geschäftsanteile. Dementsprechend ist der Gewinn/Verlust aus der Veräußerung von Geschäftsanteilen an einer Kapitalgesellschaft sowohl hinsichtlich des Veräußerungspreises als auch der Anschaffungskosten anteilsbezogen zu bestimmen. Das Aufgeld, das ein Erwerber neuer Geschäftsanteile aufgrund der getroffenen Einlagevereinbarung über dem Nennbetrag der Einlage hinaus an eine Kapitalgesellschaft zu leisten hat und welches gemäß § 272 Abs. 2 Nr. 1 HGB in der Bilanz der Gesellschaft als Kapitalrücklage auszuweisen ist, ist Bestandteil der Gegenleistung, die der Erwerber aufbringen muss, um die Beteiligungsrechte zu erwerben. Gerade wegen der zivilrechtlichen Selbständigkeit jedes Geschäftsanteils ist das Aufgeld nur demjenigen Anteil als Anschaffungskosten zuzurechnen, für deren Erwerb es aufzubringen war. Dies gilt selbst dann, wenn die Summe aus dem Nennbetrag des neuen Anteils und des Aufgelds den Verkehrswert des neuen Anteils übersteigt (sog. Überpari-Emission). Bei dem den Verkehrswert übersteigenden Teilbetrag handelt es sich **nicht** um eine **verdeckte Einlage** des Gesellschafters, die als – nachträgliche – Anschaffungskosten für sämtliche Geschäftsanteile zu berücksichtigen wäre. Es fehlt an der hierfür erforderlichen Unentgeltlichkeit.

Die Zahlung eines Aufgelds für den Erwerb eines neu geschaffenen Geschäftsanteils sowie dessen kurzfristig spätere verlustauslösende Veräußerung ist auch **nicht als Missbrauch** von rechtlichen Gestaltungsmöglichkeiten zu werten.

Der entschiedene Fall betraf altes Recht. Fälle einer Überpari-Emission via Aufgeldern/Nachschüssen waren Anlass für die **Neuregelung in § 17 Abs. 2a Satz 5 EStG.**[430] Danach sind Einzahlungen eines Steuerpflichtigen über den Nennbetrag seiner Anteile hinaus in das Kapital der Gesellschaft bei Ermittlung der Anschaffungskosten gleichmäßig auf seine gesamten Anteile einschließlich seiner im Rahmen von Kapitalerhöhungen neuen Anteile zu verteilen. Dies gilt auch dann, wenn diese zivilrechtlich ausdrücklich nur auf einen Teil der Anteile – die im Wege der Kapitalerhöhung neu geschaffenen Anteile – geleistet werden. Nach neuem Recht ist

430 § 17 Abs. 2a Satz 5 EStG gilt erstmals für Veräußerungen nach dem 31.7.2019 (§ 52 Abs. 25a Satz 1 EStG); dazu A. II. 3. f) cc).

also eine gleichmäßige Verteilung von Aufgeldern (nach dem Verhältnis der einzelnen Anteile in Bezug auf die Gesamtbeteiligung des Anteilseigners am Nennkapital) zwingend. Als Missbrauchsbekämpfungsvorschrift sperrt § 17 Abs. 2a Satz 5 EStG nach § 42 Abs. 1 Satz 2 AO die Anwendung des § 42 AO.

IV. § 20 Abs. 3 EStG (besondere Entgelte)

Zu den Einkünften aus Kapitalvermögen gehören gem. § 20 Abs. 3 EStG auch besondere Entgelte oder Vorteile, die neben den in § 20 Abs. 1 und 2 EStG bezeichneten Einnahmen oder an deren Stelle gewährt werden. § 20 Abs. 3 EStG stellt keinen eigenen Besteuerungstatbestand dar. Es wird lediglich der **Umfang der nach § 20 Abs. 1 und 2 EStG steuerbaren Einnahmen klargestellt,** ohne dass damit eine sachliche Erweiterung der Vorschriften verbunden ist. Insoweit werden in § 20 Abs. 1 und Abs. 2 EStG lediglich die Quellen, aus denen Kapitalerträge oder Veräußerungserlöse stammen, abschließend aufgezählt. Demgegenüber werden die Arten der Kapitalerträge weder abschließend genannt noch begrifflich erläutert.

Gewährt eine Wohnungsbaugenossenschaft ihren Mitgliedern/Mietern eine **Mietminderung** bei Zeichnung von Genossenschaftsanteilen ohne Verzinsung und Teilhabe an Gewinnausschüttungen, erzielen – so das FG Berlin-Brandenburg[431] – die Genossenschaftsmitglieder dadurch Einkünfte aus Kapitalvermögen i. S. des § 20 Abs. 1 Nr. 1 EStG in Gestalt eines besonderen Entgelts gem. § 20 Abs. 3 EStG.

Im Kontext von § 20 Abs. 3 EStG hatte das FG Köln[432] über einen **Kapitalertragsteuereinbehalt** zu entscheiden. Es stellt zu einem **Vorfälligkeitsentgelt** für die Beendigung einer stillen Gesellschaft fest, dass die Auszahlung eines Vorfälligkeitsentgeltes für die Beendigung einer stillen Gesellschaft an eine Körperschaft i.S.v. § 44a Abs. 4 EStG keine Pflicht zum Kapitalertragsteuereinbehalt begründet. Im entschiedenen Fall schloss die Klägerin (eine juristische Person des öffentlichen Rechts i. S. v. § 1 Abs. 3d KWG), mit ihrem Träger (Zweckverband, XY-Bank) Verträge über die Erbringung stiller Einlagen, durch die sich der Zweckverband an der Bank beteiligte. Der Zweckverband hatte für die stille Beteiligung bis zur Beendigung des Vertrages Anspruch auf eine gewinnabhängige Verzinsung. Wegen der Änderung der Vorschriften zum Kernkapital („Basel III") ergab sich die Notwendigkeit, die Einlagen des Zweckverbandes vertraglich bis zum Ende

431 FG Berlin-Brandenburg v. 15.6.2021, 9 K 9068/20, EFG 2022, 401, Rev. VIII R 23/21.
432 FG Köln v. 15.2.2023, 2 K 148/20, EFG 2023, 1329, DStZ 2023, 636.

des Übergangszeitraums neu zu regeln. So wurde auf der Grundlage eines anwaltlichen Gutachtens eine einvernehmliche Vertragsaufhebung verhandelt und vereinbart. Da ein Vorfälligkeitsentgelt aus beihilferechtlichen Gesichtspunkten geboten erschien, wurden die bisherigen stillen Einlagen in voller Höhe zurückgezahlt und zusätzlich ein Vorfälligkeitsentgelt geleistet. Im Folgemonat reichte die Klägerin eine Kapitalertragsteueranmeldung ein, in der sie das Vorfälligkeitsentgelt nicht der Kapitalertragsteuer unterwarf. Anders als das FA verneinte das FG eine Pflicht zum Kapitalertragsteuereinbehalt. Denn nach § 43 Abs. 1 Satz 1 Nr. 3 EStG unterliegen Kapitalerträge i. S. v. § 20 Abs. 1 Nr. 4 EStG (also laufende Einnahmen aus der Beteiligung an einem Handelsgewerbe als stiller Gesellschafter) dem Kapitalertragsteuerabzug. Die Einkünfte aus Veräußerungen und aus der Vereinnahmung eines Auseinandersetzungsguthabens im Zusammenhang mit einer stillen Beteiligung unterliegen aber nicht dem Kapitalertragsteuerabzug, da für § 20 Abs. 2 Satz 1 Nr. 4 EStG in § 43 EStG keine Abzugspflicht vorgesehen ist. Gemäß § 20 Abs. 3 EStG zählen zu den Einkünften aus Kapitalvermögen auch besondere Entgelte und Vorteile, die neben den in den Abs. 1 und 2 bezeichneten Einnahmen oder an deren Stelle gewährt werden; dazu zählen auch Vorfälligkeitsentschädigungen für die vorzeitige Beendigung der Kapitalüberlassung. § 20 Abs. 3 EStG erfasst das Vorfälligkeitsentgelt; eine Entschädigung nach § 24 Nr. 1 Buchst. a EStG liege nicht vor. Im Ergebnis besteht daher laut FG nach § 44a EStG i. V. m. § 43 EStG i. V. m. § 20 Abs. 3 EStG keine Verpflichtung zum Kapitalertragsteuereinbehalt.

V. Aufwandsabzug und Verlustverrechnung

1. Begrenzter Abzug von Werbungskosten

Bei der Ermittlung der Einkünfte aus Kapitalvermögen ist gem. § 20 Abs. 9 Satz 1 EStG ein Sparer-Pauschbetrag von EUR 1000 bzw. EUR 2000 bei zusammenveranlagten Ehegatten als Werbungskosten von den Einnahmen aus Kapitalvermögen abzuziehen, ohne dass Werbungskosten in entsprechender Höhe nachgewiesen werden müssten. Ein Abzug der tatsächlichen Werbungskosten ist ausgeschlossen.

Die seit Einführung der Abgeltungsteuer strittige Frage, ob § 20 Abs. 9 EStG verfassungsgemäß ist, kann mittlerweile als geklärt angesehen werden. Mit dem Sparer-Pauschbetrag hat der Gesetzgeber eine verfassungsrechtlich grundsätzlich anzuerkennende Typisierung der Werbungskosten bei den Beziehern niedriger Kapitaleinkünfte sowie mit der Senkung des Steuertarifs von bisher bis zu 45 % auf nunmehr 25 % zugleich eine verfassungsrechtlich anzuerkennende Typisierung der Werbungskosten bei den Beziehern höherer Kapitaleinkünfte vorgenommen.[433]

Vom Werbungskostenabzugsverbot bestehen jedoch diverse **Ausnahmen.** So sind **Veräußerungskosten** im Rahmen der Tatbestände des Abs. 2, **Glattstellungskosten** bei Stillhaltereinnahmen i. S. des § 20 Abs. 1 Nr. 11 EStG, Verluste aus einer stillen Gesellschaft sowie bei einem Termingeschäft angefallene Aufwendungen i. S. des § 20 Abs. 4 Satz 5 EStG[434] abziehbar, obwohl es sich bei diesen Aufwendungen um Werbungskosten handelt. Letztgenannte Ausnahmen sind aber nur punktueller Natur: Im Rahmen von Stillhaltegeschäften sind lediglich Glattstellungskosten und im Rahmen der stillen Gesellschaft lediglich Verluste abziehbar. Im Übrigen, etwa hinsichtlich einer im Zusammenhang mit Stillhaltegeschäften oder stillen Gesellschaften eingegangenen Fremdfinanzierung, bleibt es beim Abzugsverbot.

Nicht anwendbar ist das Werbungskostenabzugsverbot, soweit die betreffenden Kapitaleinkünfte gem. § 32d Abs. 2 Satz 2 EStG von der Anwendung des Abgeltungssteuersatzes ausgeschlossen sind. Dies betrifft insbesondere die Fälle der Optionsveranlagung nach § 32d Abs. 2 Nr. 3 EStG, bei denen sich der Stpfl. für jede einzelne Beteiligung an einer Kapitalgesellschaft für die Besteuerung der Ausschüttungen mit seinem persönlichen Steuersatz unter Anwendung des Teileinkünfteverfahrens nach § 3 Nr. 40 Satz 1 Buchst. d) EStG mit entsprechendem Abzug der Werbungskosten zu 60 % (§ 3c Abs. 2 EStG) entscheiden kann. Voraussetzung der Optierung zur Tarifbesteuerung ist, dass der Stpfl. entweder zu mindestens 25 % an der betreffenden Kapitalgesellschaft beteiligt ist oder – falls er für die Kapitalgesellschaft beruflich tätig ist – zu mindestens 1 % beteiligt ist.

Im Rahmen der Günstigerprüfung nach **§ 32d Abs. 6 EStG** ist das Werbungskostenabzugsverbot anwendbar.[435] Denn der Antrag nach § 32d. Abs. 6 EStG bezieht sich auf die nach § 20 EStG „ermittelten“ Kapitaleinkünfte. Bei der Ermittlung der Kapitaleinkünfte nach § 20 EStG unterbleibt aber gerade der Werbungskostenabzug.

Vom Abzugsverbot sind nur solche Werbungskosten erfasst, die durch die Erzielung von Einnahmen aus Kapitalvermögen **veranlasst** sind. Bei einem Vertragspaket aus Darlehensvertrag, Rentenversicherung gegen Einmalzahlung sowie Kapitallebensversicherung gegen Einmalzahlung, deren Ablaufleistung der Tilgung des zur Finanzierung beider Einmalzahlungen aufge-

433 Stv. BFH v. 1.7.2014, VIII R 53/12, BStBl II 2014, 975; v. 1.7.2014, VIII R 54/13, EStB 2015, 55.
434 BFH v. 12.1.2016, IX R 48/14, BStBl II 2016, 456; v. 12.1.2016, IX R 49/14, BStBl II 2016, 459.
435 BFH v. 28.1.2015, VIII R 13/13, BStBl II 2015, 393.

nommenen Darlehens dienen soll (sog. **Sicherheits-Kompaktrenten-Vertragspaket**), sind die Finanzierungskosten aufzuteilen in solche, die anteilig den Einkünften aus Kapitalvermögen (§ 20 Abs. 1 Nr. 6 EStG) und den sonstigen Einkünften (§ 22 Nr. 1 EStG) zuzuordnen sind.[436]

Ob Schuldzinsen mit Einkünften aus Kapitalvermögen in dem gem. § 9 Abs. 1 Satz 3 Nr. 1 EStG erforderlichen wirtschaftlichen Zusammenhang stehen, richtet sich nach der tatsächlichen Verwendung des Darlehens.

Bei **erzwungenen Kapitalüberlassungen** reicht es zur Begründung des wirtschaftlichen Zusammenhangs zwischen Kreditaufnahme und späteren Zinseinnahmen aus, wenn das Darlehen zu dem Zweck aufgenommen und verwendet worden ist, eine (letztlich nicht gerechtfertigte) Forderung zu erfüllen. Im Verfahren VIII R 53/14[437] stellte der BFH klar, dass Schuldzinsen für ein **Darlehen**, das **zur Finanzierung einer ESt-Nachzahlung** aufgenommen worden ist, als Werbungskosten bei den Einkünften aus Kapitalvermögen abzugsfähig sein können, wenn die ESt später wieder herabgesetzt und hierfür stpfl. Erstattungszinsen i. S. des § 233a AO i. V. m. § 20 Abs. 1 Nr. 7 Satz 3 EStG gezahlt werden.[438]

Die Voraussetzungen des § 12 Nr. 3 EStG liegen schon nach dem Gesetzeswortlaut nicht vor. Denn es geht weder um den Abzug der (nachgeforderten) ESt noch um den Abzug der darauf entfallenden Nachzahlungszinsen gem. § 233a AO,[439] sondern allein um den Abzug des Zinsaufwands für ein Darlehen, das der Kläger zur Refinanzierung der Zahlung der nachgeforderten ESt und der darauf entfallenden Nachzahlungszinsen aufgenommen hatte. Ob ein solcher Zinsaufwand durch eine weite Auslegung der Vorschrift vom unmittelbaren Anwendungsbereich des § 12 Nr. 3 EStG erfasst wird, brauchte nicht abschließend entschieden zu werden. Denn soweit das FA die ursprünglichen ESt-Bescheide geändert und für die ursprünglichen Nachforderungen Steuererstattungen festgesetzt hatte, lagen bereits keine nachträglichen ESt-Zahlungen oder Nachzahlungszinsen gem. § 233a AO (mehr) vor. Maßgeblich waren die objektiven Umstände, wie sie sich nach Änderung der ESt-Bescheide darstellten.

Im Verfahren VIII R 19/16[440] gewährte der Kläger seiner Kapitalgesellschaft mehrere Darlehen (§ 20 Abs. 1 Nr. 7 EStG), die er selbst privat refinanzierte. Diese **Refinanzierungsaufwendungen** (§ 9 Abs. 1 Satz 3 Nr. 1 EStG) waren vom Kläger grundsätzlich abziehbar, da er angesichts seiner Beteiligungs-

436 BFH v. 11.12.2018, VIII R 7/15, BStBl II 2019, 231, dazu auch A. I. 3.
437 BFH v. 28.2.2018, VIII R 53/14, FHE 261, 223, BStBl II 2018, 687.
438 Anschluss an BFH v. 24.5.2011, VIII R 3/09, BFHE 235, 197, BStBl II 2012, 254.
439 Dazu A. I. 4. f).
440 BFH v. 24.10.2017, VIII R 19/16, BFHE 262, 1, BStBl II 2019, 34.

höhe von über 10 % die Voraussetzungen des § 32d Abs. 2 Nr. 1 Buchst. b EStG erfüllte, sodass das Werbungskostenabzugsverbot gem. § 32d Abs. 2 Satz 2 EStG suspendiert war. Als es der Gesellschaft schlechter ging, **verzichtete** er auf mehrere dieser **Darlehen gegen Besserungsschein**. Hierdurch entfielen die Darlehen i. S. des § 20 Abs. 1 Nr. 7 EStG und damit auch der Veranlassungszusammenhang der Refinanzierungszinsen zu Einkünften aus Kapitalvermögen nach § 20 Abs. 1 Nr. 7 EStG.[441] Denn ein gesellschaftsrechtlich veranlasster Darlehensverzicht führt zu einer verdeckten Einlage in die Kapitalgesellschaft. Allerdings wurde durch die Unterbrechung des Veranlassungszusammenhangs zu Einkünften nach § 20 Abs. 1 Nr. 7 EStG ein **neuer Veranlassungszusammenhang** zu Einkünften nach § 20 Abs. 1 Nr. 1 EStG geschaffen.[442] Die Refinanzierungsaufwendungen der ursprünglichen Darlehen sind nach dem Verzicht Refinanzierungsaufwendungen der verdeckten Einlage und daher Werbungskosten für Einkünfte aus Kapitalvermögen i. S. v. § 20 Abs. 1 Nr. 1 EStG. Denn mit dem Verzicht wollte der Kläger die Gesellschaft (Eigenkapitalbildung und Ertragskraft) stärken, um künftig Einkünfte gem. § 20 Abs. 1 Nr. 1 EStG zu erzielen. Diesbezüglich gilt jedoch das Werbungskostenabzugsverbot nach § 20 Abs. 9 EStG, das unter anderen Voraussetzungen suspendiert wird. Insoweit muss der Stpfl. die Anwendung des Teileinkünfteverfahrens nach § 32d Abs. 2 Nr. 3 EStG beantragen, um vom Werbungskostenabzugsverbot befreit zu werden, was im Streitfall nicht (rechtzeitig) geschehen war.

2. Grundstruktur der Verlustverrechnung

Zentraler Baustein der Abgeltungsteuer sind die Verlustverrechnungsbeschränkungen gem. § 20 Abs. 6 EStG. § 20 Abs. 6 EStG erfasst alle Verluste aus laufenden Kapitalerträgen i. S. des § 20 Abs. 1 EStG sowie alle Veräußerungsverluste i. S. des § 20 Abs. 2 EStG. Für Einnahmen aus Kapitalvermögen, die einer anderen Einkunftsart zuzuordnen sind (§ 20 Abs. 8 EStG), gilt § 20 Abs. 6 EStG nicht. Weiterhin nicht anwendbar ist § 20 Abs. 6 EStG in den Fällen des § 32d Abs. 2 Nr. 1, 2, 3, 4 EStG (einander nahestehende Personen, Gesellschafterfinanzierungen, Back-to-Back-Finanzierungen, Kapitallebensversicherungen, unternehmerische Beteiligungen, vGA, die das Einkommen der leistenden Körperschaft gemindert haben). Bei der Wahlveranlagung (§ 32d Abs. 4 EStG) und Günstigerprüfung (§ 32d Abs. 6 EStG)

441 BFH v. 24.10.2017, VIII R 19/16, BFHE 262, 1, BStBl II 2019, 34; krit. *Paus*, DStZ 2019, 266; anders auch *Kahlert*, DStR 2018, 229, 232: nachträgliche Werbungskosten.

442 Sog. Surrogationsbetrachtung, vgl. BFH v. 8.4.2014, IX R 45/13, BFHE 244, 442, BStBl II 2015, 635, Rz. 15 m. w. N.

bleibt es hingegen bei den Verlustverrechnungsbeschränkungen des § 20 Abs. 6 EStG.

Bereits beim Kapitalertragsteuer-Abzug haben die Kreditinstitute, Finanzdienstleistungsinstitute u. a. nach § 43a Abs. 3 EStG die negativen Einkünfte aus Kapitalvermögen durch unterjährigen Verlustausgleich zu berücksichtigen. Die unterjährige Verlustverrechnung findet aber nur innerhalb eines Kreditinstituts statt; eine übergreifende unterjährige Verlustverrechnung zwischen zwei oder mehreren Instituten gibt es im Abzugsverfahren nicht. Das Verlustverrechnungsverbot für Aktienveräußerungsverluste ist dabei zu berücksichtigen (§ 43a Abs. 3 Satz 2 EStG),[443] nicht aber die Verlustverrechnungsverbote gem. § 20 Abs. 6 Sätze 5 und 6 EStG.

Soweit eine vollständige Berücksichtigung der Verluste im Rahmen des Steuerabzugs bei den Kreditinstituten nicht vorgenommen wurde bzw. nicht möglich ist, ist zusätzlich ein Verlustausgleich und -abzug im Rahmen der Veranlagung möglich.

Der Verlustausgleich im Rahmen des Steuerabzugs nach § 43a Abs. 3 EStG ist gegenüber dem Verlustausgleich im Rahmen der Veranlagung nach § 20 Abs. 6 EStG zeitlich vorrangig, aber nicht materiell-rechtlich endgültig. Auf Antrag des Stpfl. ist im Rahmen der Veranlagung gem. § 32d Abs. 4 EStG eine institutsübergreifende Verlustverrechnung (zwischen mehreren Depots bei unterschiedlich auszahlenden Stellen) durchzuführen.[444]

Im Verfahren VIII R 8/16[445] bestätigt der BFH,[446] dass § 20 Abs. 6 Satz 1 EStG der Verrechnung von Altverlusten i. S. von § 23 EStG in der bis zum 31.12.2008 geltenden Fassung mit positiven Kapitaleinkünften i. S. von § 20 Abs. 2 EStG bei der (Antrags-)Veranlagung gem. § 32d Abs. 4 EStG nicht entgegensteht.[447]

Die **Verlustverrechnung nach Verlustverrechnungskreisen in der Veranlagung** stellt das BMF im Schreiben vom 19.5.2022[448] dar.

Die Verlustverrechnung kann nicht auf Teilbeträge beschränkt werden.

Der **Sparer-Pauschbetrag** ist nur zu berücksichtigen, wenn nach Verrechnung sämtlicher positiven und negativen Einkünfte aus Kapitalvermögen positive Einkünfte verbleiben.[449]

443 S. aber A. V. 3. a).
444 BFH v. 29.8.2017, VIII R 23/15, BStBl II 2019, 54.
445 BFH v. 3.12.2019, VIII R 8/16, BStBl II 2020, 383.
446 Dazu schon BFH v. 29.8.2017, VIII R 23/15, BStBl II 2019, 54, Rz. 11 ff.
447 Dazu im Einzelnen A. V. 5.
448 BMF v. 19.5.2022, IV C 1-S 2252/19/10003:009, BStBl I 2022, 742, Rz. 118.
449 BMF v. 19.5.2022, IV C 1-S 2252/19/10003:009, BStBl I 2022, 742, Rz. 119b.

Verluste mindern die abgeltungsteuerpflichtigen Erträge unabhängig davon, ob diese aus in- oder **ausländischen Quellen** stammen. Die Summe der anrechenbaren ausländischen Quellensteuer ist auf die nach Verlustverrechnung verbleibende Abgeltungsteuerschuld anzurechnen.[450] Die Anwendung des Freistellungsauftrags hat die gleiche Wirkung wie die Verlustverrechnung.[451]

Nicht ausgeglichene Verluste eines **Ehegatten** aus Kapitalvermögen können nach § 20 Abs. 6 Satz 3 EStG a. F. im Rahmen einer Veranlagung der Kapitalerträge zum gesonderten Tarif i. S. des § 32d Abs. 1 EStG nicht ehegattenübergreifend mit positiven Kapitalerträgen des anderen Ehegatten verrechnet werden.[452] § 43a Abs. 3 Satz 2 Halbs. 2 EStG ermöglicht den auszahlenden Stellen lediglich **im Rahmen des KapESt-Abzugs** zum Ende eines Veranlagungszeitraums nach den Vorgaben des § 20 Abs. 6 EStG einen ehegattenübergreifenden Verlustausgleich durchzuführen, wenn die Ehegatten der auszahlenden Stelle einen gemeinsamen Freistellungsauftrag (§ 44a Abs. 2 Satz 1 Nr. 1 i. V. m. § 20 Abs. 9 Satz 2 EStG) erteilt haben. Eine entsprechende Rechtsgrundlage fehlte bislang für die Veranlagung. Bei Veranlagung der Kapitalerträge gem. § 32d Abs. 4 i. V. m. § 32d Abs. 3 Satz 2 EStG konnte jeder Ehegatte nach den Vorgaben des § 20 Abs. 6 Satz 3 EStG nicht ausgeglichene eigene Verluste nur mit seinen eigenen positiven Kapitalerträgen verrechnen. Ein verbleibender nicht ausgeglichener Verlust war gem. § 20 Abs. 6 Satz 4 i. V. m. § 10d Abs. 4 EStG für den jeweiligen Ehegatten auf den 31.12. gesondert festzustellen. Mit dem JStG 2022 wurde § 20 Abs. 6 Satz 3 EStG angepasst, um ab VZ 2022 (§ 52 Abs. 1 EStG) einen ehegattenübergreifenden Ausgleich nicht ausgeglichener Verluste von zusammenveranlagten Ehegatten zu ermöglichen.

3. Verlustverrechnungsbeschränkungen

Stellt die Abgeltungsteuer ein in sich geschlossenes Sondersystem der Besteuerung privater Kapitaleinkünfte dar,[453] so ist es folgerichtig, auch die Verlustverrechnung auf dieses Binnensystem zu beschränken. Das allgemeine Verlustverrechnungsverbot gem. § 20 Abs. 6 Satz 1 EStG ist insoweit folgerichtig, als der Sondertarif für Gewinne wie Verluste in gleicher Weise gelten muss.[454] Verluste aus Kapitaleinkünften, die nach § 32d Abs. 1 EStG

450 Dazu A. V. 4.
451 BMF v. 19.5.2022, IV C 1-S 2252/19/10003:009, BStBl I 2022, 742, Rz. 122.
452 BFH v. 23.11.2021, VIII R 22/18, BFHE 275, 99, BStBl II 2023, 68.
453 Dazu Die Besteuerung der Kapitaleinkünfte, 2. Aufl., 127 ff.
454 Vgl. *Buge*, in: Herrmann/Heuer/Raupach, EStG, § 20, Rz. 8; *Englisch*, StuW 2007, 221, 236; *Jochum*, DStZ 2010, 309, 311 f.; *Loos*, DStZ 2010, 78, 79.

dem besonderen Steuersatz unterliegen, dürfen danach nicht mit **positiven Erträgen aus Kapitaleinkünften, die der tariflichen Steuer** nach § 32d Abs. 2 EStG **unterliegen,** verrechnet werden. Dies gilt nicht, wenn ein Antrag nach § 32d Abs. 6 EStG gestellt wurde (Günstigerprüfung) und sämtliche Kapitalerträge der tariflichen Einkommensteuer zu unterwerfen sind.[455] Voraussetzung hierfür ist jedoch, dass sämtliche Einkünfte aus Kapitalvermögen erklärt werden.[456]

Fragwürdig nicht nur im Hinblick auf eine folgerichtige Besteuerung der privaten Kapitalerträge sind die besonderen Verlustverrechnungsbeschränkungen in § 20 Abs. 6 Sätze 4 bis 6 EStG.

a) Aktienverluste

Der BFH hat mit Beschluss vom 25.3.2021[457] eine Entscheidung des BVerfG[458] darüber eingeholt, ob **§ 20 Abs. 6 Satz 5 EStG a.F.**[459] insoweit mit Art. 3 Abs. 1 GG vereinbar ist, als Verluste aus der Veräußerung von Aktien nur mit Gewinnen aus der Veräußerung von Aktien verrechnet werden dürfen.[460] Nach Überzeugung des vorlegenden VIII. Senats ist die Regelung **verfassungswidrig.**[461] Denn die Vorschrift behandelt Stpfl. bei der Bestimmung ihrer stpfl. Einkünfte ohne hinreichenden rechtfertigenden Grund unterschiedlich, je nachdem, ob sie Verluste aus der Veräußerung von Aktien oder aus anderen Kapitalanlagen erzielt haben. Dies gilt insbes., soweit Stpfl., die Verluste aus der Veräußerung von Aktien erzielt haben, gegenüber Stpfl. mit Verlusten aus der Veräußerung aktienbasierter Kapitalanlagen, die keine Aktien sind, schlechter gestellt werden.

Im Übrigen besteht die Gefahr eines endgültigen Verlustuntergangs nicht nur bei Versterben des Stpfl. Bereits zu Lebzeiten droht eine weitgehenden Nichtverrechenbarkeit, wenn nach der Realisation eines Aktienveräußerungsverlusts keine gleichartigen Gewinne nachfolgen. Aktienveräußerungsgewinne werden im Veranlagungszeitraum, in dem sie erzielt werden, uneingeschränkt besteuert, können aber auch im Rahmen des Steuerabzugs und in der Veranlagung mit sonstigen negativen Kapitalerträgen ausgeglichen werden. So stehen Aktienveräußerungsgewinne typischer-

455 BFH v. 30.11.2016, VIII R 11/14, BStBl II 2017, 443 und v. 29.8.2017, VIII R 5/15, BStBl II 2018, 66.
456 BMF v. 19.5.2022, IV C 1-S 2252/19/10003:009, BStBl I 2022, 742, Rz. 119a.
457 BFH v. 25.3.2021, VIII R 11/18, BFHE 271, 399, BStBl II 2021, 562.
458 BVerfG 2 BvL 3/21.
459 I. d. F. des Unternehmensteuerreformgesetzes 2008 v. 14.8.2007, BGBl I 2007, 1912.
460 Dazu *Lenhart*, BB 2021, 2070 m. w. N.
461 Zu den konkreten Auswirkungen der künftigen Entscheidung des BVerfG für den Stpfl. *Merts/Griesel/Klaas*, NWB 2021, 2967 ff.

weise nicht mehr als Verlustverrechnungspotenzial für zukünftig entstehende Aktienveräußerungsverluste zur Verfügung.

Der Gesetzgeber überschreitet seine Typisierungsbefugnis auch insoweit, als er abstrakt drohende Haushaltsrisiken aufgrund eines Börsencrashs als Rechtfertigungsgrund für eine Verlustverrechnungsbeschränkung heranzieht, die ihre Wirkung unabhängig vom Eintritt eines Börsencrashs entfaltet.

Wegen der Vorlage an das BVerfG ist die spezielle Verlustverrechnungsbeschränkung für Aktien (§ 20 Abs. 6 Satz 4 EStG) zunächst nicht anzuwenden. **Verfahren**, in denen diese Norm streitentscheidend ist, sind **auszusetzen**.

Die Unanwendbarkeit bzw. der Wegfall von § 20 Abs. 6 Satz 4 EStG kann **nicht durch Rückgriff auf § 20 Abs. 6 Satz 6 EStG kompensiert** werden, nicht nur, weil auch diese Verlustverrechnungsbeschränkung verfassungsrechtlich bedenklich ist.[462] Laut Gesetzesbegründung[463] sollen mit Einkünften aus Kapitalvermögen i.S.v. Satz 6 solche Einkünfte erfasst sein, die nicht Einkünfte i.S.v. Satz 4 sind.

b) Sonstige (§ 20 Abs. 6 Sätze 5 und 6 EStG)[464]

Statt die verfehlte Sonderbehandlung von Aktienverlusten[465] zu streichen, ist der Gesetzgeber einen weiteren Schritt in der Missachtung des objektiven Nettoprinzips gegangen. Noch weit fragwürdiger als die Verrechnungsbeschränkung für Verluste aus Aktienveräußerungen sind die Verlustverrechnungsbeschränkungen gem. § 20 Abs. 6 Sätze 5 und 6 EStG,[466] eingeführt, nachdem die im Regierungsentwurf zum JStG 2019 noch vorgesehene Einschränkung der Steuerbarkeit von Verlusten aus dem Verfall von Optio-

462 Dazu A. V. 3. b) bb).

463 BT-Drs. 19/15876, 69.

464 § 20 Abs. 6 Sätze 5 und 6 EStG i.d.F. des Gesetzes zur Einführung einer Pflicht zur Mitteilung grenzüberschreitender Steuergestaltungen v. 21.12.2019, BGBl I 2019, 2875, 2884, geändert durch das JStG 2020 (v. 21.12.2020, BGBl I 2020, 3096), indem die Verrechnungsgrenze von 10000 € auf 20000 € angehoben wurde (gem. § 52 Abs. 28 Sätze 25, 26 EStG in Satz 5, für Verluste, die nach dem 31.12.2020 entstehen, in Satz 6 für Verluste, die nach dem 31.12.2019 entstehen).

465 A. V. 3. a).

466 Dazu stv. auch *Drüen*, FR 2020, 663; *Buge*, in: Herrmann/Heuer/Raupach, Jahreskommentierung 2020, § 20 EStG Anm. J 20–4; *Ott*, DStZ 2020, 189, 191; *Förster/von Cölln/Lentz*, DB 2020, 353, 356; *Geberth/Bartelt*, DB 2019, 2604, 2605; *Dahm/Hoffmann*, DStR 2020, 81, 84; *Jochum*, in: Kirchhof/Söhn/Mellinghoff, § 20, Rz. H 68a ff.; *Dinkelbach*, DB 2020, 579, 582ff.; *Jachmann-Michel*, BB 2020, 727, 729f.; *dies.*, jM 2020, 120ff. jeweils m.w.N.; speziell mit Blick auf die Wirecard-Aktionäre *Bachmann/Seifert*, DStR 2021, 1ff.

nen und aus wertlosen Anlageinstrumenten angesichts der von vielen Seiten geäußerten erheblichen Bedenken[467] nicht übernommen wurde.[468]

aa) Die normativen Vorgaben

Gem. § 20 Abs. 6 **Satz 5** EStG können Verluste aus Termingeschäften, insbes. aus dem Verfall von Optionen, nur mit Gewinnen aus Termingeschäften und den Erträgen aus Stillhaltergeschäften ausgeglichen werden. Die Verlustverrechnung ist beschränkt auf 10 000 €/20 000 € (ab 2021)[469] p. a. Nicht verrechnete Verluste können auf Folgejahre vorgetragen und jeweils in Höhe von 10 000 €/20 000 € ab 2021 mit Gewinnen aus Termingeschäften oder mit Stillhalterprämien verrechnet werden, wenn nach der unterjährigen Verlustverrechnung ein verrechenbarer Gewinn verbleibt. Die Verluste können nicht mit anderen Kapitalerträgen verrechnet werden. Erfasst sind dabei nicht nur der Verfall von Optionen, sondern alle Fälle, in denen negative Einkünfte bei Termingeschäften entstehen. Dies betrifft auch Verluste, die bislang unstreitig anerkannt waren, etwa aus der Zahlung eines Barausgleichs beim Closing von Optionen.

§ 20 Abs. 6 **Satz 6** EStG regelt, dass Verluste aus der (teilweisen oder vollständigen) Uneinbringlichkeit von Kapitalforderungen, aus der Ausbuchung wertloser Wirtschaftsgüter i. S. v. § 20 Abs. 1 EStG, der Übertragung derartiger Wirtschaftsgüter auf einen Dritten oder aus dem sonstigen Ausfall solcher Wirtschaftsgüter nur mit Einkünften aus Kapitalvermögen ausgeglichen werden können. Auch hier gilt die Begrenzung der Verlustverrechnung auf 10 000 €/20 000 € (ab 2020) p. a.[470]

Die Neuregelungen erweitern die beiden bisher schon bestehenden **Verlustverrechnungskreise** für Verluste aus Aktienveräußerungen (§ 20 Abs. 6 Satz 4 EStG) und anderen Verlusten aus Kapitalvermögen (§ 20 Abs. 6 Sätze 1, 2 EStG) um zwei weitere, ohne dass Letztere de lege lata auch im KapESt-Abzugsverfahren zu berücksichtigen wären.[471] Gem. § 43a Abs. 3 Satz 2 EStG hat die Verlustverrechnung beim KapESt-Abzug zwar unter Berücksichtigung von § 20 Abs. 6 Satz 4 EStG zu erfolgen; die Neuregelungen werden hier jedoch nicht genannt. Wollte man von einem Redaktionsversehen ausgehen,[472] so kann die einzelne auszahlende Stelle gleichwohl die Grenze von 10 000 €/20 000 € nur für die bei ihr geführten Depots überwa-

---

467 Vgl. dazu *Jachmann-Michel/Grunow*, jM 2019, 471, 473 ff. m. w. N.

468 Vgl. BT-Drs. 19/14873 (Beschlussempfehlung Finanzausschuss).

469 Anhebung der Grenze in Satz 5 gem. § 52 Abs. 28 Satz 25 EStG i. d. F. des JStG 2020 (v. 21.12.2020, BGBl I 2020, 3096) für Verluste, die nach dem 31.12.2020 entstehen.

470 Anhebung der Grenze in Satz 6 gem. § 52 Abs. 28 Satz 26 EStG i. d. F. des JStG 2020 (v. 21.12.2020, BGBl I 2020, 3096) für Verluste, die nach dem 31.12.2019 entstehen.

471 Vgl. BMF v. 11.7.2023, IV C 1-S2252/19/10003:013, BStBl I 2023, 1471, Rz. 118.

472 So *Buge*, in: Herrmann/Heuer/Raupach, Jahreskommentierung 2020, § 20 EStG Anm. J 20–4.

chen; zu lösen wäre diese Problematik unter Umständen über neue Steuerbescheinigungen i. S. v. § 45a Abs. 2, 3 EStG.[473] Was Verluste aus einem Forderungsverzicht[474] betrifft, so waren diese nach Verwaltungsmeinung nicht zu berücksichtigen,[475] woran gem. § 44 Abs. 1 Satz 3 EStG die auszahlenden Stellen gebunden waren. Die materiell-rechtlich richtige Besteuerung konnte der Stpfl. hier nur über die Veranlagung erreichen. Die Finanzverwaltung hat das Anwendungsschreiben inzwischen an die Rechtsprechung des BFH angepasst.[476] Das BMF hat den depotführenden Stellen für den KapEStG-Abzug und die Ausstellung von Steuerbescheinigungen bestimmte Nichtbeanstandungsregelungen zur Umsetzung von § 20 Abs. 6 Satz 5 und Satz 6 EStG eingeräumt.[477] Berücksichtigen depotführende Stellen Verluste aus ausgeknockten Zertifikaten, aus verfallenen Optionen, aus einem vom Stillhalter gezahlten Barausgleich oder aus ausgeknockten/verfallenen Optionsscheinen nicht mehr im sonstigen Verlustverrechnungstopf, dürfen sie im Jahr 2021 weiterhin andere Verluste aus Termingeschäften oder dem wertlosen Verfall, z. B. Teilverluste aus Termingeschäften, im sonstigen Verlustverrechnungstopf berücksichtigen und die Anwendung der Verlustverrechnungsbeschränkungen somit zeitlich verschieben. Ungeachtet dessen muss der Stpfl. die korrekte steuerliche Behandlung der Verluste im Rahmen seiner persönlichen Einkommensteuererklärung sicherstellen.[478]

Was die Abgrenzung der nunmehr vier Verlustverrechnungskreise betrifft, ist zunächst der Begriff des Termingeschäfts zu klären.[479] Bislang kam es bei Zertifikaten und Optionen darauf nicht an, weil die gleichen normativen Regelungen galten.[480]

§ 20 Abs. 6 Satz 6 EStG erfasst nach dem insoweit eindeutigen Gesetzeswortlaut die Übertragung einer nur teilweise im Wert geminderten Kapitalforderung nicht; **nicht eindeutig** ist hier die Abgrenzung zum Tatbestand der teilweisen Uneinbringlichkeit.[481] Die „Uneinbringlichkeit" betrifft Ka-

---

473 Vgl. auch *Dahm/Hoffmann*, DStR 2020, 81, 84.

474 BFH v. 6.8.2019, VIII R 18/16, BFHE 265, 531, BStBl II 2020, 833.

475 BMF v. 18.1.2016, IV C1-S 2252/08/10004:017, BStBl I 2016, 85, Rz. 61. Nach BMF v. 19.5.2022, IV C 1-S 2252/19/10003:009, BStBl I 2022, 742, Rz. 61, sind Forderungsverzichte gem. BFH v. 6.8.2019, VIII R 18/16, BFHE 265, 531, BStBl II 2020, 833 zu berücksichtigen.

476 BMF v. 19.5.2022, IV C 1-S 2252/19/10003:009, BStBl I 2022, 742, Rz. 61 unter Berücksichtigung von BFH v. 6.8.2019, VIII R 18/16, BStBl II 2020, 833.

477 BMF v. 3.6.2021, DStR 2021, 1430, Rz. 324.

478 Dazu *Frey/Schober*, DStR 2021, 2674, 2678.

479 Dazu, dass die neue Verlustverrechnungsbeschränkung nicht gilt, wenn es aufgrund eines Termingeschäfts zur physischen Lieferung eines Basiswerts kommt, oder wenn ein Investmentfonds Termingeschäfte tätigt, *Bron*, BB 2020, 535, 536.

480 Vgl. zu Knock-out-Zertifikaten BFH v. 20.11.2018, VIII R 37/15, BFHE 263, 169, BStBl II 2019, 507.

481 Vgl. auch *Ott*, DStZ 2020, 189, 191.

pitalforderungen, der „sonstige Ausfall" andere Wirtschaftsgüter i. S. v. Abs. 1. Ausgehend vom Zweck der Neuregelung muss sich in der Uneinbringlichkeit/dem Ausfall eine Wertlosigkeit des Vermögensstamms manifestieren, d.h., es muss feststehen, dass der Schuldner die Verbindlichkeit ganz oder teilweise nicht erfüllen wird.

Unklar erscheint auch der Begriff der **Ausbuchung**. Es handelt sich um einen Realakt, wohl um einen Auffangtatbestand. Ausbuchbar dürfte nur ein verwahrfähiges Wirtschaftsgut sein, d.h. vor allem girosammelverwahrte Aktien bzw. ähnliche Wertpapiere.[482] Die Ausbuchung wird von der depotführenden Stelle vorgenommen. Die Gleichstellung mit einer Veräußerung i. S. v. Abs. 2 ist gerechtfertigt, wenn mit der Ausbuchung der vollständige Verlust des (wirtschaftlichen) Eigentums an dem fraglichen Wirtschaftsgut einhergeht, d.h. das Wirtschaftsgut wertlos ist.[483] Jedenfalls dürfte eine Veräußerung schon zeitlich vorrangig vor einer Ausbuchung sein. Veräußerung ist nach st.Rspr. aber auch die unentgeltliche Übertragung bei Wertlosigkeit.[484] Laut Gesetzesbegründung[485] sollen mit Einkünften aus Kapitalvermögen i.S.v. Satz 6 Einkünfte erfasst sein, die nicht Einkünfte i.S.v. Satz 4 und Satz 5 sind. Wirkliche Klarheit ergibt sich daraus nicht.[486] Nicht gewollt dürfte die Ungleichbehandlung von Aktienverlusten sein, je nachdem, ob sie aus der Veräußerung bei (teilweiser) Werthaltigkeit (Satz 4), aus der Veräußerung zu Null bei Wertlosigkeit (laut BFH Satz 4) oder aus Liquidation (steuerbar wohl gem. § 20 Abs. 2 Satz 2 EStG [analog]) folgen. Letztere dürfte Satz 6 jedenfalls mit der Ausbuchung erfassen. Wenn aber die Liquidation im Rahmen von § 20 Abs. 2 Satz 2 EStG der Veräußerung gleichsteht, sollte dann nicht Satz 4 gelten? Nicht schlüssig erscheint es weiter, sollten Verluste aus dem Ausfall von Aktien (§ 20 Abs. 6 Satz 6 EStG) nicht mit Gewinnen aus Aktienveräußerungen i.S.v. § 20 Abs. 6 Satz 4 EStG ausgeglichen werden können, wohl aber mit Zinsen und Dividenden.[487] Im Unterschied zur Aktienschedule (Abs. 6 Satz 4) und der Termingeschäftsschedule (Abs. 6 Satz 5) stehen im Rahmen von Abs. 6 Satz 6 nach der Grundregel des Abs. 6 Satz 1 alle positiven Einkünfte aus Kapitalvermögen zur Verrechnung zur Verfügung, d.h. auch Gewinne aus der Veräußerung von Aktien i. S. v. Abs. 6 Satz 4 und solche aus Terminge-

482 Vgl. auch *Buge*, in: Herrmann/Heuer/Raupach, Jahreskommentierung 2020, § 20 EStG Anm. J 20–9.

483 Dazu, wann ein Wertpapier wertlos ist, BMF v. 19.5.2022, IV C 1-S 2252/19/10003:009, BStBl I 2022, 742, Rz. 63.

484 Stv. BFH v. 12.5.2015, IX R 57/13, BFH/NV 2015, 1364, Rz. 15 m.w.N.

485 BT-Drs. 19/15876, 69.

486 Vgl. auch *Dinkelbach*, DB 2020, 579, 583; *Bachmann/Seifert*, DStR 2021, 1, 5.

487 *Dinkelbach*, DB 2020, 579, 583.

schäften und Stillhalterprämien i. S. v. Abs. 6 Satz 5, soweit diese nicht zur Verrechnung von Verlusten aus der Veräußerung von Aktien i. S. v. Abs. 6 Satz 4 oder Verlusten aus Termingeschäften i. S. v. Abs. 6 Satz 5 genutzt werden können.[488]

§ 20 Abs. 6 Satz 6 EStG nimmt tatbestandlich auf Abs. 1 Bezug und nicht – was systematisch nahegelegen hätte – auf Abs. 2. Kapitalforderungen sind solche i. S. v. Abs. 1 Nr. 7, aber auch v. Abs. 1 Nr. 5 (Hypotheken, Grundschulden und Rentenschulden) und Abs. 1 Nr. 8 (Wechsel, Anweisungen). Forderungen aus partiarischen Darlehen (Abs. 1 Nr. 4) sind jedenfalls vom Auffangtatbestand in Abs. 6 Satz 6 Alternative 4 erfasst. Der Begriff der Wirtschaftsgüter i. S. v. Abs. 1 erscheint insofern unklar, als Abs. 1 selbst Einnahmen aufzählt, aber keine Wirtschaftsgüter. Es kann nur um Wirtschaftsgüter gehen, die Gegenstand einer Veräußerung i. S. v. Abs. 2 Satz 1 sein können (Anteile an Körperschaften, Genussrechte, Dividenden- und Zinsscheine, Beteiligungen als stiller Gesellschafter und partiarische Darlehen, Hypotheken, Grundschulden und Rentenschulden, Ansprüche aus Versicherungsverträgen, sonstige Kapitalforderungen i. S. v. Abs. 1 Nr. 7 einschließlich der Wechsel und Anweisungen i. S. v. Abs. 1 Nr. 8 sowie die in Abs. 1 Nr. 9 geregelten Rechtspositionen).

Der Verweis auf § 20 Abs. 1 EStG betrifft auch § 20 Abs. 1 Nr. 3 EStG. § 20 Abs. 1 Nr. 3, 3a EStG erfassen aber – anders als Abs. 2 – auch Gewinne aus der Veräußerung von Investmentanteilen gem. §§ 16 Abs. 1 Nr. 3, 19 bzw. §§ 34 Abs. 1 Nr. 3, 49 InvStG.[489] Die Veräußerung von Investmentanteilen wie Spezial-Investmentanteilen ist jedoch abschließend in §§ 19, 49 InvStG geregelt. Die so ermittelten Veräußerungsgewinne/-verluste zählen zu den Einkünften i. S. v. Abs. 1 Nr. 3, 3a.

Die neuen Verlustverrechnungsbeschränkungen greifen nicht, wenn § 20 Abs. 6 EStG gem. § 32d Abs. 2 EStG nicht anwendbar ist,[490] so insbes. bei Gesellschafterdarlehen ab einer Beteiligung von 10 % (§ 32d Abs. 2 Nr. 1 Buchst. b EStG)[491] oder auf Antrag bei Dividenden ab einer Beteiligung von 25 % oder 1 % plus beruflicher Tätigkeit (§ 32d Abs. 2 Nr. 3 EStG).

bb) Grundlegende Bedenken

Grundlegende Bedenken gegen die neuen Verlustverrechnungsbeschränkungen[492] bestehen insoweit, als sie mit der Gefahr einhergehen, dass eine

488 *Buge*, in: Herrmann/Heuer/Raupach, Jahreskommentierung 2020, § 20 EStG Anm. J20–10.
489 Dazu *Bron*, BB 2020, 535, 538.
490 Stv. *Weiss*, DB 2020, 310, 312.
491 Vgl. dazu sub C. III.
492 Grundlegend zur Verfassungswidrigkeit *Drüen*, FR 2020, 663; s. stv. auch *Bachmann/Seifert*, DStR 2021, 1, 2 ff. m. w. N.; *Ott*, DStZ 2020, 189, 191; *Förster/von Cölln/Lentz*, DB 2020, 353,

Verlustberücksichtigung faktisch ganz ausgeschlossen sein kann. Kann doch ein Totalverlust der Vermögenssubstanz nur durch positive Kapitalerträge aus anderen Einzelanlagen ausgeglichen werden. Hierfür gilt aber zum einen die Begrenzung auf 10 000 €/20 000 € (JStG 2020[493]); schon danach wird die Berücksichtigung eines Verlusts von 1 Mio. € auf 100/50 Jahre gestreckt. Zum anderen sind die Grenzen des jeweiligen Verlustverrechnungskreises zu wahren.[494] Eine Rechtfertigung hierfür ist nicht ersichtlich, insbes. nicht aus der Gesetzesbegründung.[495] Danach soll im Hinblick auf § 20 Abs. 6 Satz 5 EStG der spekulativen Qualität von Termingeschäften begegnet werden, die hohe Gewinne wie auch den Totalverlust der Anlage mit sich bringen könne. „Verluste aus Termingeschäften werden deshalb in einem besonderen Verlustverrechnungskreis berücksichtigt, um das Investitionsvolumen und die daraus für Anleger entstehenden Verlustrisiken aus diesen spekulativen Anlagen zu begrenzen."[496] Damit soll wohl weniger der Anleger davor geschützt werden, zu hohe Verlustrisiken einzugehen, als der Fiskus vor den Folgen für das Steueraufkommen, die aber wiederum nicht beziffert werden. Dabei erscheint es jedenfalls nicht folgerichtig, dass spekulationsbedingte hohe Gewinne bei Zufluss voll zu versteuern sind, Verluste jährlich aber nur bis zu 10000 €/20000 € (JStG 2020)[497] und unter Umständen – je nach Höhe des Verlusts und Lebenserwartung des Stpfl. – gar nicht anerkannt werden.

Hinsichtlich von Satz 6 argumentiert die Gesetzesbegründung damit, dass Kleinanlegern typischerweise die sofortige Verlustberücksichtigung gewährt werden soll, während Anleger mit höheren Vermögenswerten typischerweise auch in größerem Umfang laufende Erträge erzielten und durch den für Kapitaleinkünfte einschlägigen Steuersatz von 25 % begünstigt seien. Eine Begrenzung der Verlustverrechnungsmöglichkeiten für diese Anlegergruppe sei vor diesem Hintergrund gerechtfertigt. Die in der Verlustverrechnungsbeschränkung liegende Verletzung des objektiven Nettoprinzips als zentralem Element einer gleichmäßigen Besteuerung nach der objektiven wirtschaftlichen Leistungsfähigkeit soll also gerechtfertigt werden mit einer „Begünstigung" durch den Abgeltungsteuersatz. Zum anderen werden typisierend vermögende und weniger vermögende Kapitalanleger ungleich be-

356 m. w. N.; *Geberth/Bartelt*, DB 2019, 2604, 2605; *Dahm/Hoffmann*, DStR 2020, 81, 84 – vgl. zu beabsichtigten Musterprozessen Focus Money v. 20.1.2021, 64.

493 JStG 2020 v. 21.12.2020, BGBl I 2020, 3096.

494 Vgl. auch *Dahm/Hoffmann*, DStR 2020, 81, 83.

495 BT-Drs. 19/15876, 68 f.

496 BT-Drs. 19/15876, 68.

497 JStG 2020 v. 21.12.2020, BGBl I 2020, 3096.

handelt – eine Ungleichbehandlung auf der Ebene der objektiven Leistungsfähigkeit soll durch sozialpolitische Aspekte gerechtfertigt werden.

Was die Annahme einer Begünstigung durch den Abgeltungsteuersatz betrifft, so zielt diese entweder auf einen Vergleich zum individuellen Steuersatz oder auf einen Vergleich der Besteuerung der Kapitaleinkünfte einerseits und der Einkünfte aus anderen Einkunftsarten andererseits. Der individuelle Steuersatz wird aber maßgeblich durch die Summe anderer Einkünfte bestimmt.[498] Ein Vergleich mit der Besteuerung von Einkünften aus anderen Einkunftsarten ist im Hinblick darauf, dass die Abgeltungsteuer eine Schedulisierung der Besteuerung der Kapitaleinkünfte darstellt, schon im Ansatz verfehlt. Das in sich geschlossene System der Abgeltungsteuer ist gerechtfertigt als Sondersystem neben der allgemeinen Einkommensbesteuerung. Die grundlegende Rechtfertigung der Abgeltungsteuer[499] verlangt Folgerichtigkeit innerhalb dieser Schedule. Der Quellenabzug bedingt den Proportionalsteuersatz. Soziale Aspekte werden über die Günstigerprüfung (§ 32d Abs. 6 EStG) berücksichtigt. Im Kontext des objektiven Nettoprinzips ist hierfür – folgerichtig – kein Raum. Warum derselbe proportionale Steuersatz in Abhängigkeit von der Höhe der Einkünfte für den „Kleinsparer" auch ohne Verlustverrechnungsbeschränkung gerechtfertigt sein soll, für den „Großsparer" aber nicht, erschließt sich schwer. Unter Umständen steht hinter dieser Terminologie der Gedanke, die „Großanleger" könnten ihr Vermögen auch im betrieblichen Bereich investieren, womit sie der höhere progressive Steuersatz träfe. Das System der Abgeltungsteuer regelt aber jegliches private Kapitalvermögen. Diese Systementscheidung bedingt eine Ungleichbehandlung gegenüber betrieblichen Anlagen. Nur bei Zinsen resultiert diese Ungleichbehandlung privater und betrieblicher Kapitalerträge vor allem aus dem Sondertarif. Insoweit wäre aber an den fehlenden Inflationsausgleich und drohende Negativzinsen zu denken. Bei Dividenden und Einkünften aus der Veräußerung von nicht wesentlichen Beteiligungen an Kapitalgesellschaften kommt hinzu, dass nur im Rahmen des Betriebsvermögens die Vorbelastung mit KSt durch das Teileinkünfteverfahren pauschalierend berücksichtigt wird (§ 3 Nr. 40 Buchst. d EStG), bei entsprechenden im Privatvermögen anfallenden Einkünften indessen nicht. Daneben ist der Abzug von Betriebsausgaben nicht möglich (§ 20 Abs. 9 EStG). Insoweit werden Ein-

498 Dazu *Bron*, BB 2020, 535, 539.

499 BVerfG v. 27.6.1991, 2 BvR 1493/89, BVerfGE 84, 239, BStBl II 1991, 654, Rz. 144; BFH v. 28.1.2015, VIII R 13/13, BFHE 249, 125, BStBl II 2015, 393; v. 29.4.2014, VIII R 9/13, BFHE 245, 343, BStBl II 2014, 986, Rz. 24; *Jachmann-Michel*, in: Ismer/Reimer/Rust/Waldhoff (Hrsg.), Territorialität und Personalität – Festschrift für Moris Lehner, 2019, 417, 418 f.; *dies.*, Reformfragen der Abgeltungsteuer, in: Schön/Schindler, Reformfragen des deutschen Steuerrechts, 2019, 31 ff.

künfte aus Anteilen im Privatvermögen gegenüber solchen aus Anteilen im Betriebsvermögen benachteiligt. Von einer Begünstigung kann keine Rede sein. Zu Recht erfahren § 20 Abs. 6 Sätze 5 und 6 EStG n. F. harsche Kritik.[500]

c) Steuerstundungsmodell

Gem. § 20 Abs. 7 (Abs. 2b a. F.[501]) EStG gilt die in § 15b EStG vorgesehene eingeschränkte Verlustverrechnung sinngemäß auch für Kapitaleinkünfte. Nach § 15b Abs. 1 EStG dürfen Verluste im Zusammenhang mit einem Steuerstundungsmodell nur mit Einkünften, die der Stpfl. in den folgenden Wirtschaftsjahren aus derselben Einkunftsquelle erzielt, verrechnet werden. Die Anwendungsregeln des § 52 Abs. 25 EStG (§ 52 Abs. 33a EStG a. F.) differenzieren dabei zwischen geschlossenen Fonds und sonstigen Einzelinvestitionen als sich wechselseitig ausschließende Investitionsformen des Steuerpflichtigen mit jeweils eigenständigen zeitlichen Anwendungsbestimmungen.[502] Ein geschlossener Fonds verfügt über einen geschlossenen Anlegerkreis. Ein solcher liegt nicht vor, wenn weitere Anleger auch nach der Gründung noch beitreten können. Zu den Einzelinvestitionen können auch Beteiligungen an Gesellschaften als Einkunftsquelle gehören.[503]

Ein **Steuerstundungsmodell** i. S. v. § 15b Abs. 1 EStG setzt voraus,[504] dass aufgrund einer modellhaften Gestaltung steuerliche Vorteile in Form negativer Einkünfte erzielt werden sollen (§ 15b Abs. 2 Satz 1 EStG). Dies ist der Fall, wenn dem Stpfl. aufgrund eines vorgefertigten Konzepts die Möglichkeit geboten werden soll, zumindest in der Anfangsphase der Investition Verluste mit übrigen Einkünften zu verrechnen (§ 15b Abs. 2 Satz 2 EStG). Dabei ist es ohne Belang, auf welchen Vorschriften die negativen Einkünfte beruhen (§ 15b Abs. 2 Satz 3 EStG). § 15b Abs. 2 Satz 1 EStG ist bezogen auf das Tatbestandsmerkmal der modellhaften Gestaltungen auch hinreichend bestimmt.

Als **Konzept** kann nicht jegliche Investitionsplanung, sondern nur die Erstellung einer umfassenden und regelmäßig an mehrere Interessenten gerichteten Investitionskonzeption angesehen werden, die bereits vor der

500 Stv. *Dinkelbach*, DB 2020, 579 ff., 584: „... Diskriminierung privater Kapitalbildung und -erhaltung ..., indem – in Vorkehrung des bekannten Vorgehens bei Banken-/Unternehmenskrisen – Gewinne sozialisiert und Verluste privatisiert werden."; *Dahm/Hoffmann*, DStR 2020, 81: „... – Schlimmer geht immer!"; DSW Focus-Money, 22.1.2020, S. 69: „Wir werden klagen!"; *Mumme*, tagesspiegel.de v. 22.1.2020: „Gefahr für Anleger, Steuern zahlen, ohne überhaupt etwas verdient zu haben"; *Bron*, BB 2020, 535 ff.

501 § 20 Abs. 2b EStG in der vor dem 18.8.2007 geltenden Fassung.

502 Dazu BFH v. 16.3.2023, VIII R 10/19, BStBl II 2023, 817 unter Bezugnahme auf BFH v. 1.9.2016, IV R 17/13, BFHE 254, 443, BStBl II 2016, 1003, Rz. 14 bis 21; v. 6.6.2019, IV R 7/16, BFHE 265, 147, BStBl II 2019, 513, Rz. 22, 24; dazu *Kaminski*, AktStR 2023, 583.

503 Zu einem solchen Fall BFH v. 16.3.2023, VIII R 10/19, BStBl II 2023, 817.

504 BFH v. 25.3.2021, VIII R 16/18, BFHE 272, 474, BStBl II 2021, 814.

eigentlichen Investitionsentscheidung festgelegt worden sein muss. Ist Teil des Konzepts die Gründung einer Gesellschaft, gilt dies sowohl bezogen auf den Geschäftsgegenstand der Gesellschaft als auch auf ihre Konstruktion vor der eigentlichen Investitionsentscheidung.

Der Einsatz einer modellhaften Gestaltung zur Erzielung negativer Einkünfte i.S. des § 15b Abs. 2 Satz 1 EStG ist nicht bereits dann gegeben, wenn der Steuerpflichtige eine (in Fachkreisen) bekannte Gestaltungsidee mit dem Ziel der Verlusterzielung und -verrechnung aufgreift und selbst umsetzt. Hinzutreten muss gemäß § 15b Abs. 2 Satz 2 EStG vielmehr, dass dem Steuerpflichtigen aufgrund eines vorgefertigten Konzepts die Möglichkeit einer Verlusterzielung und -verrechnung in der Anfangsphase der Investition geboten werden soll. Das vorgefertigte Konzept muss nach dem Wortlaut des § 15b Abs. 2 Satz 2 EStG von einer vom Steuerpflichtigen verschiedenen Person (dem Anbieter/Initiator) erstellt worden sein, denn nur dann kann dem Steuerpflichtigen die Möglichkeit „geboten" werden, zumindest in der Anfangsphase der Investition Verluste mit übrigen Einkünften zu verrechnen. Ein Konzept ist danach vorgefertigt, wenn der Anwender es vorfindet und zumindest die wesentlichen Grundlagen für ein geplantes Vorhaben einsetzen kann und nicht erst selbst die Strategien und Maßnahmen zur Umsetzung seines Vorhabens entwickeln muss. Charakteristisch für das Vorliegen eines vorgefertigten Konzepts ist die Passivität des Investors/Anlegers bei der Entwicklung der Geschäftsidee, der Vertragsgestaltung und Umsetzung. Gibt der Investor/Anleger die einzelnen Leistungen und Zusatzleistungen sowie deren Ausgestaltung – sei es von Anfang an oder in Abwandlung des zunächst vorgefertigten Konzepts – selbst vor und bestimmt er damit das Konzept nicht nur unwesentlich mit, so handelt es sich nicht (mehr) um ein vorgefertigtes Konzept. Dies gilt allerdings nicht, wenn der tatsächliche Einfluss des Investors/Anlegers auf die Gestaltung nicht ins Gewicht fällt oder nur rein formal ist. Negative Einkünfte werden auf der Grundlage einer modellhaften Gestaltung und eines vorgefertigten Konzepts i.S. des § 15b Abs. 2 Sätze 1 und 2 EStG erzielt, wenn eine von einem Anbieter/Initiator abstrakt entwickelte Investitionskonzeption für Interessierte am Markt zur Verfügung steht, auf die der Investor/Anleger „nur" noch zugreifen muss, nicht hingegen, wenn der Investor/Anleger eine von ihm selbst oder dem in seinem Auftrag – nicht aber im Auftrag eines Anbieters/Initiators - tätigen Berater entwickelte oder modifizierte und individuell angepasste Investition umsetzt.

Diese Maßstäbe gelten **gleichermaßen,** wenn die negativen Einkünfte vom Steuerpflichtigen nicht durch die **Beteiligung an einem geschlossenen Fonds** i.S. des § 52 Abs. 33a Sätze 1 bis 3 EStG, sondern im Wege einer sog. **Einzel-**

investition durch die Beteiligung an einer Gesellschaft erzielt werden. Auch bei Gesellschaftsbeteiligungen, die Einzelinvestitionen sind, verlangen § 15b Abs. 2 Sätze 1 und 2 EStG, dass der Steuerpflichtige sich bei der Entwicklung der Geschäftsidee, der Vertragsgestaltung und der Vertragsumsetzung wie ein passiver Kapitalanleger verhält.[505]

In diesem Kontext äußert sich der BFH auch zur verfahrensrechtlichen Einbindung von § 15b EStG: Die gesonderte und einheitliche Feststellung des nicht ausgleichsfähigen Verlusts gemäß § 15b Abs. 4 Satz 1 EStG und die gesonderte und einheitliche Feststellung der Einkünfte bleiben auch bei einer gemäß § 15b Abs. 4 Sätze 4 und 5 EStG zulässigen Verbindung verfahrensrechtlich eigenständige Feststellungsbescheide, die nebeneinander und gleichzeitig angefochten werden können. Gegenstand des Verfahrens waren der gesonderte und einheitliche Verlustfeststellungsbescheid nach § 15b Abs. 4 Sätze 1 und 5 EStG und die gesonderte und einheitliche Feststellung der Einkünfte aus Kapitalvermögen für das Streitjahr.

Die Entscheidung, ob ein Steuerstundungsmodell i. S. des § 15b EStG vorliegt, ist Bestandteil der gesonderten und einheitlichen Verlustfeststellung im Rahmen des § 15b Abs. 4 Satz 1 EStG und nicht der gesonderten und einheitlichen Feststellung der Einkünfte; dies gilt auch dann, wenn beide Bescheide nach § 15b Abs. 4 Sätze 4 und 5 EStG verbunden sind. Die gesonderte Feststellung des nicht ausgleichsfähigen Verlusts gemäß § 15b Abs. 4 Satz 1 EStG umfasst verschiedene Einzelelemente, nämlich die Einordnung der Einkunftsquelle als Steuerstundungsmodell, das als solches hinreichend genau bezeichnet werden muss, die Höhe des nicht ausgleichsfähigen Verlusts des Verlustentstehungsjahres und den sich hieraus unter Berücksichtigung eines etwaigen verrechenbaren Verlusts des Vorjahres (§ 15b Abs. 4 Satz 2 EStG) zum Ende eines Veranlagungszeitraums ergebenden (fortgeschriebenen) nicht ausgleichsfähigen Verlust. Bei diesen Einzelelementen handelt es sich nicht um jeweils verfahrensrechtlich abgrenzbare eigenständige Feststellungen wie bei gesonderten und einheitlichen Feststellungen gemäß §§ 179 ff. AO, die selbständig in Bestandskraft erwachsen könnten, sondern um eine einheitliche Feststellung.

Zwar kann gemäß § 15b Abs. 4 Satz 3 EStG die Verlustfeststellung nur insoweit angegriffen werden, als sich der verrechenbare Verlust des jeweiligen Feststellungszeitraums gegenüber dem verrechenbaren Verlust des Vorjahres verändert hat. Es kann mithin nicht jedes Jahr erneut überprüft werden, ob ein Steuerstundungsmodell vorliegt, zumal die gesetzliche Definition des Steuerstundungsmodells (§ 15b Abs. 2 EStG) es ausschließt,

505 BFH v. 16.3.2023, VIII R 10/19, BStBl II 2023, 817.

ohne nachträgliche Änderung des Modellkonzepts für die Dauer der Beteiligung für einzelne Jahre zu unterschiedlichen Ergebnissen zu gelangen. Bei der Feststellung eines nicht ausgleichsfähigen Verlusts gemäß § 15b Abs. 4 EStG wegen eines Steuerstundungsmodells für das erste Jahr, in dem negative Einkünfte erzielt werden, greift die Anfechtungsbeschränkung des § 15b Abs. 4 Satz 3 EStG aber schon mangels einer Verlustfeststellung für ein Vorjahr nicht.

Die Feststellung zur Höhe der „vor Anwendung des § 15b" erzielten negativen Einkünfte aus der Gesamthand ist ein **Grundlagenbescheid** für die Ermittlung und Feststellung des nicht ausgleichsfähigen Verlusts gemäß § 15b Abs. 4 Satz 1 EStG des Verlustentstehungsjahres. Zudem sind der Verlustfeststellungsbescheid nach § 15b Abs. 4 Satz 1 EStG und die gesonderte und einheitliche Feststellung der Einkünfte gemäß §§ 179, 180 Abs. 1 Satz 1 Nr. 2 Buchst. a AO jeweils Grundlagenbescheide für die Einkommensteuerbescheide der Gesellschafter.

Das FA ging im Streitfall darüber hinaus davon aus, dass der Verlustfeststellungsbescheid nach § 15b Abs. 4 Satz 1 EStG wiederum selbst als Grundlagenbescheid (i. S. der §§ 171 Abs. 10 Satz 1, 175 Abs. 1 Satz 1 Nr. 1 AO) Bindungswirkung gemäß § 182 Abs. 1 AO für die gesonderte und einheitliche Feststellung der Einkünfte nach §§ 179, 180 Abs. 1 Satz 1 Nr. 2 Buchst. a AO entfaltet und dementsprechend in einem Verlustentstehungsjahr die negativen Einkünfte „vor Anwendung des § 15b" und die „nach Anwendung des § 15b" nicht ausgleichsfähigen Verluste festzustellen sind. Da der Senat aber sowohl über die Aufhebung der Verlustfeststellung nach § 15b Abs. 4 EStG als auch über eine Änderung der gesonderten und einheitlichen Feststellung der Einkünfte zu entscheiden hatte, bedurfte es keiner abschließenden Entscheidung dieser Frage.

Gibt der Investor/Anleger die einzelnen Leistungen und Zusatzleistungen sowie deren Ausgestaltung – sei es von Anfang an oder in Abwandlung des zunächst vorgefertigten Konzepts – selbst vor und bestimmt er damit das Konzept nicht nur unwesentlich mit, so handelt es sich nicht (mehr) um ein vorgefertigtes Konzept.

Die gem. § 15b i. V. m. § 20 Abs. 2b Satz 1 EStG i. d. F. des JStG 2007[506] vorgesehene eingeschränkte Verlustverrechnung für Einkünfte aus Kapitalvermögen gilt erstmals für im Veranlagungszeitraum 2006 erzielte Verluste (§ 52 Abs. 37d Satz 1 EStG i. d. F. des JStG 2007). Darüber hinaus folgt aus der Verweisung des § 52 Abs. 37d Satz 2 EStG i. d. F. des JStG 2007 auf § 52 Abs. 33a EStG 2007, dass die Regelung nur auf Verluste von Steuer-

506 Jahressteuergesetz 2007 v. 13.12.2006 (JStG 2007), BGBl I 2007, 2878.

stundungsmodellen anzuwenden ist, denen der Stpfl. nach dem 10.11.2005 beigetreten ist oder für die nach dem 10.11.2005 mit dem Außenvertrieb begonnen wurde. Der BFH[507] stellt hierzu fest, dass §§ 15b, 20 Abs. 2b Satz 1 EStG i. V. m. § 52 Abs. 37d Satz 1 EStG i. d. F. des JStG 2007 eine **zulässige unechte Rückwirkung** beinhalten, soweit danach im Jahr 2006 entstandene negative Einkünfte aus Kapitalvermögen aus einem Steuerstundungsmodell, das der Stpfl. am 20.12.2005 gezeichnet hat, der Verlustverrechnungsbeschränkung des § 15b EStG unterliegen.

Mangels Entscheidungserheblichkeit blieb offen, ob § 15b EStG gegen das Gebot der **Folgerichtigkeit** und der Widerspruchsfreiheit der Rechtsordnung verstößt, weil die Vorschrift im Gegensatz zu § 7g, § 7h und § 7i EStG steht.

§ 15b EStG erfasst aber trotz § 15 Abs. 2 Satz 3 EStG nicht ausnahmslos alle Verluste, sondern solche, die ihre Ursache in Aufwendungen des Stpfl. im Zusammenhang mit der Erzielung unangemessener steuerlicher Vorteile in Form negativer Einkünfte haben.[508] Danach fallen **negative Zwischengewinne** grundsätzlich nicht in den Anwendungsbereich der §§ 15b, 20 Abs. 7 (Abs. 2b Satz 1 a. F.) EStG. Zwar können auch negative Einnahmen aufgrund von Zwischengewinnen zu negativen Einkünften führen. Sie stellen jedoch regelmäßig keine Aufwendungen zur Erzielung unangemessener steuerlicher Verluste in Form von negativen Kapitaleinkünften dar.[509] Denn der Zwischengewinn des Veräußerers des Investmentanteils ist nach der Legaldefinition des § 1 Abs. 4 InvStG in der bis Ende 2017 geltenden Fassung[510] das Entgelt für die ihm noch nicht zugeflossenen oder als zugeflossen geltenden Zinserträge, zinsähnlichen Erträge und Ansprüche des Investmentvermögens. Gem. § 2 Abs. 1 Satz 1 Halbs. 2 InvStG a. F.[511] gehört der Zwischengewinn zu den Einkünften aus Kapitalvermögen i. S. des § 20 Abs. 1 Nr. 1 EStG, wenn es sich nicht um Betriebseinnahmen des Anlegers, Leistungen nach § 22 Nr. 1 Satz 3 Buchst. a Doppelbuchst. aa i. V. m. § 10 Abs. 1 Nr. 2 Buchst. b EStG oder Leistungen i. S. des § 22 Nr. 5 EStG handelt.[512] Erzielt der

507 BFH v. 25.3.2021, VIII R 16/18, BFHE 272, 474, BStBl II 2021, 814.

508 Dazu BFH v. 28.6.2017, VIII R 57/14, BFHE 258, 421, BStBl II 2017, 1144.

509 BFH v. 7.5.2019, VIII R 29/15, BFHE nn, BStBl II 2019, 751; im Anschluss an BFH v. 28.6.2017, VIII R 57/14, BFHE 258, 421, BStBl II 2017, 1144.

510 Aufgehoben durch das Gesetz zur Reform der Investmentbesteuerung v. 19.7.2016 (Investmentsteuerreformgesetz – InvStRefG), BGBl I 2016, 1730. Das InvStG in der aktuell geltenden Fassung enthält zur Behandlung von Zwischengewinnen lediglich eine Übergangsregelung (§ 56 Abs. 4 Nr. 2 InvStG n. F.).

511 Aufgehoben durch das InvStRefG.

512 Dazu BMF v. 18.8.2009, IV C 1-S 1980–1/08/10019, BStBl I 2009, 931, Rz. 21a. Das ab Veranlagungszeitraum 2018 anzuwendende Schreiben des BMF (v. 21.5.2019, IV C 1-S 1980–1/16/10010:001//2019/0415199, BStBl I 2019, 527) enthält aufgrund der geänderten Rechtslage keine entsprechende Begründung.

Erwerber eines Investmentfonds negative Einnahmen aufgrund von Zwischengewinnen, so ist dies der zutreffenden wirtschaftlichen Zuordnung des Zinsanspruchs geschuldet. Die Zahlung von Zwischengewinnen führt regelmäßig nicht zu einem wirtschaftlich unangemessenen Steuervorteil des Anteilserwerbers i.S. des § 15b EStG. Dies gilt auch dann, wenn der Zwischengewinn 10 % des Kaufpreises übersteigt.[513]

Eine Einschränkung der Verlustverrechnung bei Zwischengewinnen folgt auch nicht aus **§ 20 Abs. 7 Satz 2** (Abs. 2b Satz 2 a.F.) EStG. Danach liegt ein vorgefertigtes Konzept i.S. des § 15b Abs. 2 Satz 2 EStG auch vor, wenn die positiven Einkünfte nicht der tariflichen ESt unterliegen. Die Vorschrift führt nach ihrem Wortlauft nicht zu dem vom Gesetzgeber verfolgten Ziel, die Ausnutzung der Steuersatzspreizung bei der Einführung der Schedule als Missbrauch zu qualifizieren und zu verhindern.[514] Der Gesetzgeber wollte Modelle erfassen, die das Steuersatzgefälle zwischen der tariflichen ESt gem. § 32a EStG und dem gesonderten Steuertarif für Einkünfte aus Kapitalvermögen gem. § 32d EStG dadurch ausnutzen, dass die negativen Einkünfte der tariflichen ESt und die positiven Einkünfte der Abgeltungsteuer unterliegen.[515] Die Regelung lässt jedoch bereits offen, in welchem Veranlagungszeitraum „die positiven Einkünfte nicht der tariflichen ESt unterliegen" müssen, damit ein Steuerstundungsmodell i.S. des § 15b Abs. 2 Satz 2 EStG vorliegt.[516] Zudem handelt es sich auch bei dem gesonderten Steuertarif für Einkünfte aus Kapitalvermögen gem. § 32d EStG um eine „tarifliche ESt", da dieser wie der progressive Steuersatz des § 32a EStG im Abschnitt „IV. Tarif" des EStG geregelt ist. Dass der Gesetzgeber mit dem Begriff der „tariflichen ESt" lediglich den progressiven Steuersatz nach § 32a EStG bezeichnen wollte, kommt in der gesetzlichen Regelung schon deshalb nicht zum Ausdruck, weil „positive Einkünfte" nie der tariflichen ESt des § 32a EStG unterliegen, sondern nur das zu versteuernde Einkommen i.S. des § 2 Abs. 5 Satz 1 EStG. So kann § 20 Abs. 7 (Abs. 2b Satz 2 a.F.) EStG nicht dahin verstanden werden, dass ein vorgefertigtes Konzept i.S. des § 15b Abs. 2 Satz 2 EStG stets dann vorliegt, wenn sich ein Verlust im Rahmen der Anwendung des progressiven Steuersatzes auswirkt, während ein Gewinn lediglich dem Abgeltungsteuersatz unterliegt.

513 Offen blieb im Verfahren VIII R 29/15 (BFH v. 7.5.2019, VIII R 29/15, BStBl II 2019, 751), ob dies möglicherweise anders zu beurteilen ist, wenn nach dem Gesamtkonzept eine Fremdfinanzierung des Erwerbs vorgesehen und damit zur Erzielung negativer Einkünfte eingesetzt wird, denn der Kläger hat den Erwerb nicht fremdfinanziert.

514 BFH v. 28.6.2017, VIII R 57/14, BFHE 258, 421, BStBl II 2017, 1144.

515 RefE eines JStG 2007 vom 10.7.2006, S. 65; *Korn/Strahl*, kösdi 2006, 15312, 15327; im Regierungsentwurf BT-Drs. 16/2712, 50 fehlt jedoch eine entsprechende Begründung.

516 BFH v. 7.5.2019, VIII R 29/15, BFHE nn, BStBl II 2019, 751; dazu grundlegend in BFH v. 28.6.2017, VIII R 57/14, BFHE 258, 421, BStBl II 2017, 1144.

Vor diesem Hintergrund konnte allein der Umstand, dass im Verfahren VIII R 29/15[517] die aus den Zwischengewinnen resultierenden negativen Einkünfte dem progressiven Steuersatz unterliegen, während die im Jahr 2009 zu versteuernden positiven Einkünfte der Abgeltungsteuer unterfallen, keine Verlustverrechnungsbeschränkung gem. § 15b EStG begründen, und zwar auch nicht bei Überschreiten der Grenze des § 15b Abs. 3 EStG. Schließlich kann aus der Ausnutzung des Steuersatzgefälles nicht auf eine missbräuchliche Gestaltung i. S. des § 42 AO geschlossen werden, dies unabhängig davon, ob die Anwendung des § 42 AO bereits deshalb ausgeschlossen ist, weil die §§ 20 Abs. 7 (Abs. 2b Satz 2 a. F.), 15b EStG als speziellerer Missbrauchstatbestand lex specialis und damit vorrangig und ausschließlich anwendbar sind. Denn ein Missbrauch von Gestaltungsmöglichkeiten gem. § 42 AO liegt nicht vor, da Vorteile aufgrund unterschiedlicher Steuersätze der Schedulenbesteuerung immanent sind.

4. Konflikt mit der Anrechnung ausländischer Quellensteuerbeträge

Durch die Verlustverrechnung kann **Anrechnungspotenzial für ausl. Quellensteuerbeträge verloren** gehen. Hierzu stellt der BFH im Verfahren VIII R 22/18[518] fest, dass es mit der Niederlassungs- und der Kapitalverkehrsfreiheit vereinbar ist, dass ausl. Quellensteuerbeträge gem. § 32d Abs. 5 Sätze 1 und 2 EStG nicht gem. § 32d Abs. 1 Satz 2 EStG auf die ESt zum gesonderten Tarif i. S. des § 32d Abs. 1 EStG anrechenbar sind und verfallen, wenn die zugrunde liegenden **ausl. Kapitalerträge** gem. § 20 Abs. 6 Satz 3 EStG **mit inl. Verlusten** aus Kapitalvermögen **zu verrechnen** sind.

Dividenden, die von einer in einem Mitgliedstaat der EU oder in einem Drittstaat ansässigen Gesellschaft oder einem solchen Emittenten an einen in einem anderen Mitgliedstaat ansässigen Anteilseigner ausgeschüttet werden, können ohne Verstoß gegen die Niederlassungs- und Kapitalverkehrsfreiheit (Art. 49 und 63 AEUV) Gegenstand einer rechtlichen (juristischen) Doppelbesteuerung sein, wenn beide Mitgliedstaaten ihre Besteuerungsbefugnis für die Kapitalerträge in zulässiger Weise parallel ausüben.

In- und ausl. positive Kapitalerträge, die dem gesonderten Tarif gem. § 32d Abs. 1 EStG unterfallen, werden gem. § 20 Abs. 6 Satz 3 EStG nach denselben Regeln mit ebensolchen in- und ausl. negativen Kapitalerträgen verrechnet. Wegen der gleichen Ausgestaltung der Einkünfteermittlungs- und Verlustverrechnungsregelungen für in- und ausl. Kapitalerträge ist es eine

517 BFH v. 7.5.2019, VIII R 29/15, BFHE nn, BStBl II 2019, 751.
518 BFH v. 23.11.2021, VIII R 22/18, BFHE 275, 99, BStBl II 2023, 68.

unionsrechtlich unbedenkliche Folge der unterschiedlichen Ausübung der Besteuerungsbefugnisse des Quellen- und des Wohnsitzstaats, dass getragene ausl. Quellensteuer wegen der Verlustverrechnung nicht anrechenbar ist und verfällt, da nach der einheitlichen Verlustverrechnung für jeden ausl. Kapitalertrag keine inl. Einkommensteuerbelastung verbleibt. Dies ist Folge unterschiedlicher Steuerbemessungsgrundlagen für den jeweiligen Kapitalertrag im Quellenstaat und in Deutschland als Wohnsitzstaat. Deutschland ist nicht verpflichtet, eine ausl. Quellensteuer anzurechnen, wenn die zugrunde liegenden Kapitalerträge nicht mit inl. ESt belastet sind, oder durch deren besondere Ausgestaltung Vorkehrungen gegen Nachteile zu treffen, die sich für die Anrechnung ausl. Quellensteuern aufgrund einer vorrangigen zwingenden Verlustverrechnung ergeben. § 20 Abs. 6 Satz 3 EStG ist nicht unionsrechtskonform so auszulegen, dass ausl. quellensteuerbelastete Kapitalerträge von der Verlustverrechnung ausgenommen werden können, um eine Anrechnung der ausl. Quellensteuer zu ermöglichen und künftig höhere Verluste verrechnen zu können.

5. Verrechnung von Altverlusten aus privaten Veräußerungsgeschäften

Im Verfahren VIII R 8/16[519] hat der BFH bestätigt,[520] dass § 20 Abs. 6 Satz 1 EStG der Verrechnung von Altverlusten i. S. v. § 23 EStG in der bis zum 31.12.2008 geltenden Fassung mit positiven Kapitaleinkünften i. S. v. § 20 Abs. 2 EStG bei der (Antrags-)Veranlagung gem. **§ 32d Abs. 4 EStG** nicht entgegensteht, da die depotbezogene **unterjährige Verlustverrechnung** der auszahlenden Stelle i. S. v. § 43a Abs. 3 EStG zwar zeitlich vorrangig, aber **nicht endgültig** ist. Im entschiedenen Fall wurden die Altverluste[521] über eine ausl. Bank erzielt. Gewinne und zugleich weitere Verluste (jeweils nach § 20 Abs. 2 EStG der Jahre 2009 ff.) fielen bei einer inl. Bank an und wurden von ihr im KapESt-Abzugsverfahren bereits verrechnet. Im Rahmen der Einkommensteuerveranlagung begehrte der Stpfl. eine hiervon abweichende, für ihn günstigere vorrangige Verrechnung der Gewinne mit den Altverlusten. Er beantragte im Rahmen der ESt-Veranlagung (2009 bis 2012) gem. § 32d Abs. 4 EStG die Überprüfung des KapESt-Einbehalts, d. h. die Rückgängigmachung der von der inl. Bank vorgenommenen Verrechnung der in den Jahren 2009 bis 2012 erzielten Gewinne und Verluste aus Aktienverkäufen nach § 20 Abs. 2 EStG. So sollten gem. §§ 20

519 BFH v. 3.12.2019, VIII R 8/16, BFHE 267, 225, BStBl II 2020, 383, FR 2020, 880, mit Anm. *Kamps/Gomes*, 862.

520 Dazu schon BFH v. 29.8.2017, VIII R 23/15, BFHE 259, 336, BStBl II 2019, 54, Rz. 11 ff.

521 Eingehend zu Altverlusten *Jachmann-Michel,* in: Lademann, EStG, Stand März 2023, § 20 Rz. 1576 ff.

Abs. 6 Satz 1, 23 Abs. 3 Satz 9 EStG die Gewinne der Jahre 2009 bis 2012 vorrangig mit den Altverlusten nach § 23 EStG a.F. verrechnet werden. Dies hatte die Folge, dass die Verluste nach § 20 Abs. 2 EStG – anstelle der Verluste nach § 23 EStG a.F. – gesondert festzustellen und ohne zeitliche Beschränkung – anders als die Verluste nach § 23 EStG a.F. – vortragsfähig und somit verrechenbar waren.

Gewinne/Verluste aus privaten Veräußerungen von Wertpapieren (insbes. Aktien), die **vor dem 31.12.2008 erworben** wurden (vgl. § 52 Abs. 31 Satz 1 EStG)[522], unterfallen § 23 EStG a.F. (private Veräußerungsgeschäfte). Verluste aus privaten Veräußerungsgeschäften können aber nicht mit positiven Einkünften aus anderen Einkunftsarten verrechnet werden (§ 23 Abs. 3 Sätze 7 und 8 EStG a.F.). Seit 1.1.2009 sind Gewinne/Verluste aus der Veräußerung von Wertpapieren, die nach dem 31.12.2008 erworben wurden (vgl. § 52 Abs. 31 Satz 1 EStG), gem. § 20 Abs. 2 EStG Einkünfte aus Kapitalvermögen. Verluste aus Wertpapierveräußerungen dürfen nur mit Gewinnen aus Wertpapierveräußerungen verrechnet werden und nicht mit anderen Einkunftsarten, wobei Aktienverluste nur mit Aktiengewinnen verrechnet werden dürfen.[523] Die Verlustverrechnungsverbote verhindern, dass bis zum 31.12.2008 entstandene Verluste aus Wertpapierveräußerungen seit dem 1.1.2009 mit Gewinnen aus dem Grunde nach gleichen Geschäften verrechnet werden. Um dem zu begegnen, können gem. § 23 Abs. 3 Sätze 9 und 10 EStG Altverluste aus privaten Veräußerungsgeschäften i.S.v. § 23 EStG a.F. mit Einkünften aus § 20 Abs. 2 EStG ausgeglichen werden. Diese Ausnahmeregelung gilt jedoch nur für einen Übergangszeitraum von fünf Jahren (2009 bis 2013, § 52a Abs. 11 Satz 11 EStG i.d.F. des UStRG 2008[524]). Nach Ablauf dieses Übergangszeitraums sind die Altverluste regelmäßig nicht mehr nutzbar, da § 23 EStG ab 1.1.2009 nur noch wenige private Veräußerungsgeschäfte unterfallen, z.B. der Gewinn aus privaten Grundstücksverkäufen. Gem. § 20 Abs. 6 Satz 1 EStG in der bis zum 31.12.2013 geltenden Fassung sind verbleibende positive Einkünfte aus Kapitalvermögen nach der Verrechnung i.S.v. § 43a Abs. 3 zunächst mit Verlusten aus privaten Veräußerungsgeschäften nach Maßgabe des § 23 Abs. 3 Sätze 9 und 10 zu verrechnen.[525] § 20 Abs. 6 Satz 1 EStG in der bis zum 31.12.2013 geltenden Fassung sollte also eine Verrechnungsreihenfolge

522 § 52a Abs. 10 Satz 1 EStG in der bis zum 31.7.2014 geltenden Fassung.

523 Dazu A. V. 3. a).

524 Unternehmensteuerreformgesetz v. 14.8.2007, BGBl I 2007, 1912.

525 Wegen der letztmaligen Anwendung des § 23 Abs. 3 Satz 9 und 10 EStG für den Veranlagungszeitraum 2013 wurde § 20 Abs. 6 Satz 1 EStG in der hier anzuwendenden Fassung mit Wirkung ab dem Veranlagungsjahr 2014 durch das Kroatien-Anpassungsgesetz v. 25.7.2014 (BGBl I 2014, 1266) mit Wirkung zum 1.1.2014 aufgehoben.

unter Berücksichtigung von zum 31.12.2008 gesondert festgestellten Altverluste i.S.v. § 23 EStG a.F. sowie von Gewinnen und Verlusten i.S.v. § 20 Abs. 2 EStG festlegen. Positive Kapitaleinkünfte eines Veranlagungszeitraums sind vorrangig mit den Altverlusten aus privaten Veräußerungsgeschäften i.S.v. § 23 EStG a.F. zu verrechnen und erst anschließend kann – soweit dann noch positive Einkünfte vorhanden sind – ein Ausgleich mit Verlusten aus Kapitalvermögen desselben Veranlagungszeitraums vorgenommen werden. Dabei bestimmt § 20 Abs. 6 Satz 1 EStG a.F., dass nach Verrechnung i.S.v. § 43a Abs. 3 verbliebene positive Einkünfte aus Kapitalvermögen mit den Altverlusten i.S.v. § 23 EStG a.F. vorrangig zu verrechnen sind. Dies verstand das FG Düsseldorf[526] in erster Instanz dahin gehend, dass die von der Bank vorgenommene Verrechnung nach § 43a EStG im Rahmen des § 20 Abs. 6 Satz 1 EStG bindend sei, sodass die Verrechnung von Verlusten nach § 20 Abs. 2 EStG unabänderlich vorrangig gegenüber der Verrechnung von Altverlusten mit Gewinnen nach § 20 Abs. 2 EStG wäre.[527] Der BFH folgte dem nicht. Auch wenn der Wortlaut des § 20 Abs. 6 Satz 1 EStG a.F. dafür sprechen könnte, dass nur die nach der Verrechnung i.S.v. § 43a Abs. 3 EStG verbleibenden Einkünfte aus Kapitalvermögen mit Altverlusten i.S.v. § 23 EStG a.F. verrechnet werden können, muss gewährleistet sein, dass die in § 20 Abs. 6 Satz 1 EStG a.F. angeordnete vorrangige und zeitlich befristete Verrechnung der Altverluste nicht durch das Steuerabzugsverfahren der KapESt unterlaufen wird. So waren im entschiedenen Fall aufgrund des Antrags des Stpfl. nach § 32d Abs. 4 EStG die Altverluste aus privaten Veräußerungsgeschäften gem. § 23 EStG a.F. im Veranlagungsverfahren vorrangig mit den vom Stpfl. im jeweiligen Streitjahr erzielten positiven Einkünften i.S.v. § 20 Abs. 2 EStG zu verrechnen. Dem Stpfl. wird so ermöglicht, die Altverluste, die gem. § 52a Abs. 11 Satz 11 EStG i.d.F. des UStRG 2008 lediglich bis zum Veranlagungszeitraum 2013 vorgetragen werden können, vorrangig vor anderen Verlusten aus Kapitalvermögen steuerlich geltend zu machen. § 20 Abs. 6 Satz 1 EStG a.F. macht eine Ausnahme vom Grundsatz, dass zunächst die positiven und negativen Ergebnisse innerhalb der einzelnen Einkunftsart miteinander zu verrechnen sind (horizontaler Verlustausgleich), bevor verbleibende positive und negative Ergebnisse verschiedener Einkünfte ausgeglichen werden (vertikaler Verlustausgleich) und ggf. ein Verlustrück- oder Verlustvortrag gem. § 10d EStG abgezogen wird. Die Besteuerung kann nicht davon abhängig sein, ob und inwieweit ein Stpfl. sein Depot bei einer,

526 FG Düsseldorf v. 6.5.2015, 7 K 3885/14 E, EFG 2016, 1696.
527 Zur Kritik *Kamps*, AG 2015, 709 f.; *Lohse*, DStR 2017, 641 ff.

mehreren oder keiner zum KapESt-Abzug verpflichteten Bank bzw. Banken führt. Auch die Finanzverwaltung folgt nunmehr dem BFH.[528]

Verfahrensrechtlich hatte der BFH im Fall VIII R 8/16 zu entscheiden, ob der Stpfl. die vorrangige Verrechnung von Altverlusten aus privaten Veräußerungsgeschäften durch **Anfechtung des ESt-Bescheids** oder durch Anfechtung des Verlustfeststellungsbescheids verfolgen musste. Danach ist der ESt-Bescheid der richtige Anfechtungsgegenstand, dies auch, wenn sich durch die begehrte Verrechnung der Altverluste keine Auswirkungen auf die ESt-Festsetzungen der Streitjahre ergäben. Insoweit ist zwischen der Rechtslage vor und nach Geltung von § 10d Abs. 4 Satz 4 EStG zu unterscheiden. Welche Rechtslage Anwendung findet, richtet sich danach, ob die Erklärung zur Feststellung des verbleibenden Verlustvortrags vor oder – so im Streitfall – nach dem 13.12.2010 abgegeben wurde (§ 52 Abs. 25 Satz 5 EStG i.d.F. des JStG 2010). § 10d Abs. 4 Satz 4 EStG sieht eine inhaltliche Bindung des Verlustfeststellungsbescheids an den ESt-Bescheid vor, obwohl der ESt-Bescheid kein Grundlagenbescheid ist.[529] Gem. § 20 Abs. 6 Satz 4 EStG ist § 10d Abs. 4 Satz 4 EStG auf die Verluste aus Kapitalvermögen entsprechend anzuwenden, sodass im Feststellungsverfahren des verbleibenden Verlustvortrags die Einkünfte nicht eigenständig zu ermitteln bzw. zu überprüfen sind. Einwendungen gegen unzutreffende Besteuerungsgrundlagen sind durch Einspruch/Klage gegen den ESt-Bescheid geltend zu machen. Wegen der inhaltlichen Bindungswirkung in Bezug auf die Verlustfeststellung ist der Stpfl. durch einen entsprechenden ESt-Bescheid selbst dann beschwert, wenn es sich um einen sog. Nullbescheid handelt. Diese inhaltliche Bindung des Verlustfeststellungsbescheids an den ESt-Bescheid besteht für bis zum 13.12.2010 eingereichte Erklärungen zur Feststellung des verbleibenden Verlustvortrags nicht. Hier ist der Verlustfeststellungsbescheid bzgl. einer begehrten vorrangigen Verrechnung von Altverlusten aus privaten Veräußerungsgeschäften nach § 23 EStG a.F. mit Gewinnen nach § 20 EStG anzufechten, dies neben der Anfechtung des ESt-Bescheids, falls sich die geänderte Verlustverrechnung im Jahr der Geltendmachung steuerlich auswirkt. Damit kommt die Anfechtung des Ver-

528 Veröffentlichung BFH v. 29.8.2017, VIII R 23/15 in BStBl II 2019, 54; BMF v. 11.7.2023, IV C 1-S 2252/19/10003:013, BStBl 2023 I, 1471, Rz. 118, Ergänzung des BMF-Schreibens v. 19.5.2022, IV C 1-S 2252/19/10003:009, BStBl I 2022, 742.

529 § 10d Abs. 4 Satz 4 EStG: „Bei der Feststellung des verbleibenden Verlustvortrags sind die Besteuerungsgrundlagen so zu berücksichtigen, wie sie den Steuerfestsetzungen des Veranlagungszeitraums, auf dessen Schluss der verbleibende Verlustvortrag festgestellt wird, und des Veranlagungszeitraums, in dem ein Verlustrücktrag vorgenommen werden kann, zugrunde gelegt worden sind; § 171 Absatz 10, § 175 Absatz 1 Satz 1 Nummer 1 und § 351 Absatz 2 der Abgabenordnung sowie § 42 der Finanzgerichtsordnung gelten entsprechend“.

lustfeststellungsbescheids nur für das Verlustfeststellungsjahr 2009 in Betracht; für die nachfolgenden Jahre können die Erklärungen erst nach dem 13.12.2010 eingereicht werden.

6. Verlustbescheinigung

Bei der Verlustverrechnung nach § 20 Abs. 6 Satz 1 EStG ist § 20 Abs. 6 Satz 7 EStG n.F. (§ 20 Abs. 6 Satz 6 EStG a.F.) zu beachten, wonach Verluste aus Kapitalvermögen, die der KapESt unterliegen, nur verrechnet werden dürfen, wenn eine Verlustbescheinigung der auszahlenden Stelle i.S.v. § 43a Abs. 3 Satz 4 EStG vorliegt. Dies soll einen doppelten Verlustabzug vermeiden. Eine Gefahr dafür besteht dann nicht, wenn ausgeschlossen werden kann, dass ein nicht ausgeglichener Verlust i.S.v. § 20 Abs. 2 EStG von der auszahlenden Stelle gem. § 43a Abs. 3 Satz 3 EStG auf das nächste Kalenderjahr übertragen wird. Dies hat der Stpfl. durch geeignete Unterlagen, insbes. durch Erträgnisaufstellungen der Depotbanken, nachzuweisen.[530]

§ 43a Abs. 3 Satz 4 EStG gilt nur für inl. depotführende Banken; die Gefahr eines doppelten Verlustabzugs besteht bei depotführenden ausl. Banken nicht. Einer Bescheinigung gem. § 20 Abs. 6 Satz 7 (Satz 6 a.F.) EStG bedarf es nur bei Verlusten, die der KapESt unterliegen. Das ist bei Papieren im Depot einer im Ausland ansässigen Bank nicht der Fall.

Im Übrigen sind Erträgnisaufstellungen inl. Depotbanken regelmäßig zu beschaffen. Zu einer Einschränkung durch § 20 Abs. 6 Satz 7 (Satz 6 a.F.) EStG kann es ohnehin nur kommen, soweit der Stpfl. die Rückgängigmachung der Verrechnung von Gewinnen und Verlusten nach § 20 Abs. 2 EStG der inl. depotführenden Bank begehrt, bei der ein Verlustüberhang nach § 20 Abs. 2 EStG besteht.

VI. Schätzung von Kapitaleinkünften

Gerade im Kontext der Einkünfte aus Kapitalvermögen sind Schätzung und – vor allem im Hinblick auf einen Ablauf der vierjährigen Festsetzungsfrist gem. § 169 Abs. 2 Satz 1 Nr. 2 AO (§ 169 Abs. 2 Satz 2 AO) – Steuerhinterziehung ein Thema. Hierzu hat der BFH im Verfahren VIII R 23/16[531] entschieden, dass die Höhe hinterzogener Steuern zwar trotz der Geltung des Grundsatzes

530 BFH v. 3.12.2019, VIII R 8/16, BFHE 267, 225, BStBl II 2020, 383.
531 BFH v. 3.12.2019, VIII R 23/16, BFH/NV 2020, 853.

in dubio pro reo grundsätzlich im Schätzwege ermittelt werden kann.[532] Der Grundsatz in dubio pro reo schließt es allerdings aus, die **Schätzung der hinterzogenen Steuern** entsprechend den allgemeinen Grundsätzen im Falle der Verletzung von Mitwirkungspflichten auf ein reduziertes Beweismaß und bloße Wahrscheinlichkeitserwägungen zu stützen und an der oberen Grenze des Schätzungsrahmens auszurichten. Erforderlich ist vielmehr, dass das FG auf der Grundlage des Gesamtergebnisses des Verfahrens (§ 96 Abs. 1 Satz 1 FGO i. V. m. § 162 AO) von der Höhe der Steuerhinterziehung überzeugt ist.[533] Im Zweifel hat sich das FG auf die Zuschätzung eines Mindestbetrags zu beschränken. Auch reicht allein der Umstand, dass ein Stpfl. zu einem bestimmten Stichtag über Kapital verfügt hat, selbst unter Berücksichtigung eines verminderten Beweismaßes wegen Verletzung der Mitwirkungspflichten nicht für die (pauschale) Würdigung aus, er habe aus diesem Kapital auch in (teils lange vor dem Stichtag liegenden) Vorjahren Einnahmen aus Kapitalvermögen erzielt. Vielmehr muss sich das FG grundsätzlich auch in Bezug auf diese Jahre die Überzeugung bilden und begründen, dass der Stpfl. ein entsprechendes Guthaben zur Erzielung von Einkünften aus Kapitalvermögen einsetzen konnte und eingesetzt hat. Im entschiedenen Fall konnte aus dem vom FG zur Begründung herangezogenen Umstand, dass die streitbefangene Stiftung bereits im Jahr 1995 gegründet worden war und hierzu Vermögen vorhanden gewesen sein muss, keine hinreichend sichere Schlussfolgerung auf die Höhe des Vermögens in den Jahren 1997 bis 2000 und damit auf die Höhe der in diesem Zeitraum hieraus erzielten Erträge gezogen werden. Aus den Erkenntnissen des FG zur Höhe des am 1.1.2002 vorhandenen Vermögens konnte ebenfalls nicht mit der für die Feststellung einer Steuerhinterziehung erforderlichen Sicherheit auf das Vorhandensein eines entsprechenden Vermögens bereits am 1.1.1997 – lediglich in abgezinster Höhe – geschlossen werden. Insoweit bedarf es vielmehr weiterer Feststellungen, wie z. B., dass ein Vermögenszuwachs erst zu einem späteren Zeitpunkt ausgeschlossen werden kann. Das FG muss insoweit zwar nicht jede theoretische Möglichkeit des Vermögenszuwachses ausschließen. Es muss aber jedenfalls naheliegende Alternativen prüfen und etwaigen plausiblen Einwendungen des Stpfl. nachgehen. Ist lediglich – anhand eines Kontoauszugs – die Höhe des Kapitalvermögens zum Jahresende bzw. zum Jahresanfang festgestellt, nicht aber, welcher Art die im Depot gehaltenen Wertpapiere waren, so hält – ohne Feststellungen zur tatsächlichen Zusammensetzung des Depots – eine „griffweise" Annahme des FG, das Vermögen sei zu 50 % in sog. schwarzen Fonds angelegt ge-

532 S. auch BFH v. 9.5.2017, VIII R 51/14, BFH/NV 2018, 5, Rz. 40f., und v. 7.11.2006, VIII R 81/04, BFHE 215, 66, BStBl II 2007, 364.

533 BFH v. 29.1.2002, VIII B 91/01, BFH/NV 2002, 749.

wesen, der revisionsrechtlichen Kontrolle nicht Stand. Die Höhe der Erträge aus Wertpapieranlagen kann nicht lediglich auf bloße Wahrscheinlichkeitserwägungen gestützt werden.

Von diesen Schätzungsgrundsätzen unter Geltung des Grundsatzes in dubio pro reo zu unterscheiden ist die Situation **vor Ablauf der regulären Festsetzungsfrist**. Gilt der Grundsatz in dubio pro reo nicht, kann das FG zum Nachteil des Stpfl. von einem Sachverhalt ausgehen, für den unter Berücksichtigung der Beweisnähe des Stpfl. und seiner Verantwortung für die Aufklärung des Sachverhaltes (lediglich) eine gewisse Wahrscheinlichkeit spricht, wenn der Stpfl. seine **Mitwirkungspflicht gem. § 90 Abs. 2 AO** verletzt und der Sachverhalt anderweitig nicht aufklärbar ist. Dies gilt insbes. dann, wenn die Mitwirkungspflicht sich auf Tatsachen und Beweismittel aus dem alleinigen Verantwortungsbereich des Stpfl. bezieht. Unter diesen Voraussetzungen soll der Stpfl. nach dem Sinn des § 90 Abs. 2 AO den Nachteil des insoweit nicht aufgeklärten und durch das FG allein nicht aufklärbaren Sachverhalts tragen.[534] Gem. § 90 Abs. 2 Satz 1 AO haben die Beteiligten einen Sachverhalt, der sich auf Vorgänge im Ausland bezieht, aufzuklären und die notwendigen Beweismittel zu beschaffen. Sie haben alle zur Sachaufklärung und zur Beweismittelbeschaffung bestehenden tatsächlichen und rechtlichen Möglichkeiten auszuschöpfen (§ 90 Abs. 2 Satz 2 AO). Außerdem muss der Stpfl. bereits bei der Gestaltung seiner Verhältnisse Beweisvorsorge treffen (§ 90 Abs. 2 Satz 4 AO). Jedoch durfte das FG im entschiedenen Fall nicht von einer Verletzung der Mitwirkungspflicht ausgehen, ohne die Kläger ausdrücklich aufzufordern, sich über das Vermögen, dessen Nutzung und Verbleib sowie eine etwaige Auflösung der streitbefangenen Stiftung zu erklären und geeignete Unterlagen vorzulegen. Eine Verletzung der Mitwirkungspflicht kann im Allgemeinen erst dann angenommen werden, wenn ein Beteiligter auf **ausdrückliche Aufforderung des FG** (§ 79 Abs. 1 Satz 2 Nr. 2 FGO) eine ihm mögliche Äußerung zu Tatsachen oder die Herausgabe von Unterlagen verweigert. Gegenstand der finanzgerichtlichen Auseinandersetzung und insbes. der Beweisaufnahme in der mündlichen Verhandlung war im entschiedenen Fall zunächst nur, ob die von einem Informanten erworbenen Daten unverfälscht und inhaltlich zutreffend waren und ob den Klägern das Vermögen der streitbefangenen Stiftung dem Grunde nach zuzurechnen war. Beides haben die Kläger bis zuletzt bestritten. Befasst sich das FG zunächst allein mit der Frage der Echtheit der der Schätzung zugrunde liegenden Daten und gelangt es erst im Anschluss an die Beweisaufnahme zu der Überzeugung, die Daten seien unverfälscht und inhaltlich zutreffend sowie zu der Überzeugung, den Klä-

534 BFH v. 19.12.2007, X B 34/07, BFH/NV 2008, 597 m. w. N.

gern sei das Vermögen einer Stiftung zuzurechnen, kann es nicht ohne Weiteres unterstellen, die Kläger würden an ihrer bisher vertretenen Auffassung festhalten und einer (im weiteren Verfahren erfolgenden) konkreten Aufforderung zur Mitwirkung an der Aufklärung des Sachverhalts in Bezug auf die Höhe der in den Streitjahren über die Stiftung erzielten Kapitaleinkünfte nicht nachkommen.

Jenseits dessen kann allein der Umstand, in der Vergangenheit über Kapital verfügt zu haben, selbst unter Berücksichtigung eines verminderten Beweismaßes wegen Verletzung der Mitwirkungspflichten nicht für eine pauschale Würdigung ausreichen, der Stpfl. habe aus diesem Kapital auch in den Folgejahren unverändert Einnahmen aus Kapitalvermögen erzielt. Vielmehr muss sich das FG für jedes Folgejahr erneut die Überzeugung bilden und begründen, dass der Stpfl. das entsprechende Guthaben weiterhin zur Erzielung von Einkünften aus Kapitalvermögen einsetzen konnte und eingesetzt hat.[535]

535 BFH v. 9.5.2017, VIII R 51/14, BFH/NV 2018, 5, Rz. 30ff.

B. Kapitalertragsteuerabzugsverfahren

I. Allgemeines

Das KapESt-Abzugsverfahren regelt die Erhebung von ESt/KSt auf Kapitalerträge an der sog. Quelle, primär ohne Beteiligung des Gläubigers der Kapitalerträge. Es ist geprägt vom Ineinandergreifen verschiedener Normen von vor allem rechtstechnischer Art.[536] Zwar haben in jüngerer Zeit die Entscheidungen des FG Köln[537] zu Cum/Ex[538] sowie des Hessischen FG[539] zu Cum/Cum[540] der KapESt eine Prominenz verschafft, die diesem eher technisch anmutenden Ausschnitt der Einkommensbesteuerung sonst kaum zukommt. Die wesentlichen Strukturen des KapESt-Abzugsverfahrens sind davon aber nicht betroffen.[541]

Zentrales Element der Kapitalertragsbesteuerung ist die **KapESt-Anmeldung**.

Hinsichtlich der **Verpflichtung zur Abgabe** einer KapESt-Anmeldung stellt das FG München[542] fest, dass die Aufforderung, eine KapESt-Anmeldung abzugeben, ermessensgerecht ist, wenn Anlass für das FA besteht zu prüfen, ob einer kapitalertragsteuerpflichtige Gewinnausschüttung stattgefunden hat. Einwendungen gegen die Wirksamkeit des Gewinnausschüttungsbeschlusses sind im Rahmen des KapESt-Festsetzungsverfahrens zu prüfen, befreien den Steuerpflichtigen jedoch nicht von der Verpflichtung zur Abgabe der KapESt-Anmeldung.

Die KapESt-Anmeldung wird als **Steuerfestsetzung** gegen den Entrichtungspflichtigen fingiert (§ 168 AO). Adressat dieser Steuerfestsetzung ist der Entrichtungspflichtige. Der Gläubiger der Kapitalerträge und Schuldner der KapESt (§ 44 Abs. 1 Satz 1 EStG) ist aber grundsätzlich befugt, die KapESt-Anmeldung der Bank anzufechten. Die nach § 45a EStG angemeldete KapESt steht nach § 168 AO einer Steuerfestsetzung unter dem Vorbehalt der Nachprüfung gleich. Ihr Regelungsgehalt beschränkt sich darauf, dass der Schuldner der Kapitalerträge die angemeldeten Beträge abzuführen hat. Da

536 Dazu im Überblick *Jachmann-Michel*, jM 2020, 212 ff.

537 FG Köln v. 19.7.2019, 2 K 2672/17, DStRE 2020, 713, BB 2020, 666, DStZ 2020, 185, Rev. unbegründet, BFH v. 2.2.2022, I R 22/20, BFHE 276, 20, BStBl II 2022, 324, s. u. D. II. 2; vgl. auch schon FG Kassel v. 10.3.2017, 4 K 977/14, EFG 2017, 656.

538 Dazu D. II.

539 FG Hessen v. 28.1.2020, 4 K 890/17, EFG 2020, 1160, DStZ 2020, 229.

540 Dazu D. III.

541 Zu einem Überblick über die Regelungen des Steuerabzugs von Kapitaleinkünften stv. *Jachmann-Michel,* in: Brandis/Heuermann, EStG, § 43, Rz. 1 ff.; *dies.*, in: Lademann, EStG, § 20 (Std. März 2023), Rz. 86 ff.

542 FG München v. 18.7.2022, 7 K 2087/21, rkr., DStRE 2023, 969.

jedoch der Gläubiger der Kapitalerträge die KapESt sowie den im Abzugsverfahren erhobenen Solidaritätszuschlag schuldet und demgemäß der Vergütungsschuldner die Steuerabzüge für Rechnung des Gläubigers der Kapitalerträge vorgenommen hat (§ 44 Abs. 1 Satz 3 EStG), werden im Fall der Rechtswidrigkeit der nach § 168 AO fingierten Steuerbescheide auch rechtlich geschützte Interessen des Gläubigers der Kapitalerträge berührt.[543] Gegenstand einer solchen Drittanfechtungsklage ist die mit der Steueranmeldung verbundene Steuerfestsetzung gegen den Vergütungsschuldner. Die Überprüfung der Steueranmeldung beschränkt sich darauf, ob der Vergütungsschuldner die Steueranmeldung vornehmen durfte. Dies ist bereits dann zu bejahen, wenn die Voraussetzungen für den Steuereinbehalt zweifelhaft sind. Auch ist im Rahmen dieses eingeschränkten Prüfungsumfangs im Grundsatz davon auszugehen, dass der Vergütungsschuldner zum KapESt-Abzug dann berechtigt ist, wenn er sich hierbei auf ein Schreiben des BMF stützen kann. Dieser Grundsatz ist aber dann zu durchbrechen, wenn die Ansicht des Vergütungsgläubigers dem eindeutigen Wortlaut der einschlägigen Bestimmungen entspricht und auch aus deren Entstehungsgeschichten und Zweck kein Anhalt für ein abweichendes Regelungsverständnis besteht. Es kann somit nur überprüft werden, ob die KapESt-Anmeldung eindeutig rechtswidrig war. Unzulässig ist eine Drittanfechtungsklage, wenn sich die angefochtene KapESt-Anmeldung bereits vor ihrer Erhebung durch die Festsetzung der ESt erledigt hat (§ 124 Abs. 2 FGO).[544] Auf Antrag des Gläubigers der Kapitalerträge gem. § 43 Abs. 5 Satz 3 EStG i. V. m. § 32d Abs. 4 EStG auf Überprüfung des Steuereinbehalts werden die angemeldeten Kapitalerträge in die Steuerfestsetzung miteinbezogen und die abgeführte KapESt nach § 36 Abs. 2 Satz 2 Nr. 2 EStG auf die hierfür festgesetzte Steuer angerechnet. So wird der Regelungsgehalt der KapESt-Anmeldung in dem **ESt-Bescheid** aufgenommen. Der ESt-Bescheid löst die KapESt-Anmeldung als Rechtsgrundlage für die von dem Vergütungsschuldner einbehaltene KapESt ab, sodass sich die KapESt-Anmeldung nach § 124 Abs. 2 AO auf andere Weise erledigt. Ab Erlass des ESt-Bescheids ist dieser die alleinige Grundlage für die Verwirklichung des Anspruchs auf die mit Ablauf des Veranlagungszeitraums entstandene ESt auch für die Kapitaleinkünfte. Die durch den ESt-Bescheid gesetzte Rechtsgrundlage für die Steuerzahlung löst die aufgrund der KapESt-Anmeldung ab. Die Beschwer durch die KapESt-Anmeldung entfällt. Auch eine Fortführung als Klage gegen die ESt-Festsetzung kommt nicht in Betracht. Zwar wird gem. § 68 Satz 4 Nr. 2 FGO ein neuer Verwaltungsakt Gegenstand des Verfahrens, der an die Stelle eines angefochtenen

543 Dazu näher BFH v. 12.12.2012, I R 27/12, BFHE 241, 151, BStBl II 2013, 682, Rz. 9f.
544 BFH v. 20.11.2018, VIII R 45/15, BFHE 263, 175, BStBl II 2019, 306.

unwirksamen Verwaltungsakts tritt. Der ESt-Bescheid und die KapESt-Anmeldung stimmen weder hinsichtlich der Verfahrensbeteiligten noch inhaltlich überein. Verfahrensbeteiligter der Drittanfechtung ist das für die KapESt-Anmeldung zuständige (beklagte) FA, während im Rechtsbehelfsverfahren gegen die ESt-Festsetzung das Wohnsitz-FA des klagenden Gläubigers der Kapitalerträge beteiligt ist. Gegenstand der KapESt-Anmeldung ist die auf die Kapitalerträge entfallende ESt (§ 43 EStG), während im ESt-Festsetzungsverfahren die Steuer unter Berücksichtigung aller Besteuerungsgrundlagen festzusetzen ist. Für eine Fortsetzungsfeststellungsklage fehlt es am Feststellungsinteresse (§ 100 Abs. 1 Satz 4 FGO). Denn die Feststellung der Rechtswidrigkeit der angefochtenen KapESt-Anmeldung ist nicht Voraussetzung dafür, dass der Gläubiger der Kapitalerträge effektiven Rechtsschutz erhält. Die Stpfl. seiner Kapitaleinkünfte kann im Rahmen der Anfechtung des ESt-Bescheids eigenständig beurteilt werden, da die Kapitalerträge aufgrund eines Antrags nach § 32d Abs. 4 EStG der ESt-Festsetzung zugrunde gelegt werden. Dieser Umstand würde der Annahme eines Feststellungsinteresses i. S. des § 100 Abs. 1 Satz 4 FGO zwar nicht notwendig entgegenstehen, wenn die Erledigung des Rechtsstreits in der Hauptsache erst im Verlauf eines Klageverfahrens eingetreten wäre; dann könnte unter dem Gesichtspunkt der Prozessökonomie ein solches Interesse daraus abgeleitet werden, dass die Rechtmäßigkeit der angefochtenen Maßnahme in dem bereits eingeleiteten gerichtlichen Verfahren abschließend geklärt werden kann und dazu nicht ein weiteres Verfahren benötigt wird. Dies gilt aber nicht, wenn die Drittanfechtungsklage erst erhoben wird, nachdem der ESt-Bescheid erlassen wurde.[545] Die angefochtene KapESt-Anmeldung hat sich dann schon vor der Klageerhebung erledigt, sodass das Feststellungsinteresse nicht mit der Konzentration auf ein einmal eingeleitetes Gerichtsverfahren begründet werden kann. Einem berechtigten Interesse an einer Feststellung der Rechtswidrigkeit der erledigten KapESt-Anmeldung steht auch entgegen, dass diese im Wege der Drittanfechtung nur dahin gehend überprüft werden kann, ob die Bank als Schuldnerin der Kapitalerträge zum Steuerabzug berechtigt war. Eine Entscheidung hierüber wäre für die Einkommensbesteuerung nicht bindend. Ein Grundlagen-/Folgebescheid-Verhältnis zwischen der KapESt-Anmeldung und der ESt-Festsetzung besteht mangels gesetzlicher Grundlage nicht.

Im Verfahren VIII R 45/15[546] galt **§ 44 Abs. 1 Satz 3 EStG** noch nicht und der Stpfl. hatte einen Antrag gem. § 32d Abs. 4 EStG gestellt. Soweit aber nach § 44 Abs. 1 Satz 3 EStG die Bank an die Richtlinien des BMF gebunden ist und danach handelt, ist im Sinne der Grundsätze einer eingeschränkten

545 So im Verfahren VIII R 45/15, BFH v. 20.11.2018, BFHE 263, 175, BStBl II 2019, 306.
546 BFH v. 20.11.2018, VIII R 45/15, BFHE 263, 175, BStBl II 2019, 306.

Prüfung davon auszugehen, dass die Bank die KapESt-Anmeldung vornehmen durfte. Folgt sie den Richtlinien nicht, wird dies den Stpfl./Kunden regelmäßig nicht benachteiligen, sodass er hiergegen auch nicht klagt. Andernfalls dürfte die Drittanfechtung, geht man von den Grundsätzen des I. Senats[547] aus, Erfolg haben.

Besteht ausnahmsweise keine Rechtsschutzmöglichkeit gegen den ESt-Bescheid – so bei beschränkt Stpfl., bei denen die abgeltende Wirkung der KapESt gem. § 50 Abs. 2 Satz 1 EStG bestehen bleibt –, so dürfte jedenfalls vom Rechtsschutzbedürfnis für eine Drittanfechtung auszugehen sein. Die Möglichkeit, einen Erstattungsantrag gem. § 37 Abs. 2 AO oder § 50c Abs. 3 Satz 1 EStG[548] zu stellen, dürfte auch hier einen eingeschränkten Prüfungsumfang rechtfertigen. Im Übrigen dürfte eine Drittanfechtung mit eingeschränkter Prüfung zulässig sein.

Besondere Regeln gelten seit 2021 für das sog. **Crowdlending.**[549] Nach allgemeinen Grundsätzen wäre bei aus Crowdlending erworbenen Zinsen i.d.R. kein KapESt-Abzug vorzunehmen. § 44 Abs. 1 Sätze 3 und 4 Nr. 1 Buchst. a, § 43 Abs. 1 Satz 1 Nr. 7 Buchst. b EStG setzen nämlich voraus, dass es sich beim Schuldner der Kapitalerträge um ein inl. Kreditinstitut – einschließlich in § 43 Abs. 1 Satz 1 Nr. 7 Buchst. b Satz 2 gesondert aufgeführter Körperschaften – oder ein inl. Finanzdienstleistungsinstitut i.S. des KWG handelt. Schuldner der Kapitalerträge im Rahmen von Darlehensverträgen ist der Darlehensnehmer, der beim Crowdlending aber i.d.R. kein inl. Kreditinstitut oder Finanzdienstleistungsinstitut ist. Hinsichtlich der klassischen Fälle des Crowdlendings oblag es früher also dem Anleger, die Kapitalerträge gem. § 32d Abs. 3 Satz 1 EStG zu erklären. Ab 2021 stellen § 43 Abs. 1 Satz 1 Nr. 7 Buchst. c und § 44 Abs. 1 Satz 4 Nr. 2a EStG sicher, dass die Steuer auf Zinserträge aus Crowdlending bereits bei Auszahlung an den Anleger einbehalten wird. § 43 Abs. 1 Satz 1 Nr. 7 Buchst. c Satz 1 EStG unterwirft sämtliche Zinserträge, die über eine Internetdienstleistungsplattform i.S.v. § 43 Abs. 1 Satz 1 Nr. 7 Buchst. c Satz 2 EStG erworben wurden, der KapESt. Ergänzend qualifiziert § 44 Abs. 1 Satz 4 Nr. 2a EStG die Internetdienstleistungsplattform, die die Kapitalerträge an den Gläubiger auszahlt, als auszahlende Stelle i.S.v. § 44 Abs. 1 Satz 3 EStG; sie ist verpflichtet, für Rechnung des Gläubigers der Kapitalerträge den Steuerabzug vorzunehmen, sofern sich nicht ausnahmsweise die Steuerabzugspflicht eines anderen ergibt (vgl. § 44 Abs. 1 Satz 4 Nr. 2a EStG). Die Crowdlending-Plattform oder deren Intermediär, der regelmäßig die Zahlung der

547 BFH v. 12.12.2012, I R 27/12, BFHE 241, 151, BStBl II 2013, 682, Rz. 10.
548 § 50d Abs. 1 Satz 2 EStG a.F.
549 Dazu *Auer*, jM 2020, 298ff.

Kapitalerträge abwickelt, ist zum KapESt-Abzug verpflichtet. Die Crowdlending-Plattform hat i. d. R. auch alle notwendigen Informationen, um die KapESt (einschließlich Solidaritätszuschlag und Kirchensteuer) einzubehalten und abzuführen. Die Crowdlending-Plattform muss eine KapESt-Erklärung (§ 45a Abs. 1 Satz 1 EStG) abgeben und auf Verlangen dem Anleger gem. § 45a Abs. 2 Satz 1 Nr. 2 EStG eine entsprechende Bescheinigung übermitteln. Insoweit besteht eine Parallele zum Crowdinvesting,[550] im Rahmen dessen der Schuldner der Kapitalerträge je nach Ausgestaltung gem. § 43 Abs. 1 Satz 1 Nr. 2 oder 3, § 44 Abs. 1 Satz 3 EStG zum Abzug der KapESt verpflichtet ist.[551]

Verluste aus Kapitalvermögen werden primär von der den KapESt-Abzug vornehmenden Stelle (§ 43 Abs. 1 Satz 1 EStG) **berücksichtigt**. In einem Kalenderjahr nicht ausgeglichene negative Erträge sind auf das nächste Kalenderjahr zu übertragen und dort im Rahmen des jeweiligen Verlustverrechnungstopfes gem. § 20 Abs. 6 EStG mit positiven Erträgen zu verrechnen (§ 43a Abs. 3 Satz 3 EStG). Sofern der Gläubiger der Kapitalerträge bei der auszahlenden Stelle bis zum 15.12. des laufenden Jahres keinen unwiderruflichen Antrag auf Erteilung einer Verlustbescheinigung nach § 43a Abs. 3 Satz 4 EStG stellt, überträgt sie die nicht ausgeglichenen Verluste auf das nächste Kalenderjahr (§ 43a Abs. 3 Satz 3 EStG).

Will der Stpfl. ein weitergehendes Verlustverrechnungspotenzial – insbes. im Depot bei einer anderen Bank – nutzen, so ist eine Veranlagung erforderlich (§ 32d Abs. 2 Nr. 1–3, Abs. 3, Abs. 4, Abs. 6 EStG). Die institutsbezogene unterjährige Verlustverrechnung ist nur zeitlich vorrangig gegenüber einer institutsübergreifenden Verlustverrechnung.[552]

Die Verrechnung mit Gewinnen im Veranlagungsverfahren bedarf der Bescheinigung des nicht ausgeglichenen Verlustes durch das Kreditinstitut (§ 43a Abs. 3 Satz 4 Halbs. 1 EStG). Bei Erteilung der Bescheinigung wird der Verlustverrechnungstopf „auf Null" gestellt (§ 43a Abs. 3 Satz 4 Halbs. 2 EStG).

Um Doppelberücksichtigungen im KapESt-Abzugsverfahren und Veranlagungsverfahren zu vermeiden, sind diverse Bescheinigungen vorgesehen. Die Bescheinigung eines im Steuerabzugsverfahren nicht ausgeglichenen Verlusts (**Verlustbescheinigung**) soll z. B. gem. § 43a Abs. 3 Satz 4 EStG verhindern, dass ein Verlust gleichzeitig sowohl im Abzugs- als

550 Kapitalüberlassung gegen Beteiligung am Unternehmensgewinn.
551 Vgl. dazu *Auer*, jM 2020, 298 Fn. 30.
552 BFH v. 29.8.2017, VIII R 23/15, BFHE 259, 336, BStBl II 2019, 54; dazu BMF 19.5.2022, IV C 1-S 2252/19/10003:009, BStBl I 2022, 742, Rz. 212.

auch im Veranlagungsverfahren berücksichtigt wird. Sie ist auf Verlangen des Gläubigers der Kapitalerträge von der auszahlenden Stelle über nicht ausgeglichene Verluste zu erteilen; eine überjährige Verlustverrechnung durch die auszahlende Stelle entfällt dann. Die Bescheinigung ist gem. § 20 Abs. 6 Satz 5 EStG auch materiell-rechtliche Voraussetzung für die Geltendmachung von Verlusten, die im Abzugsverfahren berücksichtigt werden können, in der Veranlagung. Prima facie irreführend erscheint dabei der Wortlaut von § 20 Abs. 6 Satz 5 EStG. Bei dessen Auslegung wird zum Teil mit einer Hypothese – i. S. v. „negativen Einkünften aus Kapitalvermögen, die im Falle positiver Einkünfte dem Steuerabzug vom Kapitalertrag unterliegen würden“[553] – gearbeitet. Dessen bedarf es aber nicht.[554] Gemeint können ohnehin nur Kapitaleinkünfte sein, die dem Grunde nach der KapESt unterliegen (§ 43 Abs. 1 EStG); die entsprechenden Verluste tun dies nur wegen ihres negativen Vorzeichens nicht. Soll in der Veranlagung ein Verlust geltend gemacht werden, der im KapESt-Abzugsverfahren nicht berücksichtigt wurde, so hat der Verlust als solcher nicht „der KapESt unterlegen“ (§ 20 Abs. 6 Satz 5 EStG). Verluste sind lediglich Verrechnungsposten, die von der auszahlenden Stelle bei der Bemessungsgrundlage der KapESt für andere, positive Erträge berücksichtigt werden müssen (§ 43a Abs. 3 Satz 2 EStG).[555] Für sie greift auch keine abgeltende Wirkung gem. § 43 Abs. 5 Satz 1 EStG ein.

Wird ein Verlust bescheinigt, scheidet er aus dem Verlustverrechnungstopf der Bank aus und ist frei für eine Berücksichtigung in der Veranlagung. Wird die Veranlagung auf Antrag durchgeführt (§ 32d Abs. 4 und 6 EStG), beseitigt der Antrag die abgeltende Wirkung des Steuerabzugs (§ 43 Abs. 5 Satz 1 Halbs. 1 EStG). Sind Erträge aus Kapitalvermögen gem. § 32d Abs. 3 EStG zu veranlagen, hat das FA auch etwaige vorgelegte Verlustbescheinigungen zu berücksichtigen. Fehlt es an solchen Erträgen, muss das FA bescheinigte Verluste für künftige Verrechnungen feststellen.

Fehlt die **Verlustbescheinigung**, bedeutet dies aber nicht zwangsläufig, dass der Verlust nicht in die Veranlagung eingehen kann. Erkennt die Bank einen Verlust nicht an, weil sie nach § 44 Abs. 1 Satz 3 EStG an die entsprechende Auffassung der Finanzverwaltung gebunden ist, könnte dies im Veranlagungsverfahren nie korrigiert werden, wollte man hierfür eine Bescheinigung über die – tatsächlich ja ausgeschlossene – Verlustberücksichtigung im

---

553 Stv. *Bleschik,* in: Kirchhof, EStG, § 20, Rz. 178; *Moritz/Strohm,* in: Frotscher/Geurts, EStG, § 20 (n. F.), Rz. 375.

554 *Stahl,* Anm. zu BFH v. 12.6.2018, VIII R 32/16, HFR 2018, 886, 888; *Stahl,* Aktuelle Brennpunkte der Abgeltungsteuer, 2018, 104 f. m. w. N.

555 *Stahl,* Aktuelle Brennpunkte der Abgeltungsteuer 2018, 103 m. w. N.

Abzugsverfahren verlangen. Der Stpfl. stünde rechtsschutzlos gegenüber der den Verlust ablehnenden Verwaltungsauffassung. Daher ist für solche Fälle keine Bescheinigung notwendig. Der BFH hat dazu bereits mehrfach entschieden, dass die Bescheinigung der Verhinderung eines doppelten Verlustabzugs dient und dann nicht vorliegen muss, wenn eine solche Gefahr nicht besteht, die Bescheinigung zu verlangen also reiner Formalismus wäre.[556]

Um die Doppelberücksichtigung eines Verlusts im Wege einer **Korrektur der KapESt-Anmeldung** zu vermeiden, bedarf es für die Korrektur im Veranlagungsverfahren einer Bescheinigung über die Ablehnung der Korrektur im Abzugsverfahren gem. § 43a Abs. 3 Satz 7 EStG i. V. m. § 20 Abs. 3a Satz 2 EStG (**Korrekturbescheinigung**). Hat eine Bank einen Verlust nicht berücksichtigt und bedurfte der Stpfl. nach oben genannter Rechtsprechung für die Verlustberücksichtigung in der Veranlagung keiner Verlustbescheinigung, könnte man an die Gefahr einer Doppelberücksichtigung des Verlusts der Gestalt denken, dass die Bank mit einer sog. Delta-Korrektur gem. § 43a Abs. 3 Satz 7 EStG den KapESt-Einbehalt entsprechend korrigiert. Denn hätte der Stpfl. im Rahmen der Veranlagung mit einer Klage auf Berücksichtigung seines Verlusts entgegen einem BMF-Schreiben Erfolg – so im Verfahren VIII R 32/16[557] – und würde das BMF-Schreiben geändert bzw. aufgehoben, wäre die Bank nicht mehr daran gebunden. Die zweimalige Berücksichtigung des Verlusts durch die Bank – die ja im Veranlagungsverfahren bzw. gerichtlichen Verfahren nicht beteiligt war – ist aber schon deshalb ausgeschlossen, weil in den betroffenen Fällen eine Korrektur nicht in Betracht kommt.

Gem. § 43a Abs. 3 Satz 7 Alternative 1 EStG kann die auszahlende Stelle bei Kenntniserlangung von der Veränderung einer Bemessungsgrundlage den **KapESt-Einbehalt für die Zukunft korrigieren**.[558] Als Veränderung einer Bemessungsgrundlage käme die nunmehrige Abziehbarkeit des Verlusts in Betracht, der kein BMF-Schreiben mehr entgegensteht. Jedoch handelt es sich dabei lediglich um eine neue rechtliche Einordnung des Verlusts durch die Bank, der Verlust selbst ist unverändert geblieben.[559] Soweit angenommen wird, dass auch rechtliche Fehler nach § 43a Abs. 3 Satz 7 EStG pro futuro

---

556 BFH v. 12.6.2018, VIII R 32/16, BFHE 262, 74, BStBl II 2019, 221, Rz. 25; v. 20.10.2016, VIII R 55/13, BFHE 256, 56, BStBl II 2017, 264, Rz. 34; v. 9.5.2017, VIII R 54/14, BFHE 258, 111, Rz. 28; v. 29.8.2017, VIII R 23/15, BFHE 259, 336, Rz. 20.

557 BFH v. 12.6.2018, VIII R 32/16, BFHE 262, 74, BStBl II 2019, 221.

558 Sog. Delta-Korrektur, weil nur die aktuell verbleibende Differenz korrigiert wird. Dadurch sollen Rückabwicklungen vermieden werden.

559 Dazu eingehend *Stahl*, Anm. zu BFH v. 12.6.2018, VIII R 32/16, HFR 2018, 886, 888 und *Stahl*, Aktuelle Brennpunkte der Abgeltungsteuer, 2018, 86 f.

berichtigt werden können,[560] scheint dies im Einklang mit der Gesetzesbegründung, die undifferenziert auf materielle Fehler beim KapESt-Abzug abstellt.[561] Lässt man danach eine Delta-Korrektur auch eines ursprünglich rechtsfehlerhaft zu hohen KapESt-Einbehalts – insbes. wegen Nichtanerkennung eines Verlusts – zu, so hat der Stpfl. aber ggf. einen rechtswidrigen Steuereingriff zu dulden. Rechtsstaatlich problematisch (Art. 20 Abs. 3 GG) wird dies v. a. dann, wenn für eine Delta-Korrektur keine Erträge vorliegen, mit denen die nach geänderter Rechtsauffassung zu gewährenden Verluste verrechnet werden können. Anstelle einer Erstattung der rechtswidrig einbehaltenen Steuer erhielte der Stpfl. einen Posten im Verlusttopf und dies wegen eines rechtswidrigen BMF-Schreibens, das die Bank beim ursprünglichen KapESt-Abzug gebunden hat. Die Delta-Korrektur kann aber den bestehenden Erstattungsanspruch nicht ausschließen.[562]

II. Abgeltungsteuer verfassungswidrig?

Das niedersächsische FG hatte mit Vorlagebeschluss vom 18.3.2022[563] das Verfahren ausgesetzt und die Entscheidung des BVerfG darüber eingeholt, ob § 32d Abs. 1 EStG i. V. m. § 43 Abs. 5 EStG (Abgeltungsteuer) in den Jahren 2013, 2015 und 2016 geltenden Fassungen insoweit mit Art. 3 Abs. 1 GG vereinbar ist, als sie für Einkünfte aus privaten Kapitalerträgen einen Sondersteuersatz in Höhe von 25 % mit abgeltender Wirkung vorsehen. Es ist davon überzeugt, dass die Abgeltungsteuer gegen die in Art. 3 Abs. 1 GG verankerte Gleichbehandlung aller Einkunftsarten und einer gleichmäßigen Besteuerung nach der individuellen Leistungsfähigkeit verstößt. Die Abgeltungsteuer führe zu einer Ungleichbehandlung zwischen Beziehern privater Kapitaleinkünfte gem. § 20 EStG und den übrigen Stpfl. Während Bezieher von Kapitaleinkünften gem. § 32d Abs. 1 i. V. m. § 43 Abs. 5 EStG mit einem Sondersteuersatz von 25 % abgeltend belastet werden, unterliegen die übrigen Stpfl. gem. § 32a EStG einem Steuersatz von bis zu 45 %. Die in den Gesetzesmaterialien genannten Rechtfertigungsgründe genügten den verfassungsrechtlichen Anforderungen nicht. Weitere Rechtfertigungsgründe seien nicht ersichtlich.

560 BMF v. 19.5.2022, IV C 1-S 2252/19/10003:009, BStBl I 2022, 742, Rz. 241, Beispiel 3; ebenso Delp, DB 2015, 1919, 1923; *Intemann*, in: Herrmann/Heuer/Raupach, EStG, § 43a, Rz. 20; *Heß*, in: Lademann, EStG (Std. Januar 2023), § 43a, Rz. 126, 127; *Bleschik*, in: Kirchhof, EStG, § 20, Rz. 148c.

561 BT-Drs. 17/2249, 52.

562 Vgl. auch *Jachmann-Michel*, DB 2018, 2777, 2781 f.

563 FG Niedersachsen v. 18.3.2022, 7 K 120/21 (2 BvL 6/22), DStR 2022, 921, mit Anm. *Jachmann-Michel*, jM 2022, 302 ff.

Die mögliche systemimmanente Rechtfertigung der Abgeltungsteuer[564] prüft das FG nicht, obgleich die Differenzierung zwischen Kapitalerträgen und anderen Erträgen, insbes. aus Arbeit, darauf gestützt werden kann, dass diesen ein unterschiedliches wirtschaftliches Gewicht zukommt und hieraus eine unterschiedliche Relevanz der steuerlichen Abschöpfung via Gemeinlast für die Erfüllung der allgemeinen staatlichen Aufgabenerfüllung[565] folgt. Dieses unterschiedliche wirtschaftliche Gewicht wäre darin zu sehen, dass die Besteuerung von Zinsen wirtschaftlich betrachtet zu einer Doppelbelastung führt. Denn die Vermögensposition, aus der Zinserträge resultieren, wurde in der Regel schon bei ihrer Entstehung als Einkommen versteuert. Die Zinsen sind Folge der Einkommensverwendung. Periodenübergreifende Belastungsgleichheit bedeutet insoweit, dass gleichen Barwerten von Zahlungsüberschüssen vor Steuern gleiche Barwerte der Steuerzahlungen auf diese Zahlungsüberschüsse entsprechen. Die Entscheidung des Eigentümers, für eine ertragsbringende Anlage seines Kapitals anstelle eines Sofortkonsums begründet keine gesteigerte Sozialpflichtigkeit des ursprünglich erworbenen und dann angelegten Kapitaleigentums (Art. 14 Abs. 2 GG). Insoweit wäre für die Rechtfertigung der Abgeltungsteuer etwa nicht entscheidend, dass das BMF die finale Staatenaustauschliste i. S. des § 1 Abs. 1 FKAustG[566] für den automatischen Austausch von Informationen über Finanzkonten in Steuersachen zum 30.9.2022 bekannt gegeben hat.[567]

Diese Grundsatzproblematik gelangt jedoch zunächst nicht nach Karlsruhe. Denn nachdem die Beteiligten den Rechtsstreit übereinstimmend für erledigt erklärt haben,[568] wurde der Vorlagebeschluss aufgehoben.[569]

III. Abgeltungswirkung einbehaltener Kapitalertragsteuer

Der BFH hat die Abgeltungswirkung einbehaltener KapESt bei der Besteuerung von **Scheinrenditen aus Schneeballsystem** klargestellt.[570] Danach tritt

564 Dazu schon *Jachmann-Michel*, Zur Vereinbarkeit einer Abgeltungssteuer mit dem deutschen Verfassungsrecht, in: Schick (Hrsg.), Veranlagung – Abgeltung – Steuerfreiheit, Besteuerung von Kapitalerträgen im Rechtsstaat, Stiftung Marktwirtschaft, Februar 2003, 15 ff. m. w. N.

565 Vgl. zu dieser Rechtfertigung *Jachmann*, Nachhaltige Entwicklung und Steuern, 2003, 51 ff. m. w. N.

566 Gesetz zum automatischen Austausch von Informationen über Finanzkonten in Steuersachen.

567 BMF v. 4.7.2022, IV B 6-S 1315/19/10030:044, BStBl I 2022, 993.

568 Insoweit zum taktischen Verhalten der Exekutive *Morawitz*, DStR 2022, 1934.

569 FG Niedersachsen v. 10.8.2022, 7 K 120/21, BeckRS 2022, 22044.

570 Grundfall VIII R 17/17, BFHE 271, 340, BStBl II 2021, 468; Folgeentscheidungen VIII R 42/18, BFHE 271, 352, BStBl II 2021, 481 und VIII R 3/20, BFHE 271, 349, BStBl II 2021, 472; dazu *Werth*, DB 2021, 1833; *dies.* HFR 2021, 773 und 776; *Füssenich*, DB 2021, 1367.

die Abgeltungswirkung nach § 43 Abs. 5 Satz 1 Halbs. 1 EStG auch dann ein, wenn die bei der Auszahlung der Kapitalerträge einbehaltene KapESt nicht beim FA angemeldet und abgeführt wird und kein die Abgeltungswirkung des Steuerabzugs ausschließender Fall nach § 43 Abs. 5 Satz 1 Halbs. 2, Satz 2 oder Satz 3 EStG vorliegt.[571] Dies gilt auch dann, wenn der Stpfl. Kapitaleinkünfte in Form von Scheinrenditen aus einem betrügerischen Schneeballsystem erzielt hat, für die aus seiner Sicht KapESt einbehalten worden ist. Die Bemessungsgrundlage der von dem Stpfl. aus den Scheinrenditen erzielten Kapitaleinkünfte mindert sich nicht um die einbehaltene Abgeltungsteuer (KapESt und Solidaritätszuschlag), wenn der Einbehalt nach § 44 Abs. 1 Satz 3 EStG mit abgeltender Wirkung für Rechnung des Stpfl. als Gläubiger der Kapitalerträge erfolgt ist.[572] Wie hinsichtlich des Zuflusses von Scheinrenditen kommt es im Hinblick darauf, dass die Kapitalerträge aus Scheinrenditen durch den Abzug der KapESt unterlegen haben und die Abgeltungswirkung nicht ausgeschlossen ist, auf die Sicht des Anlegers an. Das Fehlen der aufsichtsrechtlichen Genehmigung nach § 32 KWG steht der Qualifikation eines Unternehmens als inl. Finanzdienstleistungsinstitut i. S. des § 44 i. V. m. § 43 Abs. 1 Satz 1 Nr. 7 Buchst. b EStG nicht entgegen, wenn es die Merkmale des § 1 Abs. 1a KWG erfüllt.[573]

IV. Haftung, Nachforderung und Nacherhebung der Kapitalertragsteuer

Wird die KapESt unzutreffend bzw. nicht einbehalten und abgeführt, können sowohl der Entrichtungsschuldner – durch Nacherhebungsbescheid (§ 167 Abs. 1 Satz 1 AO) oder Haftungsbescheid (§ 191 Abs. 1 Satz 1 AO i. V. m. § 44 Abs. 5 Satz 1, 3 EStG) – als auch der Gläubiger der Kapitalerträge – durch Nachforderungsbescheid (§ 44 Abs. 5 Satz 2 EStG i. V. m. § 155 Abs. 1 Satz 1 AO) – in Anspruch genommen werden, ggf. als Gesamtschuldner (§ 44 AO).

Während der **Nachforderungsbescheid** gegen den Stpfl. eine (erstmalige) Festsetzung der KapESt gegenüber ihm darstellt, geht es bei der Nacherhebung gegenüber dem Entrichtungspflichtigen um die durch § 167 Abs. 1 Satz 1 AO eröffnete Möglichkeit der Festsetzung einer Haftungsschuld durch Steuerbescheid. Der Nacherhebungsbescheid gegen den Entrichtungspflichtigen (§ 167

571 Zu den Fallgruppen, in denen die Abgeltungswirkung gem. § 44 Abs. 1 Sätze 8, 9 und Abs. 5 Satz 2, § 43 Abs. 5 Satz 2, § 32 Abs. 4 und 6 EStG ausgeschlossen ist, *Werth*, DB 2021, 1833, 1834 f.

572 A. A. FG München v. 27.10.2017, 2 K 956/16, BB 2018, 468.

573 Anschluss an BFH v. 16.10.2002, I R 23/02, BFH/NV 2002, 653.

Abs. 1 Satz 1 AO) ist ein Steuerbescheid (§ 155 Abs. 1 AO), allerdings **über einen materiell-rechtlichen Haftungsanspruch**. Die Haftungsvoraussetzungen müssen erfüllt sein. Die Entrichtungsschuld muss bestehen, eine Exkulpation nach § 44 Abs. 5 Satz 1 EStG muss fehlen (Verschuldensvermutung).[574] Im Verfahren VIII R 59/14[575] hat der BFH klargestellt, dass dann, wenn der Entrichtungsschuldner der KapESt im Wege des Nachforderungsbescheids in Anspruch genommen wird, wegen des materiell-rechtlichen Haftungscharakters des Nachforderungsanspruchs der Grundsatz der Akzessorietät der Entrichtungsschuld zur zugrunde liegenden KapESt-Schuld des Gläubigers der Kapitalerträge zu beachten ist. § 174 Abs. 4 Satz 3 AO kann in diesem Fall sowohl zur Unbeachtlichkeit der Festsetzungsverjährung der Entrichtungsschuld als auch zur Unbeachtlichkeit der Festsetzungsverjährung der zugrunde liegenden KapESt-Schuld als Primärschuld führen. Die Steuer, für die im Wege des Nacherhebungsbescheids materiell gehaftet wird, ist nicht die ESt des Empfängers einer Ausschüttung. Insofern ist die zur Lohnsteuer ergangene Rechtsprechung des BFH[576] auf die KapESt zu übertragen. Im entschiedenen Fall war die KapESt der Gläubiger einer abspaltungsbedingten Sachausschüttung die zugrunde liegende Steuerschuld (Primärschuld), auf die es im Rahmen der Akzessorietät ankam.

Die Inanspruchnahme des Entrichtungsschuldners durch **Haftungsbescheid** (§ 191 Abs. 1 Satz 1 AO i. V. m. § 44 Abs. 5 Satz 1 EStG, Ausnahme: § 44 Abs. 5 Satz 3 EStG) erfordert eine fehlende Exkulpation (Verschuldensvermutung) sowie eine ursprünglich entstandene und zwischenzeitlich nicht erloschene KapESt-Schuld des Gläubigers der Kapitalerträge (Akzessorietät).

Den Nachforderungsbescheid erlässt das **Betriebsstätten-FA**, während die Erklärungspflicht der Kapitalerträge gem. § 32d Abs. 3 EStG beim **Wohnsitz-FA** zu erfüllen ist.

Der **Aussteller einer Steuerbescheinigung**, die nicht den Vorgaben in § 45a Abs. 2 bis 5 EStG entspricht, haftet – verschuldensunabhängig – für die aufgrund der Bescheinigung verkürzten Steuern oder zu Unrecht gewährten Steuervorteile.[577]

574 Keine Ermessensausübung, da Steuerbescheid; a. A. *Heuermann*, in: Hübschmann/Hepp/Spitaler, AO, § 167, Rz. 14.

575 BFH v. 21.9.2017, VIII R 59/14, BFHE 259, 411, BStBl II 2018, 163.

576 BFH v. 6.3.2008, VI R 5/05, BFHE 220, 307, BStBl II 2008, 597; v. 17.3.2016, VI R 3/15, BFH/NV 2016, 994.

577 Zur Kritik an der durch das AbzStEntModG (Abzugsteuerentlastungsmodernisierungsgesetz v. 2.6.2021, BGBl I 2021, 1259 zum 1.1.2024 eingeführten Gefährdungshaftung *Jachmann-Michel*, in: Brandis/Heuermann, EStG, § 45a, Rz. 68 ff.

Im Verfahren VIII R 1/18[578] hatte der BFH Gelegenheit, die unterschiedliche Qualität von **Nacherhebungsbescheid** und **Haftungsbescheid** klarzustellen. Während der **Nachforderungsbescheid** als Steuerbescheid gem. § 155 Abs. 1 Satz 1 AO eine Steuerschuld gegenüber dem Steuerschuldner festsetzt, wird mit dem **Haftungsbescheid** der Haftungsschuldner für die Steuerschuld eines anderen in Anspruch genommen. Der Nachforderungsbescheid ist streng zu unterscheiden vom Nacherhebungsbescheid, der nach § 167 Abs. 1 Satz 1 Alternative 2 AO denjenigen erfasst, der die Steueranmeldung als Entrichtungsschuldner nicht ordnungsgemäß abgibt, dies gerade in seiner Funktion als Haftungsschuldner, sodass es sich materiell-rechtlich um die Geltendmachung eines Haftungsanspruchs handelt.

Bei Betrieben gewerblicher Art (§ 44 Abs. 6 EStG) ist stpfl. (§ 20 Abs. 1 Nr. 10 Buchst. b EStG) und abzugspflichtig (§ 43 Abs. 1 Satz 1 Nr. 7c EStG) der durch Betriebsvermögensvergleich ermittelte Gewinn eines nicht von der KSt befreiten BgA i. S. des § 4 KStG ohne eigene Rechtspersönlichkeit, soweit er nicht den Rücklagen zugeführt wird.

Der BgA haftet für die KapESt, soweit die KapESt auf vGA oder Veräußerung einbringungsgeborener Anteile (§ 22 Abs. 4 UmwStG) entfällt (§ 44 Abs. 6 Satz 5 EStG). Abs. 6 Satz 5 macht die Haftung nicht vom Verschulden abhängig. Eine Exkulpation ist – anders als in § 44 Abs. 5 Satz 1 Halbs. 2 EStG – nicht vorgesehen. Eine weitergehende Haftung nach § 44 Abs. 5 Satz 1 EStG ist – angesichts der zivilrechtlichen Personenidentität von Gläubiger und Schuldner der Kapitalerträge – ausgeschlossen.

Daneben kann die Trägerkörperschaft gem. § 44 Abs. 5 Satz 2 EStG als Gläubiger der Kapitalerträge in Anspruch genommen werden, da § 44 Abs. 6 Satz 4 EStG nur die Haftung, nicht aber die Inanspruchnahme des Schuldners der KapESt ausschließt.

Verfahrensrechtlich kann die **Ersetzung eines Haftungsbescheids durch einen Nachforderungsbescheid während des Revisionsverfahrens** nicht zur revisionsrechtlichen Überprüfung des Nachforderungsbescheids führen. Erlässt das FA wegen nicht ordnungsgemäß einbehaltener und abgeführter Kapitalertragsteuer nach § 20 Abs. 1 Nr. 10 Buchst. b, § 43 Abs. 1 Satz 1 Nr. 7c EStG einen Haftungsbescheid i. S. des § 44 Abs. 5 Satz 1 EStG und ersetzt es diesen während des Revisionsverfahrens durch einen Nachforderungsbescheid gem. § 44 Abs. 5 Satz 2 EStG, liegt kein Fall der Änderung oder Ersetzung i. S. v. § 68 Satz 1, § 121 FGO vor, sondern es tritt vielmehr **Erledigung in der Hauptsache** ein.

578 BFH v. 25.3.2021, VIII R 1/18, BFHE 272, 469, BStBl II 2021, 655.

Im Verfahren VIII R 14/18 hat der BFH die normativen Vorgaben für eine **Nacherhebung der Kapitalertragsteuer für eine offene Gewinnausschüttung in den Fällen des § 27 Abs. 5 Satz 2 KStG** klargestellt.[579] Wird danach für eine offene Gewinnausschüttung gem. § 27 Abs. 5 Satz 2 KStG eine bescheinigte Einlagenrückgewähr in Höhe von 0 € fingiert, überlagert die Fiktion bereits im Ausschüttungszeitpunkt den Umstand, dass nach der Verwendungsrechnung des § 27 Abs. 1 Sätze 3 bis 5 KStG kein ausschüttbarer Gewinn verwendet wird. Greift die Fiktion des § 27 Abs. 5 Satz 2 KStG, entstehen die Kapitalertragsteuer und die damit verbundenen kapitalertragsteuerlichen Pflichten der steuerentrichtungspflichtigen Kapitalgesellschaft nicht erst mit der Bekanntgabe des gesonderten Feststellungsbescheids für das Einlagekonto als das die Fiktion auslösende Ereignis, sondern mit dem Zufluss der Ausschüttung. Gem. § 44 Abs. 1 Satz 2 EStG entsteht die Kapitalertragsteuer für Gewinnausschüttungen i. S. des § 20 Abs. 1 Nr. 1 i. V. m. § 43 Abs. 1 Satz 1 Nr. 1 EStG in dem Zeitpunkt, in dem der Kapitalertrag dem Gläubiger zufließt. § 44 Abs. 2 EStG enthält insoweit Sonderregelungen zum Zuflusszeitpunkt, die auch gelten, wenn Gewinnanteile an einen beherrschenden Gesellschafter ausgeschüttet werden. Die Kapitalerträge fließen dem Gläubiger an dem Tag zu, der im Beschluss als Tag der Auszahlung bestimmt worden ist (§ 44 Abs. 2 Satz 1 EStG). Ist die Ausschüttung nur festgesetzt, ohne dass über den Zeitpunkt der Auszahlung ein Beschluss gefasst worden ist, so gilt als Zeitpunkt des Zufließens der Tag nach der Beschlussfassung (§ 44 Abs. 2 Satz 2 Halbs. 1 EStG).

§ 167 Abs. 1 Satz 1 Alternative 2 AO begründet ein Wahlrecht der Finanzbehörde, den Entrichtungsschuldner der Kapitalertragsteuer entweder durch Haftungsbescheid gem. § 44 Abs. 5 Satz 1 EStG oder durch Steuerbescheid (**Nacherhebungsbescheid**) in Anspruch nehmen zu können, wenn er seine Anmeldepflicht nicht erfüllt; die Wahl des Verfahrens muss nicht begründet werden. Der Erlass eines Nacherhebungsbescheids über Kapitalertragsteuer und Solidaritätszuschlag ist zwar eine Steuerfestsetzung. Dies ändert aber nichts daran, dass es sich materiell-rechtlich um die Geltendmachung eines Haftungsanspruchs handelt. Die Steuerfestsetzung gem. § 167 Abs. 1 Satz 1 Alternative 2 AO erfasst denjenigen, der die Steuer als Entrichtungssteuerschuldner nicht angemeldet hat, gerade in seiner Funktion als Haftungsschuldner. Dies hat zur Folge, dass auch im Fall des Nacherhebungsbescheids die tatbestandlichen Erfordernisse des § 44 Abs. 5 Satz 1 Halbs. 2 EStG zur Exkulpation zu beachten sind.

579 BFH v. 17.5.2022, VIII R 14/18, BFHE 277, 174, BStBl II 2022, 643.

§ 167 Abs. 1 Satz 1 Alternative 2 AO verlangt für die Nacherhebung, dass der Steuerentrichtungspflichtige seine **Anmeldepflicht verletzt**. Unterbleiben der Einbehalt, die Abführung und/oder die Anmeldung der Kapitalertragsteuer für einen abzugspflichtigen Kapitalertrag, geht § 44 Abs. 5 Satz 1 Halbs. 1 EStG von einem schuldhaften Verhalten mit der Möglichkeit zur Exkulpation (§ 44 Abs. 5 Satz 1 Halbs. 2 EStG) aus.

Ob eine Ausschüttung als nicht steuerbare Einlagenrückgewähr gem. § 20 Abs. 1 Nr. 1 Satz 3 EStG i. V. m. § 27 KStG qualifiziert werden darf, hängt neben dem Fehlen eines ausschüttbaren Gewinns (§ 27 Abs. 1 Sätze 3 bis 5 KStG) davon ab, dass die **Kapitalgesellschaft die ihr in § 27 KStG auferlegten Pflichten** erfüllt. Erforderlich ist, dass sie die erforderliche Bescheinigung der Verwendung des Einlagekontos gem. § 27 Abs. 3 Satz 1 KStG rechtzeitig erteilt, um die Fiktion des § 27 Abs. 5 Satz 2 KStG zu vermeiden. Diese Pflicht besteht ab dem Zeitpunkt der Leistung der Kapitalgesellschaft. Wird die Bescheinigung nicht erteilt, greift mit der Bekanntgabe des gesonderten Feststellungsbescheids die Fiktion der Verwendung des Einlagekontos für die Ausschüttung in Höhe von 0 € (§ 27 Abs. 5 Satz 2 KStG). Die Kapitalgesellschaft kann die Erteilung der Steuerbescheinigung i. S. des § 27 Abs. 3 KStG wegen der Präklusionswirkung aus § 27 Abs. 5 Satz 3 KStG dann auch nicht mehr nachholen. Die ausschüttende Kapitalgesellschaft als Steuerentrichtungspflichtige treffen anknüpfend an diese gesetzliche Regelungslage im Zusammenhang mit einer Ausschüttung, die sie für Zwecke des Kapitalertragsteuerabzugs als nicht steuerbare Einlagenrückgewähr behandelt, nach dem Ausschüttungszeitpunkt liegende Prüfungspflichten. Sie muss im Blick haben, dass ab dem Zufluss der Ausschüttung eine Einbehaltungs-, Abführungs- und Anmeldepflicht besteht, wenn sie die erforderliche Bescheinigung gem. § 27 Abs. 3 Satz 1 KStG nicht rechtzeitig erteilt. Die Kapitalgesellschaft muss sich spätestens anlässlich der Erstellung der Feststellungserklärung nach § 27 Abs. 2 Satz 4 KStG mit dem Umfang ihrer Bescheinigungspflicht nach § 27 Abs. 3 und 4 KStG befassen. Sie muss im Zuge der Erstellung der Erklärung prüfen, ob sie ihren Anteilseignern eine notwendige Bescheinigung über die Verwendung des Einlagekontos zu erteilen hat. Die Kapitalgesellschaft hat anlässlich der Erstellung der Feststellungserklärung zum Einlagekonto zu prüfen, ob alle von ihr verfahrensrechtlich zu erfüllenden Voraussetzungen für eine Behandlung der Ausschüttung als Einlagenrückgewähr geschaffen worden sind.

In diesem Kontext hat das FG Berlin-Brandenburg[580] entschieden, dass eine Kapitalgesellschaft, die eine Änderung ihres Bescheids über die gesonderte

580 FG Berlin-Brandenburg v. 3.5.2022, EFG 2022, 1407, 8 K 8077/20.

Feststellung des Bestands des steuerlichen Einlagekontos (§ 27 Abs. 2 Satz 1 KStG) dahin gehend begehrt, dass in dem Bescheid eine Leistung an die Anteilseigner aus dem Einlagekonto berücksichtigt wird, die **Feststellungslast** dafür trägt, dass sie ihren Anteilseignern rechtzeitig die Verwendung des Einlagekontos nach § 27 Abs. 3 KStG bescheinigt hat. Sei nicht erwiesen, dass eine solche Bescheinigung bis zur Bekanntgabe des Feststellungsbescheids erteilt worden ist, gelte nach § 27 Abs. 5 Satz 2 KStG die Fiktion, dass die Verwendung des Einlagekontos mit 0 € bescheinigt wurde. Eine teleologische Reduktion des § 27 Abs. 5 Satz 2 KStG sei auch bei Kapitalgesellschaften mit kleinem Gesellschafterbestand nicht geboten.

V. Abgeltende Besteuerung von Dividenden in einem Betrieb gewerblicher Art

Für die **Einkünfte i. S. des § 20 Abs. 1 Nr. 10 EStG**[581] fällt gem. § 43 Abs. 1 Satz 1 Nr. 7b und 7c EStG KapESt an, die gem. §§ 2 Nr. 2, 32 Abs. 1 Nr. 2 KStG abgeltende Wirkung hat und gem. § 43a Abs. 1 Satz 1 Nr. 2 EStG 15 % beträgt. Bei BgA mit eigener Rechtspersönlichkeit entsteht die KapESt mit Zufluss der Kapitalerträge bei der Trägerkörperschaft (§ 43 Abs. 1 Satz 2 EStG). Den Steuerabzug hat hierbei der BgA selbst für Rechnung der juristischen Person des öffentlichen Rechts vorzunehmen. Auf Leistungen, die mit § 20 Abs. 1 Nr. 1 Satz 1 EStG vergleichbar sind, ist der für die Auszahlung beschlossene Tag maßgeblich (§ 43a Abs. 2 EStG). Der KapESt-Abzug (§ 43a Abs. 1 Nr. 2 EStG) in Höhe von 15 % ist gem. § 43 Abs. 1 Nr. 7b EStG i. V. m. § 31 KStG vorzunehmen.[582]

Verfahrensrechtlich gelten gem. § 44 Abs. 6 Satz 1 EStG die juristische Person des öffentlichen Rechts als Gläubigerin der Kapitalerträge (und damit gem. § 44 Abs. 6 Satz 4 i. V. m. Abs. 1 Satz 1 EStG als Schuldnerin der KapESt) und der BgA als Schuldner der Kapitalerträge, der gem. § 44 Abs. 6 Satz 4 i. V. m. Abs. 1 Sätze 3 bis 5 EStG grundsätzlich der Entrichtungsschuldner der KapESt ist. Alleiniges **Steuersubjekt** bleibt aber auch für die Entrichtungsschuld der KapESt des BgA ausschließlich die Trägerkörperschaft,[583] da dem BgA eine rechtliche Organisationsform fehlt, die handlungsfähig wäre. Die Trägerkörperschaft ist damit auch alleinige Steuer-

581 S. o. A. I. 6.

582 BMF v. 28.1.2019, IV C 2-S 2706-a/15/10001, BStBl I 2019, 97, Rz. 9–11.

583 Grundlegend BFH v. 13.3.1974, I R 7/71, BFHE 112, 61, BStBl II 1974, 391; dazu etwa *Kahsnitz*, DStR 2019, 1017, 1020 ff.

schuldnerin und alleinige Inhaltsadressatin für Bescheide zur Inanspruchnahme für KapESt.[584]

Ist die Anmelde-/Einbehalt-/Abführungspflicht nicht bzw. nicht richtig erfüllt, kann eine **Nachforderung** erfolgen. Dabei handelt es sich um einen Steuerbescheid gem. § 44 Abs. 6 Satz 4, Abs. 5 Satz 2 EStG i. V. m. § 155 Abs. 1 Satz 1 AO.[585]

Die Trägerkörperschaft kann nicht durch Haftungsbescheid in Anspruch genommen werden, da der Gläubiger der Kapitalerträge gem. § 44 Abs. 1 Satz 1 EStG selbst auch Schuldner der KapESt ist. Eine Nacherhebung/Nachforderung ist gem. § 155 Abs. 1 Satz 1 AO, ggf. i. V. m. § 167 Abs. 1 Satz 1 AO möglich. § 44 Abs. 6 Satz 4 EStG verweist auf § 44 Abs. 5 Satz 2 EStG.

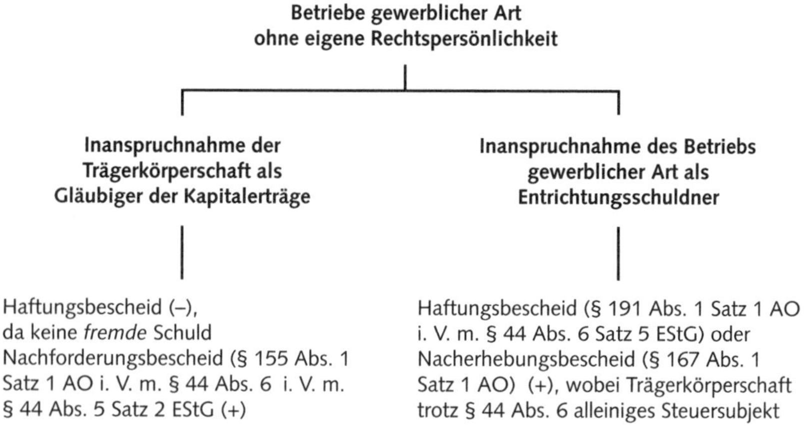

Erfüllt die Trägerkörperschaft des BgA die Voraussetzungen des § 44a Abs. 7 Satz 1 Nr. 2 oder 3 EStG, ist der KapESt-Abzug nicht vorzunehmen; bei stpfl. wirtschaftlichen Geschäftsbetrieben von steuerbegünstigten BgA richtet sich die Abstandnahme vom KapESt-Abzug nach § 44a Abs. 7 Satz 1 Nr. 1 EStG.

---

584 Unter Umständen ist aber fraglich, ob an die Trägerkörperschaft für die Inanspruchnahme als Schuldner und als Gläubiger der Kapitalerträge zwei Bescheide ergehen oder nur ein einheitlicher Bescheid mit zwei Begründungen vorliegen muss.

585 Ausnahme: Haftungs- oder Nacherhebungsbescheid gem. § 44 Abs. 6 Satz 5 EStG (ggf. i. V. m. § 167 Abs. 1 Satz 1 AO) für vGA und § 21 Abs. 3 UmwStG a. F. (vor SEStEG) bzw. § 22 Abs. 4 UmwStG n. F. (nach SEStEG). Zweifelhaft ist, ob gem. § 27 Abs. 7 KStG auch eine Bescheinigung über eine Einlagenrückgewähr nach § 27 Abs. 3 KStG auszustellen ist (so OFD Karlsruhe v. 20.12.2013, S283.6/3/5; vgl. auch *Bürstinghaus*, in: Hidien/Jürgens, Die Besteuerung der öffentlichen Hand, 2017, § 5, Rz. 924 ff.; *Strahl*, NWB 2015, 827, 836 f.; a. A. *Bott/Schiffers*, DStZ 2013, 886, 894; *Bott*, DStZ 2015, 112, 126) und so die Haftungsnorm des § 27 Abs. 5 Satz 4 KStG bei einer zu hohen Bescheinigung gilt.

Im Verfahren VIII R 2/18[586] stellt der **BFH** fest, dass es nicht gegen Art. 3 Abs. 1 GG verstößt, dass Dividenden, die ein öffentlich-rechtliches Versorgungswerk von inl. Kapitalgesellschaften in seinem gem. § 5 Abs. 1 Nr. 8 KStG steuerbefreiten BgA bezieht, gem. § 5 Abs. 2 Nr. 1 i. V. m. § 32 Abs. 1 Nr. 1 KStG einem abgeltenden KapESt-Abzug von den Bruttoeinnahmen mit einer teilweisen Abstandnahme auf drei Fünftel des Steuerabzugs unterliegen. In diesem Zusammenhang wird zum einen klargestellt, inwieweit ein Freistellungsanspruch verfahrensrechtlich und materiell-rechtlich aus einer etwaigen gleichheitswidrigen Belastung abgeleitet werden kann. Zum anderen gibt der BFH im Rahmen der Gleichheitsprüfung auch einen Überblick über die Systematik der Besteuerung der öffentlichen Hand beim Bezug von Dividenden insbes. in einem BgA.

VI. Gewinnausschüttung im Rückabwicklungszeitraum in Einbringungsfällen

Im Verfahren VIII R 35/19[587] hat der BFH entschieden, dass keine Kapitalertragsteuerpflicht bei einer im Rückwirkungszeitraum beschlossenen und vollzogenen „offenen Gewinnausschüttung" in Einbringungsfällen besteht. § 20 Abs. 5 Sätze 2 und 3 UmwStG 2006 erfassen bei der Einbringung eines Einzelunternehmens in eine Kapitalgesellschaft auch den Fall einer im Rückwirkungszeitraum beschlossenen und vollzogenen „offenen Gewinnausschüttung" der übernehmenden Gesellschaft an den sein Einzelunternehmen einbringenden Gesellschafter.

Klargestellt hat der BFH in diesem Kontext auch, dass die Befugnis des Steuerentrichtungspflichtigen zur **Anfechtung der eigenen Kapitalertragsteuer-Anmeldung** unabhängig von seinem Recht besteht, gem. § 44b Abs. 5 Satz 1 EStG deren Änderung zu beantragen, wenn er Kapitalertragsteuer einbehalten oder abgeführt hat, obwohl eine Verpflichtung hierzu nicht bestand.

VII. Beteiligung i. S. v. § 43b Abs. 2 Satz 1 EStG

Gem. § 43b Abs. 1 EStG wird auf Antrag die **KapESt** für Kapitalerträge i. S. des § 20 Abs. 1 Nr. 1 EStG, die einer Muttergesellschaft, die weder ihren Sitz noch ihre Geschäftsleitung im Inland hat, aus Ausschüttungen einer Tochtergesellschaft zufließen, **nicht erhoben**. Muttergesellschaft i. S. des Abs. 1

586 BFH v. 17.5.2022, VIII R 2/18, BFHE 277, 193, BStBl II 2022, 685.
587 BFH v. 12.4.2022, VIII R 35/19, BFHE 277, 113, BStBl II 2023, 394.

ist nach § 43b Abs. 2 Satz 1 EStG eine Gesellschaft, die die in der Anlage 2 zu diesem Gesetz bezeichneten Voraussetzungen erfüllt und nach Art. 3 Abs. 1 Buchst. a der Richtlinie 2011/96/EU des Rates vom 30.11.2011 über das gemeinsame Steuersystem der Mutter- und Tochtergesellschaften verschiedener Mitgliedstaaten[588] im Zeitpunkt der Entstehung der KapESt nach § 44 Abs. 1 Satz 2 EStG nachweislich mindestens 10 % unmittelbar am Kapital der Tochtergesellschaft (Mindestbeteiligung) beteiligt ist. Weitere Voraussetzung ist nach § 43b Abs. 2 Satz 4 EStG, dass die Beteiligung nachweislich ununterbrochen zwölf Monate besteht. Der BFH hat im Verfahren I R 77/17 entschieden, dass eine **unmittelbare Beteiligung** i. S. v. § 43b Abs. 2 Satz 1 EStG auch dann vorliegt, wenn diese Beteiligung unter Zwischenschaltung einer vermögensverwaltenden, nicht gewerblich geprägten GbR gehalten wird. Maßgebend ist die steuerrechtliche Bruchteilsbetrachtung des § 39 Abs. 2 Nr. 2 AO.[589]

VIII. Zufluss anlässlich einer Liquidation

Erfolgen nach Auflösung einer Tochtergesellschaft Ausschüttungen, so ist zu prüfen, ob es sich um einen Zufluss anlässlich der Liquidation i. S. v. **§ 43b Abs. 1 Satz 4 EStG** handelt. Hierzu stellt das FG Köln fest, dass zugunsten einer **ausländischen Muttergesellschaft** für Gewinnausschüttungen ihrer sich in gesellschaftsrechtlicher Abwicklung befindenden inländischen Tochtergesellschaft die Entlastungswirkung gem. § 43b Abs. 1 Satz 1 i. V. m. § 20 Abs. 1 Nr. 1 EStG gilt, wenn die Gewinne aus der Zeit vor der Auslösung stammen und es sich nicht um abschließend gezahlte Abwicklungs- und Liquidationserlöse handelt.[590] § 43b Abs. 1 Satz 4 EStG schließe die Anwendbarkeit von § 43b Abs. 1 Satz 1 EStG nicht aus. Seien die fraglichen Kapitalerträge unter § 20 Abs. 1 Nr. 1 EStG zu subsumieren, gelange § 43b Abs. 1 Satz 1 EStG zur Anwendung. Der Ausschluss von § 43b Abs. 1 Satz 1 EStG gem. § 43 Abs. 1 Satz 4 EStG greife nicht, weil die Kapitalerträge nicht anlässlich der Liquidation der Tochtergesellschaft zugeflossen seien. Der Begriff „anlässlich" sei jedenfalls nicht auf Gewinnausschüttungen auszudehnen, die in Abgrenzung zu Bezügen nach § 20 Abs. 1 Nr. 2 EStG, wie z. B. Abwicklungs- bzw. Liquidationserlöse durch ihren Bezug zu einem Zeitraum vor der Auflösung der Gesellschaft unter § 20 Abs. 1 Nr. 1 EStG subsumiert werden. Die Formulierung „anlässlich der Liquidation" sei nicht mit „während der Liquidation" oder „im Zusammenhang mit der Liquidation" gleichzusetzen.

588 ABl. L 345 v. 29.12.2011, 8.
589 BFH v. 18.5.2021, I R 77/17, BFHE 273, 216, BStBl II 2022, 114.
590 FG Köln v. 26.10.2022, 2 K 2446/19, NZB VIII B 145/22.

C. Ausnahmen von der Abgeltungsteuer/ Veranlagungsverfahren (§ 32d EStG)

I. Allgemeines

Prägend für die Abgeltungsteuer sind der Abgeltungsteuersatz (§ 32d Abs. 1 EStG) sowie das Steuerabzugsverfahren (§§ 43 ff. EStG) mit der grundsätzlichen Abgeltungswirkung des Steuereinbehalts (§ 43 Abs. 5 Satz 1 EStG). Dem korrespondieren materiell-rechtlich insbes. die Verlustverrechnungsbeschränkungen gem. § 20 Abs. 6 EStG und das Werbungskostenabzugsverbot (§ 20 Abs. 9 EStG). Um jenseits des KapESt-Abzugs Tatbestandsmäßigkeit der Besteuerung der Kapitalerträge und so Steuergerechtigkeit sowie eine sachgerechte Abgrenzung der Schedule der Abgeltungsteuer zur Regelbesteuerung des EStG zu gewährleisten, ist **subsidiär** das **Veranlagungsverfahren** vorgesehen, zum Teil kraft Gesetzes – als Pflichtveranlagung zum Normaltarif (sog. Missbrauchstatbestände i. S. v. § 32d Abs. 2 Nr. 1 EStG, Versicherungsleistungen i. S. v. § 32d Abs. 2 Nr. 2 EStG, materielles Korrespondenzprinzip gem. § 32d Abs. 2 Nr. 4 EStG) oder zum Sondertarif gem. § 32d Abs. 3 EStG für Kapitalerträge, die nicht der KapESt unterlegen haben, zum Teil als Wahlveranlagung zum Normaltarif – bei unternehmerischer Beteiligung i. S. v. § 32d Abs. 2 Nr. 3 EStG oder auf eine Günstigerprüfung gem. § 32d Abs. 6 EStG hin – oder zum Sondertarif in den Fällen des § 32d Abs. 4 EStG. Die Pflichtveranlagung zum Normaltarif gem. § 32d Abs. 2 Nr. 1 und 2 EStG ist für Fallgestaltungen vorgesehen, in denen der Gesetzgeber die ratio legis der Abgeltungsteuer nicht für sachgerecht erachtet. Bildet die Konzeption der Abgeltungsteuer die steuerliche Leistungsfähigkeit des Stpfl. nicht zutreffend ab und sucht dieser deshalb den Weg in die Veranlagung, greift das Antragsrecht gem. § 32d Abs. 2 Nr. 3 und Abs. 6 EStG (Wahlveranlagung zum Normaltarif) sowie gem. § 32d Abs. 4 EStG (Wahlveranlagung zum Sondertarif).[591] Ist das Abzugsverfahren nicht vorgesehen oder war es nicht erfolgreich, ist gem. § 32d Abs. 3 EStG die Veranlagung zum Sondertarif zur Korrektur des Ergebnisses des Abzugsverfahrens zwingend durchzuführen.

591 Die Anträge bewirken, dass die abgeltende Wirkung (§ 43 Abs. 5 Satz 1 Halbs. 1 EStG) nicht eintritt.

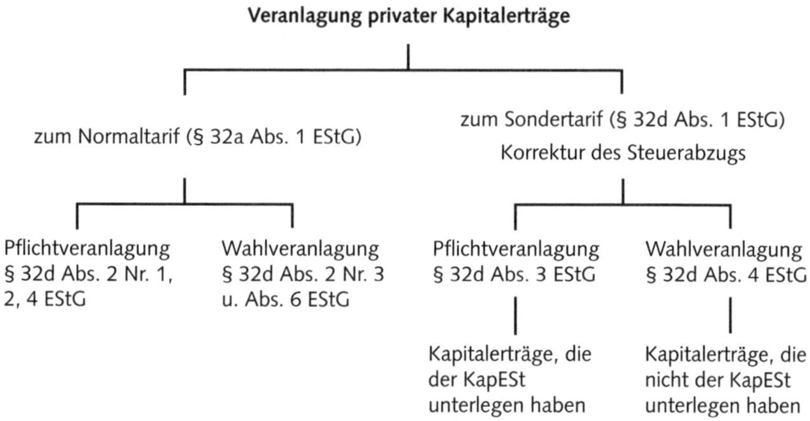

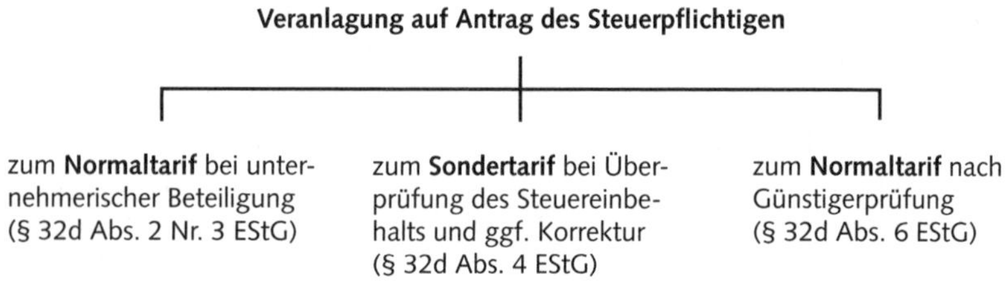

Greift ein Ausnahmetatbestand, korrespondiert die jeweilige Veranlagung mit einer zum Teil unterschiedlichen Anwendung von Steuersatz, Werbungskostenabzugsverbot und Verlustverrechnungsbeschränkungen:

Teileinkünfte- und Teilabzugsverfahren	**Abzugsverbot für Werbungskosten**	**Beschränkte Verlustverrechnung**
(+) nur bei § 32d Abs. 2 Nr. 3 EStG Wahlveranlagung/ Normaltarif	(–) nur bei § 32d Abs. 2 Nr. 3 EStG Wahlveranlagung/ Normaltarif	(–) bei § 32d Abs. 2 Nr. 3 EStG Wahlveranlagung/ Normaltarif
(–) im Übrigen bei Wahlveranlagung bei Pflichtveranlagung	(+) § 32d Abs. 2 Nr. 1 EStG Pflichtveranlagung/ Normaltarif im Übrigen bei Wahlveranlagung bei Pflichtveranlagung	(+) § 32d Abs. 2 Nr. 1 und Nr. 2 EStG Pflichtveranlagung/Normaltarif im Übrigen bei Wahlveranlagung bei Pflichtveranlagung

Hat der KapESt-Abzug keine abgeltende Wirkung, wird die durch Steuerabzug erhobene ESt in der Veranlagung gem. § 36 Abs. 2 Nr. 2 EStG auf die ESt angerechnet; dies grundsätzlich unabhängig von der Abführung an das FA.[592]

Eine **Beschränkung der Anrechenbarkeit der KapESt** sieht **§ 36a EStG** vor.[593] Danach wird die KapESt nur bei Vorliegen der in § 36a Abs. 1 Satz 1 EStG genannten Voraussetzungen – insbes. wirtschaftliches Eigentum während der Mindesthaltedauer von 45 Tagen – voll angerechnet, im Übrigen sind 3/5 der KapESt nicht anrechenbar. Dies gilt nur für Kapitalerträge i. S. v. § 43 Abs. 1 Satz 1 Nr. 1a EStG, d. h. insbes. für Dividenden aus sammelverwahrten Aktien, sowie für Kapitalerträge aus Aktien inl. Emittenten mit ausl. Verwahrung (§§ 36a Abs. 1 Satz 4, 43 Abs. 3 Satz 1 EStG). Wirtschaftliches Eigentum (§ 39 Abs. 2 Nr. 1 AO i. V. m. § 20 Abs. 5 EStG) wird bei Wertpapierleihe i. d. R. der Entleiher haben, maßgeblich ist aber die konkrete Vereinbarung. Dies gilt auch für Cum/Cum-Geschäfte, bei denen es freilich naheliegt, dass mit der Einbuchung im Depot des Entleihers/Erwerbers vor dem Dividendenstichtag regelmäßig das zivilrechtliche und wirtschaftliche Eigentum übergehen wird.[594] Die Beschränkung der Anrechnung betrifft gem. § 36a Abs. 4 EStG auch gemeinnützige Organisationen.[595] Sie entfällt gem. § 36a Abs. 5 EStG bei Kapitalerträgen ≤ 20.000 EUR oder bei einer Haltedauer von mindestens einem Jahr.

§ 32d Abs. 2 Nr. 1 EStG sieht für Kapitaleinkünfte i. S. v. § 20 Abs. 1 Nr. 4 und 7 oder Abs. 2 Satz 1 Nr. 4 und 7 EStG (stille Gesellschaft, partiarische Darlehen und sonstige Kapitalforderungen) eine Pflichtveranlagung zum Normaltarif. Erfasst sind Konstruktionen, die typischerweise eine Verlagerung von Einkünften aus den höher besteuerten anderen Einkunftsarten in die niedriger besteuerten Einkünfte aus Kapitalvermögen erlauben. Gem. § 32d Abs. 2 Nr. 1 Satz 2 EStG sind die Beschränkungen der Verlustverrechnung (§ 20 Abs. 6 EStG) und des Werbungskostenabzugs (§ 20 Abs. 9 EStG) nicht anzuwenden. Ein etwaiger KapESt-Abzug hat keine Abgeltungswirkung. Der Sparer-Pauschbetrag entfällt. Dies gilt in sog. Ange-

592 Eine Ausnahme sollte bei einer möglichen Inanspruchnahme des Gläubigers der Kapitalerträge gem. § 44 Abs. 5 Satz 2 EStG gemacht werden.

593 Eingeführt durch das Gesetz zur Reform der Investmentbesteuerung v. 19.7.2016 (BGBl I 2016, 1730) zur Verhinderung von Missbrauchsgestaltungen, die die Besteuerung von Dividendenzahlungen mittels Cum/Cum-Gestaltungen (dazu unten D. III.) umgehen; gilt für bestimmte Kapitalerträge, die ab dem 1.1.2016 zufließen (§ 52 Abs. 35a EStG i. d. F. des Investmentsteuerreformgesetzes v. 19.7.2016, BGBl I 2016, 1730); dazu BMF v. 3.4.2017, IV C 1-S 2299/16/10002, BStBl I 2017, 726, ergänzt durch BMF v. 20.2.2018, IV C 1-S 2299/16/10002, BStBl I 2018, 308.

594 Vgl. – weniger auf den Inhalt der vertraglichen Vereinbarung als auf den Gestaltungszweck abstellend – BMF v. 09.07.2021, IV C 1-S 2252/19/10035:014, BStBl I 2021, 995, Rz. 12.

595 Dazu *Kraus*, npoR 2019, 111 ff. m. w. N.

hörigenfällen (§ 32d Abs. 2 Nr. 1 Satz 1 Buchst. a EStG), wenn Gläubiger und Schuldner einander nahestehende Personen sind und die Zahlungen beim Schuldner Betriebsausgaben oder Werbungskosten darstellen, die der inl. Besteuerung unterliegen, weiter für Gesellschafterfremdfinanzierungen (§ 32d Abs. 2 Nr. 1 Satz 1 Buchst. b Satz 1 EStG), bei denen der Gläubiger der Kapitalerträge zu mindestens 10 % an der Kapitalgesellschaft beteiligt ist.

II. § 32d Abs. 2 Nr. 1 Buchst. a EStG

Gem. § 32d Abs. 2 Nr. 1 Buchst. a EStG gilt der gesonderte Steuertarif des § 32d Abs. 1 EStG unter anderem nicht für Kapitaleinkünfte i. S. des § 20 Abs. 1 Nr. 7 EStG, wenn Gläubiger und Schuldner der Kapitalerträge einander nahestehende Personen sind, soweit die den Kapitalerträgen entsprechenden Aufwendungen beim Schuldner Betriebsausgaben oder Werbungskosten im Zusammenhang mit Einkünften sind, die der inl. Besteuerung unterliegen und § 20 Abs. 9 Satz 1 Halbs. 2 EStG keine Anwendung findet. Dabei ist § 32d Abs. 2 Nr. 1 Buchst. a EStG **kein Auffangtatbestand** für den Ausschluss von Kapitalerträgen gem. § 20 Abs. 1 Nr. 7 EStG aus dem gesonderten Tarif (§ 32d Abs. 1 EStG), wenn die Voraussetzungen des Ausschlussgrundes gem. § 32d Abs. 2 Nr. 1 Buchst. b EStG nicht erfüllt sind.[596] Erzielt der Gläubiger der Kapitalerträge Einkünfte i. S. des § 20 Abs. 1 Nr. 4 und 7 oder Abs. 2 Satz 1 Nr. 4 und 7 EStG (stille Gesellschaft, partiarische Darlehen und sonstige Kapitalforderungen), greift gem. § 32d Abs. 2 Nr. 1 Satz 1 Buchst. a EStG der Abgeltungsteuertarif nicht, wenn Gläubiger und Schuldner einander nahestehende Personen sind und die Zahlungen beim Schuldner Betriebsausgaben oder Werbungskosten darstellen, die der inl. Besteuerung unterliegen.

Der unbestimmte Rechtsbegriff der **nahestehenden Person** ist in diesem Kontext normspezifisch ohne Rückgriff auf § 1 Abs. 2 AStG oder § 138 InsO auszulegen. Ein lediglich aus der Familienangehörigkeit abgeleitetes persönliches Interesse genügt nicht, um das erforderliche Näheverhältnis zu begründen.[597] Der beherrschten Person darf aufgrund eines absoluten Abhängigkeitsverhältnisses im Wesentlichen kein eigener Entscheidungsspielraum verbleiben. Sie muss auf den Stpfl. einen beherrschenden Einfluss ausüben können oder umgekehrt der Stpfl. auf diese Person. Eine dritte Person muss auf beide einen beherrschenden Einfluss ausüben kön-

596 BFH v. 16.6.2020, VIII R 5/17, BFHE 269, 179, BStBl II 2020, 807.
597 BFH v. 14.5.2014, VIII R 31/11, BFHE 245, 531, BStBl II 2014, 995.

nen[598] oder die Person oder der Stpfl. muss imstande sein, bei der Vereinbarung der Bedingungen einer Geschäftsbeziehung auf den Stpfl. oder die nahestehende Person einen außerhalb dieser Geschäftsbeziehung begründeten Einfluss auszuüben. Gleiches gilt, wenn einer von ihnen ein eigenes wirtschaftliches Interesse an der Erzielung der Einkünfte des anderen hat.[599] Dabei kann es sich auch um finanzielle Abhängigkeit handeln. Im entschiedenen Fall[600] hatte der Ehemann den Erwerb und die Renovierung eines Vermietungsobjektes seiner Ehefrau zu 100 % finanziert. Ein beherrschender Einfluss liegt noch nicht vor, wenn nach den Grundsätzen des Fremdvergleichs für Verträge unter nahen Angehörigen die vertraglichen Hauptpflichten klar und eindeutig vereinbart sind und das Vereinbarte tatsächlich durchgeführt wurde, einzelne Sachverhaltsmerkmale aber vom Üblichen geringfügig abweichen.

Im Verfahren VIII R 12/19[601] hatte der BFH über den Ausschluss des Abgeltungsteuersatzes nach § 32d Abs. 2 Nr. 1 Buchst. a EStG bei **Darlehensgewährung an eine Personengesellschaft** zu entscheiden. Er stellt fest, dass ein Näheverhältnis i.S. des § 32d Abs. 2 Nr. 1 Buchst. a EStG des Gläubigers der Kapitalerträge zu einer Personengesellschaft zu bejahen ist, wenn der Gläubiger eine Beteiligung innehat, die es ihm ermöglicht, seinen Willen in der Gesellschafterversammlung der Personengesellschaft durchzusetzen. Das Gleiche gilt, wenn die Anteile an der Personengesellschaft zwar von einer rechtsfähigen Stiftung gehalten werden, der Gläubiger jedoch aufgrund seiner beherrschenden Stellung in der Stiftung mittelbar in der Lage ist, seinen Willen in der Gesellschafterversammlung der Personengesellschaft durchzusetzen.

Die **Beherrschung der Personengesellschaft** braucht dabei nicht auf einer unmittelbaren Beteiligung beruhen. Sie kann auch mittelbar über eine Beteiligungsgesellschaft ausgeübt werden. In besonders gelagerten Ausnahmefällen kann der Gesellschafter trotz fehlender, rechtlicher Möglichkeit zur Durchsetzung des eigenen Willens die Gesellschaft faktisch beherrschen. Eine solche faktische Beherrschung liegt insbes. dann vor, wenn auf die Gesellschafter, deren Stimmen zur Erreichung der im Einzelfall erforderlichen Stimmenmehrheit fehlen, aus wirtschaftlichen oder anderen Gründen Druck

598 Dazu FG Bremen v. 15.5.2019, 1 K 59/18 (3), EFG 2019, 1393, rkr.

599 BFH v. 14.5.2014, VIII R 31/11, BFHE 245, 531, BStBl II 2014, 995, Rz. 14; v. 29.4.2014, VIII R 9/13, BFHE 245, 343, BStBl II 2014, 986, Rz. 21; v. 29.4.2014, VIII R 35/13, BFHE 245, 357, BStBl II 2014, 990, Rz. 15; v. 29.4.2014, VIII R 44/13, BFHE 245, 361, BStBl II 2014, 992, Rz. 21; jeweils unter Verweis auf BT-Drs. 16/4841, 61. Die Finanzverwaltung hat sich dem angeschlossen, BMF v. 19.5.2022, IV C 1-S 2252/19/10003:009, BStBl I 2022, 742, Rz. 136.

600 BFH v. 28.1.2015, VIII R 8/14, BFHE 249, 133, BStBl II 2015, 397.

601 BFH v. 28.9.2021, VIII R 12/19, BFHE 274, 450, BStBl II 2022, 260.

dahin gehend ausgeübt werden kann, dass sie sich dem Willen der beherrschenden Person unterordnen. Dass solche besonderen Umstände vorliegen, muss im Einzelfall festgestellt werden. Die objektive Feststellungslast hat derjenige zu tragen, der daraus günstige Rechtsfolgen für sich ableitet.

Danach war das FG im Streitfall zu Recht zu dem Ergebnis gelangt, dass zwischen den Klägern als Darlehensgebern und der fraglichen KG als Darlehensnehmerin kein solches Beherrschungsverhältnis bestand. Die Kläger beherrschten die KG auch nicht mittelbar über eine von ihnen errichtete Stiftung. Zwar hatte die Stiftung aufgrund ihrer Stellung als alleinige Kommanditistin einen beherrschenden Einfluss in der KG. Jedoch waren weder der Kläger noch die Klägerin jeweils für sich betrachtet in der Lage, die Einflussmöglichkeiten, die der Stiftung auf Ebene der KG zustanden, mittelbar zu beherrschen. Denn weder der Kläger noch die Klägerin konnten Mehrheitsbeschlüsse des Vorstands ohne die Mitwirkung eines anderen Vorstandsmitglieds herbeiführen. Auch der Umstand, dass den Klägern gemeinschaftlich die Stimmrechtsmehrheit im Stiftungsvorstand zustand, begründete nicht die Annahme einer beherrschenden Stellung. Denn ein aus der **Ehegatteneigenschaft** abgeleitetes, persönliches Interesse genügt für sich genommen nicht, um ein Näheverhältnis zwischen Ehegatten zu begründen.[602] Dementsprechend ist das nahe persönliche Verhältnis zwischen Ehegatten auch kein hinreichender Grund dafür, die den Ehegatten jeweils zustehenden Stimmrechte zur Bestimmung eines Näheverhältnisses zusammenzurechnen, sofern nicht besondere Beweisanzeichen vorliegen, die unabhängig von der ehelichen Lebensgemeinschaft auf ein persönliches oder wirtschaftliches Abhängigkeitsverhältnis zwischen den Ehegatten schließen lassen. Die Kläger waren in wirtschaftlicher Hinsicht voneinander unabhängig, indem beide Einkünfte in nicht unwesentlicher Höhe erzielten.

Auch die Stellung der Kläger als jeweils einzelvertretungsberechtigte Geschäftsführer der Komplementär-GmbH der KG führte nicht zu einer Beherrschung der KG. Das Beherrschungsverhältnis muss nämlich so beschaffen sein, dass der beherrschten Person aufgrund eines absoluten Abhängigkeitsverhältnisses für den Abschluss des Darlehens mit dem Gläubiger im Wesentlichen kein eigener Entscheidungsspielraum verbleibt. Vorliegend gehörte aber die Entscheidung über die Inanspruchnahme eines Darlehens durch die KG nicht zu den von der Geschäftsführungsbefugnis der GmbH umfassten Angelegenheiten.

602 BFH v. 16.6.2020, VIII R 5/17, BFHE 269, 179, BStBl II 2020, 807.

Hinsichtlich der Abtretung einer gestundeten Forderung zur Abgeltung eines Pflichtteilverzichts[603] hat das FG Hessen entschieden,[604] dass die Anwendung des gesonderten Steuersatzes nach § 32d Abs. 1 EStG nicht deswegen zu versagen ist, weil die Kapitalüberlassung im Rahmen eines Vertrags über vorweggenommene Erbfolge vereinbart wird. Auch wenn die Übergeber das zu übertragende Vermögen bestimmen könnten, führe dies nicht zur Beherrschung i. S. d. § 32d Abs. 2 Nr. 1 Satz 1 Buchst. a EStG.

III. § 32d Abs. 2 Nr. 1 Buchst. b EStG

1. Zur Auslegung der Norm

Gem. § 32d Abs. 2 Nr. 1 Buchst. b Satz 1 EStG gilt der gesonderte Steuertarif des § 32d Abs. 1 EStG nicht, wenn Kapitalerträge nach § 20 Abs. 1 Nr. 4 und 7 sowie Abs. 2 Satz 1 Nr. 4 und 7 EStG von einer Kapitalgesellschaft an einen Anteilseigner gezahlt werden, der zu mindestens 10 % an ihr beteiligt ist. Die Regelung soll Gestaltungen verhindern, bei denen betriebliche Gewinne in Form von Darlehenszinsen abgesaugt werden und so die Steuerbelastung auf den Abgeltungsteuersatz reduziert wird.[605] Systemkonform ist der BFH einer auf Missbrauchsfälle beschränkten Auslegung der Vorschrift entgegengetreten.[606]

Nach Satz 2 des § 32d Abs. 2 Nr. 1 Buchst. b EStG ist die Anwendung des Abgeltungsteuertarifs auch dann ausgeschlossen, wenn der Gläubiger der Kapitalerträge eine dem Anteilseigener nahestehende Person ist, sei es eine natürliche Person, sei es eine juristische Person. Im ersten Fall sind die Grundsätze zur nahestehenden Person[607] heranzuziehen (§ 32d Abs. 2 Nr. 1 Satz 1 Buchst. a EStG).[608] Ist Anteilseigner am Schuldner eine juristische Person, lässt zunächst der Gesetzeswortlaut offen, ob eine Beteiligung an dieser mittelnden Kapitalgesellschaft nach den Grundsätzen des § 32d Abs. 2 Nr. 1 Satz 1 Buchst. b Satz 1 EStG zu beurteilen ist, mit der Folge, dass eine 10%-Beteiligung an dieser mittelnden Kapitalgesellschaft genügt, oder ob die Beteiligung den Grundsätzen des § 32d Abs. 2 Nr. 1 Satz 1 Buchst. a EStG folgt, sodass eine absolute Beherrschung erforderlich ist. Der BFH verlangt wie bei Buchst. a ein **Beherrschungs- und Ab-**

603 Dazu auch A. I. 4. h).
604 FG Hessen v. 20.12.2022, 5 K 1615/20, EFG 2023, 829, Rev. VIII R 6/23.
605 BT-Drs. 16/4841, 60.
606 BFH v. 29.4.2014, VIII R 23/13, BFHE 245, 352, BStBl II 2014, 884, Rz. 19.
607 BFH v. 14.5.2014, VIII R 31/11, BFHE 245, 531, BStBl II 2014, 995, Rz. 14.
608 S. o. C. II.; krit. *Ott*, StuB 2019, 35, 42.

hängigkeitsverhältnis;[609] der Gläubiger der Kapitalerträge muss seinen Willen in der Gesellschafterversammlung durchzusetzen können.[610] Denn bei nur mittelbaren Beteiligungen von 10 %[611] könnte es zu einem Kaskadeneffekt kommen, nach wenigen Stufen verbliebe es bei einer nur homöopathischen Zielbeteiligung. In der Auslegung des BFH ist der Ausschluss von der Abgeltungsteuer auf diejenigen Fälle beschränkt, in denen der Gläubiger beim Schuldner tatsächlich noch eine Einflussmöglichkeit hat.[612] Davon kann in atypischen Fällen auch auszugehen sein, wenn dem Gläubiger ohne die Mehrheit der Stimmrechte aufgrund anderweitiger besonderer Umstände eine faktische Beherrschung der Anteilseigner-Kapitalgesellschaft möglich ist.[613] Dabei können ggf. die Anteile verschiedener Darlehensgeber an der Anteilseigner-Kapitalgesellschaft zusammenzurechnen sein, sodass die jeweiligen Gesellschafter auch ohne Mehrheitsbeteiligung als (mit-)beherrschend anzusehen sind[614] bzw. kann auf die Stimmrechte oder eine zusätzliche Organstellung abzustellen sein.[615]

Maßgeblich für die Bestimmung der Beteiligungsquoten i.S. des § 32d Abs. 2 Nr. 1 Satz 1 Buchst. b EStG ist grundsätzlich der Zuflusszeitpunkt, der aber gegenüber § 11 Abs. 1 EStG nach vorne verschoben sein kann, wenn bei fälligen Forderungen die Kapitalgesellschaft zahlungsfähig und die Forderung unbestritten ist.[616]

Wenn § 32d Abs. 2 Nr. 1 Buchst. b Satz 1 EStG dabei die Formulierung „gezahlt" verwendet, bedeutet dies nach der ratio legis nicht, dass eine tatsächliche Zahlung vom Schuldner an den Gläubiger erfolgen muss.[617] Denn § 32d Abs. 2 Satz 1 Nr. 1 Buchst. b Satz 1 EStG erfasst sowohl laufende Kapitalerträge (§ 20 Abs. 1 Nr. 7 EStG) als auch Veräußerungsgewinne (§ 20 Abs. 2 Satz 1 Nr. 7 EStG). Wenn aber ein Gesellschafterdarlehen eines zu mindestens 10 % Beteiligten mit den laufenden Erträgen und dem Vermögensstamm nicht der Besteuerung in der Schedule unterliegen

609 BFH v. 20.10.2016, VIII R 27/15, BFHE 256, 248, BStBl II 2017, 441, Rz. 20.

610 FG Köln v. 18.1.2017, 9 K 267/14, EFG 2017, 988, insoweit bestätigt durch BFH v. 9.7.2019, X R 9/17, BFHE 265, 354, BStBl II 2021, 418.

611 So BMF v. 18.1.2016, IV C 1-S 2252/08/10004:017, BStBl I 2016, 85, Rz. 137. Nach BMF v. 19.5.2022, IV C 1-S 2252/19/10003:009, BStBl I 2022, 742 Rz. 137 sind ausschließlich unmittelbare Beteiligungen einzubeziehen.

612 Vgl. BT-Drs. 16/5377, 14.

613 BFH v. 20.10.2016, VIII R 27/15, BFHE 256, 248, BStBl II 2017, 441, Rz. 23.

614 Vgl. zur Personengruppentheorie bei der Betriebsaufspaltung aus BFH v. 8.11.1971, GrS 2/71, BFHE 103, 440, BStBl II 1972, 63, HFR 1972, 74.

615 Vgl. *Stahl*, HFR 2017, 511.

616 *Weiss*, DB 2017, 1871, 1874 m.w.N.

617 BFH v. 24.10.2017, VIII R 19/16, BFHE 262, 1, BStBl II 2019, 34.

soll, muss dies unabhängig davon gelten, ob vom Gesellschafter aus dem Gesellschafterdarlehen tatsächlich Kapitalerträge erzielt werden.[618]

§ 32d Abs. 2 Nr. 1 Buchst. b Satz 2 EStG ist ein speziell für Vergütungen, die unter anderem von einer Kapitalgesellschaft an einen Anteilseigner oder an eine diesem nahestehende Person gezahlt werden, geschaffener – abschließender – Ausschlusstatbestand. Sind die Voraussetzungen von § 32d Abs. 2 Nr. 1 Buchst. b Satz 2 EStG nicht erfüllt, kommt ein Rückgriff auf den Ausschlusstatbestand gem. § 32d Abs. 2 Nr. 1 Buchst. a EStG weder für Vergütungen aus einem Darlehen des Anteilseigners noch einer nahestehenden Person an die Kapitalgesellschaft in Betracht. Dies gilt nicht nur, wenn die in § 32d Abs. 2 Nr. 1 Buchst. b EStG normierte Beteiligungsschwelle des Anteilseigners von 10 % nicht erreicht wird, sondern auch dann, wenn die Voraussetzungen für ein wirtschaftliches oder persönliches Näheverhältnis des Darlehensgebers zum Anteilseigner oder umgekehrt gem. § 32d Abs. 2 Nr. 1 Buchst. b EStG nicht gegeben sind.

Nach der **Neufassung**, die § 32d Abs. 2 Nr. 1 Buchst. b EStG durch das **JStG 2020**[619] erfahren hat, kann ein zu mindestens zu 10 % an einer GmbH beteiligter Gesellschafter das Regelungsregime der Abgeltungsteuer samt § 20 Abs. 6 und 9 EStG nur noch verlassen, soweit die den Kapitalerträgen entsprechenden Aufwendungen beim Schuldner Betriebsausgaben oder Werbungskosten im Zusammenhang mit Einkünften sind, die der inl. Besteuerung unterliegen, und § 20 Abs. 9 Satz 1 2. Halbs. EStG keine Anwendung findet. Gem. § 52 Abs. 33b EStG ist § 32d Abs. 2 Nr. 1 Buchst. b EStG n.F. grundsätzlich auf Kapitalerträge anzuwenden, die nach dem 31.12.2020 erzielt werden, während auf Kapitalerträge aus Darlehen an eine Kapitalgesellschaft, deren rechtliche Grundlage vor dem 1.1.2021 gelegt wurde, § 32d Abs. 2 Nr. 1 Buchst. b EStG n.F. erst ab 2024 anzuwenden ist.

Die Einschränkung der Steuerwirkung von Erträgen i.S.v. § 20 Abs. 2 Satz 1 Nr. 7 EStG soll Gestaltungen begegnen, im Rahmen derer künstlich erzeugte Verluste i.S.v. § 20 Abs. 2 Satz 1 Nr. 7 EStG mit tariflich versteuerten Einkünften verrechnet werden.[620] Solchen Verlusten können korrespondierende positive Kapitalerträge zugrunde liegen, die nicht unter die Ausnahme des § 32d Abs. 2 EStG fallen, sondern dem günstigen Abgeltungsteuertarif unterliegen. Werden solche Verluste durch einen Verkauf von Wirtschaftsgütern an eine Gesellschaft realisiert, sollen sie dem Abgeltungsteuertarif unterliegen, dies unabhängig von einem Gestaltungs-

618 So der BFH v. 24.10.2017, VIII R 19/16, BFHE 262, 1, BStBl II 2019, 34.

619 Art. 1 JStG 2020 v. 21.12.2020, BGBl I 2020, 3096. Zur Fassung bis 2020 s. C. III. 2.

620 BR-Drs. 503/20, 92f., Begründung zu § 32d Abs. 2 Nr. 1 Buchst. b Satz 1 EStG; es scheint, als sollen Bondstripping-Gestaltungen verhindert werden (vgl. *Levedag*, GmbHR 2020, Rz. 279f.).

missbrauch. § 32d Abs. 2 Nr. 1 Buchst. b EStG soll nicht (mehr) gelten, da die Veräußerung von Wirtschaftsgütern an eine Gesellschaft bei dieser nicht zu Werbungskosten/Betriebsausgaben führt.

Die Verwaltung wendet § 32d Abs. 2 Nr. 1 Buchst. b EStG n.F. auch auf Substanzverluste eines Darlehens an,[621] sodass ein Darlehensausfall oder -verlust nicht mehr aus der Abgeltungsteuer nach § 32d Abs. 2 Nr. 1 Buchst. b EStG und demzufolge nach § 32d Abs. 2 Satz 2 EStG aus der Anwendung des § 20 Abs. 6 EStG ausgeschlossen ist, weil den Kapitalerträgen keine korrespondierenden Betriebsausgaben zugrunde liegen.[622]

Dem ist nicht zu folgen,[623] da bei einem Forderungsausfall/Forderungsverzicht das von § 32d Abs. 2 Nr. 1 Buchst. b EStG geforderte Korrespondenzverhältnis von vorneherein nicht in Betracht kommt; Substanzverluste einer Gesellschafterforderung gem. § 20 Abs. 2 Satz 1 Nr. 7 EStG sollten weiterhin aus der Abgeltungsteuer ausgeschlossen sein. Bei krisenbedingten Darlehensverlusten eines Gesellschafters einer Kapitalgesellschaft ist die von der Verwaltung intendierte Neuregelung verfehlt, da hier typischerweise echte Wertverluste vorliegen, deren Nutzung – jenseits von nachträglichen Anschaffungskosten einer Beteiligung i. S. v. § 17 Abs. 2a EStG – beschränkt wird.[624]

2. Fassung bis 2020

Während mit dem JStG 2010 vom 8.12.2010[625] § 32d Abs. 2 Nr. 1 Satz 1 Buchst. a EStG dahin gehend ergänzt wurde, dass die Ausnahme von dem gesonderten Tarif des § 32d Abs. 1 EStG erst dann Anwendung finden soll, wenn die Kapitalerträge zusätzlich auf Ebene des Schuldners zu Betriebsausgaben oder Werbungskosten im Zusammenhang mit Einkünften führen, die der inländischen Besteuerung unterliegen, und § 20 Abs. 9 Satz 1 Halbsatz 2 EStG keine Anwendung findet, hat der Gesetzgeber die Notwendigkeit einer derartigen Einschränkung für Fälle der Gesellschafterfremdfinanzierung im Sinne des § 32d Abs. 2 Nr. 1 Satz 1 Buchst. b Satz 1 und 2 EStG nicht zeitgleich gesehen und eine entsprechende Änderung erst mit dem JStG 2020 vom 21.12.2020[626] vorgenommen.[627] Der Ausschlusstatbestand des § 32d Abs. 2 Nr. 1 Satz 1 Buchst. b EStG galt also in der Zwischenzeit noch in sei-

621 BMF v. 7.6.2022, IV C 6-S 2244/20/10001:001, BStBl I 2022, 897, Rz. 26ff.
622 Zu den sich daraus ergebenden Folgen *Ott*, DStZ 2023, 566, 589 m.w.N.
623 Vgl. *Levedag*, in: Schmidt, EStG, 42. Aufl. 2023, § 32d Rz. 12; *ders.*, GmbHR 2021, 14, 22; *Förster*, DStR 2023, 1041, 1047; *Förster/von Cölln*, DB 2021, 525, 529f.
624 Dazu *Ott*, DStR 2020, 2337, 2339; *ders.*, DStZ 2023, 566, 569.
625 BGBl I 2010, 1768.
626 BGBl I 2020, 3096.
627 BR-Drs. 503/20, 87.

ner Ursprungsfassung, die – anders als die geänderte Fassung des Buchst. a – gerade keine Einschränkung dahin gehend enthält, dass der Ausschluss des Abgeltungsteuertarifs nur solche Kapitalerträge aus Gesellschafterforderungen gegenüber der Schuldner-Kapitalgesellschaft erfassen soll, die aufseiten der Gesellschaft zu entsprechenden inländischen Betriebsausgaben führen.[628] Der Umstand, dass lediglich § 32d Abs. 2 Nr. 1 Satz 1 Buchst. a, nicht aber § 32d Abs. 2 Nr. 1 Satz 1 Buchst. b EStG geändert wurde, schließt sowohl in historischer als auch in systematischer Hinsicht eine andere Auslegung aus.

a) Kein gewinnwirksamer Aufwand bei der Gesellschaft

Der Ausschluss des Abgeltungsteuertarifs gemäß § 32d Abs. 2 Nr. 1 Satz 1 Buchst. b EStG in der bis zum JStG 2020 geltenden Fassung ist nicht davon abhängig, dass die Erfüllung der Verbindlichkeit der GmbH bei dieser einen gewinnwirksamen Aufwand auslöst.[629]

In dem vom BFH entschiedenen Fall war der Kläger mit 50 % an der M GmbH beteiligt. 2009 erwarb er von dem Gesellschafter S weitere 50 % der Geschäftsanteile an der M GmbH. Zugleich trat S eine ihm gegen die M GmbH zustehende Forderung aus einem Gesellschafterdarlehen in Höhe von 79.684,76 € an den Kläger ab. Der hierfür vom Kläger zu zahlende Kaufpreis betrug 1 €. 2013 (Streitjahr) erlosch die Darlehensforderung des Klägers, die zu diesem Zeitpunkt weiterhin in Höhe von 79.684,76 € valutierte, durch Aufrechnung der M GmbH mit einer ihr gegenüber dem Kläger in gleicher Höhe zustehenden Forderung. Der Kläger erzielte einen Gewinn aus der Veräußerung einer Kapitalforderung i. S. des § 20 Abs. 2 Satz 1 Nr. 7, Abs. 2 Satz 2, Abs. 4 EStG. Bei dem von S erworbenen Darlehensanspruch des Klägers gegen die M GmbH handelt es sich um eine sonstige Kapitalforderung i. S. des § 20 Abs. 1 Nr. 7 EStG. Etwas anderes ergibt sich nicht daraus, dass der Kläger das Darlehen nicht selbst an die M GmbH ausgereicht hat, sondern den Rückzahlungsanspruch im Wege der Abtretung von S als Darlehensgeber erworben hat. Die Aufrechnung der M GmbH gegen die Forderung des Klägers aus § 20 Abs. 1 Nr. 7 EStG mit einer ihr gegenüber dem Kläger zustehenden Gegenforderung erfüllt den Tatbestand der Rückzahlung i. S. des § 20 Abs. 2 Satz 2 EStG. Danach ist das FG zu Recht von einem nach § 32a EStG zu besteuernden Rückzahlungsgewinn des Klägers i. S. des § 20 Abs. 4 EStG in Höhe von 79.683 € ausgegangen. Die Kapitalerträge wurden i. S. des § 32d Abs. 2 Nr. 1 Satz 1

---

628 Dazu BFH v. 27.6.2023, VIII R 15/21, DStR 2023, 1825, BFH/NV 2023, 1261.
629 BFH v. 30.11.2022, VIII R 27/19, BStBl I 2023, 330.

Buchst. b EStG von einer Kapitalgesellschaft gezahlt, an der der Kläger zu mindestens 10 % beteiligt war.

Für das Vorliegen des Tatbestandsmerkmals **„gezahlt“** i. S. des § 32d Abs. 2 Nr. 1 Satz 1 Buchst. b EStG genügt es, dass die Kapitalerträge i. S. des § 20 Abs. 1 Nr. 7 EStG dem Gesellschafter von der Kapitalgesellschaft zivilrechtlich geschuldet werden und die Kapitalgesellschaft die Forderung des Gesellschafters – wie hier durch Aufrechnung mit einer eigenen Forderung gegenüber der Gesellschafterforderung – erfüllt. Die Regelung macht den Ausschluss des Abgeltungsteuertarifs nach ihrem eindeutigen Wortlaut nicht davon abhängig, dass die Zahlung der Kapitalerträge auf Ebene der Schuldner-Kapitalgesellschaft zu einem gewinnwirksamen Aufwand geführt hat. § 32d Abs. 2 Nr. 1 Satz 1 Buchst. b EStG ist insbesondere nicht dahin gehend teleologisch zu reduzieren, dass die Norm in den Fällen nicht zur Anwendung gelangt, in denen die Zahlung der Kapitalerträge durch eine Kapitalgesellschaft, an der der Steuerpflichtige zu mindestens 10 % beteiligt ist, auf Ebene der Gesellschaft erfolgsneutral ist.

b) Gesellschafterfremdfinanzierung einer im Ausland ansässigen Gesellschaft

Zinsen aus Darlehen eines Steuerpflichtigen an eine ausländische Kapitalgesellschaft, an der er mittelbar zu mindestens 10 % beteiligt ist, sind gemäß § 32d Abs. 2 Nr. 1 Satz 1 Buchst. b Satz 2 EStG in der bis zur Änderung durch das JStG 2020 geltenden Fassung aus dem Anwendungsbereich des gesonderten Tarifs für Kapitaleinkünfte nach § 32d Abs. 1 EStG ausgeschlossen.[630]

In dem vom BFH **entschiedenen Fall** war der Kläger Alleingesellschafter der A-BV, die ihrerseits als Alleingesellschafterin an der B-BV beteiligt war. Die A-BV und die B-BV sind Kapitalgesellschaften niederländischen Rechts, die im Inland weder Sitz noch Geschäftsleitung haben. Der Kläger war bei der B-BV als Geschäftsführer angestellt. Aus der Gewährung mehrerer Darlehen an die B-BV flossen ihm Zinsen zu. Das FA erfasste Darlehenszinsen unter Hinweis auf § 32d Abs. 2 Nr. 1 Satz 1 Buchst. b EStG als der tariflichen Einkommensteuer unterliegende Kapitalerträge. Die Kläger meinten, § 32d Abs. 1 Nr. 1 Satz 1 Buchst. b EStG sei im Wege der teleologischen Reduktion auf Inlandssachverhalte einzugrenzen – anders der BFH.[631]

Dass die Kapitalerträge des Klägers aus dem Anwendungsbereich des gesonderten Steuertarifs nach § 32d Abs. 1 EStG ausgenommen sind, folgt zwar nicht bereits aus § 32d Abs. 2 Nr. 1 Satz 1 Buchst. b Satz 1 EStG, weil

630 BFH v. 27.6.2023, VIII R 15/21, DStR 2023, 1825, BFH/NV 2023, 1261.
631 BFH v. 27.6.2023, VIII R 15/21, DStR 2023, 1825, BFH/NV 2023, 1261.

die Voraussetzungen dieser Vorschrift aufgrund der **lediglich mittelbaren Beteiligung** des Klägers an der B-BV nicht erfüllt sind. Im Rahmen des § 32d Abs. 2 Nr. 1 Satz 1 Buchst. b Satz 1 EStG besteht keine Veranlassung für eine Gleichstellung unmittelbarer und mittelbarer Anteilseigner. § 32d Abs. 2 Nr. 1 Satz 1 Buchst. b Satz 2 EStG ist aber erfüllt. Denn der Kläger ist als eine der Anteilseignerin A-BV nahestehende Person anzusehen. Ein Näheverhältnis des Gläubigers der Kapitalerträge zu einer Anteilseigner-Kapitalgesellschaft, die zu mindestens 10 % an der Schuldner-Kapitalgesellschaft beteiligt ist, liegt vor, wenn der Gläubiger aufgrund seiner Beteiligung über die Mehrheit der Stimmrechte in der Gesellschafterversammlung der Anteilseigner-Kapitalgesellschaft verfügt. Er beherrscht dadurch die Einflussmöglichkeiten, die auf der Ebene der Anteilseigner-Kapitalgesellschaft aufgrund deren zumindest 10%iger Beteiligung an der Schuldner-Kapitalgesellschaft bestehen.[632] Ein solcher Fall liegt hier vor. Der Kläger war im Streitjahr Alleingesellschafter der A-BV. Die A-BV war ihrerseits Alleingesellschafterin der B-BV, der der Kläger Darlehen gewährt hatte. Als Gläubiger der Kapitalerträge im Sinne des § 20 Abs. 1 Nr. 7 EStG beherrschte er damit die Einflussmöglichkeiten, die auf der Ebene der A-BV als Anteilseigner-Kapitalgesellschaft aufgrund deren 100%iger Beteiligung an der B-BV als Schuldner-Kapitalgesellschaft gegeben waren.

Der Umstand, dass die B-BV als darlehensnehmende Schuldner-Kapitalgesellschaft weder über Sitz noch über Geschäftsleitung im Inland verfügte, steht der Anwendung des § 32d Abs. 2 Nr. 1 Satz 1 Buchst. b EStG nach seinem Wortlaut nicht entgegen. Das Tatbestandsmerkmal **„Kapitalgesellschaft“** lässt nicht auf ein rein nationales Verständnis der Norm schließen. Vielmehr dient die Verwendung des Begriffs der Kapitalgesellschaft sowie die Bezugnahme unter anderem auf Kapitalerträge im Sinne des § 20 Abs. 1 Nr. 7 und Abs. 2 Satz 1 Nr. 7 EStG allein dazu, den Anwendungsbereich der Norm auf Gesellschafterdarlehen und vergleichbare Darlehen nahestehender Personen einzugrenzen. Auch auf der Grundlage des erforderlichen Rechtstypenvergleichs steht die B-BV als Kapitalgesellschaft niederländischen Rechts im Rahmen der Anwendung des § 32d Abs. 2 Nr. 1 Satz 1 Buchst. b EStG einer deutschen Kapitalgesellschaft gleich.

Dass § 32d Abs. 2 Nr. 1 Satz 1 Buchst. b EStG durch das **JStG 2020** den gleichen Zusatz wie Buchst. a erhalten hat, ist für Veranlagungszeiträume davor unerheblich. Denn die Gesetzesänderung entfaltet keine Rückwirkung. Vielmehr ist § 32d Abs. 2 Nr. 1 Satz 1 Buchst. b EStG i. d. F. des JStG

632 BFH v. 20.10.2016, VIII R 27/15, BStBl II 2017, 441 und v. 9.7.2019, X R 9/17, BStBl II 2021, 418; vgl. auch BMF v. 19.5.2022, BStBl I 2022, 742, Rz 137.

2020 (EStG n.F.) auf Kapitalerträge aus Darlehen an die Kapitalgesellschaft, deren rechtliche Grundlage vor dem 1.1.2021 begründet wurde, erst ab dem Veranlagungszeitraum 2024 anzuwenden (§ 52 Abs. 33b Satz 2 EStG n.F.). Der Neuregelung kommt keine rein deklaratorische Wirkung in dem Sinne zu, dass es schon immer der gesetzgeberischen Regelungsintention entsprach, im Ausland ansässige Schuldner-Kapitalgesellschaften vom Anwendungsbereich des § 32d Abs. 2 Nr. 1 Satz 1 Buchst. b EStG auszuschließen. Mit der Einschränkung des § 32d Abs. 2 Nr. 1 Satz 1 Buchst. b EStG durch das JStG 2020 verfolgte der Gesetzgeber das Ziel, in der Praxis bekannt gewordenen Gestaltungen zu begegnen, bei denen die Vorschrift dazu genutzt wurde, künstlich erzeugte Verluste im Sinne des § 20 Abs. 2 Satz 1 Nr. 7 EStG aus der Veräußerung von Darlehensforderungen eines Gesellschafters gegenüber seiner Kapitalgesellschaft in voller Höhe mit tariflich zu besteuernden Einkünften zu verrechnen. Den Ausschluss des Abgeltungsteuertarifs hielt der Gesetzgeber insoweit nicht für gerechtfertigt, als den Verlusten korrespondierende positive Kapitalerträge zugrunde liegen, die nicht unter die Ausnahmeregelung des § 32d Abs. 2 EStG fallen, sondern dem günstigeren Abgeltungsteuertarif unterliegen.[633] Dieser Begründung lassen sich keine Anhaltspunkte dafür entnehmen, dass der Gesetzgeber Gesellschafterdarlehen an ausländische Schuldner-Kapitalgesellschaften schon immer aus dem Anwendungsbereich des § 32d Abs. 2 Nr. 1 Satz 1 Buchst. b EStG ausschließen wollte.

§ 32d Abs. 2 Nr. 1 Satz 1 Buchst. b EStG ist auch nicht im Wege teleologischer Auslegung einschränkend auszulegen. Denn die wortgetreue Auslegung führt nicht zu einem sinnwidrigen Ergebnis, das vom Gesetzgeber nicht beabsichtigt sein kann; das mit der Einführung eines abgeltenden Steuersatzes für Kapitalerträge vom Gesetzgeber verfolgte Ziel bestand vornehmlich darin, die Standortattraktivität des deutschen Finanzplatzes im internationalen Wettbewerb für private Anleger, die ihr Kapital ohne größere Schwierigkeiten auch im Ausland anlegen könnten, durch eine leicht erkennbare Belastungsminderung zu erhöhen.[634] Dieses wirtschaftspolitische Lenkungsziel des Gesetzgebers würde jedoch verfehlt, wenn Kapitalerträge aus der Fremdfinanzierung von im Ausland ansässigen Kapitalgesellschaften durch einen Anteilseigner oder eine diesem nahestehende Person nicht vom Ausschluss des Abgeltungsteuertarifs nach § 32d Abs. 2 Nr. 1 Satz 1 Buchst. b EStG betroffen wären, weil dies zu einer Privilegierung der Kapitalanlage im Ausland führen würde. Die Standortattraktivität der Bundesrepublik Deutschland im internationalen Wettbewerb für priva-

633 BR-Drs. 503/20, 87 f.; BT-Drs. 19/22850, 84.
634 BT-Drs. 16/4841, 1.

te Anleger, die ihr Kapital auch im Ausland anlegen könnten, würde nicht gesteigert, sondern entgegen dem Gesetzeszweck gemindert, da keine Anreize zur Rückführung von Auslandsvermögen bestünden.

3. Nutzung von § 32d Abs. 2 Nr. 1 Buchst. b EStG zur Gewinnverlagerung

Der BFH hat klargestellt, dass § 32d Abs. 2 Nr. 1 Satz 1 Buchst. b EStG in der bis zum JStG 2020 geltenden Fassung **nicht** dergestalt **teleologisch zu reduzieren** ist, dass die Norm keine Anwendung findet, wenn durch die Veräußerung einer Kapitalforderung i. S. d. § 20 Abs. 2 Satz 1 Nr. 7 EStG an eine Kapitalgesellschaft, an der der Steuerpflichtige zu mindestens 10 % beteiligt ist, ein Verlust entsteht.[635] In diesem Sinne judiziert das FG München, dass § 32d Abs. 2 Nr. 1 Buchst. b EStG auch dann Anwendung finde, wenn ein 100%iger Anteilseigner einer Kapitalgesellschaft sonstige Kapitalforderungen (im Streitfall Wandelschuldverschreibungen) mit Verlust an die Kapitalgesellschaft veräußert, sodass ein Verlustausgleich mit anderen Einkunftsarten möglich ist.[636] Eine **teleologische Reduktion** des § 32d Abs. 2 Nr. 1 Buchst. b EStG dergestalt, dass die Norm in Fällen nicht zur Anwendung komme, in denen durch die Veräußerung einer Kapitalforderung i. S. des § 20 Abs. 2 Satz 1 Nr. 7 EStG an eine Kapitalgesellschaft, an der der Stpfl. zu mindestens 10 % beteiligt ist, ein Verlust entstehe, eine Gewinnverlagerung aus dem betrieblichen in den privaten Bereich jedoch nicht gegeben sei, sei nicht gerechtfertigt. Da im Ergebnis kein gesetzlich nicht vorgesehener Steuervorteil genutzt werde, könne dahin gestellt bleiben, ob der Anwendung des § 42 Abs. 2 AO die Gesamtgestaltung betreffend § 42 Abs. 1 Satz 2 AO entgegenstehe. Würde hinsichtlich der Gesamtgestaltung ein Missbrauch rechtlicher Gestaltungsmöglichkeiten gem. § 42 Abs. 2 AO angenommen, so würde im Ergebnis die Abschirmwirkung des § 32d Abs. 2 Nr. 1 Buchst. b EStG als **spezieller Missbrauchsnorm** unterlaufen, da hinsichtlich des Teils der Gesamtgestaltung, der nicht dem durch § 32d Abs. 2 Nr. 1 Buchst. b EStG abgedeckten Missbrauchsfeld zuzuordnen sei, nämlich der Wandlung einer Anleihe, weder eine Missbrauchsvorschrift ersichtlich sei, noch ein Steuerausfall eintrete. Die Veräußerung der Anleihe an die GmbH sei – isoliert betrachtet – auch nicht als Missbrauch rechtlicher Gestaltungsmöglichkeiten gem. § 42 Abs. 2 AO zu beurteilen. Der Anwendung von § 42 Abs. 2

635 BFH v. 30.11.2022, VIII R 15/19, DStR 2023, 565 sowie VIII R 30/20, DStRE 2023, 525, FR 2023, 428; zur Einkünfteerzielungsabsicht s. auch A. III. 1.; zu FG München *Wackerbeck*, EFG 2021, 116; weiter FG Nürnberg v. 30.3.2022, 3 K 1470/19, DStRE 2023, 590 Rz. 85 ff., Rev. VIII R 9/22.

636 FG München v. 29.9.2020, 5 K 2870/19, EFG 2021, 111, Rev. VIII R 28/20; dazu auch oben A. II. 1. c), 2. b), III. 1. sowie *Wackerbeck*, EFG 221, 116.

AO stehe § 42 Abs. 1 Satz 2 AO entgegen. Der abschließende Charakter einer spezialgesetzlichen Missbrauchsnorm ergebe sich aus dem Wesen der gesetzlichen Typisierung. Seien in einem konkreten Einzelfall die Voraussetzungen der speziellen Missbrauchsbestimmungen nicht erfüllt, dürfe die Wertung des Gesetzgebers nicht durch eine extensive Anwendung von § 42 Abs. 1 AO a. F. unterlaufen werden.

Eine Verlagerung von der Abgeltungsteuer unterfallenden Verlusten in den Bereich der Tarifbesteuerung via **Bondstripping**[637] unter Einschaltung einer hierfür gegründeten GmbH hat das FG München aber als rechtsmissbräuchlich i. S. von **§ 42 AO** angesehen.[638] Auch mit der gezielten Anwendung einer im Einzelfall steuervorteilhaften speziellen Missbrauchsverhinderungsvorschrift könne steuerlich Gestaltungsmissbrauch betrieben werden. Im entschiedenen Fall hatte der Steuerpflichtige Bundesanleihen erworben, bei denen sogleich Zinsscheine und Anleihemantel getrennt wurden. Die Zinsscheine veräußerte er mit Gewinn, der dem Abgeltungsteuersatz unterfiel; die Anleihemäntel veräußerte er an eine eigens zu diesem Zweck gegründete GmbH mit Verlust, um den Verlust sodann mit seinen der progressiven ESt unterliegenden Einkünften zu verrechnen. § 32d Abs. 2 Satz 1 Nr. 1 Buchst. b EStG schließt hier die Abgeltungsbesteuerung aus.[639] Das FG stellt maßgeblich darauf ab, dass die Zwischenschaltung der GmbH einzig dem Zweck diene, eine Steuerminderung zu bewirken und keine wirtschaftlichen oder sonstigen außersteuerlichen Gründe bestehen. Dem folgt der **BFH** nicht.[640] Der Senat konnte dabei offenlassen, ob die Anwendung des § 42 AO im Streitfall bereits deshalb nach § 42 Abs. 1 Satz 2 AO ausscheidet, weil § 32d Abs. 2 Nr. 1 Satz 1 Buchst. b EStG, dessen tatbestandliche Voraussetzungen im Streitfall erfüllt sind, als spezieller Missbrauchstatbestand lex specialis und damit vorrangig und ausschließlich anwendbar ist.[641] Selbst wenn § 42 AO neben § 32d Abs. 2 Nr. 1 Satz 1 Buchst. b EStG anwendbar wäre, wären dessen Voraussetzungen nicht erfüllt. Denn der Gesetzgeber hat in § 32d Abs. 2 Nr. 1 Satz 1 Buchst. b EStG gerade den Fall geregelt, dass Substanzgewinne und -verluste i. S. des § 20 Abs. 2 Satz 1 Nr. 7 EStG, die aus der Zahlung von Veräußerungsentgelten einer Kapitalgesellschaft an einen Gesellschafter in Form steuerneutraler Anschaf-

637 S. o. II. 1. b).

638 FG München v. 20.10.2020, 12 K 3102/17, EFG 2021, 459, Rev. VIII R 30/20 (dazu sogleich).

639 Dazu sub VII. 2. – Die Änderung von § 32d Abs. 2 Nr. 1 Buchst. b EStG durch JStG 2020 hat diese Gestaltungsmöglichkeit seit dem 1.1.2021 ausgeschlossen.

640 BFH v. 30.11.2022, VIII R 15/19, DStR 2023, 565 sowie VIII R 30/20, DStRE 2023, 525, FR 2023, 428.

641 So etwa FG Nürnberg v. 30.3.2022, 3 K 1470/19, DStRE 2023, 590 Rz. 92 ff., Rev. VIII R 9/22; vgl. auch BFH v. 23.4.2021, IX R 8/20, BFHE 272, 328, BStBl II 2021, 743.

fungskosten für den Erwerb von Forderungen i. S. des § 20 Abs. 1 Nr. 7 EStG resultieren, aus dem Anwendungsbereich des gesonderten Tarifs für Einkünfte aus Kapitalvermögen ausgenommen sind. Diese folgerichtige gesetzliche Wertung ist bei der Prüfung, ob ein Gestaltungsmissbrauch i. S. des § 42 Abs. 2 AO vorliegt, zur Vermeidung von Wertungswidersprüchen zu berücksichtigen. Dementsprechend darf die gesetzgeberische Entscheidung, dass die Veräußerung einer Kapitalforderung i. S. des § 20 Abs. 2 Satz 1 Nr. 7 EStG an eine Kapitalgesellschaft, an der der Steuerpflichtige zu mindestens 10 % beteiligt ist, zu einem tariflichen Veräußerungsgewinn oder -verlust führt, nicht dadurch unterlaufen werden, dass bei der Verwirklichung eines solchen Veräußerungstatbestands auf der Grundlage des § 42 AO von einer Umgehungsgestaltung ausgegangen wird. Der Kläger hat nicht gegen eine vom Gesetzgeber vorgegebene Wertung verstoßen, sondern lediglich von einer ihm durch das Gesetz eingeräumten Möglichkeit Gebrauch gemacht. Daran ändert sich nichts dadurch, dass ein Verlustgeschäft vorliegt, denn auch Veräußerungsverluste werden vom Anwendungsbereich des § 20 EStG folgerichtig erfasst.

Es ist unschädlich, dass die Kläger es ausgenutzt haben, dass die Gewinne aus der Veräußerung der Zinsscheine dem gesonderten Tarif des § 32d Abs. 1 EStG unterliegen, während die Verluste aus der Veräußerung der Anleihemäntel tariflich besteuert werden. Denn aus der Ausnutzung des Steuersatzgefälles kann nicht auf eine missbräuchliche Gestaltung i. S. des § 42 AO geschlossen werden, da Vorteile aufgrund unterschiedlicher Steuersätze für die verschiedenen Kapitalerträge in § 20 EStG der Schedulenbesteuerung immanent sind.

IV. § 32d Abs. 2 Nr. 3 EStG

Die Norm regelt typisierend Fallgestaltungen, in denen die private Vermögensanlage, für die das Regime der Abgeltungsteuer vorgesehen ist, in eine unternehmerische bzw. berufliche Tätigkeit umschlagen kann, ohne dass freilich die Schwelle der Vermögensverwaltung (§ 2 Abs. 1 Nr. 1 bis 3 EStG) überschritten wäre oder Einkünfte i. S. v. § 19 EStG vorlägen und § 32d EStG wegen § 20 Abs. 8 EStG nicht eingreifen würde. **Typisch unternehmerisch/beruflich** in diesem Sinne ist eine Beteiligung i. S. v. § 20 Abs. 1 Nr. 1 oder 2 EStG von mindestens 25 % oder 1 % plus berufliche Tätigkeit für die Gesellschaft. So kann bei einer Beteiligung von 25 % typischerweise maßgeblicher Einfluss auf die Kapitalgesellschaft ausgeübt werden. Bei diesen unternehmerähnlichen Beteiligungen im Privatvermögen ist eine fakultative Ausnahme von der Abgeltungsteuer für Einkünfte aus einer Beteiligung i.S.v. § 20 Abs. 1 Nr. 1 und Nr. 2 EStG, insbes. aus Aktien oder GmbH-Anteilen, vorgesehen. Auf Antrag gilt das Teileinkünfteverfahren, ein begrenzter Werbungskostenabzug (§ 3c Abs. 2 EStG) ist möglich, § 20 Abs. 6 EStG (Verlustverrechnungsbeschränkung) und § 20 Abs. 9 EStG (Verbot des Werbungskostenabzugs), aber auch der Sparer-Pauschbetrag gem. § 20 Abs. 9 Satz 1 EStG gelten nicht.

Gem. § 32d Abs. 2 Nr. 3 EStG gilt bei einer sog. unternehmerischen Beteiligung auf **Antrag** statt des Abgeltungsteuertarifs der Normaltarif. In der Auslegung des FG Köln werden gem. § 32d Abs. 2 Nr. 3 **Satz 4** EStG die Tatbestandsvoraussetzungen für die Anwendung des Optionsrechts zur tariflichen Besteuerung von Kapitalerträgen aus der Beteiligung an einer Kapitalgesellschaft auch **für** die dem Antragsjahr (Erstjahr) folgenden **vier Veranlagungszeiträume fingiert.**[642] So sei der Wegfall einer beruflichen Tätigkeit für die Kapitalgesellschaft in einem der dem Antragsjahr folgenden vier Veranlagungszeiträume für die Fortgeltung der Option unerheblich.

Der Antrag gem. § 32d Abs. 2 Nr. 3 Satz 4 EStG kann nur **bis zur Abgabe der ESt-Erklärung** gestellt werden, ggf. konkludent.[643] Für eine konkludente Antragstellung eines steuerlich Beratenen genügt jedoch allein ein Antrag auf Günstigerprüfung (§ 32d Abs. 6 EStG) nicht. Denn einerseits kann von einem fachkundigen Berater erwartet werden, dass er die rechtlichen Besonderheiten und Fristen kennt und entsprechend handelt, andererseits sind die nur für den Veranlagungszeitraum zu beantragende Günstigerprüfung und der bis zum Widerruf (§ 32d Abs. 2 Nr. 3 Satz 4 bis 6 EStG)[644] für insgesamt fünf Veranlagungszeiträume geltende Antrag auf Anwendung des Teileinkünfteverfahrens derart wesensverschieden, dass eine konkludente Antragstellung des einen durch den anderen nicht angenommen werden kann. Hierfür bedürfte es konkreter Anhaltspunkte.

Inwieweit Entsprechendes für einen nicht beratenen Stpfl. gilt, hat der BFH offengelassen;[645] er gestattete einem solchen im Verfahren VIII R 33/15[646] jedoch **Wiedereinsetzung** (§ 110 AO). Die Versäumung der Antragsfrist war

642 FG Köln v. 15.12.2020, 11 K 1048/17, EFG 2021, 1111, Rev. VIII R 2/21.

643 BFH v. 14.5.2019, VIII R 20/16, BFHE 264, 459, BStBl II 2019, 586; v. 28.7.2015, VIII R 50/14, BFHE 250, 413, BStBl II 2015, 894, Rz. 15, 23; BMF v. 19.5.2022, IV C 1-S 2252/19/10003:009, BStBl I 2022, 742, Rz. 141.

644 Da nach einem Widerruf ein erneuter Antrag für dieselbe Beteiligung nicht mehr möglich ist, bleibt dem Stpfl. nur Veräußerung und Neuanschaffung, um das Wahlrecht erneut auszuüben.

645 BFH v. 14.5.2019, VIII R 20/16, BFHE 264, 459, BStBl II 2019, 586; v. 28.7.2015, VIII R 50/14, BFHE 250, 413, BStBl II 2015, 894, Rz. 21.

646 BFH v. 29.8.2017, VIII R 33/15, BFHE 259, 213, BStBl II 2018, 69.

unverschuldet, da in der Anleitung zur Anlage KAP ein Hinweis auf die Möglichkeit, kumulative Anträge gem. § 32d Abs. 6 EStG und gem. § 32d Abs. 2 Nr. 3 EStG stellen zu können, sowie zu den Rechtsfolgen, die sich bei einer Kombination der Anträge ergeben, fehlte.

Die Fristenregelung bedarf **keiner teleologischen Reduktion** für Fälle, in denen sich **nachträglich** – insbes. durch eine Umqualifizierung im Rahmen einer Betriebsprüfung – herausstellt, dass der Stpfl. Kapitaleinkünfte i. S. v. **§ 20 Abs. 1 Nr. 1 und 2 EStG** bezogen hat.[647] Bei einer solchen Umqualifizierung handelt es sich um eine (gerichtlich voll überprüfbare) rechtliche Einordnung, ggf. war die ursprüngliche Erklärung der Einkünfte falsch. Maßgeblich für die Frist bleibt aber die ursprüngliche ESt-Erklärung. Mit der Abgabe der ESt-Erklärung ist die Frist zur Ausübung des Antragsrechts nach § 32d Abs. 2 Nr. 3 Satz 4 EStG auch dann abgelaufen, wenn die Erklärung unrichtig und nach § 153 AO zu korrigieren ist.[648] Die Antragsfrist des § 32d Abs. 2 Nr. 3 Satz 4 EStG gilt auch, wenn Kapitalerträge in Gestalt von **vGA** aus einer unternehmerischen Beteiligung erst durch die Außenprüfung festgestellt werden und der Stpfl. in der unzutreffenden Annahme, keine Kapitalerträge aus der Beteiligung erzielt zu haben, in seiner ESt-Erklärung keinen Antrag gem. § 32d Abs. 2 Nr. 3 EStG gestellt hat.[649] § 32d Abs. 2 Nr. 3 Satz 4 EStG erweist sich auch für die Fälle, in denen der Stpfl. von ihm erzielte Einkünfte zunächst rechtsirrig nicht den Einkünften aus Kapitalvermögen zuordnet und aus diesem Grunde keinen Anlass für eine Antragstellung sieht, nicht als planwidrig unvollständig. § 32d Abs. 2 Nr. 3 EStG soll Erträge aus einer unternehmerischen Beteiligung gegenüber solchen aus einer Beteiligung privilegieren, die sich als lediglich private Vermögensverwaltung darstellt. Für die aus der Beteiligung erzielten Kapitalerträge i. S. v. § 20 Abs. 1 Nr. 1 und 2 EStG, zu denen auch vGA gem. § 20 Abs. 1 Nr. 1 Satz 2 EStG gehören, soll – vergleichbar einer Beteiligung im Betriebsvermögen – der progressive Tarif unter Anwendung des Teileinkünfteverfahrens anwendbar sein. Hierfür gilt ein formalisiertes Verfahren zur Antragstellung sowie zum Widerruf des Antrages (§ 32d Abs. 2 Nr. 3 Sätze 3 bis 6 EStG). Der Antrag ist grundsätzlich für fünf Veranlagungszeiträume und für die Anteile an der jeweiligen Beteiligung nur einheitlich zu stellen. Die zeitliche Begrenzung dient demnach insbes. der Erleichterung der Administration der Wahlrechtsausübung. Dieses fristgebundene, formalisierte Antragsrecht führt auch in den Fällen, in denen der unternehmerisch Beteiligte von ihm erzielte Einkünfte aus einer vGA in seiner

647 BFH v. 14.5.2019, VIII R 20/16, BFHE 264, 459, BStBl II 2019, 586.

648 So schon BFH v. 28.7.2015, VIII R 50/14, BFHE 250, 413, BStBl II 2015, 894.

649 BFH v. 14.5.2019, VIII R 20/16, BFHE 264, 459, BStBl II 2019, 586.

ESt-Erklärung zunächst rechtsirrig anderen Einkünften zuordnet, nicht zu sinnwidrigen Ergebnissen, und zwar auch dann nicht, wenn die vGA erst im Rahmen einer später durchgeführten Außenprüfung festgestellt wird. In diesen Fällen ist eine Nachholung des Antrags gem. § 32d Abs. 2 Nr. 3 EStG nur in den engen Grenzen des § 110 AO möglich. Kennt jedoch der Stpfl. das Antragsrecht gem. § 32d Abs. 2 Nr. 3 Satz 1 Buchst. a EStG, stellt aber gleichwohl keinen entsprechenden Antrag, weil er wegen eines Irrtums über die zutreffende Qualifikation seiner Einkünfte annimmt, keine Kapitalerträge in Gestalt von vGA aus der Beteiligung zu erzielen, liegt darin kein Fall höherer Gewalt i. S. v. § 110 Abs. 3 AO.

Jedoch steht es dem unternehmerisch beteiligten Stpfl. frei, einen entsprechenden Antrag – (auch) in Anbetracht einer häufig rechtlich problematischen oder zweifelhaften Qualifizierung von Einkünften – **vorsorglich** zu stellen.[650]

Die **Beteiligung von mindesten 25 %** muss zumindest **im Jahr der Antragstellung** vorliegen.[651] Das Antragsrecht gem. § 32d Abs. 2 Nr. 3 EStG besteht aber unabhängig davon, ob der Stpfl. im fraglichen Veranlagungszeitraum Kapitalerträge aus der Beteiligung gem. § 20 Abs. 1 Nr. 1 oder Nr. 2 EStG erzielt hat.[652] Ausreichend für eine Antragstellung gem. § 32d Abs. 2 Nr. 3 EStG ist die **abstrakte Möglichkeit, Kapitalerträge** aus der jeweiligen Beteiligung **erzielen zu können**. Diese abstrakte Möglichkeit, Kapitalerträge aus einer Beteiligung erzielen zu können, hat der BFH bislang nur für den Sonderfall ausgeschlossen, dass der Antrag zu einem Zeitpunkt gestellt wird, zu dem der Gesellschafter schon einen Auflösungsverlust i.S. des § 17 Abs. 4 EStG ausnahmsweise vor Abschluss der Liquidation (nach Löschung der Kapitalgesellschaft im Handelsregister) realisiert hatte.[653]

Hängt die Wirksamkeit des Antrags davon ab, dass der Stpfl. im Veranlagungszeitraum, für den der Antrag erstmals gestellt wird, unmittelbar oder mittelbar zu mindestens 1 % an der Kapitalgesellschaft beteiligt und beruflich für diese tätig ist, so musste, was die **berufliche Tätigkeit** angeht, der Anteilseigner nach der für Ende 2016 geltenden Gesetzesfassung auf die Geschäftsführung der Kapitalgesellschaft keinen maßgeblichen Einfluss ausüben können;[654] das Gesetz sah keine weiteren Anforderungen an die berufliche Tätigkeit vor.[655] Dies ist nach der aktuellen Gesetzesfassung an-

650 BFH v. 14.5.2019, VIII R 20/16, BFHE 264, 459, BStBl II 2019, 586.
651 BFH v. 1.7.2014, VIII R 53/12, BFHE 246, 332, BStBl II 2014, 975.
652 BFH v. 27.3.2018, VIII R 1/15, BFHE 261, 144, BStBl II 2019, 56.
653 BFH v. 21.10.2014, VIII R 48/12, BFHE 247, 548, BStBl II 2015, 270, Rz. 29.
654 BFH v. 25.8.2015, VIII R 3/14, BFHE 250, 423, BStBl II 2015, 892, Rz. 14 ff., bestätigt durch BFH v. 27.3.2018, VIII R 1/15, BFHE 261, 144, Rz. 23.
655 Vgl. *Grave/Hermes*, DStR 2016, 946 ff.

ders, wonach die berufliche Tätigkeit einen maßgeblichen unternehmerischen Einfluss auf deren wirtschaftliche Tätigkeit des Schuldners voraussetzt.

Unter den Begriff der beruflichen Tätigkeit fallen selbständige Tätigkeiten – insbes. gewerbliche oder freiberufliche – wie nicht selbständig ausgeübte Tätigkeiten.[656]

Die berufliche **Tätigkeit „für" eine Kapitalgesellschaft** setzt nicht voraus, dass der Gesellschafter unmittelbar für diejenige Kapitalgesellschaft tätig wird, für deren Kapitalerträge er den Antrag stellt.[657] Es kann auch eine Tätigkeit ausgeübt werden, die auf Ebene einer Tochtergesellschaft entfaltet wird, wenn diese Tätigkeit aufgrund besonderer Umstände in einem engen Zusammenhang zur Beteiligung an der Muttergesellschaft steht.

Was die **zeitliche Wirkung des Antrags** betrifft, werden in der Auslegung des FG Köln gem. § 32d Abs. 2 Nr. 3 **Satz 4** EStG die Tatbestandsvoraussetzungen für die Anwendung des Optionsrechts zur tariflichen Besteuerung von Kapitalerträgen aus der Beteiligung an einer Kapitalgesellschaft auch **für** die dem Antragsjahr (Erstjahr) folgenden **vier Veranlagungszeiträume fingiert**.[658] So sei der Wegfall einer beruflichen Tätigkeit für die Kapitalgesellschaft in einem der dem Antragsjahr folgenden vier Veranlagungszeiträume für die Fortgeltung der Option unerheblich.

Nach Auffassung des FG Berlin-Brandenburg[659] ist § 32d Abs. 2 Nr. 3 **Buchst. a** EStG auf Werbungskosten, die bereits entstanden sind, obwohl der Stpfl. noch nicht an der betreffenden Kapitalgesellschaft beteiligt ist und auch im Jahr des Abflusses der Werbungskosten nicht mehr beteiligt sein wird (sog. **vorweggenommene Werbungskosten**), nicht anwendbar. Nach dem Wortlaut des § 32 Abs. 2 Nr. 3 Buchst. a EStG finde die Besteuerung von Einkünften aus Kapitalvermögen mit 25 % (Abgeltungsteuer, kein Werbungskostenabzug gem. § 20 Abs. 9 Satz 1 EStG) keine Anwendung, wenn es sich um Kapitalerträge i. S. des § 20 Abs. 1 Nr. 1 und 2 EStG aus der Beteiligung an einer Kapitalgesellschaft handelt und wenn der Stpfl. in dem Veranlagungszeitraum, für den der Antrag erstmals gestellt wird, unmittelbar oder mittelbar zu mind. 25 % an der Kapitalgesellschaft beteiligt ist. Der Kläger war aber im Streitjahr nicht an der fraglichen GmbH beteiligt. Er war weder Inhaber der von ihm erworbenen Anteile noch standen ihm diese Anteile schon als wirtschaftliches Eigentum i. S. v. § 39 Abs. 2 Nr. 1 Satz 1 AO zu. Der Kläger hatte

656 BMF 19.5.2022, IV C 1-S 2252/19/10003:009, BStBl I 2022, 742, Rz. 138.
657 BFH v. 27.3.2018, VIII R 1/15, BFHE 261, 144, BStBl II 2019, 56.
658 FG Köln v. 15.12.2020, 11 K 1048/17, EFG 2021, 1111, Rev. VIII R 2/21.
659 FG Berlin-Brandenburg v. 3.5.2021, 7 K 7191/19, DStRE 2022, 525, rkr. (Rev. als unzulässig verworfen, BFH v. 22.11.2022, VIII R 17/21).

zwar alle Verträge zum Erwerb der Beteiligung abgeschlossen. Die dingliche Wirkung der Abtretung sollte nach den Verträgen aber erst im Folgejahr eintreten. Eine teleologische Auslegung von § 32 Abs. 2 Nr. 3 Buchst. a EStG dahin gehend, dass die Vorschrift auch auf vorweggenommene Werbungskosten im Jahr vor der Beteiligung anwendbar ist, lehnt das FG ab, da dies dem Zweck des § 32 Abs. 2 Nr. 3 EStG widersprechen würde. Die Optionsmöglichkeit sei für Kapitalerträge i. S. des § 20 Abs. 1 und 2 EStG aus einer unternehmerischen Beteiligung eröffnet. Der Gesetzgeber gehe davon aus, dass Kapitalerträge erzielbar seien. Dabei reiche die abstrakte Möglichkeit des Entstehens von Kapitalerträgen aus. Dem Stpfl. sei die Option daher auch möglich, wenn trotz der entsprechenden Beteiligung tatsächlich keine Erträge fließen und nur Werbungskosten im Rahmen der Veranlagung zu 60 % nach dem Teileinkünfteverfahren berücksichtigt werden können. Dies eröffne allerdings noch keine Anwendung von § 32d Abs. 2 Nr. 3 EStG auf Fallgestaltungen, bei denen mangels Beteiligung im Antragsjahr schon das abstrakte Vorliegen von Erträgen nicht möglich sei. Im Streitfall waren die geschlossenen Verträge darauf gerichtet, die bis zum 31.12. des Streitjahrs erzielten Erträge aus der GmbH vollständig den bisherigen Anteilseignern zu belassen. Für eine Analogie fehle es an einer planwidrigen Regelungslücke.

V. Überprüfung des Steuereinbehalts (§ 32d Abs. 4 EStG)

Gem. § 32d Abs. 4 EStG kann der Stpfl. mit der ESt-Erklärung für Kapitalerträge, von denen KapESt einbehalten wurde, eine Steuerfestsetzung beantragen, um **steuermindernde Umstände** geltend zu machen, die **im Abzugsverfahren nicht berücksichtigt** werden, oder sonst den Steuerabzug nach Grund und Höhe überprüfen zu lassen. Besonders praxisrelevant ist dies etwa in Fällen eines noch nicht im Rahmen des KapESt-Abzugs berücksichtigten Verlusts (§ 43a Abs. 3 Sätze 2 bis 7 EStG) oder eines Verlustvortrags (§ 20 Abs. 6 EStG), aber auch zur Überprüfung bzw. Korrektur eines überhöhten Steuereinbehalts oder zur Anwendung der Tarifminderung gem. § 32d Abs. 1 Satz 3 EStG, z. B. weil beim Steuerabzug die Kirchenstpfl. des Stpfl. nicht berücksichtigt wurde. Die Aufzählung des § 32d Abs. 4 EStG ist insoweit nicht abschließend.

Dabei bleiben der gesonderte Steuertarif gem. § 32d Abs. 1 EStG, das Werbungskostenabzugsverbot gem. § 20 Abs. 9 EStG und die Verlustverrechnungsbeschränkung gem. § 20 Abs. 6 EStG anwendbar. Ein erfolgreicher Antrag gem. § 32d Abs. 4 EStG suspendiert die abgeltende Wirkung des KapESt-Einbehalts auf die positiven Erträge; so kann deren Verrechnung mit Verlusten erreicht werden.[660] Für eine Verrechnung von Kapitaleinkünften, die dem gesonderten Steuertarif des § 32d Abs. 1 EStG unterliegen, mit tariflich besteuerten negativen Einkünften müssen jedoch die nach § 20 EStG ermittelten Kapitaleinkünfte selbst der tariflichen ESt unterworfen werden, was nur durch einen Antrag auf Günstigerprüfung gem. § 32d Abs. 6 EStG erreicht werden kann.[661]

Auf einen Antrag gem. § 32d Abs. 4 EStG wird die materielle Rechtmäßigkeit der Besteuerung der Kapitalerträge dem Grunde und der Höhe nach voll überprüft.[662] Die KapESt wird gem. § 36 Abs. 2 Nr. 2 EStG auf die festgesetzte ESt angerechnet, was zu einer ESt-Vergütung führen kann.

Der **Antrag** auf Überprüfung des Steuereinbehalts gem. § 32d Abs. 4 EStG gilt für einen Veranlagungszeitraum und führt dazu, dass die Kapitalerträge in die Veranlagung mit einbezogen werden; die Vorgaben der Abgeltungsteuer werden im Rahmen der Veranlagung umgesetzt.[663] Anders als der Antrag nach Abs. 6 kann der Antrag nach Abs. 4 nur für einen Teil der Kapitalerträge gestellt werden, sodass es keiner vollständigen Erklärung aller Kapitalerträge bedarf. Hat ein Stpfl. etwa Konten/Depots bei mehreren Banken, kann er den Antrag nach Abs. 4 für die Kapitalerträge bei nur einer Bank stellen. Macht er jedoch geltend, er habe den Sparer-Pauschbetrag nicht vollständig ausgeschöpft, sind alle Einkünfte aus Kapitalvermögen einzubeziehen.

Der Antrag auf Einbeziehung der Kapitalerträge in die Einkommensteuerveranlagung nach § 32d Abs. 4 EStG (sog. Antragsveranlagung) ist ein **unbefristetes Veranlagungswahlrecht**,[664] das bis zum Eintritt der formellen und materiellen Bestandskraft ausgeübt und ggf. widerrufen werden kann.[665] Der Antrag nach § 32d Abs. 4 EStG kann zeitlich auch nach der Abgabe der ESt-Erklärung gestellt werden, sofern die **Steuerfestsetzung** zu diesem Zeitpunkt verfahrensrechtlich **noch änderbar** ist. Dem Stpfl. muss – sofern die betroffene Festsetzung bereits formell bestandskräftig ist und nicht (mehr) unter dem Vorbehalt der Nachprüfung steht – für sein nachträglich geltend

660 Soll in der Veranlagung ein Verlust geltend gemacht werden, der im KapESt-Abzugsverfahren nicht berücksichtigt wurde, so unterliegt der Verlust als solcher freilich nicht der KapESt (vgl. § 20 Abs. 6 Satz 5 EStG). Verluste sind Verrechnungsposten, die von der auszahlenden Stelle bei der Bemessungsgrundlage der KapESt für andere, positive Erträge berücksichtigt werden müssen (§ 43a Abs. 3 Satz 2 EStG), für sie greift auch keine abgeltende Wirkung gem. § 43 Abs. 5 Satz 1 EStG ein.

661 Vgl. BFH v. 29.8.2017, VIII R 5/15, BFHE 259, 329, BStBl II 2018, 66.

662 BFH v. 29.8.2017, VIII R 23/15, BFHE 259, 336, BStBl II 2019, 54.

663 *Stahl*, Aktuelle Brennpunkte der Abgeltungsteuer 2018, 102; *Moritz/Strohm*, Besteuerung privater Kapitalanlagen, 2017, 455.

664 Bestätigung von BFH v. 9.8.2017, VIII R 27/14, BFHE 255, 51, BStBl II 2017, 821, Rz. 19 m.w.N.

665 BFH v. 21.8.2019, X R 16/17, BFHE 266, 163, BStBl II 2020, 99 für § 32d Abs. 6 EStG (Günstigerprüfung); v. 12.5.2015, VIII R 14/13, BFHE 250, 64, BStBl II 2015, 806 m.w.N.

gemachtes Wahlrecht eine bestandskraftdurchbrechende Änderungsvorschrift zur Seite stehen.

Der Antrag gem. § 32d Abs. 4 EStG ist als Rechtshandlung weder eine Tatsache i. S. v. § 173 AO noch ein rückwirkendes Ereignis i. S. v. § 175 Abs. 1 Satz 1 Nr. 2 AO. Werden aber mit der Antragstellung nachträglich neue Tatsachen bekannt, etwa dass der Stpfl. Kapitaleinkünfte erzielt hat, die der Abgeltungsteuer unterlegen haben, kommt **§ 173 AO** in Betracht.

Im entschiedenen Fall[666] war das Begehren, den Steuereinbehalt gem. § 32d Abs. 4 EStG zu überprüfen, nach § 173 Abs. 1 Nr. 2 AO zu beurteilen. Insoweit stellt der BFH klar, dass bei der Entscheidung, ob die nachträglich bekannt gewordene Tatsache der Erzielung von Einkünften aus Kapitalvermögen zu einer höheren (§ 173 Abs. 1 Nr. 1 AO) oder einer niedrigeren (§ 173 Abs. 1 Nr. 2 AO) Steuer führt, nicht nur die festgesetzte ESt, sondern auch die durch den Abzug vom Kapitalertrag abgegoltene ESt in den Vergleich einzubeziehen ist.

Die Antragsveranlagung nach § 32d Abs. 4 EStG führt somit entweder zu einer Berücksichtigung genau des bislang nach § 43 Abs. 5 EStG abgegoltenen ESt-Betrages. In diesem Fall liegt weder eine Steuerminderung noch eine -erhöhung vor. § 173 Abs. 1 AO ist nicht anwendbar. Im Streitfall löste die Antragsveranlagung (§ 32d Abs. 4 EStG) wegen des bislang nicht berücksichtigten Sparer-Pauschbetrages aufgrund der gebotenen **Gesamtbetrachtung** eine Steuerminderung aus. Eine Änderung der Steuerfestsetzung nach § 173 Abs. 1 Nr. 2 AO ist dabei nur möglich, wenn den Stpfl. am nachträglichen Bekanntwerden der Tatsache, dass er Kapitaleinkünfte erzielt hat, kein Verschulden trifft. Dies wird regelmäßig auszuschließen sein und damit auch eine Korrektur zugunsten des Stpfl.

Hat die auszahlende Stelle eine **Verlustverrechnung** vorgenommen, ist diese zwar zeitlich vorrangig, kann aber bei der Antragsveranlagung gem. § 32d Abs. 4 EStG grundsätzlich noch **korrigiert** werden.[667] Erfährt die auszahlende Stelle nach Ablauf des Kalenderjahres von zu erhebender KapESt, kann der KapESt-Abzug unter der Voraussetzung des **§ 20 Abs. 3a Satz 2 EStG** im Rahmen der Antragsveranlagung nach § 32d Abs. 4 EStG für den VZ der Kenntnisnahme durch die auszahlende Stelle korrigiert werden.[668] Eine rückwirkende Korrektur für den VZ des Zuflusses des Kapitalertrags komme nur dann ausnahmsweise in Betracht, wenn dessen Behandlung

666 BFH v. 21.8.2019, X R 16/17, BFHE 266, 163, BStBl II 2020, 99.

667 Vgl. insoweit zur depotübergreifenden günstigeren Verrechnungen mit den Altverlusten i.S. des § 23 EStG a.F. (BFH v. 29.8.2017, VIII R 23/15, BFHE 259, 336, BStBl II 2019, 54 sowie v. 3.12.2019, VIII R 8/16, BFHE 267, 225, BStBl II 2020, 383).

668 FG Rheinland-Pfalz v. 17.3.2021, 1 K 1297/17, EFG 2021, 1297, rkr., mit Anm. *Gebel*, 1300f.

nach der Verwaltungssicht unzutreffend und damit der Steuerabzug fehlerhaft war.

Gem. **§ 43a Abs. 3 Satz 7 Halbs. 1 EStG** hat die auszahlende Stelle, sofern sie nach Ablauf des Kalenderjahres von der Veränderung einer Bemessungsgrundlage oder einer zu erhebenden KapESt erfährt, die entsprechende Korrektur zum Zeitpunkt ihrer Kenntnisnahme vorzunehmen. Ergänzend hierzu regelt § 20 Abs. 3a Satz 1 EStG, dass Korrekturen i. S. v. § 43a Abs. 3 Satz 7 EStG auch im Veranlagungsverfahren erst zu dem dort genannten Zeitpunkt zu berücksichtigen sind. Inwieweit auch eine Korrektur lediglich von Rechtsfehlern und eine rückwirkende Korrektur möglich ist, ist streitig. Das FG erkennt eine rückwirkende Korrektur bei einer fehlerhaften Rechtsanwendung durch die auszahlende Stelle an.

VI. Anrechnung ausländischer Quellensteuer (§ 32d Abs. 5 EStG)

Erzielt ein unbeschränkt Einkommensteuerpflichtiger Kapitalerträge im Ausland, werden darauf i. d. R. Quellensteuern einbehalten. Wie diese ausländischen Quellensteuern bei den Einkünften aus Kapitalvermögen i. S. d. § 20 EStG zu berücksichtigen sind, regelt § 32d Abs. 1 Satz 2, Abs. 5 EStG. Aus § 32d Abs. 1 Satz 2 EStG folgt, dass sich die Abgeltungsteuer nach § 32d Abs. 1 Satz 1 EStG um die anrechenbaren ausländischen Quellensteuern mindert. § 32d Abs. 5 EStG normiert die Anrechnung im Einzelnen. Nach § 32d Abs. 5 Satz 1 EStG gilt für die in einem Nicht-DBA-Land erhobene ausländische Quellensteuer, dass die jeweilige ausländische Steuer im Grundsatz bei jedem ausländischen Kapitalertrag anzurechnen ist. Für DBA-Fälle sieht § 32d Abs. 5 Satz 2 EStG die sinngemäße Anwendung von § 32d Abs. 5 Satz 1 EStG vor. In diesen Fällen bestimmt das DBA, ob der Steuerpflichtige anrechnungsbefugt ist, was ausländische Einkünfte sind und welche ausländische Steuer anrechenbar ist. Diese Regelungen in § 32d Abs. 5 EStG gelten auch, wenn der ausländische Staat von dem dort erzielten Kapitalertrag zwar tatsächlich keine Quellensteuer einbehält, aber nach dem zwischen Deutschland und diesem Staat geltenden DBA ein Quellensteuerabzug im Wege der Fiktion unterstellt wird (fiktive Quellensteuer). Nach einem DBA anzurechnende fiktive Quellensteuern dürfen nicht nach § 34c Abs. 2 EStG abgezogen werden (vgl. § 34c Abs. 6 Satz 2 letzter Teilsatz EStG).

Über die Anrechnung ausländischer Quellensteuern, konkret einer fiktiven argentinischen Quellensteuer auf Erträge aus Argentinien-Anleihen, hatte das FG Münster zu entscheiden.[669] Es stellt fest, dass gem. Art. 23 Abs. 2

669 FG Münster v. 23.3.2023, 1 K 3593/19 E, EFG 2023, 841.

Satz 2 **DBA-Argentinien** die (fiktiven) ausländischen Quellensteuern nur bis zur Höhe der auf die im jeweiligen Veranlagungszeitraum bezogenen, um Veräußerungsverluste gekürzten Kapitalerträge entfallenden deutschen Abgeltungsteuer anzurechnen seien, wobei nach § 32d Abs. 5 Satz 1 bis 3 EStG eine Einzelbetrachtung vorzunehmen sei.

Gem. Art. 23 Abs. 2 Satz 1 DBA-Argentinien wird auf die von den aus der argentinischen Republik stammenden Einkünften zu erhebende deutsche Einkommensteuer die argentinische Steuer angerechnet, die nach argentinischem Recht und in Übereinstimmung mit diesem Abkommen gezahlt worden ist. Für Zwecke dieser Anrechnung wird davon ausgegangen, dass die argentinische Steuer bei Zinsen 15 % des Bruttobetrags der Zahlung beträgt (Art. 23 Abs. 3 Buchst. b DBA-Argentinien, sog. fiktive Quellensteuer). Diese Vorschriften gelten ausschließlich für Zinsen i. S. v. Art. 11 Abs. 4 DBA-Argentinien, nicht aber für Veräußerungsgewinne bzw. -verluste aus Kapitalanlagen, die in Art. 13 Abs. 5 DBA-Argentinien gesondert geregelt sind.

§ 32d Abs. 5 EStG begrenze den anzurechnenden Betrag auf die auf die Differenz zwischen den Zinserträgen und den Veräußerungsverlusten entfallende deutsche Steuer. Gem. Art. 23 Abs. 2 Satz 2 DBA-Argentinien dürfe der anzurechnende Betrag nicht den Teil der vor der Anrechnung ermittelten deutschen Steuer übersteigen, der auf „diese Einkünfte" entfalle. Wie dieser Betrag zu berechnen sei, sei im DBA-Argentinien nicht geregelt, weshalb insoweit auf das deutsche Recht zurückzugreifen sei. Die Berechnung des Höchstbetrags regelt § 32d Abs. 5 EStG.

§ 32d Abs. 5 Satz 1, 2 EStG gebe vor, dass die Anrechnung der ausländischen Quellensteuer für den jeweiligen ausländischen Kapitalertrag auf die Höhe der Einkommensteuer begrenzt sei, die auf diesen entfalle (sog. per-item-limitation) und dass der Anrechnungsbetrag an ausländischer Steuer je Kapitalertrag 25 % der Einnahme (des jeweiligen Kapitalertrags) nicht übersteigen dürfe. Zudem sei die Summe der nach Satz 1 und 2 insgesamt anrechenbaren ausländischen Steuerbeträge gem. § 32d Abs. 5 Satz 3 EStG begrenzt, d. h., die Einkommensteuer auf die gesamten in- und ausländischen Kapitalerträge, die dem gesonderten Tarif gem. § 32d Abs. 1 Satz 1 EStG unterliegen, könne durch die Anrechnung der ausländischen Steuerbeträge (§ 32d Abs. 1 Satz 2 EStG) maximal auf 0 € gemindert werden.

Dabei seien für die Prüfung der Anrechnungsvoraussetzungen gem. § 32d Abs. 5 Satz 1 und 2 EStG die ausländischen Kapitalerträge einzeln zu betrachten.

Die gesetzlich zwingend vorgesehene Verrechnung nach dem im entschiedenen Fall einschlägigen § 20 Abs. 6 Satz 1 EStG für die unterjährige Verlustverrechnung könne zur Folge haben, dass die nichtanrechenbare ausländische Quellensteuer verfalle. Der Steuerpflichtige könne ausländische quellensteuerbelastete Kapitalerträge nicht von der Verlustverrechnung gem. § 20 Abs. 6 EStG ausnehmen, um die Anrechnung der ausländischen Quellensteuerbeträge gem. § 32d Abs. 5 EStG und einen höheren Verlustabzug in den Folgejahren zu erreichen.

VII. Günstigerprüfung (§ 32d Abs. 6 EStG)

Die Günstigerprüfung gem. § 32d Abs. 6 EStG soll eine Benachteiligung von Stpfl. verhindern, deren **persönlicher Steuersatz unter 25 %** liegt. Auf einen erfolgreichen Antrag auf Günstigerprüfung hin werden gem. § 32d Abs. 6 Satz 1 EStG die Kapitalerträge einschließlich der Beteiligungserträge (§ 20 Abs. 1 Nr. 1 EStG) den regelbesteuerten Einkünften hinzugerechnet. Die Beschränkung der Verlustverrechnung (§ 20 Abs. 6 EStG) und das Abzugsverbot für Werbungskosten (§ 20 Abs. 9 EStG) gelten.[670] Insoweit bestehen auch keine verfassungsrechtlichen Bedenken.[671] Für hinzugerechnete Beteiligungserträge gilt die anteilige Steuerbefreiung des § 3 Nr. 40 Satz 1 Buchst. d EStG gem. § 3 Nr. 40 Satz 2 EStG nicht, da es sich um Beteiligungseinkünfte im Privatvermögen handelt. Nur der Antrag gem. § 32d Abs. 2 Nr. 3 EStG eröffnet für sie die anteilige Steuerfreistellung (§ 32d Abs. 2 Nr. 3 Satz 2 EStG). § 3 Nr. 40 Satz 2 EStG ist nicht anzuwenden.[672]

Der **Antrag** auf Günstigerprüfung ist einheitlich für alle Kapitalerträge i. S. v. § 20 EStG für einen Veranlagungszeitraum zu stellen. Er ist zeitlich nicht befristet, kann aber nur **bis zum Eintritt der Festsetzungsverjährung** erfolgreich gestellt werden. **Nach Unanfechtbarkeit** des Steuerbescheids kann der Antrag nur **bei Vorliegen einer Änderungsvorschrift** zur Änderung der ESt-Festsetzung führen.[673]

Der Antrag hat **Erfolg,** wenn die Anwendung des normalen ESt-Tarifs zu einer niedrigeren Steuer einschließlich Zuschlagsteuern führt als die Anwendung des besonderen Abgeltungsteuertarifs. Dies hängt nicht nur von der Höhe der Kapitaleinkünfte, sondern maßgeblich auch von den übrigen Einkünften des Stpfl. ab. Mit einem Antrag auf Günstigerprüfung kann auch die **Verrechnung von negativen Einkünften aus Kapitalvermögen**, die grundsätzlich dem gesonderten Tarif des § 32d Abs. 1 EStG unterlie-

670 BFH v. 2.12.2014, VIII R 34/13, BFHE 248, 51, BStBl II 2015, 387; v. 28.1.2015, VIII R 13/13, BFHE 249, 125, BStBl II 2015, 393.
671 BFH v. 28.1.2015, VIII R 13/13, BFHE 249, 125, BStBl II 2015, 393, Rz. 14.
672 BFH v. 29.8.2017, VIII R 33/15, BFHE 259, 213, BStBl II 2018, 69.
673 BFH v. 12.5.2015, VIII R 14/13, BFHE 250, 64, BStBl II 2015, 806, Rz. 10f.

gen, mit positiven tariflich besteuerten Einkünften aus Kapitalvermögen erreicht werden,[674] da die negativen Einkünfte aus Kapitalvermögen i. S. v. § 32d Abs. 1 EStG durch die Antragstellung zu Einkünften i.S.v. § 2 Abs. 2 bis 5 EStG werden, die dem Tarif des § 32a EStG unterliegen.[675] Auf diese Weise profitieren auch Stpfl. mit einem Steuersatz von über 25 % von der Günstigerprüfung.[676] Dabei ist eine verlusterhöhende Berücksichtigung des Sparer-Pauschbetrags wegen § 20 Abs. 9 Satz 4 EStG ausgeschlossen; er gilt als Bestandteil der Schedule nicht für Einkünfte aus Kapitalvermögen, die gem. § 32d Abs. 2 EStG tariflich besteuert werden.[677] Da der Antrag auf Günstigerprüfung gem. § 32d Abs. 6 Sätze 3 und 4 EStG für den jeweiligen Veranlagungszeitraum nur einheitlich für sämtliche Kapitalerträge gestellt werden kann, ist die Anwendung des Abgeltungsteuertarifs für die nach der Verlustverrechnung verbleibenden Kapitaleinkünfte ausgeschlossen. Ändern sich die übrigen Einkünfte, stellt sich die Frage, inwieweit **nachträglich ein Antrag auf Günstigerprüfung** noch in Betracht kommt. Hierzu hat der BFH im Verfahren VIII R 6/17[678] entschieden, dass die Festsetzung der Steuer in einem Änderungsbescheid nach Eintritt der Bestandskraft, die aufgrund der im Änderungsbescheid berücksichtigten Besteuerungsgrundlagen erstmals eine erfolgreiche Antragstellung gem. § 32d Abs. 6 EStG ermöglicht, ein rückwirkendes Ereignis i. S. v. **§ 175 Abs. 1 Satz 1 Nr. 2 AO** darstellt, das einen korrekturbedürftigen Zustand auslöst. Im entschiedenen Fall war der Kläger Mitunternehmer einer KG. In der gesonderten und einheitlichen Feststellung der Besteuerungsgrundlagen wurden ihm (zunächst) Einkünfte über 300 000 € zugerechnet. Die zusammenveranlagten Kläger stellten keinen Antrag auf Günstigerprüfung gem. § 32d Abs. 6 EStG, da eine Hinzurechnung der Kapitalerträge zu den übrigen Einkünften nicht zu einer niedrigeren Steuerfestsetzung geführt hätte. Die Kapitalerträge der Kläger wurden als Einkünfte aus Kapitalvermögen veranlagt, die dem gesonderten Tarif gem. § 32d Abs. 1 EStG unterlagen. Nach Abzug der Sparerpauschbeträge entfielen auf den Kläger Kapitaleinkünfte in Höhe von 31 629 € und auf die Klägerin in Höhe von 0 €. Der ESt-Bescheid wurde bestandskräftig. In einer späteren gesonderten und einheitlichen Feststellung der Besteuerungsgrundlagen wurden für den Kläger Einkünfte aus der KG in Höhe von Null € festgestellt. Das FA erließ darauf gem. § 175 Abs. 1 Satz 1 Nr. 1 AO einen geänderten ESt-Bescheid. Der Ansatz der Kapitalerträge

674 BFH v. 30.11.2016, VIII R 11/14, BFHE 256, 455, BStBl II 2017, 443.
675 BFH v. 30.11.2016, VIII R 11/14, BFHE 256, 455, BStBl II 2017, 443, Rz. 47.
676 *Levedag*, HFR 2017, 606.
677 BFH v. 30.11.2016, VIII R 11/14, BFHE 256, 455, BStBl II 2017, 443, Rz. 50.
678 BFH v. 14.7.2020, VIII R 6/17, BFHE 268, 538, BStBl II 2021, 92.

der Kläger blieb unverändert. Auf Grundlage der im geänderten ESt-Bescheid berücksichtigten Besteuerungsgrundlagen konnte ein Antrag der Kläger auf Günstigerprüfung gem. § 32d Abs. 6 EStG erstmals zu einer niedrigeren Steuerfestsetzung führen. Die Kläger erhoben Einspruch gegen den Änderungsbescheid und beantragten, eine Günstigerprüfung durchzuführen sowie die Kapitaleinkünfte den übrigen tariflich besteuerten Einkünften hinzuzurechnen und die festzusetzende Steuer herabzusetzen. Das FA verwarf den Einspruch als unzulässig. Das FG gab der Klage statt.[679] Der BFH bestätigte das FG. Der Einspruch war gem. **§ 351 Abs. 1 Halbs. 2 AO** zulässig, da die Kläger sich für die begehrte Herabsetzung der Steuer auf **§ 175 Abs. 1 Satz 1 Nr. 2 AO** als die Bestandskraft der Steuerfestsetzung durchbrechende Korrekturvorschrift stützen können.

Zur Klarstellung: Die Antragstellung selbst ist kein rückwirkendes Ereignis. Gemeint ist hiermit der Fall, dass die tatbestandlichen Voraussetzungen für die Antragstellung gem. § 32d Abs. 6 EStG bereits vor Eintritt der Bestandskraft der Steuerfestsetzung vorliegen, also die Hinzurechnung der Kapitalerträge zu den übrigen Einkünften aufgrund der der bestandskräftigen Steuerfestsetzung zugrunde liegenden Besteuerungsgrundlagen zu einer niedrigeren Steuerfestsetzung führt, und es allein an der notwendigen Antragstellung fehlt. Wird der Antrag in diesem Fall nach Eintritt der Bestandskraft erstmals gestellt, ist die Antragstellung gem. § 32d Abs. 6 EStG kein Ereignis mit steuerlicher Rückwirkung i. S. v. § 175 Abs. 1 Satz 1 Nr. 2 AO. Hiervon abzugrenzen ist die im Verfahren VIII R 6/17 vorliegende Konstellation. Tatbestandliche Voraussetzung eines Antrags auf Günstigerprüfung gem. § 32d Abs. 6 EStG ist, dass eine Hinzurechnung der Kapitaleinkünfte zu den übrigen Einkünften zu einer niedrigeren Festsetzung der ESt samt der Zuschlagsteuern führt.[680] Ob die Steuer aufgrund einer Hinzurechnung der Kapitaleinkünfte niedriger festzusetzen ist, richtet sich nach den Besteuerungsgrundlagen, die in demjenigen Bescheid enthalten sind, für den die Günstigerprüfung durchgeführt werden soll. Werden nach Eintritt der Bestandskraft der Steuerfestsetzung in einem Änderungsbescheid geänderte Besteuerungsgrundlagen in einer Weise berücksichtigt, dass ein Antrag gem. § 32d Abs. 6 EStG – erstmals erfolgreich – gestellt werden kann, handelt es sich um ein rückwirkendes Ereignis.

Beantragt der Stpfl. eine Günstigerprüfung gem. § 32d Abs. 6 EStG, so ist eine **Gesamtbetrachtung** anzustellen, die auch hinsichtlich der Frage relevant ist, ob die nachträglich bekannt gewordene Tatsache der Erzielung

679 FG Köln v. 30.3.2017, 15 K 2258/14, EFG 2017, 1592.
680 BFH v. 30.11.2016, VIII R 11/14, BFHE 256, 455, BStBl II 2017, 443.

von Kapitaleinkünften nach **§ 173 Abs. 1 AO** zu einer höheren (Nr. 1) oder niedrigeren Steuer (Nr. 2) führt.[681] In den Vergleich ist nicht nur die festgesetzte ESt, sondern auch die durch den Abzug vom Kapitalertrag nach § 43 Abs. 5 EStG abgegoltene ESt einzubeziehen.[682] Hat es der Stpfl. versäumt, die Summe der von ihm erzielten Kapitalerträge seinem mit der Erstellung der Steuererklärung beauftragten Steuerbüro mitzuteilen bzw. die diesbezüglichen Angaben rechtzeitig innerhalb der Einspruchsfrist anzugeben und die entsprechenden Steuerbescheinigungen vorzulegen, liegt grobes Verschulden nahe.

Werden **Kapitaleinkünfte** erst **nach Bestandskraft** der Einkommensteuerfestsetzung **erklärt**, ist diese – ggf. auf Basis eines Antrags auf Günstigerprüfung gem. **§ 32d Abs. 6 EStG** – zu ändern. Als Grundlage für diese Änderung kommt **§ 173 Abs. 1 AO** in Betracht. Hier kommt es darauf an, ob die nacherklärten Einkünfte zu einer höheren oder niedrigeren Steuer führen.

Im Verfahren VIII R 7/18[683] ergab sich bei der beantragten Besteuerung der nacherklärten Kapitalerträge mit der tariflichen ESt zwar eine höhere Steuerfestsetzung, die Einbeziehung dieser Kapitalerträge in die Veranlagung führte jedoch zugleich zu einer **Erstattung von Kapitalertragsteuer und Solidaritätszuschlagsbeträgen sowie ausl. Steuer bzw. EU-Quellensteuer**. Der BFH stellt hier auf das gesamte Steuerergebnis der Nacherklärung ab. In den Vergleich, ob die nachträglich bekannt gewordene Tatsache der Erzielung von Einkünften aus Kapitalvermögen zu einer höheren (§ 173 Abs. 1 Nr. 1 AO) oder einer niedrigeren (§ 173 Abs. 1 Nr. 2 AO) Steuer führt, sind im Rahmen der Günstigerprüfung nicht nur die festgesetzte ESt, sondern auch die durch den Abzug vom Kapitalertrag abgegoltene ESt sowie anzurechnende Abzugsbeträge einzubeziehen. Dies gilt jedenfalls dann, wenn die Einbeziehung der nacherklärten Kapitalerträge in die Veranlagung und die damit verbundene erhöhte Steuerfestsetzung nicht das Ziel des Änderungsbegehrens, sondern eine notwendige Voraussetzung für die Erstattung der inl. Abzugsbeträge ist. Ebenso sind in einen entsprechenden Vergleich auch die mit den nacherklärten Kapitalerträgen in Zusammenhang stehenden, anrechenbaren ausl. Steuerbeträge und EU-Quellensteuern einzubeziehen, deren Anrechnung und Erstattung erreicht werden soll.

In der Konsequenz ist auch das bei einer verspäteten Nacherklärung regelmäßig anzunehmende grobe Verschulden des Stpfl. am nachträglichen

681 FG Berlin-Brandenburg v. 30.1.2020, 4 K 4105/18, EFG 2020, 535, DStRE 2020, 1103, rkr.

682 BFH v. 12.5.2015, VIII R 14/13, BFHE 250, 64, BStBl II 2015, 806; v. 21.8.2019, X R 16/17, BFHE 266, 163, BStBl II 2020, 99.

683 BFH v. 25.3.2021, VIII R 7/18, BFHE 272, 301, BStBl II 2023, 166.

Bekanntwerden seiner Kapitaleinkünfte nicht unbeachtlich, da bei der gebotenen Gesamtbetrachtung ausschließlich steuermindernde Tatsachen nachträglich bekannt geworden sind (§ 173 Abs. 1 Nr. 2 Satz 2 AO).

Hat der Stpfl. neben inl. Kapitalerträgen mit KapESt-Abzug auch solche mit **nicht angerechneter ausl. Steuer** erzielt, so sind die ausl. Erträge mangels Abgeltungswirkung (§ 43 Abs. 5 Satz 1 EStG) gem. § 32d Abs. 3 EStG in der ESt-Erklärung anzugeben. Die tarifliche ESt erhöht sich um 25 % dieser Kapitalerträge. Vor diesem Hintergrund ist das FG Berlin-Brandenburg[684] der Auffassung, dass anders als bei den (inl. und ausl.) Kapitalerträgen, die dem **abgeltenden KapESt-Abzug** unterliegen, bei den ausl. Kapitalerträgen eine Gesamtbetrachtung nicht stattfinde, wenn es insoweit an einer abgeltenden Wirkung des ausl. Steuerabzugs **fehle**. Vielmehr kämen die allgemeinen Grundsätze zum Tragen, wonach die Anrechnung der Steuerabzugsbeträge nicht Teil des Steuerfestsetzungs-, sondern Teil des davon getrennten Anrechnungsverfahrens (vgl. § 36 Abs. 2 Nr. 2 EStG) ist. So führte im Streitfall die Erfassung der ausl. Kapitalerträge i. S. des § 32d Abs. 3 EStG an sich zu einer Erhöhung der festzusetzenden ESt. Obschon hier aufgrund der vom Kläger bezogenen ausl. Kapitalerträge ohne (inl.) KapESt-Abzug eine steuererhöhende Tatsache anzunehmen war, hielt der Senat das Verschuldenserfordernis nicht nach § 173 Abs. 1 Satz 2 AO für entbehrlich. Entgegen der Auffassung des FG Niedersachsen[685] könne die Einbeziehung der Kapitalerträge mit abgeltender und ohne abgeltende KapESt den von § 173 Abs. 1 Satz 2 AO normierten unmittelbaren oder mittelbaren Zusammenhang nicht begründen.[686] Ein unmittelbarer oder mittelbarer Zusammenhang zwischen Tatsachen, die zu einer höheren, und Tatsachen, die zu einer niedrigeren Steuer führen, erfordere, dass der steuererhöhende Vorgang nicht ohne den steuermindernden Vorgang denkbar sei. Hierbei sei die jeweilige finanzielle Auswirkung der Tatsachen nach § 173 Abs. 1 Nr. 1 und Nr. 2 AO nicht von Relevanz, da diese nicht gegeneinander gewichtet würden, sodass eine in ihrer finanziellen Auswirkung geringfügige Tatsache zu einer beträchtlichen Steuererstattung führen könne. Dies sei bei einer Einbeziehung der Kapitalerträge mit und ohne abgeltenden Steuerabzug in die Günstigerprüfung (§ 32d Abs. 6 EStG) nicht der Fall, da die Erzielung inl. Kapitalerträge mit Steuerabzug ohne Weiteres unabhängig von einer Erzielung weiterer (ausl.) Kapitalerträge ohne Steuerabzug möglich sei. Vielmehr stünden beide Vor-

684 FG Berlin-Brandenburg v. 30.1.2020, 4 K 4105/18, EFG 2020, 535, DStRE 2020, 1103, 1105, rkr.
685 FG Niedersachsen v. 17.5.2017, 3 K 268/15, EFG 2018, 1333, DStRE 2019, 320, Rev. VIII R 7/18 s. o.
686 Krit. auch *Wackerbeck*, EFG 2018, 1333, Anm. zu FG Niedersachsen v. 17.5.2017, 3 K 268/15, EFG 2018, 1333, DStRE 2019, 320, Rev. VIII R 7/18 s. o.

gänge isoliert nebeneinander. Damit scheide eine Änderung nach § 173 AO auch unter Berücksichtigung der nacherklärten ausl. Kapitalerträge i.S.v. § 32d Abs. 3 EStG wegen der vom Kläger schuldhaft (grob fahrlässig) verspätet geltend gemachten Kapitalerträge aus.

Im gleichen Kontext judiziert das FG Nürnberg,[687] dass es sich, wird der Antrag auf Günstigerprüfung (§ 32d Abs. 6 EStG) erst nach Eintritt der Festsetzungsverjährung gestellt, nicht – rückwirkend – um eine **Pflichtveranlagung** handelt. Die Kläger hatten geltend gemacht, dass aufgrund des Antrags auf Günstigerprüfung die erklärten Kapitaleinkünfte den Einkünften aus nichtselbständiger Arbeit hinzuzurechnen und der tariflichen ESt zu unterwerfen seien. Die Kapitaleinkünfte würden zwingender Bestandteil der Steuerfestsetzung und seien nicht außerhalb derselben durch den Steuereinbehalt abgegolten. Es seien die Voraussetzungen des Pflichtveranlagungstatbestands nach § 46 Abs. 2 Nr. 1 EStG erfüllt. Festsetzungsverjährung sei nicht eingetreten. Das FA war demgegenüber der Ansicht, dass eine ESt-Veranlagung aufgrund des Ablaufs der regelmäßigen Festsetzungsfrist nach § 169 Abs. 2 Satz 1 Nr. 2 AO nicht mehr möglich sei. Die Ablaufhemmung des § 170 Abs. 2 Satz 1 Nr. 1 AO greife nicht. Der Antrag nach § 32d Abs. 6 EStG könne nicht rückwirkend eine nachträgliche Pflicht zur Abgabe einer Steuererklärung herbeiführen. Die Kläger hätten ihr Wahlrecht innerhalb des Laufs der regulären Festsetzungsfristen ausüben können und müssen.

Das FG hat die Klage abgewiesen. Bei Antragsveranlagungen (§ 46 Abs. 2 Nr. 8 EStG) greife die Anlaufhemmung nach § 170 Abs. 2 Satz 1 Nr. 1 AO nicht. Zwar könne der Antrag auf Günstigerprüfung nach § 32d Abs. 6 EStG unbefristet gestellt werden. Eine nach Eintritt der Festsetzungsverjährung eingereichte Einkommensteuererklärung sowie ein Antrag nach § 32d Abs. 6 EStG könnten rückwirkend keine Verpflichtung des FA zur Durchführung einer Einkommensteuerveranlagung nach **§ 46 Abs. 2 Nr. 1 EStG** wegen Überschreitens der dort normierten 410€-Grenze begründen. Das FG stützt sich maßgeblich auf das BFH-Urteil im Verfahren VIII R 6/17,[688] wonach ein Antrag gem. § 32d Abs. 6 EStG kein rückwirkendes Ereignis ist, wenn die Voraussetzungen für eine Ausübung des Wahlrechts bereits vor Eintritt der Bestandskraft gegeben waren. So lagen die Verhältnisse im Streitfall.[689]

687 FG Nürnberg v. 20.7.2023, 8 K 1062/22, EFG 2023, 1234, Rev. VI R 17/23.

688 BFH v. 14.7.2020, VIII R 6/17, BFHE 268, 538, BStBl II 2021, 92.

689 So auch FG Berlin-Brandenburg v. 30.1.2020, 4 K 4033/19, EFG 2020, 532 und FG Düsseldorf v. 16.7.2020, 15 K 279/19, EFG 2021, 1552, Rev. VIII R 10/21, a.A. FG Sachsen v. 16.11.2017, 6 K 1217/17, juris.

D. Dividendenarbitrage-Geschäfte

Mit Dividendenarbitrage-Geschäften verbindet man regelmäßig Cum/Ex- und Cum/Cum-Geschäfte. Schon die Entscheidungen vor allem des FG Köln[690] und des LG Bonn[691] zu Cum/Ex sowie des FG Hessen zu Cum/Cum[692] haben der KapESt dabei Prominenz verschafft, wenngleich Cum/Ex-Geschäfte schon seit den 1990er-Jahren beobachtet wurden.[693] Den wesentlichen Kontext dieser Judikate[694] bilden internationale Aspekte der KapESt sowie das sog. Dividendenstripping.[695] Dabei sind Cum/Ex-Geschäfte und Cum/Cum-Geschäfte zu unterscheiden bzw. nicht einheitlich zu beurteilen,[696] wenngleich die öffentliche Diskussion bisweilen einen anderen Eindruck vermittelt.[697] Bei ersteren werden kurz vor dem Hauptversammlungstag Aktien mit (cum) Dividendenanspruch erworben, die dann nach dem Hauptversammlungstag ohne (ex) Dividendenanspruch geliefert werden. Es handelt sich dabei meist um Leerverkäufe,[698] die in der Vergangenheit eine mehrfache Erstat-

---

690 FG Köln v. 19.7.2019, 2 K 2672/17, EFG 2020, 367, DStRE 2020, 713, BB 2020, 666, DStZ 2020, 185, Rev. I R 22/20 (s. u. D. II. 2.); dazu *Martini*, jM 2020, 169ff.; vgl. auch schon FG Hessen, Urt. v. 10.3.2017, 4 K 977/14, EFG 2017, 656.

691 LG Bonn v. 18.3.2020, 62 KLS-213 Js 41/19–1/19, juris.

692 FG Hessen v. 28.1.2020, 4 K 890/17, EFG 2020, 1160, DStZ 2020, 229; dazu *Rau*, DStR 2021, 6, 11; *Spengel*, DB 2020, 1919ff.; *Lotzgeselle*, EFG 2020, 1178f.; *Hörner/Schreiner*, FR 2020, 908ff.

693 Dazu BT-Drs. 18/12700, 116ff., 136f.; *Haarmann/Kermer*, Ubg 2020, 501, 503f., 504 und 557; vgl. auch *Spengel*, DB 2020, 1919 m.w.N.

694 Vgl. auch *Jachmann-Michel*, jM 2020, 251ff.

695 Dazu grundlegend *Dutt/Spengel/Vay*, StuW 2018, 229ff.; zum aktuellen Stand *Lechner*, BB 2020, I.

696 Instruktiv *Rau*, DStR 2021, 6ff.

697 Vgl. etwa die Oppositionsanträge im Finanzausschuss BT-Drs. 19/16836 (Fraktion Die Linke) und BT-Drs. 19/5765 (Bündnis 90/Die Grünen); dazu *Florstedt*, DStR 2020, 2399.

698 Der Leerverkäufer hat die geschuldeten Aktien bei Vertragsschluss nicht in seinem Depotbestand. Er erwirbt nach dem Dividendenstichtag die geschuldeten Aktien von einem Dritten. Da die Ausschüttung der Dividende bereits zugunsten des Aktieninhabers erfolgt ist, kann der Leerverkäufer die Aktien nur noch ohne Dividendenanspruch erwerben. Er schuldet dem Leerkäufer aber Papiere mit Dividendenanspruch. Dafür muss er eine Schadensersatzleistung = Dividendenkompensationszahlung in Höhe der Nettodividende erbringen. Zwischen Aktieninhaber und Leerkäufer besteht keine vertragliche Beziehung. Auch der Leerkäufer begehrt neben dem Aktieninhaber die Anrechnung der KapESt nach § 36 Abs. 2 Nr. 2 i.V.m. Satz 2 EStG. Auf diese Weise steht die lediglich einmalige Abführung der KapESt der zweifachen Anrechnung auf die Einkommensteuerlast gegenüber; vgl. stv. *Jarass/Schick*, BB 2019, 1568 m.w.N. – Beim ebenso möglichen Inhaberverkauf verfügt der Verkäufer im Zeitpunkt des Abschlusses des schuldrechtlichen Vertrages tatsächlich über die zu liefernden Aktien. Die beteiligten Depotbanken sichern den unmittelbaren Übergang der Originaldividende auf den Bestandskäufer regelmäßig durch einen Sperrvermerk ab, der verhindert, dass die Dividende zunächst dem Bestandsverkäufer zufließt; vgl. stv. *Jarass/Schick*, BB 2019, 1568.

tung von nur einmal gezahlter KapESt zur Folge hatten.[699] Cum/Cum-Geschäfte sollen vor allem die beschränkte Stpfl. für Dividendenzahlungen von Gebietsansässigen an Gebietsfremde (§ 49 Abs. 1 Nr. 5 Buchst. a EStG) vermeiden.[700] Der anrechnungsberechtigte Inländer vermittelt dem Steuerausländer gegen Gebühr eine Anrechnungsmöglichkeit.

I. Internationale Grundsätze der Kapitalertragsteuer

Die **Abzugstatbestände** des § 43 EStG entsprechen für ausl. Kapitalerträge weitgehend denen für inl. Kapitalerträge.[701] Dass Kapitalerträge i. S. v. § 20 Abs. 1 und 2 EStG nach §§ 43b, 50g EStG oder nach einem DBA von der Besteuerung im Inland (z. T.) ausgenommen sind (i. d. R. Beschränkung des inl. Besteuerungsrechts auf 15 %), ist für den KapESt-Abzug grundsätzlich[702] unerheblich § 50c Abs. 1 Satz 1 EStG[703]. Zunächst erfolgt ein Steuerabzug in voller Höhe. § 50c Abs. 3 Satz 1 EStG[704] sieht – wurde KapESt einbehalten und abgeführt – ein **Erstattungsverfahren** vor,[705] wo-

699 Dazu grundlegend *Moes*, JZ 2020, 529 ff. – Von einer „Erschleichung" nicht entrichteter Steuerbeträge betroffen sind neben abgesprochenen OTC-Leerverkäufen, die ex Dividende beliefert wurden (klassische Cum/Ex-Geschäfte hiergegen BMF v. 5.5.2009, IV C 1-S 2252/09/10003, BStBl I 2009, 631), komplexere Gestaltungen („2.0") mit zahlreichen Zwischenerwerbern, die über die Börse oder im Xetra-Handel abgeschlossen wurden (unterbunden durch OGAW-IV-Umsetzungsgesetz v. 22.6.2011, BGBl I 2011, 1126 ab 1.1.2012). Hinzu kommen American Depositary Receipts, die nicht durch echte Aktien hinterlegt waren (sog. Cum/Fake-Geschäfte), unterbunden 2018 durch Aussetzung des Datenträgerverfahrens (vgl. BT-Drs. 19/7484, 5, 8 sowie 19/7006, 2) sowie neue Bestätigungserfordernisse (BMF v. 18.12.2018, IV C 1-S 2204/12/10003, BStBl I 2018, 1400).

700 Motivationsgrund für das klassische Cum/Cum-Geschäft ist die Ungleichbehandlung von unbeschränkt und beschränkt Stpfl. im Rahmen der KapESt, indem der unbeschränkt Stpfl. sich die KapESt nach § 36 Abs. 2 Nr. 2 EStG auf ESt/KSt anrechnen lassen kann, während für den beschränkt Stpfl. die KapESt gem. § 50 Abs. 2 Satz 1 EStG, § 32 Abs. 1 Nr. 2 KStG abgeltende Wirkung hat. Die Ungleichbehandlung folgt insoweit aus der Anrechnungsberechtigung des unbeschränkt Stpfl. Davon zu unterscheiden ist das sog. „Cum/Cum treaty shopping", das auf unterschiedlichen Quellensteuersätzen in DBA beruht (siehe dazu § 50j EStG). Nach Art. 10 Abs. 2 Satz 1 Buchst. b OECD MA beträgt der Quellensteuersatz für Dividenden bei Streubesitzanteilen (Beteiligung am Nennkapital unterhalb 10 %) 15 %. In manchen DBA weichen die Quellensteuersätze davon aber ab. Zur steuerlichen Behandlung von Cum/Cum-Transaktionen aus Verwaltungssicht BMF v. 9.7.2021, IV C 1-S 2252/19/10035:014, BStBl I 2021, 995.

701 Sonderregelung in § 43 Abs. 1 Satz 1 Nr. 6 EStG für ausl. Kapitalerträge i. S. v. § 20 Abs. 1 Nr. 1, 2 EStG; kein Abzugstatbestand für ausl. Kapitalerträge i. S. v. § 20 Abs. 1 Nr. 4 und 6 (Nr. 7 z. T.) EStG und i. S. v. § 20 Abs. 1 Nr. 9, 10 EStG; vgl. die Übersicht bei *Moritz/Strohm* (Hrsg.), Besteuerung privater Kapitalanlagen, 2017, 434 f.

702 Zu Ausnahmen s. § 50c Abs. 2 EStG (vgl. § 50d Abs. 5, 6 EStG a. F.).

703 § 50d Abs. 1 Satz 1 EStG a. F.

704 § 50d Abs. 1 Satz 2 EStG a. F.

705 Über ein solches Erstattungsverfahren hatte das FG Köln (v. 19.7.2019, 2 K 2672/17, DStRE 2020, 713, BB 2020, 666, DStZ 2020, 185, dazu Rev. I R 22/20 s. u. D II 2.) in einem Cum/Ex-Fall zu entscheiden. Es stellt fest (Rz. 341 f.), dass es nicht ausreiche, wenn „irgendei-

bei die Beschränkungen gem. § 50j EStG zu beachten sind. Etwas anderes gilt nur, wenn die betreffenden Kapitalerträge in das **Freistellungsverfahren** des § 50c Abs. 2 EStG[706] einzubeziehen sind.

Ist Gläubiger der Kapitalerträge eine beschränkt stpfl. Körperschaft, so werden gem. § 44a Abs. 9 Satz 1 EStG zwei Fünftel der einbehaltenen und abgeführten KapESt erstattet. Weitere Entlastungen ergeben sich aus § 43b EStG oder DBA. § 43b EStG setzt die Mutter-Tochter-Richtlinie[707] um; die Ausschüttungen deutscher Kapitalgesellschaften an ihre ausl. Muttergesellschaften mit Sitz oder Geschäftsleitung in einem anderen EU-Staat sind unter bestimmten Voraussetzungen vom Steuerabzug befreit.

Von Gewinnausschüttungen (Schachteldividenden, § 20 Abs. 1 Nr. 1 EStG) einer unbeschränkt stpfl. Kapitalgesellschaft i. S. v. § 1 Abs. 1 Nr. 1 KStG (im Inland ansässige Tochtergesellschaft), die einer **in einem EU-Mitgliedstaat ansässigen und am Kapital der Tochtergesellschaft mindestens 10 % beteiligten Muttergesellschaft** zufließen, wird nach § 43b Abs. 1 EStG auf Antrag die KapESt nicht erhoben, wenn der ausschüttenden Kapitalgesellschaft eine Bescheinigung des BZSt über die Freistellung im Steuerabzugsverfahren vorliegt § 50c Abs. 2 Satz 1 Nr. 1 EStG[708]. Im Interesse einer Gleichbehandlung ausl. Muttergesellschaften – unabhängig davon, ob sie inner- oder außerhalb der EU ansässig sind – lässt § 50c Abs. 2 Satz 5 EStG[709] eine Freistellung im Steuerabzugsverfahren bei Gewinnausschüttungen einer unbeschränkt stpfl. Kapitalgesellschaft i. S. v. § 1 Abs. 1 Nr. 1 KStG an eine in einem Nicht-EU-Staat ansässige Muttergesellschaft zu. Voraussetzung hierfür ist, dass die ausl. Gesellschaft an der inl. Kapitalgesellschaft zu mindestens 10 % unmittelbar beteiligt ist und die Kapitalerträge nach einem mit dem fraglichen Staat abgeschlossenen DBA einer niedrigeren oder keiner KapESt unterliegen.

Die Befreiung von der KapESt nach § 43b EStG bzw. die Erstattung der Quellensteuer schließt § 50d Abs. 3 EStG aus, wenn die darin bestimmten Entlastungsvoraussetzungen nicht vorliegen. Insoweit steht die Europarechtswidrigkeit sowie in der Folge geltungserhaltende Reduktion[710] der

ne“ KapESt einbehalten und abgeführt worden sei. Vielmehr müsse die KapESt für Rechnung des Gläubigers der Kapitalerträge einbehalten und abgeführt worden sein.

706 § 50d Abs. 2 EStG a. F.

707 Richtlinie 2011/96/EU des Rates v. 30.11.2011 über das gemeinsame Steuersystem der Mutter- und Tochtergesellschaften verschiedener Mitgliedstaaten (ABl. 2011 L 345, 8), geändert durch RL 2015/121/EU des Rates v. 27.1.2015 (ABl. 2015 L 21, 1).

708 § 50d Abs. 2 EStG a. F.

709 § 50d Abs. 2 Satz 1 EStG a. F.

710 Vgl. FG Köln v. 23.1.2019, 2 K 1315/13, FR 2020, 423; dazu *Oppel*, FR 2020, 409 ff.

Norm im Raum.[711] § 50d Abs. 3 EStG soll Missbrauch durch Zwischenschaltung von Holdinggesellschaften in EU/DBA-Staaten verhindern, d.h. „**Treaty Shopping**" bzw. „Directive Shopping" (= Einkaufen von Abkommens- und Richtlinienvorteilen) unterbinden. Dabei werden in einem DBA- oder EU-Staat ansässige Gesellschaften als Empfänger einer aus Deutschland stammenden Zahlung zwischengeschaltet, um so eine Quellensteuerentlastung unter Berufung auf ein DBA (Treaty Shopping) oder eine EU-Richtlinie (Directive Shopping) zu erlangen, die dem „eigentlichen Empfänger" der Zahlung nicht zustünde. Die Begünstigung aus dem DBA oder der Richtlinie werden versagt, soweit der ausl. Zahlungsempfänger (oder ggf. dessen Gesellschafter) nicht bestimmte Anforderungen an die Substanz bzw. die Art und den Umfang der Tätigkeit erfüllt. Die Entlastung von deutschen Abzugsteuern (nach DBA, § 44a EStG, EU-Recht [§§ 43b, 50g EStG]) wird eingeschränkt.

§ 50j EStG soll, um dem sog. **Cum-Cum Treaty Shopping** entgegenzuwirken, verhindern, dass sich der Inhaber von im Inland verwahrten Aktien durch eine kurzfristige Aktientransaktion eine günstige Quellensteuer verschafft, auf die er sonst keinen Anspruch gehabt hätte. § 50j EStG ergänzt § 50c Abs. 3 EStG[712] durch zusätzliche Voraussetzungen, die für eine Erstattung vorliegen müssen. Die Voraussetzungen des § 50j Abs. 1 Satz 1 Nr. 1 bis 3 EStG decken sich mit denen von § 36a Abs. 1 Satz 1 Nr. 1 bis 3 EStG. Der Stpfl. muss über die Dauer des Mindesthaltezeitraums ununterbrochen wirtschaftlicher Eigentümer des dem Kapitalertrag zugrunde liegenden Anteils sein, währenddessen das Mindestwertänderungsrisiko zu 70 % tragen und er darf nicht dazu verpflichtet sein, die Kapitalerträge (überwiegend) weiterzugeben. § 50j Abs. 4 EStG regelt einen Anwendungsausschluss für Fälle, in denen die zugrunde liegende Quellensteuer 15 % unterschreitet, es sich um Streubesitzanteile handelt und

711 BMF v. 4.4.2018, IV B 3-S 2411/07/10016–14, BStBl I 2018, 589 (zur Kritik *Kahlenberg*, FR 2018, 499ff.; *Watrin/Lenkefeld*, FR 2018, 813, 816f. m.w.N.) als Reaktion auf die Entscheidung des EuGH Rs. Deister unter anderem (EuGH, Urt. v. 20.12.2017, C-504/16, C-613/16, HFR 2018, 245ff.) zur Altfassung 2007. Auch § 50d Abs. 3 EStG in der von 2012 bis zu seiner Änderung durch das AbzStEntModG (Abzugsteuerentlastungsmodernisierungsgesetz v. 2.6.2021 BGBl I 2021, 1259) geltenden Fassung war europarechtswidrig (EuGH, Urt. v. 14.6.2018, C-440/17-GS, HFR 2019, 615ff., Streitjahr 2013), da es sich um eine typisierende Vorschrift ohne Gegenbeweismöglichkeit handelte, die es dem FA ermöglichte, ohne Anfangsbeweis einen Missbrauch zu bejahen (Verstoß gegen Niederlassungsfreiheit/Verhältnismäßigkeit und Mutter-Tochter-Richtlinie). Dazu *Farinato*, jM 2019, 68ff.; *Graf*, BB 2018, 2391, 2392ff., insbes. unter Berücksichtigung von Art. 1 MTR n.F.; *Rothe*, FR 2020, 705, 712ff.; *Oppel*, FR 2020, 409ff. m.w.N., Aufhebung des BMF-Schreibens durch BMF v. 10.3.2023, IV A 2-O 2000/22/10003:001, BStBl I 2023, 406. § 50d Abs. 3 EStG lässt in dessen Satz 2 in der der seit dem AbzStEntModG geltenden Fassung den Gegenbeweis zu.

712 § 50d Abs. 1 EStG a.F.

der Gläubiger der Kapitalerträge seit mindestens einem Jahr ununterbrochen wirtschaftlicher Eigentümer ist. Wie bei § 36a EStG handelt es sich bei § 50j EStG um eine typisierende Missbrauchsregelung.

II. Cum/Ex-Geschäfte

1. Ausgangssituation

Cum/Ex-Geschäfte stehen seit Langem im politischen wie steuerjuristischen Fokus. Es handelt sich um Dividendenarbitrage-Geschäfte, die materiellrechtlich von Cum/Cum-Geschäften zu unterscheiden sind.[713] Allen Aktiengeschäften um den Dividendenstichtag ist jedoch ein zentrales Problem gemein: Der Steuervollzug ist dadurch strukturell belastet, dass eine parallele Zurechnung von Dividenden/Dividendenkompensationszahlungen im Steuerabzugs- und Steuerbescheinigungsverfahren nicht sichergestellt ist,[714] dies mit den allseits thematisierten Folgen für den Staatshaushalt.

Die materiell-rechtliche Einordnung von Cum/Ex-Geschäften war bis zur Entscheidung des BFH im Verfahren I R 22/20 nicht im Einzelnen geklärt. Zwar hatte der **BGH für strafrechtliche Zwecke im Juli 2021** schon entschieden, dass die Geltendmachung tatsächlich nicht einbehaltener Kapitalertragsteuer zur Steueranrechnung bzw. Steuererstattung gegenüber den Finanzbehörden auf der Grundlage von Cum/Ex-Leerverkaufsgeschäften eine unrichtige Angabe über steuerlich erhebliche Tatsachen i. S. v. § 370 Abs. 1 Nr. 1 AO und damit eine Steuerhinterziehung darstellt.[715] Im Rahmen seiner Begründung wurden aber nicht alle Details der einkommensteuerrechtlichen Einordnung von Cum/Ex-Geschäften geklärt.

Die Vorinstanz zu I R 22/20, das **FG Köln**[716], hat zwei Grundaussagen getroffen: Auch bei außerbörslichen Geschäften sei ein sog. Gesamtvertragskonzept erwerbsschädlich und bei börslichen Geschäften über einen zentralen Kontrahenten gehe das wirtschaftliche Eigentum nicht bereits mit Abschluss der schuldrechtlichen Verträge über. Da der zentrale Kontrahent über keinen eigenen Aktienbestand verfüge, sei er im Zeitpunkt des Vertragsschlusses stets Leerverkäufer. Im Hinblick darauf gehe das wirtschaftliche Eigentum erst im Zeitpunkt der Lieferung der Aktien über. Sei der Verkäufer im Zeit-

713 Stv. *Rau*, DStR 2021, 6 ff.; *Weitbrecht/Strehlke-Verkühlen*, BB 2021, 860.

714 Vgl. dazu stv. *Altvater*, DStR 2021, 261 ff.

715 BGH v. 28.7.2021, 1 StR 519/20, DStR 2021, 2453; dazu aktuell *Spatscheck/Mühlbauer*, DB 2022, 2052.

716 FG Köln v. 19.7.2019, 2 K 2672/17, EFG 2020, 367, BB 2020, 666.

punkt des Kaufabschlusses nicht selbst Inhaber der verkauften Wertpapiere, könne der (Leer-)Käufer mit Abschluss des schuldrechtlichen Aktienkaufvertrages nicht das wirtschaftliche Eigentum erwerben.

Der **BFH** hatte sich **in der Vergangenheit** bereits mehrfach, jedoch nicht endgültig geäußert, zuletzt in einem summarischen Verfahren[717] zum Zufluss von Dividendenkompensationszahlungen. Der dortige Aktienerwerb war fremdfinanziert. Hierzu schlossen die Antragstellerin und eine Ltd. einen Kreditrahmenvertrag, einen Pfandvertrag, eine Kontrollvereinbarung über ein Sicherheitenkonto unter Beteiligung einer Bank (Kreditsicherungsvertrag) sowie Future-Vereinbarungen, mit denen das Marktrisiko abgesichert werden sollte. Der BFH hat ernstliche Zweifel am Zufluss von Bezügen i. S. v. § 20 Abs. 1 Nr. 1 Satz 1 oder Satz 4 EStG. Er verlangt auch für die Zurechnung von Dividendenkompensationszahlungen wirtschaftliches Eigentum (§ 39 Abs. 2 Nr. 1 Satz 1 AO) an den Aktien, lehnt dieses aber für ein sog. „initiiertes und modellhaft aufgelegtes Gesamtvertragskonzept" von vornherein ab.[718] Sei eine nennenswerte Inanspruchnahme der mit dem Innehaben der Wertpapiere verbundenen Rechte offenkundig ausgeschlossen, liege ein bloßer Durchgangserwerb vor, der kein wirtschaftliches Eigentum vermittle. Diese Argumentation scheint jedenfalls nicht auf den Hochfrequenzhandel an der Börse abgestimmt zu sein und erinnert an Gestaltungsmissbrauch.

Ebenfalls in einem Verfahren zur Aussetzung der Vollziehung hat das **FG Hessen** die **Rücknahme einer Anrechnungsverfügung gem. § 130 Abs. 2 Nr. 4 AO** bestätigt, mit der zumindest eine Anrechnung von Kapitalertragssteuer aus Cum/Ex-Geschäften in Höhe von ca. 17 Mio. € steuermindernd gewährt wurde.[719] Die Antragstellerin habe aus den streitgegenständlichen Aktiengeschäften Dividendenkompensationszahlungen erhalten, auf die trotz Vorlage entsprechender Kapitalertragssteuerbescheinigungen keine Kapitalertragssteuer erhoben worden sei (§ 36 Abs. 2 Nr. 2 EStG). Die **Feststellungslast** hierfür treffe denjenigen, der die Anrechnung der Abzugsteuer begehrt. Die von der Antragstellerin vorgelegten Steuerbescheinigungen lieferten im konkreten Fall keinen hinreichenden Nachweis für die Entrichtung der Kapitalertragssteuer. Der Antragstellerin stehe kein Redlichkeitsschutz in Form „guten Glaubens" an die ordnungsgemäße Herkunft der Aktien zu. Denn das Geschäftsmodell der Cum/Ex-Gestaltungen deute bei besonderen Gestaltungen – deren wirtschaftlicher Hintergrund darauf hindeute, dass die Aktien aus einem Leerverkauf stammen und von einer

717 BFH v. 4.3.2020, I B 57/18, BFH/NV 2020, 1236, dazu *Jachmann-Michel*, npoR 2021, 117, 126.
718 Zu diesem Terminus s. bereits BFH v. 16.4.2014, I R 2/12, BFHE 246, 15, BFH/NV 2014, 1813.
719 FG Hessen v. 6.4.2021, 4 V 723/20, EFG 2021, 1400, DStRE 2022, 462.

ausl. Depotbank bezogen wurden – gerade darauf hin, dass Regeln, die für reguläre und wirtschaftlich sinnvolle Börsengeschäfte gelten und die erforderliche Sicherheit und Schnelligkeit der Abwicklung gewährleisten, zweckwidrig zur Gewinnung ungerechtfertigter Doppelvorteile eingesetzt werden. Der Stpfl. kenne bei **OTC-Geschäften** regelmäßig seine Handelspartner und könne über die vertragliche Beziehung zum Aktienverkäufer den Nachweis durch Bestätigung der Erhebung der Kapitalertragssteuer durch den Entrichtungspflichtigen erbringen. Würden verfügbare Informationen über die Aktien wegen der Usancen auf dem Aktienmarkt nicht genutzt, könne das aus dieser Abwicklungstechnik resultierende Risiko nicht auf den Fiskus verlagert werden. Die Auszahlung der Nettodividende als solche reiche zum Nachweis der Richtigkeit der Steuerbescheinigung und damit zum Einbehalt von Kapitalertragssteuer auf Kapitalerträge nicht aus.

Der **Anscheinsbeweis der Steuerbescheinigung** für die Erhebung der Kapitalertragsteuer greife nicht ein, wenn Indizien vorliegen, die eine erhebliche Wahrscheinlichkeit dafür begründen, dass die erworbenen Aktien aus einem Leerverkauf stammen und von einer ausl. Depotbank bezogen wurden. Decke sich ein Broker bei sog. Back-to-Back-Geschäften mit Aktien von einer ausl. Depotbank ein, bestehe kein Anscheinsbeweis zugunsten der Erhebung von Kapitalertragsteuer bei Auszahlung der Nettodividende an die Depotbank des Aktienkäufers.

Bei Cum/Ex-Geschäften lasse ein nahezu zeitgleicher Rückverkauf der gekauften Aktien über Futures oder Calloptionen an die ursprünglichen Aktienverkäufer, der bei einer Differenzbetrachtung dieser Geschäfte durch Gegenüberstellung der ursprünglichen Verkaufspreise mit den Rückkaufpreisen über die Futures bzw. die Calloptionen zuzüglich der Nettodividende zu einem Verlust führe, darauf schließen, dass keine Kapitalertragssteuer erhoben worden sei. Bei Übertragung der Aktien im Rahmen von Cum/Ex-Geschäften zwischen der ausl. Lagerstelle des Aktienverkäufers im internen Verfahren „free of payment" auf dessen inl. Lagerstelle und von dort auf das Depotkonto des Aktienkäufers lasse bei sog. Back-to-Back-Geschäften eines zwischengeschalteten Brokers auf eine Verrechnung mit Eindeckungsgeschäften im Ausland schließen, bei denen keine Kapitalertragsteuer erhoben worden sei. Eine Handelsmarge, die über die marktübliche Rendite bei Arbitragegeschäften von 2 bis 3 % deutlich hinausgehe, weise regelmäßig auf Aktiengeschäfte hin, bei denen die nicht erhobene Kapitalertragssteuer zwischen den Vertragsparteien aufgeteilt worden sei. Eine solch hohe Handelsmarge lasse auf eine Preisabsprache zwischen den Parteien der Aktiengeschäfte zur Aufteilung des Gewinnpotenzials in Höhe der nicht erhobenen Kapitalertragssteuer schließen.

2. Die Entscheidung des BFH (I R 22/20)

Im Verfahren I R 22/20 hat der BFH für das **Streitjahr 2011**[720] über den Erstattungsanspruch eines Personenzusammenschlusses ausl. Rechts entschieden.[721] Dabei ging es um einen außerbörslichen Erwerb von Single Stock Futures cum Dividende über Interdealerbroker wie auch über einen börslichen Aktienerwerb cum Dividende. Die Finanzierung der komplexen Erwerbe lief über eine ausl. Bank, das Risiko der Erstattung der Abzugsteuern trug ein ausl. Anleger-Fonds. Ob es sich – wie in dem vom BGH entschiedenen Fall – um Leerverkäufe handelte, hatte das FG nicht festgestellt.

In den tragenden Gründen lehnt der BFH **wirtschaftliches Eigentum** des klagenden Erwerbers im Zeitpunkt des Dividendenstichtags wegen des nach den finanzgerichtlichen Feststellungen angenommenen sog. **modellhaft aufgelegten Gesamtvertragskonzepts** ab. In dessen Rahmen sollte der Kläger nie die Rechte und Pflichten aus dem Aktienerwerb wahrnehmen, sondern nur als passiver Teilnehmer durch seine Rechtshülle die Gestaltung ermöglichen. Die Feststellung dieses Gesamtvertragskonzepts öffnet die Türe für die Ablehnung der Stellung als Gläubiger der Kapitalerträge i. S. v. § 20 Abs. 5 EStG und damit als Zurechnungssubjekt von Dividende wie Dividendenkompensationszahlung. Wirtschaftlicher Eigentümer ist, wer Dispositionsmacht hat und den Aktieninhaber von den wesentlichen Rechten (Dividendenbezug, Stimmrecht) ausschließt. Diese Stellung kann, so der I. Senat, nicht durch die Teilnahme an einem Gesamtvertragskonzept vermittelt werden, die geradezu ausschließt, dass die wesentlichen Rechte eines Aktieninhabers wahrgenommen und das finanzielle Risiko der Transaktionen getragen werden sollen. Dogmatisch geht es dem BFH dabei um eine Gesamtwürdigung des Gesamtbilds der Verhältnisse insbes. im Hinblick auf die schuldrechtlichen Befugnissen und Vermögenspositionen des Zurechnungsprätendenten gerade im Verhältnis zum Zurechnungskonkurrenten. § 39 Abs. 2 Nr. 1 Satz 1 AO biete als Generalklausel keine trennscharfen Abgrenzungskriterien, vielmehr stünden die Fallgruppenbildung und eine wertende Zuordnung im Vordergrund.[722] Der Unterscheidung von börslichen und außerbörslichen Geschäften bedürfe es dabei nicht.

Dieser direkte Blick auf die Einzelkomponenten des Rechtsbegriffs des wirtschaftlichen Eigentums als Typusbegriff im Rahmen der Gesamtwürdigung

720 Damit galt im entschiedenen Fall § 44 Abs. 1 Satz 3 Alternative 3 EStG (Abzugsverpflichtung der inl. auszahlenden Stelle) noch nicht (dazu *Jachmann-Michel,* in: Lademann, § 20 EStG (Std. Januar 2023), Rz. 527).

721 BFH v. 2.2.2022, I R 22/20, BFHE 276, 20, BStBl II 2022, 324.

722 BFH v. 2.2.2022, I R 22/20, BFHE 276, 20, BStBl II 2022, 324, Rz. 35.

soll – trotz zumindest starker inhaltlicher Nähe – nicht eine (systematisch nachrangige) Tatbestandsprüfung des § 42 AO „umgehen".

Was das zivilrechtliche Eigentum am Dividendenstichtag betrifft, folgt dieses laut BFH den traditionellen Grundsätzen einer Eigentumsübertragung mit der Übertragung des Mitbesitzes an den girosammelverwahrten Aktien gem. § 930 BGB durch Umstellung des Besitzmittlungsverhältnisses und Gutschrift auf dem Depotkonto des Stpfl. Unerheblich sei, dass die „Banken-Praxis" davon abweichend für die Abwicklung via Dividendenregulierung auf die Erfassung der schuldrechtlichen Vereinbarung als Buchung im Depot und nicht auf die spätere Umstellung der Besitzverhältnisse durch den Verwahrer für den zivilrechtlichen Erwerb des verbrieften Rechts abstelle.

Jenseits dieser tragenden Begründung enthält die Entscheidung wesentliche **obiter dicta:** So entnimmt der BFH zunächst **§ 39 AO** eine Alternativität der Zuordnung eines (analogen oder digitalen) Wirtschaftsguts zum zivilrechtlichen Eigentümer oder einem anderen wirtschaftlichen Eigentümer. Eine zeitpunktbezogene parallele Zuordnung an verschiedene Rechtssubjekte ist danach nicht möglich. Wirtschaftliches Eigentum soll nicht durch eine rechtlich gesicherte Erwerbsaussicht und einen wirtschaftlichen Dividendenbezug vermittelt werden. Der schuldrechtliche Vertrag über den Erwerb einer Aktie könne kein wirtschaftliches Eigentum begründen. Der BFH beschreibt das wirtschaftliche Eigentum zwar als Dispositionsbefugnis. Auf die daraus resultierende Frage einer aktiven Nutzungsmacht des Prätendenten nach Abschluss des schuldrechtlichen Vertrags komme es aber nicht (entscheidungserheblich) an, da das für den Tatbestand wirtschaftlichen Eigentums maßgebende „Gesamtbild der tatsächlichen Verhältnisse" dazu führe, dass auf der Grundlage eines modellhaft aufgelegten Gesamtvertragskonzepts von einer „tatsächlichen Herrschaft ..." des Erwerbers über die Aktien nicht gesprochen werden könne. Dabei zeigt der BFH, dass er in einem **Leerverkaufsfall** – der vorliegend nicht festgestellt war – im Ergebnis dem BGH folgen würde. Denn der schuldrechtliche Vertrag über den Erwerb einer Aktie begründe nicht die Stellung als wirtschaftlicher Eigentümer.

Weiter stellt der BFH fest, dass **§ 50d Abs. 1 Satz 2 EStG** a. F.[723] (nunmehr § 50c Abs. 3 Satz 1 EStG) für die Erstattung von Kapitalertragsteuer voraussetzt, dass der Antragsteller der Gläubiger der Kapitalerträge ist. Gläubiger der Kapitalerträge sei der Steuerschuldner, dem die Kapitalerträge (z. B. aus dem konkre-

723 Ersetzt durch § 50c Abs. 3 Satz 1 EStG gem. Art. 1 Abzugsteuerentlastungsmodernisierungsgesetz v. 2.6.2021 (AbzStEntModG), BGBl I 2021, 1259.

ten Kapitalüberlassungsverhältnis) ertragsteuerrechtlich zuzurechnen seien. Eine Bindung an das Steuerbescheinigungsverfahren bestehe nicht. Es müsse sich um eine Abzugsteuer handeln, die für Rechnung des abkommensrechtlich geschützten Gläubigers der Kapitalerträge einbehalten und abgeführt worden sei; insoweit verweist der BFH auf den Wortlaut von § 50d Abs. 1 Satz 2 EStG a.F. Die Gutschriftanzeige der Depotbank liefere hierfür keinen Beweis. Hier grenzt sich der I. Senat von der **Rechtsprechung des VIII. Senats** ab, wonach die **Abgeltungswirkung** nach § 43 Abs. 5 Satz 1 Halbs. 1 EStG entsprechend der subjektiven Anlegersicht auch dann eintritt, wenn die bei der Auszahlung der Kapitalerträge einbehaltene Kapitalertragsteuer nicht beim FA angemeldet und abgeführt wurde.[724] Denn die in diesen Streitverfahren rechtserhebliche Abgeltungswirkung setze nach dem Gesetzeswortlaut „mit dem Steuerabzug" ein, sodass weder die Anmeldung der Kapitalertragsteuer (nach § 45a EStG) noch deren Entrichtung (nach § 44 EStG) angesprochen werde; darüber hinaus gebe es in jenem Zusammenhang ein spezifisches Regelungssystem, das dieses – mit Blick auf eine (nicht ausdrücklich angeführte) Tatbestandsvoraussetzung „(Steuer-)Abführung" eingeschränkte – Normverständnis für den dortigen Sachbereich nahelege. Dass es der VIII. Senat als interessengerecht erachtet, das Risiko nicht abgeführter Steuerbeträge nicht dem Vergütungsgläubiger, sondern dem Fiskus zuzuweisen, da sich Letzterer des Vergütungsschuldners als „Inkassostelle" bediene und der den Steuerabzug duldende Vergütungsgläubiger keinen Einfluss auf die ordnungsgemäße Abführung der einbehaltenen Steuer nehmen könne, ist nach dem I. Senat jedenfalls für § 50d EStG a.F. (§ 50c EStG n.F.) nicht tragfähig.

III. Cum/Cum-Geschäfte

1. Ausgangssituation

Cum/Cum-Geschäfte haben eine grundlegend andere Intention als Cum/Ex-Geschäfte.[725] Ausgangspunkt ist die unterschiedliche Besteuerung von Dividenden, Veräußerungsgewinnen und Wertpapierleihgebühren bei beschränkt und unbeschränkt Stpfl. (abgeltende Wirkung des KapESt-Abzugs gem. § 50 Abs. 2 Satz 1 EStG versus Anrechnung gem. § 36 Abs. 2 Nr. 2 EStG).[726] Es geht um die Vermittlung der Möglichkeit zur Anrech-

724 BFH v. 29.9.2020, VIII R 17/17, BFHE 271, 340, BStBl II 2021, 468; v. 27.10.2020, VIII R 42/18, BFHE 271, 352, BStBl II 2021, 481; v. 27.10.2020, VIII R 3/20, BFHE 271, 349, BStBl II 2021, 472.

725 Dazu stv. *Rau*, DStR 2021, 7 f.

726 Zum Verstoß gegen die Kapitalverkehrsfreiheit durch die teilweise Definitivbelastung der KapESt bei beschränkt stpfl. Anteilseignern EuGH, Urt. v. 13.11.2019, Rs. C-641/17, College Pension Plan of British Columbia, DStR 2019, 2463, DB 2019, 2659, Rz. 15 ff., 49 ff., 71.

nung von KapESt, von Arbitragemöglichkeiten durch Umwandlung von Dividenden in Veräußerungsgewinne oder Wertpapierleihgebühren.[727]

Beim Cum/Cum-Geschäft[728] werden kurz vor dem Dividendenstichtag Aktien mit Dividendenanspruch auf einen in Deutschland ansässigen, unbeschränkt stpfl. Erwerber übertragen und ebenfalls mit Dividendenanspruch geliefert. So soll die Steuerarbitrage aus der unterschiedlichen Besteuerung von Dividenden bei beschränkt und unbeschränkt Stpfl. genutzt werden. Mit Abschaffung des Anrechnungsverfahrens zum 1.1.2001 ist der Vorteil von Cum/Cum-Geschäften auf die auf Dividenden einbehaltene KapESt begrenzt. Gängig sind vor allem der Verkauf von Aktien mit anschließender Rückübertragung sowie die Wertpapierleihe[729] bzw. Wertpapierpensionsgeschäfte.[730]

Im Ausland ansässige Inhaber deutscher Aktien unterliegen mit ihren in Deutschland bezogenen Dividenden der – gem. § 32 Abs. 1 Nr. 2 KStG abgeltend einbehaltenen – KapESt (§ 49 Abs. 1 Nr. 5 Buchst. a EStG) im Rahmen ihrer beschränkten Stpfl. (§ 2 KStG). Die Definitivbelastung von 25 % (§ 43a Abs. 1 Satz 1 Nr. 1 EStG) wird durch § 44a Abs. 9 Satz 1 EStG auf 15 % reduziert, ggf. kommt eine weitere Reduktion durch die sog. Mutter-Tochter-Richtlinie oder DBA in Betracht (§ 50c Abs. 1 bis 3 EStG)[731]. Durch die Definitivbelastung mit KapESt entsteht der Anreiz, die Aktien kurz vor dem Dividendenstichtag auf einen in Deutschland ansässigen, unbeschränkt stpfl. (anrechnungsberechtigten) Erwerber (Kreditinstitut) zu übertragen und sie kurz nach dem Dividendenstichtag wieder zurückzuübertragen. Die in Deutschland beschränkt stpfl. Dividenden werden z. B. gegen eine Wertpapierleihgebühr faktisch in steuerfreie Einkünfte transformiert. Der inl. Erwerber der Aktien erzielt nach Steuern einen Gewinn von Null, beim Steuerausländer entsteht ein „Gewinn" in Höhe der KapESt, der regelmäßig zwischen den Beteiligten aufgeteilt wird. Der Steuerausländer wird im Ergebnis so gestellt, als habe er die Dividende steuerfrei bezogen.

Bei einer Wertpapierleihe überlässt ein Sachdarlehensgeber dem Sachdarlehensnehmer die im Inland verwahrten Aktien gegen Zahlung eines Darlehensentgelts. Nach Beendigung der Wertpapierleihe sind gleichwertige

727 Dazu stv. *Spilker/Kremer*, BB 2018, 2775 ff.; *Anzinger*, Internationale Kapitaleinkommensbesteuerung, in: Schön/Sternberg (Hrsg.), Zukunftsfragen des deutschen Steuerrechts III, 2018, 159, 166 ff.; *Haarmann*, BB 2018, 1623; *Spengel*, DB 2016, 2988 ff.; *Knobloch*, DB 2016, 1825, 1827 ff., jeweils m. w. N.

728 Zu Beispielen s. BMF v. 9.7.2021, IV C 1-S 2252/19/10035:014, BStBl I 2021, 995, Rz. 7, 20, 23, 26, 29, 38; zur Funktionsweise *Haarmann/Kermer*, Ubg 2020, 501, 502 f.; *Spengel*, DB 2020, 1919, 1920 f. m. w. N.

729 Dazu *Anzinger*, Internationale Kapitaleinkommensbesteuerung, in: Schön/Sternberg (Hrsg.), Zukunftsfragen des deutschen Steuerrechts III, 2018, 166 ff. m. w. N.

730 Dazu *Spilker/Kremer*, BB 2018, 2775, 2776.

731 § 50d Abs. 1 Satz 1 und 2 EStG a. F.

Anteile rückzuerstatten. Mit Bezug der Dividende erhält der Darlehensnehmer i. d. R. eine Steuerbescheinigung von der die Kapitalerträge auszahlenden Stelle (§ 45a Abs. 2 Satz 1, Abs. 3 EStG) über 25 % KapESt, mit der er gem. § 36 Abs. 2 Nr. 2 EStG i. V. m. § 31 Abs. 1 KStG die KapESt auf die ESt/KSt anrechnen kann. Der Wert der Aktie mindert sich um die Bruttodividende. Im Hinblick darauf leistet der Darlehensnehmer eine Kompensationszahlung an den Darlehensgeber, die für den ausl. Darlehensgeber im Quellenstaat regelmäßig steuerfrei ist. Die Kompensationszahlung ist i. d. R. geringer als die Bruttodividende, aus der Differenz schöpft der Darlehensnehmer seinen Ertrag.

Beim Erwerbsgeschäft werden im Inland verwahrte Aktien verkauft (§§ 453 Abs. 1, 433 BGB) und zugleich wird ein Rückkauf mit entsprechendem Rückkaufpreis abgeschlossen, um sich gegen Kursschwankungen abzusichern.[732] Der Erwerber erhält am Dividendenstichtag die Dividende plus Steuerbescheinigung über die einbehaltene KapESt, sodass er sich die eingezogene KapESt auf die ESt anrechnen lassen kann. Nach der Dividendenausschüttung erfolgt der Rückkauf. Der Wert der Aktie mindert sich um die Bruttodividende, der Rückkaufpreis dementsprechend um die Höhe der Bruttodividende. Eine (geringe) Vergütungsgebühr für das vorübergehende Halten des Erwerbers wird hinzugerechnet.

Die Grundproblematik von Cum/Cum-Geschäften besteht darin, dass die Anrechnung/Erstattung der KapESt gem. § 36 Abs. 2 Nr. 2 EStG nur zugunsten desjenigen möglich ist, der die Einkünfte i. S. v. § 20 Abs. 5 Satz 1 EStG i. V. m. § 39 AO erzielt. Insoweit kommt es auch hier entscheidend auf den Übergang des wirtschaftlichen Eigentums auf den Käufer/Entleiher an.[733] Bei der Wertpapierleihe geht das zivilrechtliche Eigentum auf den Entleiher über.[734] Zu fragen ist, ob das wirtschaftliche Eigentum beim Verleiher bleibt, wenn er Kapitalerträge in Gestalt von Kompensationszahlungen erhält, den Entleiher von der wirtschaftlichen Nutzung des Wertpapiers

732 BMF v. 9.7.2021, IV C 1-S 2252/19/10035:014, BStBl I 2021, 995, Rz. 21.

733 Vgl. zur Problematik des wirtschaftlichen Eigentums bereits D. II. bei Cum/Ex-Geschäften sowie FG Hessen v. 28.1.2020, 4 K 890/17, EFG 2020, 1160, DStZ 2020, 229 in einem Cum/Cum-Fall.

734 Das BMF (v. 9.7.2021, IV C 1-S 2252/19/10035:014, BStBl I 2021, 995, Rz. 12, 17) geht bei Cum/Cum-Geschäften mit der Einbuchung der Wertpapiere in das Depot des Entleihers bzw. Erwerbers (sachenrechtliches Erfüllungsgeschäft) vor dem Dividendenstichtag vom Übergang des zivilrechtlichen und grundsätzlich auch des wirtschaftlichen Eigentums aus. Jedoch sei steuerlicher Gestaltungsmissbrauch (§ 42 AO) zu prüfen. Für missbräuchliche Cum/Cum-Gestaltungen, bei denen der Dividendenstichtag nach dem 1.3.2013 liegt, soll der steuerinduzierte Anteil der KapESt (i. d. R. 3/5) nicht beim inl. Erwerber/Entleiher anzurechnen sein. Diese Grundsätze sollen aber keine Anwendung auf Gestaltungen finden, bei denen der Dividendenstichtag vor dem 1.3.2013 liegt und der ausl. Anteilseigner eine Gesellschaft mit Sitz und Ort der Geschäftsleitung in der EU bzw. EWR ist.

ausschließen kann oder ihm nach dem Gesamtbild der Verhältnisse eine große Dispositionsmöglichkeit zukommt. Maßgeblich dafür, ob ein Übergang des wirtschaftlichen Eigentums stattfindet, sind die Umstände des Einzelfalls. Dagegen sprechen eine Kündigungsmöglichkeit des Entleihers, kurze Leihdauer oder fehlende wirtschaftliche Nutzung der Aktien durch den Entleiher.

§ 42 AO steht im Raum,[735] soweit Cum/Cum-Geschäfte nur der Nutzung einer Steuerarbitrage dienen, nicht aber einem eigenständigen, außersteuerlichen wirtschaftlichen Zweck.[736] Andererseits hat der BFH auch entschieden, dass eine Veräußerung kein Gestaltungsmissbrauch ist.[737] Soweit weiter nach der Rechtsprechung des EuGH[738] die teilweise Definitivbelastung der KapESt bei beschränkt stpfl. Anteilseignern gegen die Kapitalverkehrsfreiheit verstößt,[739] spricht dies gegen § 42 AO.[740] Nicht anzuwenden ist § 42 AO, soweit § 36a EStG gilt, da es sich bei § 36a EStG um eine speziellere Missbrauchsbekämpfungsvorschrift handelt.[741] Was die Abwicklung von Cum/Cum-Altfällen betrifft, für die § 36a EStG noch nicht gilt, sucht die Finanzverwaltung eine Lösung in § 42 Abs. 2 AO, obwohl es sich um gewöhnliche, branchentypische Gestaltungen handelt,[742] die der Finanzverwaltung wie dem Gesetzgeber seit vielen Jahren bekannt waren,[743] d.h. erst im Nachhinein mit dem Missbrauchsvorwurf belegt werden sollen.[744] Rechtspolitische Fehler des Gesetzes können aber nicht via § 42 AO korrigiert werden.[745]

735 Zur zeitweiligen Nichtanwendung von § 42 AO wegen der Spezialität von § 50c EStG in der bis 2000 geltenden Fassung *Haarmann/Kermer*, Ubg 2020, 501, 502 f.

736 Das FG Hessen (v. 28.1.2020, 4 K 890/17, EFG 2020, 1160, DStZ 2020, 229) bejaht § 42 AO; dazu positiv *Spengel*, DB 2020, 1919, 1924 ff.

737 BFH v. 12.6.2018, VIII R 32/16, BFHE 262, 74, BStBl II 2019, 221.

738 EuGH v. 13.11.2019, C-3641/17, College Pension Plan of British Columbia, DB 2019, 2659 f.; vgl. auch EuGH v. 20.10.2011, C-284/09, BB 2011, 2910, FR 2011, 1112, in dessen Folge § 8b Abs. 4 KStG und § 32 Abs. 5 KStG (Besteuerung von Streubesitzdividenden und Anrechnung von KapESt) neu gefasst wurden (BGBl I 2013, 561).

739 Dies betrifft Investitionen von Gesellschaften aus der EU und dem EWR wie auch Investitionen von Gesellschaften aus Drittstaaten.

740 Stv. *Müller*, DB 2019, 2659, 2660.

741 § 36a Abs. 7 EStG widerspricht dem in § 42 Abs. 1 Satz 2 AO angelegten Rechtsfolgenvorrang speziellerer Missbrauchsvorschriften gegenüber § 42 AO; dazu eingehend *Drüen*, StuW 2020, 3, 8 ff. m. w. N.

742 Insoweit krit. *Rau*, DStR 2021, 6, 13.

743 Dazu *Haarmann/Kermer*, Ubg 2020, 501, 503.

744 Dazu grundlegend *Drüen*, DStR 2020, 1465 ff.

745 Grundlegend *Drüen*, Ubg 2022, 121, 124; hiergegen haltlos *Wingler*, Ubg 2023, 412.

§ 36a EStG sieht ab Veranlagungszeitraum 2016[746] eine spezifische typisierende[747] Missbrauchsvermeidungsregel vor. Die Anti-Cum/Cum-Regelung verlangt für die vollständige Anrechnung der KapESt unter anderem, dass der Stpfl. während einer bestimmten Mindesthaltedauer ununterbrochen wirtschaftlicher Eigentümer der die Dividendenzahlungen vermittelnden Anteile ist und währenddessen ununterbrochen ein bestimmtes Mindestwertänderungsrisiko[748] trägt. Damit dürften sich Cum/Ex-Gestaltungen erledigt haben.

Durch §§ 44b, 45 EStG sollen Gestaltungen verhindert werden, die § 36a EStG umgehen. Gem. § 45 Satz 1 EStG ist neben der Erstattung auch die Anrechnung von KapESt ausgeschlossen, sofern die Dividende an einen anderen als den Anteilseigner ausgezahlt wird. Ist die Erstattung/Anrechnung beim Erwerber eines abgetrennten Dividendenscheins nicht gem. § 45 Satz 2 EStG ausgeschlossen, werden drei Fünftel der KapESt nicht angerechnet oder erstattet (§ 45 Satz 2 Halbs. 2 EStG).[749]

Zu Cum/Cum-Geschäften hat sich auch der **BFH** schon **früher**, insbes. im Verfahren I R 88/13[750] geäußert, das eine sog. strukturierte Wertpapierlei-

---

746 Dazu stv. *Drüen*, StuW 2020, 3, 10 m. w. N.; für Zeiträume davor: BMF v. 17.7.2017, IV C1-S2252/15/10030, BStBl I 2017, 986, Rz. 13 ff.: pauschal § 42 AO, d. h. keine KapESt-Anrechnung beim Steuerinländer bzw. entsprechender Nacherhebung von KapESt; dazu jedoch, dass spezielle Missbrauchsbekämpfungsvorschriften in aller Regel nicht auf einen vergangenen Veranlagungszeitraum zurückwirken dürfen, *Drüen*, StuW 2020, 3, 13 m. w. N.; zu einer etwaigen Beihilfeproblematik *Englisch*, DStR 2018, 2501, 2509. Deutsche Finanzinstitute haben laut Handelsblatt (v. 14.8.2019, 33) in diesem Zusammenhang ca. 270 Mio. € an Rückstellungen gebildet, während die Höhe der zu erwartenden Rückzahlungen sogar auf 610 Mio € beziffert wird.

747 Zur Problematik einer etwaigen Unverhältnismäßigkeit von § 36a EStG *Salzmann/Heufelder*, IStR 2018, 62, 64 f.; *Lamprecht*, Ubg 2018, 189, 194 ff.

748 Zur Definition von gegenläufigen Ansprüchen zur Berechnung des Wertänderungsrisikos i. S. des § 36a EStG *Giacomo/Drinhausen/Kraus*, FR 2020, 74 ff.

749 Ist Gläubiger der Kapitalerträge ein steuerbegünstigter Anleger i. S. v. § 44a Abs. 7 Satz 1 Nr. 1 EStG, wird keine KapESt abgezogen. Dividenden gehören i. d. R. zur steuerfreien Vermögensverwaltung von gemeinnützigen Körperschaften. Etwas anderes gilt für Dividendeneinkünfte aus sammelverwahrten Aktien, insbes. für Dividenden von börsennotierten Gesellschaften; für sie müssen seit 2016 zusätzlich die Voraussetzungen des § 36a EStG erfüllt sein. Im Rahmen eines Cum/Cum-Geschäfts trifft den Anleger gem. § 36a Abs. 4 EStG die Pflicht zur Anzeige und Abführung einer nicht einbehaltenen KapESt. Dieser Anspruch des Fiskus lief in der Vergangenheit bei Cum/Cum-Geschäften vielfach leer. Nunmehr sieht § 44a Abs. 10 Satz 1 Nr. 3 EStG n. F. für gemeinnützige Körperschaften, Personenvereinigungen oder Vermögensmassen, die Kapitalerträge von über 20 000 € beziehen, ab dem VZ 2019 vor, dass trotz Freistellungsbescheinigung KapESt in Höhe von drei Fünfteln abgezogen wird, wenn der Gläubiger bei Zufluss der Kapitalerträge nicht seit mindestens einem Jahr ununterbrochen wirtschaftlicher Eigentümer der Aktien oder Genussscheine ist. So soll verhindert werden, dass steuerbegünstigte Anleger für Cum/Cum-Geschäfte genutzt werden, um vom Steuerabzug unbelastete Kapitalerträge zu erzielen, ohne die Anzeige- und Zahlungspflichten nach § 36a Abs. 4 EStG zu erfüllen. Dazu eingehend *Kraus*, npoR 2019, 111 ff. sowie 257 ff.

750 BFH v. 18.8.2015, I R 88/13, BFHE 251, 190, BStBl II 2016, 961.

he[751] betraf. Danach bleibt das wirtschaftliche Eigentum an Aktien, die im Rahmen einer Wertpapierleihe an den Entleiher zivilrechtlich übereignet werden, ausnahmsweise beim Verleiher, wenn die Gesamtwürdigung der Umstände des Einzelfalls ergibt, dass dem Entleiher lediglich eine formale zivilrechtliche Rechtsposition verschafft werden sollte. Das darauffolgende BMF-Schreiben[752] übertrug diese Grundsätze mit Blick auf den Übergang des wirtschaftlichen Eigentums auf andere Wertpapiergeschäfte, soweit das Wertminderungsrisiko nach einer Gesamtwürdigung der Umstände nicht auf den Erwerber/Darlehensnehmer überging; dies sollte aber bei einer positiven Vorsteuerrendite nicht gelten. In der Folge sollte **§ 36a EStG** Dividendenarbitragegeschäfte unattraktiv machen. Die Vergangenheit sollte das **BMF-Schreiben** mit dem Titel „Steuerliche Behandlung von Cum/Cum-Transaktionen“[753] klären, 3/5 der Kapitalertragsteuer sollten nach § 42 AO nicht anrechenbar sein. Hier argumentierte das BMF im Rahmen von § 42 AO mit den Kriterien, die im Verfahren I R 88/13 hinsichtlich von § 39 AO verwandt wurden. Nachdem 2020 mehrere **Finanzgerichte** zu Cum/Cum-Geschäften geurteilt hatten,[754] **änderte das BMF** seine Einordnung von Cum/Cum-Geschäften dahin gehend, dass das wirtschaftliche Eigentum an den fraglichen Aktien mit Blick auf Wertpapierleihen nicht mehr wie bislang grundsätzlich auf den Erwerber/Entleiher übergehen und die Anrechnung versagt werden soll (§ 42 AO), sondern nunmehr schon der Übergang des wirtschaftlichen Eigentums gem. § 39 Abs. 2 Nr. 1 AO verneint wird, d.h. die Anrechnung der Kapitalertragsteuer vollständig unterbleibt. So wurde die vom BFH in I R 88/13 angenommene Ausnahme von der Regel, dass bei Wertpapierdarlehen neben dem zivilrechtlichen auch das wirtschaftliche Eigentum auf den „Entleiher“ übergeht, für Cum/Cum-Gestaltungen faktisch zur Regel.

2. Die Entscheidung des BFH (I R 40/17)

Aktuell stellt der BFH nun im Verfahren I R 40/17[755] klar, dass es gegen einen Verbleib des wirtschaftlichen Eigentums beim Darlehensgeber spricht, wenn bei einem Wertpapierdarlehen der Darlehensnehmer die **Kurschancen und -risiken** der überlassenen Wertpapiere trägt. Der Umstand, dass im Rahmen eines Wertpapierdarlehens dem Darlehensgeber ein Kündigungsrecht zusteht

751 BFH v. 9.7.2021, BStBl I 2021, 1021, Rz. 3; zu einem Überblick über (echte) Wertpapierpensions- und wechselseitige Wertpapierleihgeschäfte *Anzinger*, StuW 2022, 194, 195 ff.

752 BMF v. 11.11.2016, IV C 6-S 2134/10/10003–02, BStBl I 2016, 1324.

753 BMF v. 17.7.2017, IV C 1-S 2252/15/10030:005, BStBl 2017, 986.

754 FG Hessen v. 28.1.2020, 4 K 890/17, EFG 2020, 1160; FG München v. 14.12.2020, 7 K 899/19, Rev. I R 3/21, DStRE 2021, 975; FG Sachsen-Anhalt v. 25.11.2020, 3 K 403/10, juris.

755 BFH v. 29.9.2021, I R 40/17, BFHE 274, 463, BStBl II 2023, 127, insbes. Rz. 36 ff.

(im Streitfall binnen drei bzw. fünf Bankarbeitstagen), führt nicht zur wirtschaftlichen Aushöhlung der einem Darlehensnehmer zugewiesenen Kurschancen und -risiken. Das Abstellen auf die kurze Kündigungsfrist des Darlehensgebers im Senatsurteil vom 18.8.2015 I R 88/13[756] sei dort ein Element im Rahmen der Gesamtwürdigung des dortigen Einzelfalls gewesen und habe sich nicht auf die Möglichkeit der Ausnutzung von Kurschancen durch den Darlehensnehmer bezogen.

Damit ist klar, dass bei einer Wertpapierleihe das wirtschaftliche Eigentum grundsätzlich auf den **Darlehensnehmer** übergeht und von diesem **Grundsatz** nur dann eine Ausnahme zu machen ist, wenn die Gesamtwürdigung der Umstände des Einzelfalls ergibt, dass dem Darlehensnehmer lediglich eine formale zivilrechtliche Rechtsposition im Sinne einer leeren Eigentumshülle verschafft worden ist. Stimmrecht wie Dividendenbezugsrecht sind wesentliche Rechte, die bei der anzustellenden Gesamtbetrachtung zu berücksichtigen sind. Jedoch kann von einer leeren Eigentumshülle bereits dann nicht mehr gesprochen werden, wenn zwar keine Stimmrechte ausgeübt werden und Kompensationszahlungen dafür sorgen, dass wirtschaftlich kein Dividendenbezugsrecht bei dem Darlehensnehmer verbleibt, jedenfalls aber die mit dem Halten von Aktien verbundenen Kurschancen und -risiken auf den Darlehensnehmer übergehen. Der maßgebliche **Übergang der Kurschancen und -risiken** ist schon in der bloßen Möglichkeit des Darlehensnehmers zu sehen, die Aktien bei steigendem Kurs zu verkaufen, die zur Erfüllung der Rückübertragungspflicht erforderlichen Aktien bei gesunkenem Kurs am Kapitalmarkt zu beschaffen und so Gewinne zu erzielen. Es kommt nicht darauf an, ob die Ausnutzung dieser Kurschancen tatsächlich beabsichtigt ist und es zur Durchführung gekommen ist. Dem so gefundenen Ergebnis steht auch eine dreitägige Kündigungsfrist nicht entgegen, weil mit den darlehensweise übertragenen börsennotierten Aktien auch innerhalb von drei Tagen Gewinne/Verluste durch Kursschwankungen erzielt werden können. Nach den Gegebenheiten des modernen Börsenhandels ist dies ein Zeitraum, der vielfach sogar zu lang sein dürfte, um rechtzeitig auf Kursänderungen reagieren zu können.

Damit bestätigt der BFH die Grundsätze des Urteils im Verfahren I R 88/13 und konkretisiert sie. Eine Weiterentwicklung in der Dogmatik des wirtschaftlichen Eigentums bei Wertpapierdarlehen dürfte darin zu sehen sein, dass der Darlehensnehmer, allein weil er als zivilrechtlicher Eigentümer mit den geliehenen Wertpapieren handeln kann, mehr als nur eine leere Eigentumshülle erwirbt und so als wirtschaftlicher Eigentümer an-

756 BFH v. 18.8.2015, I R 88/13, BFHE 251, 190, BStBl II 2016, 961 (dort: drei Bankarbeitstage).

zuerkennen ist. Gleiches gilt für die Irrelevanz der kurzen Kündigungsfrist von wenigen Tagen, wenn der Darlehensnehmer die Möglichkeit erlangt, mit den Wertpapieren zu handeln.

Das **BMF-Schreiben vom 9.7.2021** zum wirtschaftlichen Eigentum bei Wertpapierdarlehen steht **klar im Widerspruch** zur aktuellen BFH-Rechtsprechung (I R 40/17). Angesichts des grundsätzlichen Übergangs des wirtschaftlichen Eigentums bei Cum/Cum-Transaktionen auf Grundlage von Wertpapierdarlehen rückt **§ 42 AO** wieder in den Fokus. Insoweit stellt der BFH im Verfahren I R 40/17 jedoch klar, dass es sich bei Wertpapierleihen um ein **Standardgeschäft** im Bereich der Kreditwirtschaft handelt, das gerade zwischen institutionellen Anlegern keineswegs unüblich ist.[757] Auch wird ein an einer Cum/Cum-Transaktion beteiligter inl. Darlehensnehmer keinen gesetzlich nicht vorgesehenen Steuervorteil erlangen, sondern durch die Wertpapierleihe in der Regel einen stpfl. Ertrag erwirtschaften.[758] Im Übrigen ist die Anrechnung der Kapitalertragsteuer gesetzlich vorgesehen, wenn er nicht nur zivilrechtlicher, sondern auch wirtschaftlicher Eigentümer der Aktien wird. Ein Steuervorteil entsteht ggf. beim Steuerausländer (Darlehensgeber), der die Definitivbelastung mit Kapitalertragsteuer vermeidet. Dass es sich dabei aber um einen von § 42 AO erfassten Steuervorteil bei einem Dritten handelt, darf bezweifelt werden.[759] Zudem sieht der BFH in der Entscheidung I R 40/17 die Erwirtschaftung von Gewinnen ausdrücklich als außersteuerlichen Grund, der die Anwendung des § 42 AO ausschließt.

Zu fragen bleibt prima facie nach der Relevanz des zu sog. Cum/Ex-Geschäften entwickelten Rechtsinstituts des Gesamtvertragskonzepts. Jedoch dürfte eine Anwendung auf Cum/Cum-Fälle angesichts der grundsätzlich anders gelagerten Struktur gegenüber Cum/Ex-Geschäften ausscheiden.[760]

757 BFH v. 29.9.2021, I R 40/17, BFHE 274, 463, BStBl II 2023, 127, Rz. 54.
758 *Hansen/Haselmann/Holle*, DStR 2022, 1407.
759 Dazu *Hansen/Haselmann/Holle*, DStR 2022, 1407.
760 *Gill/Helios*, DB 2022, 1280, 1285.

E. Fazit

Seit Einführung der Abgeltungsteuer in Deutschland besteht für private Einkünfte des Kapitalvermögens ein besonderes Regelungssystem. 15 Jahre nach Einführung der Abgeltungsteuer hat sich die Rechtsprechung in großem Umfang mit der Besteuerung der Kapitaleinkünfte beschäftigt.

Die aktuelle Rechtsprechung zu laufenden Kapitalerträgen hat sich etwa mit satzungsdurchbrechenden Gewinnausschüttungen, der Rückzahlung von Erstattungszinsen, dem Zufluss von Bonuszinsen oder beschränkt steuerpflichtigen Zinsen aus Wandelanleihen beschäftigt.

Sub specie Substanzbesteuerung wurde konsequent judiziert, dass § 20 Abs. 2 EStG auf eine umfassende Besteuerung aller Wertzuwächse von Kapitalanlagen im Privatvermögen angelegt ist, d. h. auch für Verluste jenseits einer Veräußerung gilt. U. a. mit Begründung der Steuerbarkeit des insolvenzbedingten Untergangs von Aktien führt der VIII. Senat des BFH seine Rechtsprechung konsequent fort, wonach unter dem Regime der Abgeltungsteuer die Substanz des privaten Kapitalvermögens auch im Verlustfall steuerbar ist. Dabei sind die Grundsätze des § 17 EStG nicht auf § 20 EStG zu übertragen. In neuerer Rechtsprechung hat der BFH die Veräußerung eines Dividendenanspruchs zwischen beschränkt Steuerpflichtigen geklärt, ebenso die Behandlung von Bondstripping oder die Besteuerung der Rückzahlung einer unter Nominalwert erworbenen Kapitalforderung. Hinsichtlich von § 17 EStG ging es um das Vorrangverhältnis gegenüber § 20 Abs. 2, 4 EStG, relevante Beteiligungen, die Beteiligungshöhe und verdeckte Einlagen. Positioniert hat sich der BFH u. a. zu Auslandssachverhalten (insbes. ausl. Spin-offs) und zur Einkünfteerzielungsabsicht.

Geklärt sind auch diverse Fragen eines etwaigen Gestaltungsmissbrauchs. Insbesondere sind die Folgen der Veräußerung einer wertlosen Kapitalanlage nicht deshalb über § 42 AO zu vermeiden, weil das Veräußerungsgeschäft nicht auf einen wirtschaftlichen Ertrag ausgerichtet ist, sondern allein darauf, sich von einer nahezu wertlosen Anlage durch Übertragung auf einen Dritten zu lösen. Dies betrifft alle Fallgestaltungen, in denen jenseits dieses Ziels ein angestrebter wirtschaftlicher Vorteil nicht erkennbar ist. Ist die Veräußerung nämlich das eigentliche Ziel eines Geschäfts, kann eben dieses Ziel nicht auf einem anderen „angemessenen" Weg erreicht werden. Dieser Befund wäre wohl auch bei der Einordnung von Cum/Cum-Gestaltungen zu bedenken.

Die Vorlage der Verlustverrechnungsbeschränkung für Aktienveräußerungsverluste nach Abs. 6 Satz 5 EStG (jetzt § 20 Abs. 6 Satz 4 EStG) an das BVerfG gibt ein klares Signal an den Gesetzgeber, dass staatliche Finanznot – sei sie auch in einer allg. Krise in Kauf genommen – nicht jegliche Zusatzbelastung des Stpfl. rechtfertigt. Inwieweit der Vorlagebeschluss eine Blaupause für eine Entscheidung über § 20 Abs. 6 Sätze 5 und 6 EStG n.F. liefern wird, bleibt abzuwarten.[761] Geklärt sind die engen Voraussetzungen eines Stundungsmodells i.S. von § 15b i.V.m. § 20 Abs. 7 EStG.

Klare Weichen hat der BFH für die zukünftige Einordnung von Cum/Ex-Gestaltungen gestellt (I R 22/20). Sie wird primär davon abhängen, ob die tatsächlichen Feststellungen zum konkreten Geschäftsablauf ein modellhaft aufgelegtes Gesamtvertragskonzept erkennen lassen, wonach der Aktienerwerber lediglich die Funktion hat, seine (aufgrund Abkommensrechts gestaltungsermöglichende) Rechtsform zur Verfügung zu stellen und im Übrigen passiver Teilnehmer zu bleiben, sodass er nicht die Möglichkeit hat, unter Ausschluss des zivilrechtlichen Eigentümers die Rechte aus dem Wertpapier in Anspruch zu nehmen. Jedoch hat die Einführung des sog. Zahlstellenprinzips (§ 44 Abs. 1 Satz 3 Alternative 3 EStG) ab 2012 die Cum/Ex-Problematik deutlich entschärft.

Hinsichtlich von Cum/Cum-Gestaltungen bestätigt der BFH in seiner aktuellen Entscheidung zur Wertpapierleihe (I R 40/17) den schon im Verfahren I R 88/13 aufgestellten Grundsatz, dass bei Wertpapierdarlehen das wirtschaftliche Eigentum an den verliehenen Wertpapieren nur ausnahmsweise beim Darlehensgeber verleibt; eine solche Ausnahme ist nicht zu machen, wenn der Darlehensnehmer zumindest die Möglichkeit hat, Kurschancen und -risiken durch Handel zu nutzen. Dies steht im Widerspruch zum BMF-Schreiben v. 9.7.2021, wonach bei Cum/Cum-Gestaltungen auf Basis von Wertpapierdarlehen das wirtschaftliche Eigentum nie übergehen soll. Relevant für § 42 AO konstatiert der BFH, dass Wertpapierdarlehen im Geschäftsverkehr von Kreditinstituten und Versicherungen nicht unüblich sind und auf außersteuerlichen wirtschaftlichen Gründen beruhen. Dies spricht gegen einen Gestaltungsmissbrauch.

Im Interesse der Abgrenzung des Anwendungsbereichs der Abgeltungsteuer von beruflichen/unternehmerischen Kapitalerträgen wie auch zur Wahrung einer tatbestandsmäßigen Besteuerung privater Kapitaleinkünfte jenseits des KapESt-Abzugsverfahrens bestehen diverse Ausnahmen von der Abgeltungsteuer, mit deren Auslegung der BFH sich vielfach beschäftigt hat. Aktuell klargestellt wurden die Voraussetzungen eines Ver-

761 Vgl. dazu stv. *Dorn*, DB 2021, 1366.

anlagungsverfahrens gemäß § 32d Abs. 2 Nr. 1 Satz 1 Buchst. b EStG bis 2020 im Unterschied zum neuen Recht, etwa bei der Gesellschafterfremdfinanzierung einer im Ausland ansässigen Kapitalgesellschaft. Wesentliche Weichen gestellt hat der BFH schließlich für die Einordnung nacherklärter Kapitaleinkünfte im Rahmen einer Günstigerprüfung.

In nächster Zeit höchstrichterlich zu klären sein werden insbesondere die Qualifikation von Mitarbeiterbeteiligungen, die Behandlung von Vorteilen aus dem Widerruf von Darlehensverhältnissen, die vGA bei unentgeltlicher Nutzungsüberlassung, die Steuerbarkeit einer Zahlung einer ausländischen Stiftung an einen Destinatär, die Behandlung des Verlusts aus der Veräußerung von Wandelschuldverschreibungen an eine GmbH bei 100 % Beteiligung sowie eines Vorfälligkeitsentgelts für die Beendigung einer stillen Gesellschaft oder die etwaige Fiktion der Voraussetzungen für das Optionsrecht zur tariflichen Besteuerung gemäß § 32d Abs. 2 Nr. 3 EStG auch für folgende Veranlagungszeiträume.

Betrachtet man das jüngere **Gesetzgebungsgeschehen**, so wurde mit § 17 Abs. 2a EStG und § 20 Abs. 6 Sätze 5 und 6 EStG konträr zur Rechtsprechung des BFH ein nicht nur im Hinblick auf die Funktion der Abgeltungsteuer als umfassendes Besteuerungsregime für private Kapitaleinkünfte zumindest systematisch verfehlter Weg eingeschlagen.[762] Das JStG 2020[763] führt dies mit § 32d Abs. 2 Satz 1 Nr. 1 Buchst. b EStG n. F. fort. Das AbzStEntModG[764] regelt neben der Digitalisierung des Entlastungsverfahrens beim BZSt für Antrag, Steuerbescheinigung und Bescheid der Aufbau einer KapESt-Datenbank mit umfassenden Steuerbescheinigungs- und weiteren Daten, eine Haftungsverschärfung für die Aussteller von KapESt-Bescheinigungen sowie die Reduzierung und Verschlankung der Verfahren zur Entlastung von der KapESt und vom Steuerabzug nach § 50a EStG für ausl. Stpfl. sowie die stärkere Konzentration beim BZSt und schließlich eine Verbesserung der Missbrauchsbekämpfung, insbes. durch die Anpassung der Abwehr des sog. treaty-shopping an neue EU-Vorgaben.

Die ursprünglich als Vereinfachung gedachte Abgeltungsteuer wird immer detailreicher und doch konnten in diesem normativen Umfeld Cum/Ex-Gestaltungen gedeihen. Stets wird neuer **Reformbedarf** angemeldet. Zudem steht die **Abgeltungsteuer** immer wieder in grundsätzlicher **Kri-**

762 *Jachmann-Michel*, BB 2020, 727 ff. Auch der Bundesrat schlägt im Beschluss zum Regierungsentwurf die Streichung von § 17 Abs. 2a und § 20 Abs. 6 Sätze 5 und 6 EStG vor (BR-Drs. 503/20 [Beschluss], 18 ff.).

763 JStG 2020 v. 21.12.2020, BGBl I 2020, 3096.

764 Gesetz zur Modernisierung der Entlastung von Abzugsteuern und der Bescheinigung von KapESt v. 2.6.2021, BGBl I 2021, 1259.

tik,[765] wenngleich sie sich in der Praxis bewährt hat. Das BVerfG sieht die Grundentscheidung für einen Sondertarif für die Einkünfte aus Kapitalvermögen als gerechtfertigt an.[766] Bezogen auf die geltende Abgeltungsteuer betrachtet der BFH die mit ihr verbundene Ungleichbehandlung der Kapitalerträge gegenüber anderen progressiv besteuerten Einkünften angesichts der mit ihr verbundenen Bruttobesteuerung als gerechtfertigt.[767] Demgegenüber werden im Hinblick auf den fortgeschrittenen internationalen Finanzkonten-Informationsaustausch[768] Forderungen nach einer Weiterentwicklung der Abgeltungsteuer und einer neuen Rechtfertigung des gespaltenen Steuersatzes auf Arbeitseinkommen einerseits und Kapitaleinkommen andererseits laut. Hinzu kommen rechtspolitische Reformpostulate angesichts einer veränderten internationalen Wettbewerbssituation.[769] Gleichwohl ist auch nach 15 Jahren nicht von der Verfassungswidrigkeit der grundsätzlich abgeltenden Quellenbesteuerung der Kapitaleinkünfte mit einem Steuersatz von 25 % auszugehen. Die Abgeltungsteuer bleibt als Grund- bzw. Systementscheidung für eine Sonderbehandlung der Kapitaleinkünfte. Jedenfalls rechtfertigt das Ziel der Steuervereinfachung in diesem Rahmen die Abgeltungsteuer nach wie vor.[770] Dem gegenüber wären mit einem erneuten Systemwechsel weg von der geltenden Abgeltungsteuer massive Folgen für die Praxis der Rechtsanwendung verbunden. Die Finanzbehörden, die schon jetzt an erheblichem Personalmangel leiden, müssten das an Personal und Logistik aufbauen, was bei den Kreditinstituten überflüssig würde.[771]

Wesentlicher Aspekt der Systementscheidung für die Schedule der Abgeltungsteuer ist die Abgrenzung ihres Anwendungsbereichs. Sie knüpft insoweit an § 20 EStG an und betrifft so das private Kapitalvermögen, d. h. weder Kapitalvermögen im Betriebsvermögen noch Beteiligungen, die einer beruflichen bzw. unternehmerischen Betätigung dienen. Diese Systementscheidung bedingt folgerichtig eine Ungleichbehandlung gegenüber betrieblichen Anlagen.

---

765 Vgl. etwa „Scholz prüft Abschaffung der Abgeltungsteuer“, in: Der Spiegel Nr. 12/16.3.2019, 64.

766 Vgl. BVerfG v. 27.6.1991, 2 BvR 1493/89, BVerfGE 84, 239, BStBl II 1991, 654, Rz. 144.

767 Vgl. BFH v. 28.1.2015, VIII R 13/13, BFHE 249, 125, BStBl II 2015, 393; v. 29.4.2014, VIII R 9/13, BFHE 245, 343, BStBl II 2014, 986, Rz. 24.

768 Vgl. schon *Anzinger*, Internationale Kapitaleinkommensbesteuerung, in: Schön/Sternberg (Hrsg.), Zukunftsfragen des deutschen Steuerrechts III, 2018, 159, 204 ff. m. w. N.; dazu, dass es der Abgeltungsteuer angesichts einer abnehmenden Gefahr von Vollzugsdefiziten nicht mehr bedarf, *Hey*, in: Tipke/Lang, Steuerrecht, 24. Auflage 2021, Rz. 8.505, 8.507.

769 Stv. *Anzinger*, Internationale Kapitaleinkommensbesteuerung, in: Schön/Sternberg (Hrsg.), Zukunftsfragen des deutschen Steuerrechts III, 2017, 159, 162 f.

770 Dazu *Jachmann-Michel*, in: Ismer/Reimer/Rust/Waldhoff (Hrsg.), Territorialität und Personalität – Festschrift für Moris Lehner, 2019, 417, 418 f.; *dies.*, Reformfragen der Abgeltungsteuer, in: Schön/Schindler, Reformfragen des deutschen Steuerrechts, 2019, 31 ff.

771 Vgl. nur *Schenk*, in: ifst-Schrift 523 (2018), 10 ff.

Der Koalitionsvertrag sieht die Abschaffung der Abgeltungsteuer für Zinsen vor. Unter dem Tenor der Nichtanwendbarkeit des Teileinkünfteverfahrens geht es hier nicht um die Systementscheidung, mit der Abgeltungsteuer nur private Kapitalerträge zu erfassen, sondern um eine unter Umständen nicht folgerichtige Gleichbehandlung von Zinsen und Dividenden innerhalb der Abgeltungsteuer. Richtig ist, dass der Abgeltungsteuersatz von 25 % (§ 32d Abs. 1 Satz 1 EStG) einheitlich für Zinsen (§ 20 Abs. 1 Nr. 7 EStG) wie für Beteiligungserträge (§ 20 Abs. 1 Nr. 1 EStG) gilt, unabhängig davon, dass Gewinnausschüttungen auf Ebene der Kapitalgesellschaft mit KSt vorbelastet sind, Zinsen aber nicht.[772] Jedoch ist die Gleichbehandlung von Zinsen und Dividenden gerade die Konsequenz der Systementscheidung für eine Sonderbehandlung privater Kapitaleinkünfte.[773] Das Teileinkünfteverfahren ist kein Systembaustein der Abgeltungsteuer. Die grundlegende gesetzgeberische Belastungsentscheidung, dass die Gewinne einer Kapitalgesellschaft im Falle einer Ausschüttung keine andere steuerliche Leistungsfähigkeit indizieren als zuvor auf Ebene der Gesellschaft,[774] ist außerhalb der Schedule in der Weise umgesetzt, dass nach Abschaffung des Anrechnungsverfahrens zunächst im Halbeinkünfteverfahren, später im Teileinkünfteverfahren die wirtschaftliche Doppelbelastung beseitigt wurde[775]. Diese Grundentscheidung wurde mit der Abgeltungsteuer für deren Anwendungsbereich jedoch aufgegeben. Das Teileinkünfteverfahren kommt auf Kapitalerträge nur zur Anwendung, wenn der Stpfl. i. S. v. § 32d Abs. 2 Nr. 3 EStG unternehmerisch beteiligt ist und zum Teileinkünfteverfahren mit der Konsequenz optiert, dass der Sondertarif von 25 % nicht gilt. Innerhalb der Schedule ist – folgerichtig – die körperschaftsteuerliche Vorbelastung der Dividenden bei der Besteuerung des Anteilseigners nicht als Leistungsfähigkeitsminderung zu veranschlagen.[776] Die Gleichstellung von Zinsen und Dividenden im Rahmen der Abgeltungsteuer ist danach folgerichtig, die Abschaffung der Abgeltungsteuer auf Zinsen wäre es nicht. Hinzu kämen systematische Friktionen im Hinblick auf die Berücksichtigung von Werbungskosten bei Zinserträgen. Eine Verlustverrechnung zwischen beiden Arten von Kapitalerträgen wäre nicht möglich. Fiele die Abgeltungsteuer nur

---

772 *Jochum*, DStZ 2010, 309, 311, 313; vgl. auch *Mertz*, Kapitalerträge aus börsennotierten Aktien: Systematik und Besteuerung, 2018, 181.

773 Dazu *Jachmann-Michel*, Reformfragen der Abgeltungsteuer, in: Schön/Schindler, Reformfragen des deutschen Steuerrechts, 2019, 31 ff.

774 Dazu stv. *Hey*, in: Tipke/Lang, Steuerrecht, 24. Auflage 2021, Rz. 11.6.

775 *Worgulla*, FR 2013, 921, 924.

776 Für die Verfassungsmäßigkeit der Gleichbehandlung von Dividenden und Zinserträgen im Rahmen der Abgeltungsteuer *Intemann*, DB 2007, 1658, 1660; *Eckhoff*, FR 2007, 989, 996 f.; *Weber-Grellet*, NJW 2008, 545, 549; a. A. *Englisch*, StuW 2007, 221, 230 f.

für Zinserträge weg, bestünde ein erheblicher Gestaltungsanreiz, Zinsen in – ggf. noch abgeltend besteuerte – Veräußerungsgewinne oder Erträge aus Termingeschäften umzuwandeln. Die Art des Finanzmarktprodukts würde wieder über die Besteuerung entscheiden. Nicht kompatibel wäre die Differenzierung zwischen Zinsen und anderen Kapitalerträgen auch mit dem neuen Investmentsteuerrecht, das eine solche Differenzierung bei Ausschüttung und Vorabpauschale nicht kennt (§ 20 Abs. 1 Nr. 3 EStG, § 16 InvStG).

Aus internationaler Sicht ist der KapESt-Abzug geprägt von Sonderregelungen zur Wahrung europarechtlicher Vorgaben (insbes. der Mutter-Tochter-Richtlinie) sowie zur sog. Missbrauchsbekämpfung. In der aktuellen Diskussion steht die sachliche Rechtfertigung von Cum/Ex-Geschäften und Cum/Cum-Geschäften. Während der materielle Gehalt ersterer darin besteht, dass Schwächen[777] in der normativ intendierten Durchführung des KapESt-Abzugs für eine mehrfache Erstattung von nur einmal gezahlter KapESt ausgenutzt werden, reagieren Cum/Cum-Gestaltungen auf die – zumindest europarechtlich fragwürdige – unterschiedliche Besteuerung von Dividenden bei beschränkt und unbeschränkt Stpfl. Da eine Anrechnung/Erstattung der KapESt nur zugunsten desjenigen möglich ist, der die fraglichen Kapitaleinkünfte erzielt hat, kommt es stets wesentlich auf den Übergang des wirtschaftlichen Eigentums an den betroffenen Aktien an. Im Hinblick darauf werden rechtssichere Vorgaben der steuerrechtlichen Wertpapierzurechnung[778] und der Grenzen eines Gestaltungsmissbrauchs gefordert und Reformbedarf bei § 39 AO und § 42 AO angemeldet; als vereinfachte Lösung wird vorgeschlagen, dem rein steuermotivierten Aktienhandel um Stichtage durch einen neu gefassten Scheingeschäftsbegriff die Anerkennung zu versagen (Änderung von § 41 AO).[779]

Reformbedarf besteht weiter bei §§ 36a, 50j EStG. Diese Missbrauchsvorschriften zur Vermeidung von Cum/Cum-Gestaltungen gehen weit über diese Intention hinaus und schränken übliche Leihgeschäfte in einer Weise ein, die zu hinterfragen wäre.[780]

Diskutiert wird auch eine Reform des Systems der KapESt-Erstattung auf der Grundlage einer KapESt-Bescheinigung.[781] Danach sollen Bescheini-

777 Vgl. zur Staatskritik in diesem Zusammenhang etwa *Stahlschmidt*, BB 2020, 661; *Lechner*, BB 12.2020, I a.E.; Antrag der Fraktion Die Linke, BT-Drs. 19/16836.

778 In diesem Kontext verweist *Florstedt* (DStR 2020, 2399, 2400f.) zutr. darauf, dass das geltende traditionelle – nicht dematerialisierte – Effektenrecht eine wesentliche Vorbedingung für Cum/Ex-Geschäfte schafft.

779 *Florstedt*, DStR 2020, 2399, 2402.

780 Vgl. auch *Florstedt*, DStR 2020, 2399, 2400ff.

781 *Jarass/Schick*, BB 2019, 1568; BT-Drs. 19/16838.

gungen für die (von einer AG) abgeführte Steuer bei einem zentralen Prüfsystem gemeldet werden. Eine Anrechnung könnte nur erlangen, wer sich die Bescheinigung beschafft und dem FA vorlegt. So sollen doppelte Anrechnungen systemimmanent ausgeschlossen werden. Zu vermeiden wäre dabei jedoch jedenfalls ein gesetzgeberischer Schnellschuss mit unnötigen Kollateralschäden sub specie etwa Anonymität der Börse mit negativen Folgen für den gutgläubigen Erwerber im Rahmen eines Kassageschäfts.[782] Ein milderes Mittel könnte der Ausschluss mehrfacher Erstattungen durch Zentralverwahrer sein, denen die erforderlichen Informationen zur Abführung von KapESt und Aktieninhabern ohnehin vorliegen.[783]

Insgesamt ist die Abgeltungsteuer ein weitgehend folgerichtiges Sondersystem der Besteuerung von Kapitaleinkünften.[784] Wenngleich sie prima facie im Hinblick auf ihr Vereinfachungsziel kompliziert erscheint, wendet die Praxis sie erfolgreich an. An mancher Stelle ist Reformbedarf anzumelden. De lege ferenda wäre insbes. Vereinfachungspotenzial zu nutzen, etwa in Gestalt der Integration von § 17 EStG in § 20 Abs. 2 EStG oder der Abschaffung des besonderen Verlustverrechnungstopfes für Aktien.[785] Über die Abschaffung der Abgeltungsteuer sollte jedenfalls nicht nachgedacht werden.

782 Dazu *Florstedt*, DStR 2020, 2399, 2401.
783 *Florstedt*, DStR 2020, 2399, 2401.
784 Zur Folgerichtigkeit in der Schedule grundsätzlich *Jachmann-Michel*, in: Ismer/Reimer/Rust/Waldhoff (Hrsg.), Territorialität und Personalität – Festschrift für Moris Lehner, 2019, 417 ff.
785 Dazu *Jachmann-Michel*, Reformfragen der Abgeltungsteuer, in: Schön/Schindler, Reformfragen des deutschen Steuerrechts, 2019, 31 ff.

juris
KANN ICH IM STEUERRECHT
ALLE SPEZIALFRAGEN
BEANTWORTEN?
JA. MIT JURIS.
Im Steuerrecht können kleinste Details den Unterschied machen. Mit juris Steuerrecht Premium beraten Sie Ihre Mandanten noch besser und effizienter – dank über 200 Premium-Titeln der jurisAllianz, intelligent vernetzt mit maßgeblicher Rechtsprechung und Vorschriften. Nutzen Sie die Expertise der renommiertesten Autoren und optimieren Sie Ihr Rechts- und Praxiswissensmanagement.
juris Recht
JURIS STEUER-
RECHT PREMIUM
Abgabenordnung Finanzgerichtsordnung
Tipke Kruse
AO FGO
Kommentar
LADEMANN
EStG
EStG
KStG
Jetzt hier gratis testen.
www.juris.de/steuerp
Wissen, das für Sie arbeite